中国后妃全传

# 中国后妃全传

学习历史的优秀读本

桑山◎编

中国华侨出版社
北京

**图书在版编目（CIP）数据**

中国后妃全传 / 桑山编. —北京：中国华侨出版社，2017.12（2020.10重印）

ISBN 978-7-5113-7123-2

Ⅰ. ①中… Ⅱ. ①桑… Ⅲ. ①后妃－列传－中国－古代 Ⅳ. ①K828.5

中国版本图书馆CIP数据核字（2017）第265202号

**中国后妃全传**

编　　者：桑　山
责任编辑：子　慕
封面设计：阳春白雪
文字编辑：古明筝
美术编辑：宇　枫
经　　销：新华书店
开　　本：720毫米×1020毫米　1/16　印张：24　字数：396千字
印　　刷：北京德富泰印务有限公司
版　　次：2018年6月第1版　2020年10月第2次印刷
书　　号：ISBN 978-7-5113-7123-2
定　　价：45.00 元

中国华侨出版社　北京市朝阳区西坝河东里77号楼底商5号　邮编：100028
发 行 部：（010）88866079　传　　真：（010）88877396

# 前言

皇帝后宫中的女性是中国古代妇女中的一批特殊人物，既和普通女性一样，有着共同的遭遇和命运，又和普通女性有着许多不同之处：她们是封建帝王的妻妾——这样的特殊地位，决定了她们在历史上具有普通女性所无法比拟的作用。

史学家司马迁在《史记·外戚世家》中说："自古受命帝王及继体守文之君，非独内德茂也，盖亦有外戚之助焉。夏之兴也以涂山，而桀之放也以妺喜。殷之兴也以有娀，纣之杀也嬖妲己。周之兴也以姜原及大任，而幽王之禽也淫于褒姒。"历数了夏、商、周三代的著名王后，她们的人生际遇和所作所为关系到国家命运。

对于皇帝后宫中的女性，今人想到更多的是锦衣玉食，是轻歌曼舞……其实，这仅仅是她们生活的一部分。在幽深的宫殿里，高墙把宫闱与世俗分成两个世界，这无形之中给后宫罩上了一层朦胧迷离的神秘色彩，引得世人总想看个究竟：想看皇后走向"母仪天下"的酸甜苦辣，想看皇后与妃子们争宠夺爱的悲剧或喜剧，想看后妃在风险迭起的人生紧要关头体现出的智慧或权术，想看她们是如何为皇室培养下一代"真龙天子"，想看幽禁在宫闱之中的后宫第一人的精神生活……

在数千年的纷繁复杂、光怪陆离的宫闱生活中，历代后妃的人生际遇虽各有千秋，但终究逃脱不了悲剧性的命运底色。在封建文化氛围中，这些后妃尽管是当时女人群体中的最上层，但在掌握社会评价系统的男人们看来，她们毕竟首先是依附于男性和皇权的女人，她们只能在这个权利的大网中挣扎。

为了便于读者了解史实，以史为鉴，我们秉承大众阅读的原则，精心编写出版了这部书。自夏朝大禹的妻子涂山氏始，至清朝末代皇后婉容止，为历代百位后妃立传。为呈现更准确、更真实的后妃形象和朝代历史，全书化繁为简，精益求精，舍弃了那些备受争议、缺乏史实依据以及生平记述较为简略的后妃人物，而是甄选了历史上主要朝代具有代表性后妃的传记，以期在有限的篇幅内，为读者呈现经典的人物故事，让读者对历史上知名后妃的生平事迹能有更全面、更确切的认识和把握。本书按朝代先后顺序编排，对一些著名的、历史上有重大影响的皇后，如汉高祖皇后吕雉、唐高宗皇后武则天等记叙较为详尽；对于那些虽不是皇后，但却较皇后更有名的妃嫔，如唐玄宗贵妃杨玉环、清文宗贵妃叶赫那拉氏等记叙也较详尽；对于那些事迹了了、乏善可陈的后妃，则以简笔勾勒。这样一来，全书既重点突出，又兼顾了全面。

本书内容丰富，资料翔实，除正史记载以外，还参考了大量的文集、笔记，也包括稗官野史。虽为后妃立传，但并不仅仅局限于后妃个人的出身与生平经历，而是以后妃本人的事迹为主线，围绕这条主线，将后妃与皇帝、皇亲国戚的关系以及与她们有关的政治、经济、军事、外交、文化等重大历史事件结合起来，使人感到视野开阔。

阅读本书，对于我们深刻了解历代封建皇朝周期性更迭的内在动因以及中国封建制度的特殊规律是很有启发意义的；对于研究中国妇女史、中国政治史也很有参考价值。后宫制度伴随着封建君主专制制度的消亡早已成为历史的陈迹，但历史是一面镜子，这种裙带政治居然在中国历史上绵延数千年之久，不论其对当时或后世的影响如何，都是值得人们深思的。

此外，《中国后妃全传》与《中国皇帝全传》是姊妹篇，基本上保持了一致的体例和风格，历朝后妃均按照本朝皇帝的先后顺序排列。如一个皇帝有两个或两个以上的皇后，则以皇后册封的时间划分先后。因此，这部书实际上也是一部系统的中国封建皇朝宫廷史，适合广大历史爱好者和研究历史的读者阅读和珍藏。

# 目录

# 先秦后妃

# 涂山氏：夏朝大禹王后

姓名：女娇

生卒年：不详

籍贯：涂山（今安徽蚌埠西郊）

婚配：大禹

封号：王后

女娇是涂山氏的女儿，大禹的妻子，仪容秀美，生性娴雅，是当地有名的美女。大禹即位成为天子之后，曾两次会盟诸侯，所选的盟址一次是涂山，另一次则是在会稽山。禹之所以把第一次诸侯会盟大会的地址选在涂山，据说是为了报答妻子涂山氏的部族。

## 夫从妇居，禹入赘涂山氏

大约在四千多年前，我国的黄河流域水患严重，中国氏族部落最大的问题就是。尧便下令由鲧（gǔn）负责领导与组织治水工作。鲧治水的主要治水策略就是“堵”。鲧花了九年时间治水，不仅没有把洪水制服，反而洪水更加严重了。于是尧很生气，下令处死了鲧。后来有人推荐鲧的儿子禹来治水，于是尧便命令由禹接替其父亲的工作继续治水。鲧在临终前嘱咐儿子禹说：“一定要把水治好。”由于大禹忙于治水，因此一直到30多岁还没有结婚。

禹想到了女娇的本家，东夷强大的涂山氏。如果能联姻涂山氏，则整个东夷都会为己所用，朝内的重臣也会支持自己。女娇对大禹也是早有耳闻，二人见面后互生爱慕之情，惺惺相惜，于是大禹便迎娶女娇为妻。不过因为涂山氏尚处于母系氏族社会后期，禹只能做上门女婿，

"夫从妇居"。

但是心系治水大业的大禹，在婚后的第四天便离开心爱的妻子前去治水。在离开家前，女娇问如果我在此期间怀孕生子而你不在怎么办，不如你先给孩子起个名字吧，大禹说如果生男孩的话就叫"启"吧，"治水启程"之意。

## 涂山氏思夫，大禹三过家门而不入

大禹在治水的13年间，曾三过家门而不入。第一次是大禹为了治理淮河，从嵩山经过时，正好路过家门口，看到正在院中推磨的妻子，发现此时妻子已经怀孕。大禹虽然觉得愧对妻子，让怀孕的妻子还在干农活，但是为了治水和父亲的嘱咐，并没有进家门而是继续治水。时隔一年，大禹为了治理三门峡水患，第二次经过家门，此时涂山氏的儿子启已经出生了，禹看到妻子给孩子喂奶的场景，便又匆匆离去了。第三次是南方荆水暴涨，大禹前去治理，第三次路过家门，母亲和妻子在门口张望等待他回家，而此时儿子已经可以在院子里玩耍了。

对禹来说，治水的业绩决定着前途；但是对女娇来说，丈夫是自己全部情感的寄托。大禹忙于治水，三过家门而不入，涂山氏十分思念大禹，又担心大禹变心，于是跑去找大禹。治水的众人见涂山氏来到现场，就纷纷向她哭诉思念家乡、挂念父母妻儿之情。涂山氏很受感动，便悄悄放走了他们。后来，前来诉苦的人越来越多，涂山氏放走的人越来越多，导致在治水现场工作的人越来越少了。大禹知道后，就找到涂山氏说："这怎么行！如果人都走了，何时才能打通九江啊？"涂山氏说："你以为人家都像你样没有良心，不知想家吗？"说着眼泪夺眶而出。

大禹也感动得流泪，忙说："其实我也很想家，很想念你的，但是如此浩大的治水工程，谁来管理呢，我如此努力地治水也是为了可以早日全家团圆。"大禹说："你把人放走，也不是全无道理；只怪我太粗心，没有顾全到大家的思乡之情。这样吧，今后把中青年和老年人分成两拨，春秋两个农忙季节，让中青年回家做活；最冷的时候，放老年人回家休假一个月，你看如何？”涂山氏连声称好。第二天，大禹就把这个主张与部落头领们商量，大家都说赞成。于是各自回部落宣布。众人听后欢呼雀跃，从此干活也更加卖劲。

### 女之咏叹，诗歌典范

在大禹治水期间，涂山氏在家天天盼望禹回来。盼望不到，就跑到涂山南的山坡上去等候。一天天过去了，涂山氏望穿秋水，还是未见禹回来。她不禁长叹一声，吟咏出这样的一句：候人兮，猗！

涂山氏的这一咏叹，就成了中国有史可查的第一首恋歌。“候人兮”意思是等候我所盼望的人，“猗”是古汉语的叹词，相当于现代语的“啊”。一个“猗”字，包含着丰富复杂的感情：想见到朝思暮想的爱人，望而不见的焦虑、彷徨及无可奈何的心情；还塑造了一个思念丈夫、希望丈夫早日归来的女子形象，一个人伫立山头，翘首远盼……

“诗贵含蓄”，涂山氏的这一咏叹，后来成为中国诗歌的一个典范。

## 有施氏：夏朝夏桀王妃

姓名：妺喜

生卒年：不详

籍贯：有施氏

婚配：夏桀

封号：王妃

妺（mò）喜，一名末喜，有施氏女，有施氏原为喜姓。夏朝末代国王夏桀宠妃。为讨好妺喜，桀王建造倾宫，筑瑶台，终日饮宴淫乐，不理政事，最终为商汤所灭。这便是“倾城倾国”典故的由来。妺喜与后来的妲己、褒姒、骊姬并称为中国古代四大妖姬。

## 酒池肉林，荒淫无度

有施氏是个东方小国，国弱力薄，但起初却不肯向夏朝臣服进贡，夏桀十分生气，于是立即派重兵前去攻打。当时的夏朝国力强大，有施氏知道大事不好，立刻表示愿意称臣纳贡。被惹恼的夏桀却不肯善罢甘休，一定要血洗有施氏。有施氏打听到夏桀是一位好色暴君，而此时部落里又有一位绝色美女妹喜，便将妹喜献给了夏桀，以保全部落，平息干戈。妹喜不负族人所望，夏桀见到妹喜的美貌，立刻被她吸引了，于是便放弃攻打有施氏。妹喜不仅利用美色平息夏桀的怒气，令其罢兵，而且很快就成了夏桀的宠妃，把他迷得神魂颠倒。从此夏桀终日沉迷于妹喜，荒废朝政。

据说妹喜有三个癖好：一是笑看人们在规模大到可以划船的酒池里饮酒；二是笑听撕裂绢帛的声音；三是喜欢穿戴男人的朝服官帽。妹喜嫌弃王都宫殿陈旧，整天闷闷不乐。为了讨美人儿欢心，夏桀大兴土木，为妹喜重新造了一座高大华丽的宫殿，远远望去，宫殿好像是送入云彩，宫殿高得好像要倾倒一样，因此，这座宫殿就被称为倾宫，宫内有琼室瑶台，象牙嵌的走廊，白玉雕的床榻，奢华无比。两人终日在此饮宴淫乐，不理政事。

夏桀又下令在庭院的树上挂上肉食，称作肉林，又在庭院中挖了个大到可以划船的池子，池中灌满美酒，称作酒池。每次他与妹喜登上倾宫，就命令3000宫女一齐献舞表演。当宫女们舞得累了，就让宫女们到肉林中摘取肉食充饥，如果渴了，就趴在池中痛饮以解渴。更有传言夏桀“邀请”3000名饮酒高手在击鼓声中下池畅饮，结果他们中的一些人因酒醉而淹死。

妹喜喜欢听“裂缯之声”，说：“裂帛的声音，清脆无比，十分悦耳。”夏桀就命人把缯帛撕裂，以博妹喜一乐。故夏桀要地方百姓每天进贡100匹帛，在她面前一匹一匹地撕开，以博得妹喜的欢心。

### 红颜祸水，夏朝灭亡

夏桀为了妺喜大兴土木，劳民伤财，暴虐无度，民众早已经十分怨恨。有的人对着太阳指桑骂槐道："你这个可恶的太阳什么时候完蛋啊，我真愿意和你一道灭亡。"此时大臣关龙逄几次劝谏夏桀，夏桀就是不听，最后关龙逄说："天子应该谦恭并且讲究信义，节俭并且保护贤才，天下才能安定，国家才得以稳固，如今陛下这样奢侈无度，嗜杀成性，弄得百姓都盼望国家早点灭亡，陛下现在已经失去了人心，只有赶快改正过错，才能挽回人心。"夏桀听了，非常生气，说出了历史上很有名的一句话："天上有太阳，正像我有百姓一样，太阳会灭亡吗？太阳灭亡，我才会灭亡。"于是夏桀不仅不听从关龙逄的建议，还将其杀死。

从此，夏桀完全不理政事，军政大权全部交由赵良全权处理。夏桀的荒淫无度引发了民众的强烈不满，后来商汤起兵，夏朝终于亡国。夏桀带着妺喜一同乘舟渡江，逃往南巢（今安徽省寿县东南），后死于途中。

## 妇好：商王武丁王后

姓名：妇好

生卒年：不详

籍贯：商

婚配：商王武丁

封号：王后

谥号：辛

妇好，商王武丁的第一任王后，是我国最早的女政治家和军事家。妇好并不姓妇，她的姓是一个亚形中画兕形的标志，嫁给武丁后，武丁给了她相当丰厚的封土和士民，在她的封地上，得到了"好"的氏名，尊称为"妇好"。妇好多次征战沙场，为商王朝拓展疆土立下了汗马功劳，还经常主持各类祭祀，又任占卜之官。妇好的谥号为“辛”，商王朝的后人们尊称她为“母辛”。

## 母仪天下，美丽才女

公元前12世纪，商朝的中期，出了一位有才能的君主武丁，他的第一任王后就是妇好。妇好出身贵族，而且非常美丽，深受武丁的宠爱，但是她并没有恃宠骄纵。她心地善良，平日里谦和待人，是一位母仪天下的王后。

商朝时，人们迷信鬼神，崇尚天命，非常盛行祭祀占卜，特别是商王室和奴隶主统治阶级，几乎所有国家大事都要反复占卜，祈问鬼神。因此，祭祀是当时最重要的国事活动之一。而担任这项最高神职权力的祭司，要具有广博的学识和崇高的地位，通过与鬼神沟通，成为重大国事的实际决策者。

当时，祭祀的种类有很多，祭天、祭祖先、祭泉水，还有为了去除疾病和灾祸的名目，以及出征作战前的祭战等。名目众多的祭祀活动通常都是由地位较高的奴隶主来主持，妇好就经常受商王之命主持这样的活动，出任主持祭祀的占卜官。

祭祀开始后，参加祭祀仪式的奴隶主贵族和平民，个个衣冠齐整，肃穆端庄，随着号令进退跪拜。主持人妇好则盛装站立在祭坛旁的显要位置，高声诵读祭文，并把牛、酒，以及当场杀死的奴隶和战俘等人作为祭品，奉献给享祭的神明。

妇好是王室中一位学识超凡、地位至高的祭司，她学识广博，而且对文化有很深的研究。她不仅祭祀王室中已经去世的祖母，也祭祀至高无上的天地；在祭祀中她会用酒，也会用火；她会屠杀牲畜，也会屠杀俘虏。根据流传下来的卜辞推断，当时商朝曾经发生了可怕的瘟疫，妇好受国王之命举行了一次盛大的祭祀典礼，其中就有包括杀人的血祭。

商朝人的占卜，也很有一番讲究，用整治好的龟甲用火烧炙，使龟甲兽骨烧裂出焦纹。占卜人再根据焦纹的纹理判断凶吉，决定事情能不能做，并将占卜的结果和以后发生的事情刻写在同一块甲骨上。占卜前，很重要的准备工作就是整治龟甲兽骨。因为龟甲兽骨不经整治是烧炙不出焦纹来的。所以必须将龟甲上残留的肉渣皮筋等除去洗净，等干燥后再用特制的青铜钻，在上面钻出一定数目和间隔的小圆孔，以备占卜时用火柱烧炙，这样甲骨才会呈现出裂纹。当时能够胜任这项工作的只有卜官，卜官不仅要亲手整治龟甲兽骨，还要将此事记录成卜辞，刻写在经自己整治过的甲骨上，以示郑重。

可见，妇好不但可以主持祭祀、诵读祭文，还可以刻写甲骨文字，具有相当高的文化水平，在那个时代是一位非常突出的才女。

## 一代女将，军事奇才

商朝的国家大事不仅仅是祭祀和占卜，还有保卫边防和开拓疆土、掳掠奴隶的征伐战，即古人所谓的“国之大事，在祀与戎”。

武丁即位后，立下大志要复兴商朝，“修政行德”，励精图治。他是一位没有门第观念和男尊女卑思想的君王，任用出身低微而有才能的傅说为相，让自己的妻子妇好指挥商朝大军，实行文治武功，终使“殷国大治”，成为历史上最强大的奴隶制王国之一。

妇好虽然贵为王后，偏偏不爱“红装”爱“武装”，经常主动向丈夫请命带兵征战。商王朝每次进行战争前，都尽可能地多动员一些兵员来充实军队，妇好作为军事将领，经常为商王出马征兵。她不仅在国内征集，还到对商王朝有义务的部落与方国中去广泛征集。

妇好墓中曾出土了四把铜钺，两大两小，上半部刻着“妇好”二字的铭文。两把大铜钺，每把都重达八九公斤。这两把巨大厚重的铜钺象征着商王朝极高的王权，而铭刻在上面的“妇好”二字则显示了她在军事方面至高无上的权威。

当时，距商朝都城正北1000多里外，强悍的土方部族常常任意侵入商朝边境的田猎区，掠虏人口和财物，是商王多年的心头大患。商王曾对土方进行过多次战争，但都未能制服敌人，土方锐气大增，更加不断地南下侵扰。武丁即位后，命妇好率兵出战，仅一仗就打退了入侵的敌人。妇好并没有回国，而是乘胜追击，彻底挫败了土方。从此，土方再也不敢入侵，势力逐渐衰落下去，后来终被划入商的版图。

夷国是位于商朝东南方向的一个小国，国力并不强盛，但偶尔也突发奇兵侵袭商朝的疆土，杀人掠物。妇好又一次带兵迎敌，这一次，她来到前线，按兵不动，暗中窥探敌军动态，把握住有利的时机，猛然全线出击，也只打了一仗，就让夷国变得服服帖帖，再也不敢滋扰生事了。另外，在西北方，妇好还打退了羌国的入侵。

然而，妇好的胜利并不是偶然，她有着过人的军事才能。她指挥的战斗中，最精彩的一次要数和武丁一起征伐巴方的战斗。

巴方位于商朝的西南，时常和商发生战争。一次，武丁亲自出兵，战前他与妇好议定计谋，让妇好率兵在巴军退路方向预先出击，武丁自己则带领精锐部队去偷袭巴军军营。巴军遭到突然打击，惊慌失措，还来不及作战就四散逃走。妇好指挥伏兵迎头截杀，结果巴方的这支军队全数被武丁和妇好歼灭了。

这是历史上有据可查的第一次“伏击战”。

妇好为武丁和商王朝立下的最伟大的战功之一，就是率领13000人的大军征讨西北的今内蒙古河套一带的敌军之战。当时，禽、羽等武丁爱将，他们久经沙场、战功赫赫，但都归妇好率领。一仗打下来，羌人势力被大大削弱，商之西境得以安定。

在妇好出战之前，商王朝困于西北边境的战乱骚扰已多年，始终不能胜利，而妇好一役毕全功，取得了最后也是最强大的胜利，并且得到了敌人的归附服从。这是一场奠定中国文明历史进程的决战。现代史学家认为，妇好此战的意义，不亚于传说中的黄帝与蚩尤之战。

妇好能取得如此大的成就与她有一位有见识的丈夫有很大的关系，武丁支持她征战，但也不因为妇好是自己的妻子，就认为她理所应当要无偿为自己的国家奉献。在妇好立下赫赫战功之后，论功行赏之时，武丁没有忘记她，给她划分了封地。

妇好在自己的封地上，就是一切的主宰，她主持封地范围内的一切事务，拥有田地的收入和奴隶民众。她还向丈夫武丁交纳一定的贡品，一切都按照国王和诸侯的礼仪来办理，绝不因私废公。妇好的封地一定是商王朝最富庶的地方之一，因为在她的封地上，她拥有自己独立的嫡系部队3000余人。在那个年代，普通小国的全部兵力也不一定能够达到这个数目。由于经济独立，妇好能够为自己铸造大规模的青铜制品，现存于世的妇好偶方彝就是其中之一。

## 夫妻情深，第一王后

武丁共有60多位妻子，但只有3人拥有王后的地位，而妇好就排在第一位。这样一位奇女子，得到武丁的宠爱，也自在情理之中。

妇好聪明过人，也有着超乎寻常的勇气和智慧。她嫁给武丁之前的身份，应该是商王国下属或周边部落的母系部族首领或公主，有着非同一般的出身和见识。

当时的商王朝，还带着浓烈的母系氏族遗风，这几个形容词用在商王后的身上，一点问题都没有。妇好臂力过人，她所用的一件兵器重达九公斤，足见她的身体强壮，而该兵器为大斧，更可见她的骁勇。

妇好和武丁，是一对真正志同道合的好夫妻。刚刚结婚的时候，武丁对妇好领兵作战的能力还不是非常了解。某年夏天，北方边境发生外敌入侵，派去征讨的将领久久不能解决问题，妇好便主动请缨，要求率兵前往助战。武丁听了妻子的要求以后，感到十分为难，考虑很久之后，还是通过占卜才决定让她出征。没想到，妇好一到前线，调度指挥有方，而且身先士卒，很快就击败敌人，取得了胜利。

每当妇好单独出征、凯旋归来的时候，武丁总是抑制不住喜悦出城相迎。有一次，一直迎出80多公里。当这对夫妻带领着各自的部属，在郊外相遇的时候，久别重逢的激动使他们忘记了国王和王后的身份，将部属们甩在后面，两人一起并肩驱策，在旷野中追逐驰骋。而武丁更将妻子看得无比重要甚至于既爱且敬，这一次浪漫的并骑留在了史料中，而没有见诸文字的恩爱自然更多。

妇好去世多年之后，武丁仍然对她念念不忘。按国制，武丁在妇好去世后又册立了新的王后，然而，这位王后虚有其名，武丁眼前心底，仍然只有妇好一人，对新王后视若无睹。不久，这位王后就在抑郁中离开了人世。于是第三位王后又应运而生……

妇好死后，武丁十分悲痛，每当国家有战事，武丁都要亲率子孙大臣，为妇好举行大规模的祭祀，请她在天之灵保佑自己能够旗开得胜。

妇好去世后，有独葬的巨大墓穴，而且享受独祭的隆礼，这在商朝也是少见的。

## 妲己：商纣王子辛王妃

姓名：苏妲己

生卒年：不详

籍贯：冀州（今河南）

婚配：商纣王子辛

封号：王妃

妲己，冀州侯苏护的女儿，商纣王子辛的爱妃，有美色，又能歌善舞，深得纣王宠爱。但是妲己生性残忍，自创了许多残酷的刑罚，杀害忠臣。在商灭亡以后，被斩首。与夏之妹喜、周之褒姒以及春秋之骊姬并称为“四大妖姬”。

## 有苏后裔，艳如桃李

妲己生在商朝的一个名门望族，她的家族背景十分显赫，父亲苏护是商朝的封疆大吏冀州侯。当时，商朝的国都在朝歌（今河南淇县），而苏护的封地就在国都周围，其重要性不言而喻。

在这样一个家庭中，妲己慢慢地长大了，出落得花容月貌，娇艳欲滴。她墨云秀发，杏脸桃腮，眉如春山浅黛，眼若秋波宛转，胜似海棠醉日。

当时的商朝，已经传到第32位王了，也就是后人常说的“纣王”。纣王天性聪明，武力过人，据说能够空手与猛兽格斗，神勇在全国都是响当当的，一个国王有如此高的功夫实在了得。除了一身好武艺外，纣王还能言善辩，通音律，是个博学多才的人。不过，他为人十分傲慢，且好酒淫乐，对美女嗜之如命，三宫六院都满足不了他的欲望，还命人广搜天下的美女。

于是，宫廷官员便下到各诸侯辖区搜寻妙龄美女。在奴隶社会里，国王拥有一切，看中的东西无须过问任何人，直接就可带回。这时，苏护的女儿妲己，被宫廷官员相中了。这一年，纣王已经执政30年，是60岁的垂垂老人了。而妲己，正值青春少艾，眉宇清秀，浑身充满了几近爆炸性的火热气韵，纣王一见妲己，内心深处又重新燃起了生命的火焰。

## 生性凶残，淫逸豪奢

妲己入宫以后，深得纣王的宠爱。只是，两人的年龄相差将近半个世纪，还是少女的妲己很难和垂暮的纣王进行心与心的沟通，她经常一个人呆坐着不知道想些什么。此外，后宫嫔妃之间的钩心斗角也越演越烈，这让妲己的内心逐渐扭曲起来。怎么才能排解心中的苦闷呢？她开始变着法子取乐。

妲己喜欢歌舞，纣王便命令乐师创作靡靡之乐。一老一少伴着“靡靡之音”起舞，没日没夜地在宫中欢歌。妖艳迷人的舞姿，勾魂的眼神，更是让纣王欲罢不能，每天都和美女腻在一起，不理朝政，日夜狂欢。

妲己不仅荒淫狐媚，而且生性凶残，怂恿纣王设计出种种令人触目惊心的刑罚。拿别人的性命为自己取乐，欣赏别人被凌迟折磨致死的情景，对她来说十分平常。纣王迷恋妲己的美色，对她言听计从，根本不考虑受害人的痛苦。

有一天，纣王与妲己在鹿台上欢宴，三千六宫的妃嫔，聚集在鹿台下，纣王命令她们脱去裙衫，赤身裸体地唱歌跳舞。纣王与妲己在台上看着，纵酒大笑，但有一些已故姜后宫中的宫女，怎么都不肯裸体歌舞，掩住脸流泪。

妲己说："这是姜后以前身边的宫女，怨恨大王杀了姜后，听说私下打算作乱，以谋杀大王！妾开始不相信，现在看她们竟敢违抗大王的命令，看来谋反的传闻不假！应当对她们施以严刑，好使其他人不敢起谋逆的心！"

"什么才称得上严刑？"纣王问。

"依妾之见，可以在摘星楼前，在地上挖一个方圆数百步，深高五丈的大坑，然后将蛇蝎蜂虿之类丢进穴中，将这些宫女投入坑穴，与百虫啮咬，这叫作虿盆之刑。"

纣王听了非常高兴，立即命人按照妲己的话做了一个虿盆，将这些宫女，一齐投入坑中。一时间，坑下传出揪心的悲哀号哭。

不久，纣王又在朝歌与邯郸之间纵横数千里内，每隔五里建一所离宫，每隔十里建一个别馆，与妲己同乘逍遥车，白天在车上欢谑，夜里张灯结彩，做长夜之饮。

一天，妲己和纣王在摘星楼上欢宴，当时正是隆冬季节，天寒地冻，远远地看见岸边有几个人将要渡河，两三个老年人挽着裤腿正在水中，但一些年轻人却逡巡不敢下岸。

纣王不解就问妲己，妲己说："妾听说人生一世，得父精母血，方得成胎。若父母在年轻时生子，那时他们身体强健，生下的孩子气脉充足，即使到了暮年，耐寒傲冷。假如父老母衰时才得子，那他们的孩子气脉衰微，不到中年，便怯冷怕寒。”纣王听后非常惊讶。

妲己为了证实自己的话，就说，“大王不信的话，就将此一起渡河的人，砍断他们的胫骨看一看便知。”纣王就命人将过河的几个人活捉到楼下，一人一斧断去两腿，果然老年的那些人髓满，年少的却骨空。

妲己扬扬得意，继续对纣王说：“妾不但能辨老幼的强壮，即使妇女怀孕是男是女，妾一看就知道！”

“怎么才能知道？”纣王问。

妲己说：“这也与父母的精血有关，男女交媾时，男精先至女血后临，属于阴包阳，因此会生男；如果女血先至男精后临，就属于阳包阴，生下的孩子必为女。”

纣王不信，妲己说，“大王不信妾的话，可以搜取城中的孕妇验证。”纣王立刻令兵士捉数十个孕妇，集中在楼下。妲己一一指着说，哪一个怀的是男胎，哪一个怀的是女胎。纣王令人剖开孕妇的肚子一看，果真像妲己说的一样。

## 自创酷刑，残害比干

妲己迷惑纣王，日夜淫乱，引起了朝中许多大臣的不满。为了惩治背后议论的大臣，妲己自创了“炮烙之刑”——铸一个空心的铜柱，里面烧火，外涂油脂，让犯人裸体抱柱，皮肉朽烂，肋骨粉碎。

每次，妲己听到犯人的惨叫，就像听到刺激感官的音乐一样发笑。纣王为了博得妲己一笑，滥用重刑。于是纣王立铜柱、铜斗各数十，置于殿前，凡有罪的大臣，都施加这种刑法。从此，没有人再敢劝诫纣王了。

纣王与妲己见群臣畏刑不谏，更加肆意妄为，终日荒淫欢宴。这样玩得时间长了，妲己觉得没意思，于是，在台下挖了两个坑穴，一个引酒为池，一个悬肉为林，让各嫔妃裸戏于酒池肉林，互相扑打，胜者浸死在酒池中，败者投于虿盆内。宫女每天因此被折磨至死者不计其数。

妲己和纣王的暴行，天怒人怨，其中以纣王的叔叔比干最为气恼，他冒着生命危险力劝纣王，不要被妖女迷惑，不然定会断送江山。恰巧此时，纣王心绞痛发作，疼痛不已。妲己得到消息后，便对纣王说，听说圣人之心有七窍，可以医治心绞痛病，便怂恿纣王杀死叔父比干，剖腹挖心给纣王做药。

纣王听从了妲己的话，杀了比干，剖出心来入药。自此以后，朝廷上忠良之臣已荡然无存。

### 武王伐纣，斩杀妲己

天作孽尤可恕，人作孽不可饶。

纣王的荒淫无道，使朝中大臣彻底失望了，便破罐子破摔，有的装疯卖傻，有的被逼投敌，有的遭遇流放。

天下诸侯起兵反对纣王的暴虐。在动荡的战火烟尘中，其中最强盛的是西岐的周武王，很快，周武王发动诸侯伐纣，在牧野之战，一举灭商，纣王逃到鹿台后，不愿投降受辱，便穿上最漂亮的衣服，戴上最好的宝物，一把火把自己烧死了。

灭掉商朝后，周人将妲己五花大绑，押往刑场斩首示众。传说，在杀妲己时，连刽子手都被其美色迷住，不忍下手，愿替其死。结果，妲己还是被杀死了，并被剥皮做成干尸挂在小白旗上，给天下人看。

## 邑姜：西周周武王姬发王后

姓名：邑姜

生卒年：不详

籍贯：不详

婚配：周武王姬发

封号：王后

邑姜，姜太公的女儿，周武王的王后。温柔贤淑，内治后宫，是灭商兴周的功臣之一。武王早逝后，辅佐两朝君主，国家兴旺，使西周达到了一个高度繁荣和统一的时期。坐落在今山西太原市西南的晋祠，有一座专为祭奠邑姜的宋代建筑“圣母殿”，已有近千年的历史。

## 周王提亲，邑姜出嫁

有一天，周王姬发陪姜太公在丰邑湖边钓鱼，垂钓之余，两个人聊起了天儿。周王向姜公请教治理国家的方法，姜公一一作答，并送给周王很多的建议。

姬发听完说：“原来做一个好的君主这样难啊，我一定把您刚才送我的那五句话和五帝的戒律作为座右铭。争取能做一名合格的君主。”

姜太公说：“你也不必如此担心，万事只要做到顺其自然就能游刃有余了。我看你年龄也不小了，这七年你把所有的精力都用在了勤勉做事上，把先王留下来的大周江山管理得繁荣昌盛，真的是成绩卓著啊。而且你也到了娶妻生子的时候了。”

姬发一听这话，心突然怦怦地跳了起来，没想到自己怎么也找不到机会提起的事情，姜公竟然主动说起来了。周王激动地说：“我不是不想早些结婚，是因为没有看到中意的啊。周公、召公不知为我张罗了多少女孩，都不中意。我自己心中已经有了一个女孩，我下定决心，如果她这一辈子不肯出嫁，我就终生造福天下百姓，再也不想娶妻的事情了。”

姜太公很好奇：“谁家的女孩这样没眼力，竟然还看不上国王。你说出来，我帮你去牵牵线如何？”姬发支吾了半天，说，“正是姜公您的女儿。”

姜太公先是一震，盯着周王的眼睛，仔细端详了一会儿，仿佛看一个陌生人一样道：“如果是我的女儿，那应该没问题，我就当家了。不过，我女儿好像比周王你小十几岁呢。恐怕不合适的。”

姬发说：“邑姜不是小孩了，也快20岁了。我求她嫁给我，她就是不说行，也不说不行。我看，她是在等您老人家的话。只要您答应了，我看她肯定能同意。”

话音刚落，远处就传来一个年轻女子清脆的声音，美妙而动听：“父亲，父亲，我和母亲给您和姬发哥哥送水果来了。”

姜公回头一看，见邑姜母女走过来，朝女儿点点头，然后就起身拉着夫人到大树后面，道：“周王想娶邑姜为王后，你看怎么样？”马氏说：“我正想跟你商量这事呢，我试探过邑姜了，只要你同意，她肯定没问题。”姜太公心里有了底，他决定一会儿就当着他们两个人的面把这事说开了。

在湖边，姬发和邑姜两个人站在一起，正说着什么，声音很小，邑姜还不时地微笑着低下头。“邑姜，我和你母亲商量过了，打算把你嫁给国王为后，不知你是否愿意啊？”

邑姜见父亲走过来，刚要跑上去撒娇，一听他说自己和姬发的事，不禁羞得满脸通红，赶紧躲到母亲的身后，小声说：“我听父亲的就是了。”

周王见邑姜终于答应了，立即起身，走到姜太公和马氏前，正了一下衣襟，边鞠躬边说：“小婿拜见岳父岳母，小婿从今日起改称太师为岳父了。”“不如这样，你就称老夫为尚父吧。尚乃我的名，这样也好区别君臣之礼。”周王应允，从此以后，尚父便成了姜太公的别称了。邑姜嫁给周王姬发后，两人愈加地恩爱。当年便生下了世子姬诵，13年后，姬诵接替父亲周武王姬发成为大周朝的第二代王——周成王。

## 灭商兴周，女中豪杰

邑姜从小就受父亲的耳濡目染，有着不同于常人的政治才华。当时商朝的江山已经岌岌可危，周武王姬发出兵灭纣，并获得了全胜。贤王背后必定有能臣，姬发也不例外，他认为周朝的天下，是在十位治世大臣的辅佐下才夺取和安定下来的，这十个人中，就有邑姜。

邑姜的功劳不是在外出征杀敌，而是内治，她仁厚贤德，为人明理正直，以身作则，把后宫治理得井井有条，妃嫔之间和睦相处，几乎很少有矛盾发生。而邑姜也受到了朝廷内外的敬爱，武王对她更是关爱有加。

### 早年丧夫，辅政两朝

人有旦夕祸福，灭纣的第三年，周武王就去世了，邑姜悲痛不已，一连很多天都没有睡觉。儿子姬诵继位，是为成王，当时只有13岁。小成王的天子位是很危险的，因为周武王的兄弟很多，况且有“兄终弟继”之说。之所以成王能坐稳江山，就是因为有武王遗留下来的众多文武大臣，忠心耿耿，他们干事创业而大有作为。这样，邑姜辅佐成王安顿京师，才使周室天下稳如磐石。

不幸的是，成王后来又因病早逝。接连失去两位亲人，邑姜的内心已经脆弱到了极点，再也支撑不下去了，终于，大病了一场。成王去世后，他的儿子姬钊继王位，也就是康王。由于康王年纪太小，不能独立治理朝政，大病初愈的邑姜又以老太后的身份教导康王，掌管朝廷大事，耐心地教导康王，尊重大臣，治理国家，爱护人民。

从周成王到周康王两代，前后约47年，是周朝强盛和统一的时期，史家称“成康之际，天下安宁，刑错40余年不用”，历史上叫作“成康之治”。可见，邑姜确实是中国历史上一位伟大的女性，她使周朝天下很快地走向了繁荣昌盛的时代。

## 齐文姜：春秋鲁桓公夫人

姓名：文姜

生卒年：不详

籍贯：春秋齐国

婚配：春秋鲁国鲁桓公

封号：夫人

文姜是春秋时代齐僖公的次女，与她的姐姐齐宣姜都是当时闻名的绝色美人。冯梦龙在《东周列国志》里如此形容她的美貌：“文姜生得秋水为神，芙蓉满面，比花花解语，比玉玉生香，真乃绝世佳人，古今国色。”

文姜的婚姻一波三折，而她与其兄乱伦更是轰动天下。后来在其兄死后，她一心一意帮助儿子鲁庄公处理国政，由于处理得宜，使鲁国的威望提高了很多，还在长勺挫败了霸主齐桓公的进攻。古往今来，人们在讽刺她的淫荡的同时，也赞誉她的绝世美丽。《诗经》上就留下了许多有关文姜的篇章，可谓毁誉参半。

## 婚姻受挫，兄妹乱伦

春秋时代初期，齐僖公的两个女儿宣姜和文姜，由于貌美而远近闻名，成了当时各诸侯国君侯、公子争相求亲的对象，他们纷纷借机前往齐国都城临淄攀扯关系，讨好齐僖公，目的是可以迎娶齐室女子。在众多的求亲者中，齐文姜特别欣赏郑国世子姬忽，认为他为人正直勇敢，长相玉树临风，十分中意。于是齐、郑两国便为儿女缔结了婚约。

谁知，原本这是一桩两全其美、门当户对、令人艳羡的婚约美事，由于在这时候宣姜闹出丑闻，和她的公公卫国国君乱伦，成了各国的笑话。郑国世子觉得受到了侮辱，一气之下，以“齐大非偶”（齐国太大，公主不适合当我的配偶）的理由要求退婚。

这对齐文姜来说如晴天霹雳。齐文姜从小就自负美貌，做梦也没有想到，自己会被男人抛弃。在当时退婚被认为是奇耻大辱，等于是说人家看不起你，人家不要你了才会要求退婚。自己的绝色美艳加上尊贵的身份，如今竟被郑国世子姬忽弃如敝屣，心中忿想不平终于恹恹成病。这种少女的心理挫折，被文姜的异母哥哥姜诸儿看透。

姜诸儿，齐文姜同父异母的哥哥，大文姜两岁，姜诸儿与齐文姜从小就在一起游玩，两小无猜，由于兄妹情长，如今两人虽已长大，但彼此仍不顾嫌隙地照常往来。

当姜诸儿知道文姜病了，就时常来看望、安慰和照顾。妹妹的婚事遇到麻烦，做哥哥的也感同身受。时日久了，两人竟然由兄妹之情演变为了儿女私情。

虽然在春秋时代男女关系十分开放，只要两相情愿，便可以发生男女关系。但是，有血缘关系的兄妹发生儿女私情，还是为礼法和世情所不允许，在道德上也会受到谴责。姜诸儿与文姜本是同父异母的兄妹，男欢女爱，不顾廉耻，闹得沸沸扬扬。俗话说，好事不出门，坏事传千里。不久就一传二，二传三，在传到四面八方的同时，自然也就传到了他们的父亲耳中。齐僖公听了大惊失色，差点儿被气死。他认为这事有伤风雅，禽兽不如。然而家丑不可外扬，他只好一面把儿子叫来，痛责儿子；一面采取紧急且坚决的措施，严禁姜诸儿再与文姜接触，同时，急急忙忙为文姜择配。

此时鲁国刚立新君鲁桓公，为了争取援助，想与大国结亲，就派遣公子翚赴齐说媒。齐僖公此时求之不得，便同意此婚事。

然而深陷畸情的男女，岂是老父一双眼睛能看得过来的？就在出嫁的前夕，姜诸儿与文姜虽然无法见面，却依旧以诗传情。姜诸儿写道："桃树有华，灿灿其霞，当户不折，飘而为直，吁嗟复吁嗟！"

齐文姜比姜诸儿还要直白，答曰："桃树有英，烨烨其灵，今兹不折，证无来者？叮咛兮复叮咛！"不过，"叮咛"是一回事，现实又是一回事，齐鲁选择吉期，商妥婚嫁事宜，齐僖公为了避嫌，还一反兄弟送嫁的惯例，亲自将女儿送往鲁国成亲，了却了他心头的一块病。良辰吉日已到，文姜被如期送往鲁国，成为鲁桓公的夫人了。目送心爱的妹妹远嫁他乡，姜诸儿恋恋不舍。

## 终归故里，再续前缘

按照一般习俗，结婚之后两家要频繁来往，以加深感情。但是，国君夫人地位尊贵，自然不能随便活动，也不能说回娘家就回娘家。文姜在鲁国一晃就待了五年，生下了两个儿子，长子名姬同，次子名姬季友。鲁桓公对美艳绝伦的妻子十分满意，然而文姜却旧情难忘，花晨月夕，时常不自觉地想起热情如火的哥哥情人姜诸儿，常常茶饭不思，夜不安睡。

鲁桓公14年，齐僖公寿终正寝。姜诸儿继位当上了国君，即历史上的齐襄公。转眼又过了四年，齐文姜终于要求鲁桓公带她一起到齐国，看一看家中的亲人，当然她最想看的是姜诸儿。鲁桓公觉得妻子自出嫁离家已经十几年了，一直还没有回娘家，没必要推托，于是就带着齐文姜，大张旗鼓地前往齐都临淄。齐襄公听说鲁桓公夫妇来访，大喜过望，还亲自到边境迎接。其实，他本心不是迎接鲁桓公，而是专程迎接18年来未见的妹妹——初恋情人齐文姜。

18年了，文姜未曾回过娘家，总有些有悖常情而令人难以置信。其实说穿了也很简单，一方面是齐僖公在世之日，知道这对兄妹的乱伦之事，害怕旧情复燃，因此一再阻挠。另一方面鲁桓公也听说了齐文姜与她的哥哥情感非同寻常，有乱伦的嫌疑，因此心中也是有意避免其兄妹相见。就这样一拖就是18个年头。所以，文姜不回娘家，不是道路远近的问题。其实，已经18年了，他们兄妹的感情应该如灰熄灭了，况且双方都有了家眷，本应该各自珍重，各自倾心自己的家庭，甚至自己的国家了。

然而18年未见，姜诸儿已为国君，举手投足间满是男人的威严英武，而齐文姜则已是风情万种的成熟美妇。如此的兄妹重逢，两人都是心荡神摇。

一番眉目传情之后，心领神会的齐襄公借口后宫的嫔妃们想与小姑见面，将文姜迎进了自己的后宫。此时的齐宫，早已没有了妨碍好事的齐僖公，襄公的妃妾们也不敢逆他的心意。诸儿文姜终于得偿夙愿，遂在宫里双宿双飞，抵死缠绵了。

## 鲁桓公身殒，兄妹终成眷属

鲁桓公一个人没有美女相陪，被冷落在馆驿里，孤灯照壁，冷雨敲窗，一夜又一夜辗转反侧，难以成眠。等到他终于按捺不住，直接到齐襄公的宫内找文姜时，眼前竟是文姜和齐襄公苟欢的情景。他感觉自己受到了莫大的侮辱，不免怒从心头起，恶向胆边生，居然狠狠地掌掴了他如花似玉的妻子齐文姜，并口不择言地抖出他们兄妹的奸情，声称要说出他们兄妹如此不道德的乱伦之事，并且立即要返回鲁国，声言即日返国，绝不再稍作停留。说着，转身就走出了齐襄公的内宫。

齐襄公自知理屈，又怕丑事让国人知道了，便起了杀心。在无可奈何之下，齐襄公假装没事一样，恬不知耻地在牛山设筵，为鲁桓公夫妇饯行。鲁桓公身在齐国，虽然气急败坏，又觉得不可使场面弄到无法回旋的地步，强压着心头怒火吩咐随从人员护佑夫人先行出城，自己则匆匆赴宴。

这时的齐襄公欲火、妒火和怒火烧在一起，反而感觉是自己受了天大的委屈。可怜那个鲁桓公犹懵然无知地借酒浇愁，终至酩酊大醉，不省人事。齐襄公喊来心腹彭生暗暗下达了谋杀的命令，在扶持鲁桓公上车时，悄悄地施一些手脚，这样鲁桓公没来得及哼一声，就在沉醉中一命呜呼了。

随后，齐襄公派人驾车追赶文姜。在临淄城外十里长亭处，赶上了等在这儿的文姜一行车骑。报信的人故作惊惧万状地向文姜报告说："鲁侯酗酒伤肝，车行颠簸中竟然气绝身亡，一命呜呼！"文姜听到丈夫突然去世的消息，也不知道事情真相，不知如何是好，命令暂时停止行程，就地扎营护丧。齐襄公心中当然明白，很快便赶到，假作悲痛模样，命令厚殓妹夫，并以"酒后中毒，伤其肝脏而死"，向鲁国报丧。

鲁国姬姓宗室及臣民听到鲁桓公的死讯，先是感觉非常意外，继而是非常愤怒，虽然怀疑其中必有阴谋，本想大兴问罪之师，但考虑到两个因素，一是查无实据，出师无名；二是鲁弱齐强，倘若贸然出兵，犹如以卵击石。最后还是没有轻举妄动。鲁国在万般无奈的情况下，只好先由世子姬同继位，即鲁庄公，随即派人到齐迎丧。

为了躲过鲁国臣民的责难，文姜没有随鲁桓公的灵柩回国，而是仍然滞留在临淄。按照那时的常理，文姜刚刚守寡，自应守丧含悲，替夫挂孝，安分守己才是；然而文姜照样服饰光鲜，巧笑倩兮地与齐襄公朝夕共处，并且还与齐襄公同车出游，招摇过市。

正当齐襄公与文姜兄妹两人，不顾人们的言论，沉湎在放浪形骸的情欲中，如胶似漆地在临淄享乐之时，鲁庄公羞愤无比地派遣大臣前来迎接母亲归返鲁国。文姜心中虽舍不下情人哥哥齐襄公，但又愧对鲁国臣民，借口暂住边境地区，待以后再归国。出于孝道，鲁庄公派人在禚地建造宫室，具体地点在祝丘，让母亲居住。齐襄公听说后，也派人在禚地附近的阜建造离宫，供他来游玩。两处宫室美轮美奂，遥遥相对，格外引人注目。文姜有时住在祝丘，有时越境住进阜；齐襄公借出猎为名，继续与妹妹幽会。

## 文姜协儿治国，建功立业

没过多久，齐、鲁两国的政治格局都相继发生了变化。齐襄公被大夫连称和管至父所杀。

齐襄公死后，鲍叔牙拥戴的公子姜小白与管仲拥戴的公子姜纠，经过一番激烈的斗争，最终姜小白获胜。他不念旧恶，任用管仲为相，使齐国的实力大大发展，成了春秋时赫赫威名的第一个霸主齐桓公。

政治上的巨变，使齐文姜在边境地区自然待不下去了。这时她已经是40开外的人了。齐文姜回到鲁国以后，一心一意地帮儿子鲁庄公处理国政，由于她在处理政务上展现了敏锐的直觉和长袖善舞的本领，同时在军事上也表现出非同一般的才能，没过多久，就掌握了鲁国的政治权柄，还把鲁国这样的羸弱小邦发展成经济军事强国，在诸国战争中屡屡得胜。

历史总有人评价：齐文姜是一个绝色的尤物，美艳自然是无与伦比，淫荡也为天下之冠，她的行为紊乱了伦常，被人所不齿。但齐文姜集美色与聪慧于一身，而后辅助儿子鲁庄公，励精图治，获得的成就，又不得不令后世之人刮目相看。

# 西施：春秋吴王夫差妃

姓名：西施

生卒年：不详

籍贯：春秋越国

婚配：吴王夫差

封号：妃

西施，名夷光，又称西子，是越国一个施姓樵夫的女儿，因为家住村的西头，所以邻里都管她叫西施。西施出身寒门，但是因为越国山清水秀，仍然出落得亭亭玉立，宛若芙蓉之姿，惊为天仙之貌。

## 越国佳人，倾国倾城

春秋末年，西施出生在越国的一户普通人家，父亲以砍柴为生。因为家境贫寒，所以西施很小就开始帮着家里干活，平时，经常在溪边浣纱。

西施的美貌在村子里是有目共睹的，不仅男人爱慕，许多女子也被她打动，纷纷效仿她。平日里，西施的身子有些弱，经常心口疼，每次发作，捧心蹙额，颦眉而啼，越发楚楚动人。

不久，东村的丑女东施知道了，于是，也学着西施的样子捧着心，缓缓走路，但却十分难看，比她平时的样子还要丑很多，成了大家的笑料，这就是“东施效颦”的故事。西施的美是其他人难以企及的。

## 吴越交战，策“美人计”

公元前494年，吴国打败越国，越王勾践向吴王夫差乞降。越国大夫范蠡曾随越王勾践一起到吴国做人质，深知吴王夫差的致命弱点，那就是好色，于是，范蠡和勾践便策划实施了向吴王进献美人的计划。

范蠡在民间寻觅美女，准备献给夫差。当时，范蠡初见西施，就被她的美貌与纯真打动了，而西施的心里对这位年少英雄、气度不凡的将军一见倾心，两个人双双坠入了情网。范蠡的确动了真情，他很真诚，和西施说明了选美的原委，西施听后，被心爱人的那份爱国热情感染了，立即表示愿意担此重任。

大约在公元前490年，范蠡带着内心的悲痛把心爱的女人西施献给吴王夫差。在送行的路上，两个相爱的人终于有机会在一起了。一路上，备尝爱的滋味，由于难分难舍，范蠡有意拖延，送亲竟然送了一年多。等他们走到今嘉兴县南100里的时候，西施生的儿子已经能牙牙学语了。后人在这里建造了一个“语儿亭”，用来纪念西施与范蠡的爱情结晶。

眼看吴国已经近在眼前，临别时，范蠡向西施承诺，吴国灭亡后，一定会娶她为妻，隐居山野，闲云野鹤，终老一生。

## 肩负重任，智得王宠

吴王见了西施，十分欢喜。但是，大夫伍子胥认为这是“美人计”，苦心劝谏，夫差却充耳不闻，立刻将西施纳入后宫。

西施并没有忘记自己的任务，她使出了浑身的解数，尽讨吴王的欢心。夫差对她更是宠爱有加，让人在灵岩山为她建了“馆娃宫”，在馆娃宫附近修了玩花池、玩月池、吴王井、琴台，还有采香径、锦帆径和打猎用的长洲苑等。

到了春天，西施就和夫差到采香径、玩花池游玩；到了夏天，西施就和夫差在洞庭的南湾避暑；秋天两人一起攀登灵岩山，看灵石，赏秋叶；到冬天下雪的时候，西施与夫差披着狐皮大衣，令十多个嫔妃拉车寻梅，全然不顾嫔妃们汗流浃背，每次都要尽兴后方才返回。整日挖空心思地玩乐，吴王夫差的心思早已不在朝政社稷上了。

时间流逝，夫差对西施越来越喜爱，而西施也时刻想着怎样让吴王高兴，怎样让吴王把更多的心思放在自己身上，荒废国事。

事实上，夫差自从得了西施，就一直住在姑苏台，一年四季享乐游玩，已经不理政事。每次朝中大臣劝谏，都被他或训斥、或驱逐、或罢官，于是大家渐渐也就不敢说了。只有老臣伍子胥，见吴王如此无道，就在姑苏台下进谏劝阻，但吴王还是不理。伍子胥觉得吴王如此势必取祸，劝谏又不听，于是称有病不再上朝。

越王说越国连年受灾，要用钱购买吴国的粮食，使吴国的存粮锐减，次年，越国粮食丰收，便用蒸熟的种子进献给吴国，谎称越国土地肥沃，种子优良。结果到了秋天，吴国颗粒无收，吴民闹起了饥荒。越王得知吴国国力已尽，于是乘虚而入，率领精兵十万，直攻吴国都城。

越国在勾践的治理整顿下，国力日益增强，军队也训练有素。公元前473年，越国灭掉吴国，被围困在圣胥山的夫差走投无路，挥剑自刎。

## 功过是非，死因谜团

历史上对越王勾践卧薪尝胆、忍辱负重赞誉备至，而对西施的下落则言辞不详，毁誉不定。唐代罗隐有诗："家国兴亡自有时，吴人何苦怨西施；西施若解倾吴国，越国亡来又为谁。"

历史的发展，王朝的更替又怎么能完全由一个女人决定呢？至于吴国灭亡后，西施的下落已无处考证，有传说越国胜利后，范蠡找到了西施，与西施浪迹天涯，成了一对神仙眷侣。

在《吴地记》中记述有关范蠡与西施在越国破吴后破镜重圆、泛湖而去以及其他有关他们结局的不同说法。相传，范蠡和西施曾经寓居宜兴，今天的蠡墅就是他们当年居住过的地方，而江苏一些地方的"施荡桥""西施荡"等名称也都与西施有关。

# 宣太后：战国秦惠文王八子

姓名：芈氏

生卒年：？~公元前265年

籍贯：战国楚国

婚配：战国秦惠文王

封号：八子

谥号：宣

宣太后出身于楚国的贵族，嫁给秦惠文王为妾。惠文王死后，由惠文王后所生的秦武王即位。武王在位三年薨逝，由武王之弟，也就是宣太后所生的公子稷即位，即秦昭襄王，宣太后因此成为王太后，从此开始了长达41年的临朝称制。

秦昭襄王41年（公元前266年），秦昭襄王任用范雎为相，驱逐宣太后的亲戚在朝廷的势力，宣太后始失势，次年（公元前265年）十月，宣太后逝世，葬于芷阳骊山，谥号宣。

## 秦昭襄王即位，宣太后掌权

芈姓乃楚国的国姓，嫁给秦惠文王后，被封为八子，秦国后宫分八级：皇后、夫人、美人、良人、八子、七子、长使、少使。可见当时芈八子在后宫的地位并不高，但是芈八子连生下三个儿子，母凭子贵，她的身份也自然日益尊贵了。

秦惠文王比较宠爱芈八子，所以引得惠文王后醋劲大发，千方百计要收拾芈八子。秦惠文王死后，由惠文王后所生的嫡子即位，即秦武王。此时的芈八子在秦宫里的地位可想而知了。惠文王王后与秦武王为维持稳定，芈八子的儿子嬴稷被送到燕国去当了人质。

但是关键问题出在继位的秦武王身上。秦武王身高体壮，勇力超人，重武好战，常以斗力为乐，凡是勇力过人者，都被他封为大官，而且还要他们较劲。在秦武王攻下洛阳后，直奔周室太庙，观看大禹留下的九鼎。其臣孟贲将鼎举离地面半尺高，就重重地落下。秦人尚武，秦武王为证明自己的勇力，不顾身边人的劝阻，也前去举鼎，不过力所不能及，最后鼎砸在了秦武王的右脚上，当晚夜里武王气绝而崩。

武王没有子嗣，其兄弟纷纷争夺王位。在此时，芈八子同母异父的弟弟魏冉拥兵支持姐姐的儿子、在燕国做人质的王子稷为王，即秦昭襄王。儿子即位，芈八子被尊为太后，开始了宣太后掌权的政治生涯。

在宣太后掌权期间，她同母异父的弟弟魏冉被封为将军。魏冉担任将军之职，控制了秦国军政大权。不过，这时的政局还是动荡不安的，秦武王的兄弟们仍然不服，伺机争夺王位，内乱三年不止。

秦昭襄王二年（公元前305年），宣太后终于平息了国内争夺王位的“季君之乱”。在平定了“季君之乱”后，宣太后把魏冉封为相，封穰侯（穰在今河南邓州市），独揽朝政大权。同时又封同父弟芈戎为华阳君；封另一个亲儿子王子芾为泾阳君；封一子王子悝为高陵君。至此，宣太后形成了党亲专政的格局，威震天下。这也是宣太后独具胆识之处，以其强有力的政治手腕，维护了国家统治的稳定。

经过宣太后的一番整治之后，秦国基本实现了稳定。

## 杀伐决断，不拘小节

楚国出兵攻打韩国雍氏，围攻韩国长达五个月之久。韩襄王派众多使者来到秦国，向宣太后请求救兵。但是秦国的军队还是不出崤山来援救韩国。最终韩国让尚靳出使秦国，去说服秦昭襄王。使者尚靳对秦昭襄王和宣太后说：“韩国对于秦国来说，平时就像个屏障，有战事时就是先锋。现在韩国万分危急，但秦国不派兵相救。我听说过这样的话，‘唇亡齿寒’，希望大王您仔细考虑这个问题。”

宣太后认为在众多韩国派来的使者当中，唯独尚靳说的话很有道理，于是单独召尚靳进见。宣太后对尚靳说：“我服侍惠王时，惠王把大腿压在我身上，我感到疲倦不能支撑，他把整个身子都压在我身上时，而我却不感觉重，这是为什么呢？因为这样对我来说比较舒服。现在你要求我派兵帮助韩国，如果兵力不足，粮食不多，就无法解救韩国。解救韩国的危难，每天要耗费数以千计的银两，你们韩国多少得让我有些好处才行呀。”

两国之间的大事，本是严肃的事件，但在宣太后口中就变成了夫妻之事，由此可见宣太后的开放不羁。宣太后的不羁更表现在她与情夫的事情上。

秦昭襄王执政期间，由于秦昭襄王年幼，邻国义渠虎视眈眈地注视着秦国，甚至明目张胆地侵扰边民，蚕食边土。有次义渠首领前来朝贺，宣太后看义渠王年轻力壮，桀骜不驯，出于国家利益的考虑，与义渠王私通，而且这段姐弟恋竟然长达30年之久。太后还与义渠王生下两个私生子。后来秦国强大了，宣太后首先发作，趁义渠王沉溺于温柔乡之时，在甘泉宫将义渠王杀死。秦军随即攻灭义渠国，宣太后同时也杀死了她与义渠王的两个儿子。

## 范雎为相，太后被废

秦昭襄王在位多年，宣太后的族人在朝廷的势力很大，虽无篡位之意，但秦王见朝中的诸事都取决于外戚集团，明显感觉到了大权旁落的惶恐。

范雎（jū），字叔，故人称范叔，魏国人。范雎才能过人，但遭奸佞小人妒忌，魏相听信谗言欲置范雎于死地。当时秦国派来魏国的使者是颇有见识的王稽，知道范雎的才能，便买通看守，将之带回了国。

范雎来到秦国，秦昭襄王在宫里迎接，恭敬地执行宾主的礼节，以表示对范雎的礼遇。几日过后，秦昭襄王屏退左右的人，单独接见了范雎，与范雎进行了一次促膝长谈。通过此次长谈双方都明确了对方的心意。

范雎对秦王说，听闻秦国朝中重臣都是太后的亲信，大权旁落，政令又怎能出自大王之手？臣听说善于治国的君主，一方面在国内加强权威，一方面亲自执掌外交政策。穰侯派出的使者操纵王权，任意和诸侯结盟或断交，擅自对外用兵，征伐敌国，朝野上下，莫敢不从。于是，打了胜仗，战果全归穰侯他们所有，以致国家困弱，受制于诸侯；一旦失利，则令百姓怨声载道，祸害由国家承受。当今秦国，太后、穰侯呼风唤雨，没有臣民知道上有大王。幸好臣今日还能看见大王孤立于朝堂之上，真担心将来秦国主持国政的君王，不再是大王的子孙！

听了这番话，秦昭襄王不寒而栗，他对范雎说："当年齐桓公得到管仲，把他称为'仲父'，寡人今日得到先生，先生也是寡人的'叔父'。"于是封范雎为相。

范雎任相期间，大力改革，肃清政治，经过几年的时间，终于将太后一族在朝中的势力肃清。不久，穰侯被流放，太后一族的亲信也纷纷被赶出函谷关，终于结束了长达数十年的宣太后的统治。宣太后于被废的第二年（公元前265年）十月去世，死后葬于芷阳骊山，谥号宣。

# 两汉后妃

# 西汉

## 吕雉：西汉高祖刘邦皇后

姓名：吕雉

生卒年：公元前241~公元前180年

籍贯：单父（今山东单县）

婚配：西汉高祖刘邦

封号：皇后

吕雉（公元前241~公元前180年）是西汉王朝创始人刘邦的原配夫人，史称吕后，是历史上有记载的第一位皇后，也是中国历史上第一位女性统治者，因其谋略与运筹帷幄之力临朝听政，并且为“文景之治”奠定了坚实的基础，但其消除异姓王侯以及迫害戚夫人等手段之狠也令人发指。

### 结发刘邦，锄禾耕种事农桑

吕雉童年时生活安逸，与兄弟姐妹们无忧无虑地生活在单父，其父亲人称吕公，是当地颇有些名望的乡绅。但后来吕公与豪门结怨，为躲避打击报复，保全家安康，吕公带家人迁往沛县。

吕公与沛县县令是多年好友，众乡绅听闻县令有贵人来访，于是纷纷前往慰问。为答谢地方众人，吕公便举办宴会宴请宾客，而筹备宴会的事情则交给沛县县令手下官员萧何负责。按当时规定，钱不满千钱便坐于堂下，只有献钱上千者方可入堂上饮酒。当时的刘邦还没改名为刘邦，而是叫刘季，为泗水亭长。刘邦向来游手好闲，又身为泗水亭长，县令的好友宴请宾客哪有不凑热闹之理。当然，他深知唯钱多才可入贵席，因此在记礼账时便高喊：“泗水亭长刘季，贺钱一万！”然后便直接走到堂上。听见有出手如此阔绰者，吕公便对刘邦产生了兴趣，但实际上，刘邦分文未带。除此处被吸引外，吕公是一个非常迷信相面的人，他看到刘邦之后十分吃惊，此面相非同凡人。于是酒宴散后，吕公便对刘邦说：“我有一个女儿，想许给你为妻。”刘邦乃大龄未婚青年，当然欣然接受。但是，这门亲事却遭到了吕公夫人的反对：怎可把女儿嫁给一个游手好闲的人呢？这可是女儿的终身大事啊！但吕公是一家之主，决定了便不可更改。更重要的是，吕雉毫无怨言地接受了父亲的安排。

当时参加吕公的宴会，刘邦是分文未带，若是家底丰厚绝对不需要这么做。所以吕雉嫁给刘邦时，生活并不富裕。而刘邦当时是泗水亭长，经常有公务在身，也并不能时时在家陪着吕雉。于是吕雉在家亲自下地干活，做针黹，自食其力，养育儿女，孝顺父母。

早年的刘邦有些不好的习气，加上脸皮也比较厚，常四处闲逛讨酒喝，性格豪放并且哥们儿义气重。在一次押解囚犯的途中，不断有囚犯逃跑，最后刘邦一气之下把剩下的囚犯全放了，寻思着大家都逃跑，然后他自己也逃跑保命。刘邦这一举动感动了好些囚犯，当时是乱世，于是好些人干脆就跟随刘邦，刘邦便有一定的武装力量了。此时的吕雉除了要独自支撑家庭抚养儿女外，还得时常为丈夫送御寒衣物及食品。

## 颠沛流离，人质两年方离楚

公元前209年，“燕雀安知鸿鹄之志哉”的陈胜同吴广打着“王侯将相宁有种乎”的口号起义，刘邦率众响应，吕雉的兄长也都跟随刘邦的队伍转战南北。

公元前205年，也就是汉二年四月份的时候，趁项羽在山东一带平息战乱之机，刘邦攻打楚国彭城，希望借此机会消灭项羽的势力以及接走父亲和妻儿。但是到彭城之后，刘邦贪恋财色，误了接亲人的好时机。项羽杀回彭城，并派人去找刘邦的家人。为躲避项羽的追杀，刘邦家属自己藏了起来，结果项羽和刘邦都没找着他们，刘邦之父与吕雉也和两个孩子走散。后来，儿子和女儿在途中遇到刘邦，但吕雉和刘父却在途中遇到项羽军队，被带回军营充当人质，整整被项羽关押28个月。

做人质期间，项羽曾想以“烹太公”之法来威胁刘邦，逼迫其投降。倘若项羽真如此，烹太公之后，吕雉恐怕也在劫难逃，那么历史上的吕后肯定也不存在了。但是当时刘邦并不吃这一套，并不在乎项羽的恐吓。项羽大怒，后经项伯调解，太公躲过一劫，吕雉也无大难。后刘邦利用“鸿沟议和”的骗局，将太公和吕雉解救回汉，吕雉才得以结束两年多的人质生涯。

## 遇人不淑携幼子，夺嫡风波终平息

项羽的谋士范增曾说过：“沛公居山东时，贪于财货，好美姬。”实际上，刘邦并不只是在山东时如此，而是一向都有此毛病。在娶吕雉之前，刘邦就已经和一些女人在一起鬼混，并且还有一个孩子，这孩子便是刘肥。不足20岁的吕雉，即将与她结婚的男人居然有一个非婚生的孩子，这对任何年轻女人来说，都不是一件很容易承受的事情。

婚后的生活也并不是一直很美妙。吕后经历过一段颠沛流离的生活，并且还有两年多的时间曾被项羽抓去作为人质，因此不难知道，吕后与刘邦是常分离的。并且，在作为人质期间，刘邦也已经宠幸上了戚夫人。待吕雉历经磨难回到刘邦身边的时候，原来早已过尽千帆，枕边另有新欢，并且此时戚夫人也已经生下了刘邦的孩子赵王如意。即使作为君王，刘邦也仍然同其他的男人一样，当然更爱美姬。吕雉比戚夫人年长，且两人长期分居，自然关系日益疏浅。人质生涯结束之后，吕雉与刘邦也仍然分居。

刘邦因宠幸戚夫人，也疼爱戚夫人之子如意，因此想废太子刘盈而立如意为太子。刘盈乃刘邦正妻吕雉之子，按传统必须是嫡长子继承王位以及财产，刘邦却意欲反其道而行之，终引起众大臣以及吕后的严重不满。朝中大臣孙叔通、周昌等人均劝阻刘邦。作为太子的母亲，吕后当然是竭力反对刘邦废长立幼的做法，这不单是涉及传统，更涉及吕后自身的地位和利益。于是听谋士谏言，吕后召见张良让其献计。张良告知刘邦非常看重隐居在商山上的四位高人，他们虽然头发尽白，但是却非常有能力。刘邦一直想请他们来辅助朝事，无奈老者们嫌刘邦处事傲慢，都不应召。吕后得知，就让其哥哥吕泽带着太子的亲笔信，并且奉上厚礼，上山请四位老人出山，四位老者居然全答应出来辅佐太子刘盈。刘邦知道后非常吃惊，也知道吕后确实很厉害，太子羽翼丰满，他是很难废太子的了。从此以后，废太子之事便得以平息。

## 谋略与风度并重，运筹帷幄临朝称制

初定江山，自然有不少开国功臣。经过战争的洗礼走入比较安宁的时期，大臣们难免有居功自傲的嫌疑，多疑的主子也难免会担心自己的臣子另有居心。汉初时候的刘邦也一样。

在铲除异姓王时，吕后为刘邦立下大功，先后助刘邦铲除彭越等异姓王，就连战功赫赫、著名的军事家韩信，也被吕后所骗杀。韩信熟知兵法，才能为萧何所识，被举荐而跟随刘邦征战并打下天下，给后世留下“明修栈道，暗度陈仓”“四面楚歌”“十面埋伏”等诸多脍炙人口的兵法典故，最终却被刘邦猜疑谋反，吕后联合萧何而将其诛杀，落得兔死狗烹的结局。后人所熟知的“成也萧何，败也萧何”便由此而来。

刘邦去世之后，吕后之子惠帝刘盈即位，吕后实掌大权。惠帝生性忠厚，看不惯吕后所作所为，尤其是吕后将戚夫人之子赵王如意毒害，戚夫人被弄成“人彘”之后，惠帝大病，之后便不理朝政，几年以后便忧郁而死。此后吕后便扶植被称为“少帝”的惠帝幼子即位，自己临朝听政，为太皇太后，并大量扶植吕家势力，培养出势力强大的外戚集团。

吕后也有有风度的一面。虽有人称吕后视大臣为粪土，惧匈奴犹惧豺狼，但是当匈奴王冒顿单于挑衅时，吕后虽大怒却强压心头怒火，采取谋士建议精心解决，终化干戈为玉帛。

值得一提的是，吕后掌握大权之后，依然是按照刘邦在位时期的政策和用人制度行事，并继续推行“休养生息”的国策，重视农业生产，又有节制地调整经商政策，与匈奴继续保持友好和亲，因此在其统治时期，政治、经济等各方面都得到了发展。

公元前180年，中国第一位掌权皇后吕后病死，与汉高祖合葬一陵。此后外戚集团与皇族集团矛盾激化，诸吕被杀，皇族胜利，吕后的政治计划也宣告破产。

## 张嫣：西汉惠帝刘盈皇后

姓名：张嫣

生卒年：公元前202~公元前163年

籍贯：不详

婚配：西汉惠帝刘盈

封号：皇后

张嫣为汉惠帝刘盈的皇后。据记载，张皇后名为张嫣，字孟英，小字淑君。张嫣是鲁元公主与张敖的女儿，也就是说，张嫣其实是刘盈的外甥女。外甥女嫁给舅舅，注定不会是幸福的婚姻，张皇后的一辈子也相当凄苦。

### 为政之需，十岁出阁嫁舅舅

吕后和刘邦结婚之时，刘邦还是泗水亭长，吕后为刘邦生下了两个孩子，即大女儿鲁元公主和儿子汉惠帝刘盈。秦末战乱时刘邦在外，吕雉带着孩子在家下地干活，并且为战乱吃过很多苦。后刘邦打败项羽，项羽自杀，刘邦称帝，封吕雉为皇后，女儿为鲁元公主，儿子刘盈为皇太子。

鲁元公主后来嫁给宣平侯张敖，生下女儿张嫣。生长在王侯家中，自然得到很好的教育，有着良好的素质和修养。刘盈心慈仁厚，自然很喜爱这个外甥女，然而这种喜爱同男欢女爱却有着本质的差别。

在历经艰辛和战乱之后，原本也温善的吕后变得敏感，为保护自己，也为了野心膨胀。为了巩固自己的地位，吕后不惜让儿子惠帝刘盈娶女儿鲁元公主的女儿张嫣为妻，封其为皇后，以使“亲上加亲”。

因此，因为吕后个人的野心和巩固自己的权位，十岁的张嫣便嫁给舅舅惠帝刘盈，开始了皇宫的生活。

## 假借人子，少年皇太后

惠帝和母亲吕后的心胸和为人差别巨大，因此他一直都心怀抑郁。尤其是吕后千方百计毒死弟弟如意，还将如意的母亲戚夫人残酷地做成人彘之后，惠帝终日郁郁，不理朝政。舅舅娶外甥女原本是乱伦之事，但是为了母亲的野心，他被迫娶幼小的外甥女为妻，无论如何心理上都是很难接受的。软弱的惠帝对母亲无计可施，终日饮酒厮混，只愿求速死。虽然和外甥女成亲了，但从来都没碰过她。

张嫣和惠帝从未有过夫妻之实，更何谈有子嗣之说？更甚者说，结婚之时张嫣才十岁，如此幼小也不可能会有身孕。惠帝终日抑郁，婚后没几年就郁郁而终了。但为了巩固皇权和地位，吕后抢夺了一个宫女的儿子，并处死宫女以绝后患，然后谎称孩子是张皇后所生，取名刘恭，孩子就被顺理成章地立为皇太子。惠帝驾崩后，吕后立幼子刘恭为帝，称为少帝，少帝太小，吕后就仍称皇太后临朝称制，把持朝政大权。

按理来说，皇太子称帝，皇太子的母亲便是皇太后。但是在吕后时期，算是一个比较特殊的时期。吕后仍然称为皇太后，张皇后则不能称之为皇太后了，后世称之为孝惠皇后。于是十几岁的女孩张嫣，就做上了有名无实的皇太后。

### 诸吕散，独居深宫

吕后病逝以后，朝中大臣群起诛诸吕，皇族和外戚之间来了一场争权大斗，最终外戚兵败，皇族胜利。大臣们迎代王刘恒为汉文帝，将诸吕都诛灭了。文帝即位，其母亲薄姬被尊为皇太后，张皇后则移出未央宫前往北宫居住。因张皇后与诸吕乱政无关，得以在北宫安静度日。此后张嫣就无声无息地过着自己的生活。

公元前163年，张皇后病逝，以惠帝皇后之名与惠帝合葬，但却并未修陵墓。张皇后可谓孤独一生，至死时仍冰清玉洁，天下臣民及后世都对她极为怀念和怜惜，纷纷立花神庙来纪念她。

## 薄氏：西汉景帝刘启皇后

姓名：薄氏

生卒年：？~公元前148年

籍贯：山阴（今浙江绍兴）

婚配：西汉景帝刘启

封号：皇后

薄皇后（？~公元前148年），汉代山阴人，即今浙江绍兴人，西汉景帝刘启的结发之妻，薄皇后是薄太后的侄孙女，也就是刘启的表亲。刘启为太子时，薄太后将侄孙女薄氏许配给刘启当太子妃，刘启即位后，薄氏理所当然成了皇后。因刘启并不喜欢这个皇后，当薄太后去世以后，刘启即废掉薄氏的皇后位，薄氏悲伤成疾，一病不起，四年后郁郁而终。

### 薄太后巩固外戚势力，小薄氏被立为太子妃

薄太后即高祖刘邦的妃子薄姬，她本是魏豹的一个妃嫔，魏豹兵败后

薄姬等人都被送往刘邦的宫中，一次偶然间刘邦听到薄姬昔日旧友取笑薄姬，于是产生同情怜悯之心，当晚临幸薄姬，尽管只一次之后刘邦又从薄姬的生活里消失了，薄姬却幸运地怀上了刘邦的孩子，即刘恒。薄姬深知身处深宫大院，若不小心翼翼，随时都有失去性命的危险，因此她不与任何人争宠，待人小心翼翼，在后宫僻静的院落里安心养育着儿子刘恒，让其健康无忧地长大成人。也因此，薄姬才得以幸运地没有被吕后加害，并被送往代国与儿子相聚，最后儿子刘恒又当上了汉室天子，自己被尊为太后。

但是，薄姬当上了太后之后，就不再像以前一样与世无争了，她的思想起了变化，她也要维护自己的家族，巩固和保护家族的利益。这一点似乎与吕雉有相似之处，吕雉当时大力任用吕氏外戚，并且尽量与吕氏联姻，还不惜让自己的儿子刘盈娶自己的女儿鲁元公主的女儿，制造了一个舅舅娶外甥女的乱伦婚姻。这个时候的薄太后也有这种想法，她要巩固儿孙的地位，也要给自己的家族带来富贵。于是，她就想到，要让自己的孙子娶自己的侄孙女，孙子是皇太子，侄孙女是太子妃，将来太子继承王位，侄孙女自然也就是皇后了，天下都是自己家的。对于刘启来说，他并不喜欢祖母强加的这段婚姻，却不能违抗祖母的意愿。可是不喜欢就是不喜欢，这是不能强求的，因此即使与小薄氏成亲，小薄氏被立为太子妃，在各妃嫔里地位最高，刘启也和她始终不亲近。

## 靠山倒，排排倒

公元前157年，文帝崩，太子刘启即位，小薄氏被册封为皇后。然而，即使贵为皇后，景帝仍然不找皇后侍寝，常留薄皇后独守空房，暗自垂泪。后宫像一个大笼子，里面虽不缺衣少食，但里面的生活孤寂，无法不让人幽怨。薄皇后待在深宫又不被皇上宠幸，其他的妃嫔都有个一儿半女，她却什么都没有，不仅感情空虚，而且在母凭子贵的社会，时刻都有地位不保的隐忧。就现在来说，我们很能够想到，薄皇后当时估计比诗句里“天阶夜色凉如水，坐看牵牛织女星”还要幽怨一些。

公元前155年，薄太后去世，这对于薄皇后来说无疑是巨大的打击：这几乎是她唯一的靠山。果然，薄太后去世后不久，景帝就迫不及待地废了薄皇后的皇后之位，使她成为我国历史上第一位被废的皇后。之后不久薄皇后就悲伤病倒，四年后忧郁而亡，被葬于长安东郊。

薄皇后一生，应当说是安分守己，低调温顺的。一个不被皇帝宠爱的皇后，纵然内心里有诸多凄凉，但她终究并没有像历史上一些恶毒皇后和妃嫔一样，因妒忌而对其他人痛下毒手，后宫争斗。相反，在她统领后宫期间，她对待后宫妃嫔及王室子孙都比较客观公正，实属难得。最可惜她的命运不能为自己所把握，于是匆匆的一生就如同流水落花春去也，再无半点涟漪。

## 陈阿娇：西汉武帝刘彻皇后

姓名：陈阿娇

生卒年：？~公元前110年

籍贯：长安（今陕西西安）

婚配：西汉武帝刘彻

封号：皇后

陈阿娇（？~公元前110年），汉武帝刘彻的结发妻子，也是第一任皇后，后被废。陈阿娇是武帝刘彻的表姐，是景帝同父同母的姐姐馆陶长公主的女儿，也就是窦太后窦漪房的外孙女，深得外祖母窦太后喜爱。其父陈午，也是贵族之家，所以陈阿娇生性有些骄傲。后武帝另觅新欢，陈皇后因嫉妒众妃嫔做出令武帝恼怒之事，皇后位被废。

## “金屋藏娇”，表亲联姻

说起这陈阿娇陈皇后，自然要从其母亲馆陶长公主说起。馆陶长公主一直都很讨好弟弟景帝，常送美人入宫。后来景帝立太子，馆陶长公主就想让自己的女儿与太子结亲，这样就可以更加巩固自己的地位。太子之位要以嫡长子为先，可是景帝皇后薄氏无子，当时嫔妃中，栗姬的儿子刘荣最大，所以立刘荣为太子。馆陶长公主原本打算将女儿许配给太子刘荣，但是遭到太子母亲栗姬的拒绝，因此转而向另一个宠妃王夫人示好，王夫人看出这其中有很多的利益可得，于是一口答应下来。

班固《汉武故事》中记载，一天刘彻的姑姑馆陶长公主一边抱着刘彻玩耍，一边问小刘彻想不想讨老婆。小刘彻很认真地点点头，说当然想啊。姑姑就环指四周的宫女，问小刘彻，你想不想娶她们啊？刘彻摇了摇头说，不想。姑姑又问道，那你想不想娶阿娇姐姐呢？小刘彻羞涩地笑了笑说，当然想啊！我如果能娶阿娇姐姐，就专门用金子给她造一座金屋，让她住在里头。馆陶长公主听完非常高兴，两个小孩玩得也比较投机。

馆陶长公主与王夫人联姻之后，两人当然也要联合起来为自己的女儿、儿子谋利益。当时刘荣已经被立为太子，若是平平静静按部就班地发展，太子刘荣即位当皇帝，那么刘彻就只是一个诸侯王，自己的女儿也就只是一个王妃。对馆陶长公主来讲，若是废掉刘荣让刘彻当太子，那她的女儿将来就是皇后；对王夫人来讲，若是自己的儿子成为太子，那将来她就是天子的母亲。所以对于两位母亲来说，为刘彻谋取太子之位都是有利无弊的。

薄太后去世以后，景帝立即废黜了薄氏的皇后位，此时栗姬得意非常，心想着皇后位必能够被她收入囊中。而没有想到的是，后来事情却有了180度的大转弯，真是印证了那句话：谁笑到最后，谁才笑得更好。

与栗姬联姻失败使馆陶长公主非常生气，因此她决心一定要阻挠栗姬当上皇后这件事。公主与弟弟景帝关系比较亲密，她就时常同景帝说栗姬的坏话，使栗姬在景帝心目中的形象大打折扣。而栗姬本人也不是十分擅长处理人际关系，许多事情处理失误，更为严重的一次是景帝托她照顾自己其他妃嫔的儿女时，栗姬居然当场没有同意。皇后贵为一国之母，不仅要照顾自己的个人利益，更重要的是要照顾好皇帝的后宫大大小小的事，让皇帝不为后宫事情操心。栗姬如此心胸狭窄，实在难以担当一国之母的重任，于是景帝对栗姬非常失望。

再加上王夫人和馆陶长公主使计，景帝果然一怒废掉了刘荣的太子位，栗姬也被打入冷宫，而景帝宠妃王夫人就顺其自然地当上皇后，儿子刘彻被册封为太子，陈阿娇也就成了太子妃。

## 琴瑟和谐，患难与共

陈阿娇嫁给刘彻以后，倒是时时刻刻都在为刘彻着想。刘彻虽然当了太子，并且在景帝驾崩之后也顺利坐上了皇帝宝座，但是这个座位是不稳固的。首先刘彻非嫡长子，而且排位第十，按古时候的传统应该是排队都排不上他。他当上太子除了母亲聪慧有计谋之外，姑姑馆陶长公主功不可没。再者，汉朝外戚专权比较严重，太后控制朝政大权也屡见不鲜，而刘彻的祖母窦太后也是一个喜欢干预朝政的太后，更重要的是，窦太后和刘彻的政见非常不同。

窦太后非常相信黄老之学，宣扬无为而治。而武帝刘彻则逐渐相信儒学，大量任用和重用儒士为官，窦太后非常不满，经常干预朝政。武帝曾任命儒学大师申公的两位弟子赵绾、王藏为官，还打算修太学弘扬儒学，效仿古制，行传统礼仪，最重要的是令朝政之事不必事事征询后宫和太后的意见，结果惹怒窦太后，将所有牵扯官员都罢去官职，此后武帝凡事都先让窦太后参阅才做定夺。

政见不一，矛盾必然比较多，即使是祖母和孙子也会有矛盾不可调和的时候。窦太后权势很大，所以若是一不小心惹恼了窦太后，很可能皇位就不保了。但是好在窦太后非常宠爱阿娇，看在外孙女的面上对刘彻倒是客气很多，阿娇凡事也都为着刘彻着想，再加上刘彻的母亲王夫人一直小心翼翼地维护儿子的势力和地位，武帝的皇帝位逐渐稳固起来。

所以在武帝当皇帝初期的时候，武帝和陈皇后还算是患难与共，比较和谐的幸福夫妻。

## 君情妾意东流去，误入巫蛊迷雾

刘彻小时候就说出“金屋藏娇”的话来，可见真的是天生爱好美人。当初地位不稳固的时候，还是要仰仗姑妈和皇后陈阿娇的，后来羽翼丰满了，陈阿娇年岁也逐渐大了，自然魅力就不能跟花季年华的少女相比。再者，刘彻娶阿娇以及册封其为皇后等事宜，不过是感激姑妈的帮扶之意而已，对这个表姐感情也不是很深厚。

一次，刘彻回京途中路过姐姐平阳公主家，平阳公主就派府上歌姬唱歌跳舞来招待弟弟武帝。歌姬中有一人，即卫子夫，据说此人有倾国倾城之貌，且舞姿轻盈曼妙，武帝瞬间被她吸引，似乎魂都不在自己身上了。平阳公主见此，就将这名歌姬献给武帝，武帝大为欢心，于是大赏姐姐。

卫子夫被武帝带到后宫以后，后宫佳丽都失了颜色，武帝更是对她百般娇宠。皇后陈阿娇逐渐受到冷落。在佳丽无数的后宫里，得宠与失宠不过是太频繁也太平常的事，正如有名话说：“以色事他人，能得几时好？”只是有些人能心平气和地接受，比如薄太后当时就默默地待在宫中，有些人则咽不下一口恶气，如吕太后就对后宫妃嫔和其他妃子的子嗣痛下毒手，更有些人就是始终不愿服输。陈皇后对于自己的失宠也充满着怨气，但她不敢对皇上说什么，于是这气自然就转移到皇上的新宠——卫子夫身上。

当女人被感情冲昏头脑的时候，她总是自以为聪明。所以陈皇后也一样，她想着对卫子夫下毒手，没了卫子夫，也许武帝会对自己回心转意。但是，几次对卫子夫下手，不但没有得逞，反倒被卫子夫发现，跑到武帝面前大告皇后的状，武帝自然很生气，谁敢动他的宠妃，那不是跟他过不去吗！

这次失利并没有让陈皇后放下报复的计划，她想起有种巫蛊之术，能置人于死地，于是她决定试一试。她要对那些得宠的妃子施以诅咒，让她们无子嗣，不得好下场。这种诅咒当然只是虚无之事，但事情却传到武帝耳朵里，武帝派人彻查。最后武帝下了一道诏书，认为陈皇后有违妇德，没有母仪天下的风度，不适合当皇后，然后将其幽禁在长门宫。

### 别在长门宫，千金买赋

陈阿娇此后就在长门宫里过着孤独幽怨的生活，她仍然希望武帝能回心转意，能有一天将她接回正宫，但是武帝似乎再没有此意了。

女儿被禁长门宫，馆陶长公主非常着急。当初把女儿嫁给刘彻是为了让女儿更幸福，没想到居然反落到如此田地。于是馆陶长公主就花千金请了司马相如写就《长门赋》，有言："忽寝寐而梦想兮，魄若君之在旁。""伊予志之慢愚兮，怀贞悫之欢心。愿赐问而自进兮，得尚君之玉音。"强烈地表达了陈皇后的情感。然而，武帝虽对此赋大为赞赏，却并没有因此而改变对陈皇后的处置。

十几年后，约在公元前110年，陈阿娇病逝，陪葬在其外祖父汉文帝霸陵附近。

## 卫子夫：西汉武帝刘彻皇后

姓名：卫子夫

生卒年：？~公元前91年

籍贯：河东平阳（今山西临汾）

婚配：西汉武帝刘彻

封号：皇后

卫子夫（？~公元前91年），河东平阳人，即今山西临汾人，汉武帝刘彻的第二任皇后。卫子夫原本是刘彻姐姐平阳公主府上的一名歌姬，后被武帝临幸，进入宫中。西汉历史上大名鼎鼎的大将卫青和霍去病分别是卫子夫的弟弟和外甥，她也是中国历史上在皇后位上比较久的一人。只是武帝末年巫蛊之祸生事端，太子蒙冤起兵反抗，卫子夫因无法证明自己的清白也被逼自杀。

## 一曲歌舞惊得见，带入宫中侍天子

卫子夫本是奴仆之女，平阳公主见其天生丽质，身材苗条婀娜，于是将其带回府上，让她学习歌舞之技。据说卫子夫有着花容月貌，站在歌姬中间顿时所有人都黯然失色，只有她像一朵奇葩一样立于其间。

有一次武帝路过平阳公主家，就顺便去府上看望姐姐。平阳公主立即大摆筵席招待，并且让府上的歌姬都出来唱歌跳舞以逗武帝开心。卫子夫当然身在其中，甚至平阳公主还有意安排她见武帝。

卫子夫一出场，武帝顿时被吸引。爱美之心人皆有之，何况是如此让人惊艳的美女呢！武帝便悄声问身边的姐姐，这姑娘是什么人？公主一听，当然满心欢喜，这表明武帝对卫子夫有意思呢，又是一个讨好皇帝的好筹码。平阳公主笑着告诉弟弟说这姑娘叫卫子夫。宴席期间，武帝起身更衣，平阳公主就派卫子夫去侍奉武帝更衣。皇上更衣见美女，此事可想而知。武帝离开时，平阳公主就将卫子夫送给了武帝，有如此善解人意的姐姐，武帝十分开心。对于皇族之人来讲，谁有权势就讨好谁，谁有筹码谁就赢。所以即使是亲兄弟姐妹，姐妹们送美女给皇帝兄弟以讨欢心之事屡见不鲜，他们都是通过这样来保全和争取更多的利益。

后宫有卫子夫等众多妃嫔，武帝便对皇后陈阿娇冷落了起来。刘禹锡有诗曰：望见葳蕤举翠华，试开金屋扫庭花。须臾宫女传来信，言幸平阳公主家。陈阿娇是何许人也？她是窦太后的外孙女，武帝姑妈馆陶长公主的女儿。所以她生性就有些骄横，遇到情敌绝不会忍气吞声。但是武帝毕竟是一国之君，不是普通的男子，所以心中纵有千千万万的怨言，她也不敢对武帝发怒。但是对卫子夫就不一样了，一个出身卑贱的女人，凭美色被武帝宠幸而已。于是陈阿娇就心中有数，要对卫子夫痛下毒手，消灭这个女人，消灭自己的敌人，消灭自己受宠路上的绊脚石。可幸的是，虽然皇后陈阿娇几次三番对卫子夫下毒手，但都没有成功，反而被卫子夫和其他众妃嫔发觉。此事传到武帝耳朵里，不仅没有实现陈皇后的计谋，反而让武帝更加冷落陈皇后，对卫子夫更宠爱有加了。

## 帝王得子，欣喜若狂立夫人

其实卫子夫也并不是一入宫就得到武帝宠幸，武帝后宫佳丽众多，每天排一个每个人都排过来估计也要花上个几年的时间，所以他很快就忘了卫子夫这个从姐姐府上带来的歌姬。直到偶然的机会，武帝想遣散一批无用的宫女，再重新招入一批新的宫女，卫子夫就要求被遣散还其自由身，武帝这才想起来还有一个卫子夫，从这时起卫子夫才真正得宠，不久以后卫子夫就有了身孕。陈皇后逐渐失宠还有另外一个原因，就是结婚多年，陈皇后却一直未能有孕。因此对于怀孕的卫子夫，她就十分嫉妒。于是她和母亲刘嫖绑架卫子夫的弟弟卫青，企图将他杀害，结果被卫青的朋友所救。武帝知道此事后勃然大怒，下旨授予卫子夫的兄弟进京接受侍中的官职，成为皇帝近臣，一来表示对卫子夫的宠爱，二来对他们也是一种保护。公元前128年，卫子夫产下一子，就是刘彻的第一个儿子刘据。此时的武帝刘彻已经29岁，对于一个29岁还没有儿子的皇帝来说，对儿子的渴望之情简直没法用言语描述。因为天子想要儿子不仅仅是一个普通人想要做父亲的情怀，还是事关江山社稷的大事情，是孝悌之道的大事情。此时的武帝，真的是欣喜若狂。所以刘据一出生，刘彻就认定这必定是太子，还立刻请人作《皇太子赋》昭告天下，卫子夫的身份也立刻变为夫人，地位仅次于皇后。

这期间陈皇后因用巫蛊之术诅咒武帝宠妃，被发现之后武帝大怒，下诏废黜其皇后位，交出印绶，幽禁于长门宫。武帝宠爱卫子夫，且卫子夫又为他生了第一个儿子，所以刘据出生后不久卫子夫就被册封为皇后，成为一国之母。

汉朝有一个传统，那就是选入后宫之人并不在乎其先前身份的尊卑贵贱，所以无论是王侯将相之女，还是平民百姓之家，或者世代出身奴仆，只要有美色，都有入后宫的机会，正如同英雄不论出处的感觉一样。这种传统，大概是源于高祖刘邦也是出身民间，所以在汉朝这种出身制度倒不是很严格。也正因为如此，汉室后宫里有不少出身寒微但深受皇上宠爱的妃子甚至皇后，例如窦太后，她是孤儿，来自民间。卫子夫就更加卑微，她母亲卫媪是个奴隶，也就是说她是奴隶之女。所以卫子夫的一生也算是跌宕起伏，从一个奴隶之女，变成平阳公主府上的歌姬，然后由一个歌姬，一跃成为一国皇后，到晚年失宠自杀，可谓是可歌可泣。

可能与其出身有关，卫子夫当上皇后以后也还是保持低调谦恭的态度，因此赢得后宫的信服以及大臣们的尊敬。历史上宫廷斗争一直都是一个不间断的话题，也几乎是宫廷生活中的一个主题，但是卫子夫当皇后期间并不是专注于与其他妃嫔争宠以及聚敛钱财和扩张自己外戚家族的势力，她相当兢兢业业地照顾后宫，替武帝解决后顾之忧，也正因此才赢得武帝长期的信任和恩宠。不然，一个女人如果想只凭借美貌俘获皇帝的心从而统治后宫38年，这是不可想象的，因为最容易老去的就是容颜，真正能深入人心的，永远是恭俭谦厚的品性和为人。

卫子夫成为皇上宠妃以后，她的家族当然也跟着沾光。可是与其他只知道沾光和夺取钱权的外戚不同，卫子夫的家人为朝廷做出了很大的贡献，立下汗马功劳。提到卫青、霍去病这两个名字，一般人都很熟悉，因为这确实是历史上抗击匈奴立下赫赫战功的大将，所以广大朝臣对于卫氏的外戚都是佩服的。

武帝是比较好美色的，所以也很容易见异思迁，遇到漂亮的妃嫔就很容易冷落先前的宠妃，甚至皇后。当陈皇后年纪大了，武帝没法忍受她的脾气了，于是就逐渐冷落了她。遇上年轻貌美的卫子夫，于是见异思迁了。但是美人总有老去的一天，年老色衰的时候自然不受恩宠，所以即使是卫子夫，也没能逃离失宠的这一天。武帝逐渐又有新欢了，他始终只爱那些十七八岁的年轻美人。

卫子夫即使是在失宠以后，也尽职尽责地打理后宫之事。武帝对卫子夫非常放心，几乎将后宫之事全权交给卫子夫处理，卫子夫也会把重要的事情向武帝禀报。

子随母性，因此太子刘据生性宽厚，好推“仁政”，体恤百姓，体察民情，平反冤假错案。武帝恰恰是有些暴烈之人，有酷吏的倾向，也制造了一些冤假错案，武帝后期还有“罢黜百家，独尊儒术”的强制之举，这和太子的平和宽厚就非常不一样。因此，太子是很得百姓喜爱，也深受那些宽厚大臣们爱戴的，却很不受武帝的酷吏们欢迎。

卫子夫经常对此担忧。毕竟现在武帝已经不像以往那样宠爱她，二来太子老是这样反武帝而行之，难免会招得武帝不满。所以卫子夫多次和太子谈话，让他多揣摩父亲的心思。好在卫子夫和太子之间母子关系好，所以逆耳忠言说说无妨。不过武帝知道此事后的反应倒不一样，他认为太子这么做是对的，皇后这么说反倒不对了。并且让他们母子宽心，太子敦厚必定能安天下，他对太子很放心。母子俩也不必担心太子同他做法不一，也不必担心现在不宠幸皇后就会危及他们的地位。由此可见武帝对他们母子，感情真的不一般。

## 巫蛊之祸起事端，太子蒙冤母亦冤

武帝统治末期，年事很高，已经有点糊涂，并且最重要的是年纪一大身体机能下降，各种病症也多，自己也变得非常多疑，总觉得有人希望他早点死，好占据江山和皇位。于是身边一些小人，就开始挑拨武帝和太子之间的关系。这其中有一个人叫江充，是个有名的酷吏。江充早年就与太子有过节，一次太子派人去甘泉宫（武帝休养的地方）请示武帝一些事情，使臣不懂规矩误走了皇上才能走的车道，结果被江充发现。太子知道后立刻派人到江充府上，请求江充网开一面，江充却不予理会，两人就有了矛盾。

随着武帝年纪越来越大，身体日渐衰弱，眼看着一日不似一日，江充害怕武帝死后太子即位，首先就会拿他开刀，于是就想要陷害太子。江充蛊惑武帝，说他之所以生病是因为被人诅咒，即巫蛊之术。武帝信以为真，就派江充搜查此事。正所谓欲加之罪，何患无辞。所谓巫蛊之术，本来就是江充蛊惑之语，想污蔑太子那就更简单了。于是江充就派人带着准备好的巫蛊材料来到太子府上，假装是从太子府上搜出的。而天真的太子以为自己行得正坐得稳，没做过的事谅也不能将白的说成黑的，所以他打算亲自向武帝解释清楚。但是江充不可能让太子见到皇上，否则他的阴谋暴露，岂不是就无葬身之地了？他要让太子死，而不是他自己。

面对江充的阻挠，太子想江充一直伴在武帝身边，武帝到底是生是死还不清楚，也许江充早就将武帝毒害或者控制也说不定。于是他决定起兵反抗，捉拿江充。但是，当武帝派使臣打探情况时，遇京中正在交战，使臣不敢进京，却谎说是太子起兵叛乱。结果太子走投无路，只好自杀。卫子夫是太子的母亲，所以也受到怀疑。而最关键的是，她也拿不出证据证明自己是清白的，所以最后也被逼自杀。

实际上，史学家们都认为太子是清白的，并没有造什么巫蛊之术，全是小人陷害。所谓起兵，也是被逼无奈，是害怕父皇被奸臣所控，他务必平下反贼。

含冤而终的卫子夫，死后只有一口小棺木。直到汉宣帝即位，才将其改葬，追谥号为“思”，也就是“孝武卫思后”。

## 许平君：西汉宣帝刘询皇后

姓名：许平君

生卒年：公元前88~公元前71年

籍贯：昌邑（今山东菏泽）

婚配：西汉宣帝刘询

封号：皇后

谥号：恭哀

许平君，昌邑人，西汉宣帝刘询的第一任皇后，汉宣帝是太子刘据的后人，因巫蛊之祸牵连，所以与汉宣帝成婚时两人皆为平民。但是许平君对平民时的汉宣帝也不离不弃，最终汉宣帝登上帝位也仍然记挂着结发之妻，将其封为皇后。可惜遭到霍光之妻嫉妒，为扶自己女儿为后而将许皇后毒死，宣帝对她一直念念不忘。

## 结婚前欧侯病逝，刘许结为平民夫妻

宣帝刘询和许平君的这段婚姻，还得从巫蛊之祸说起。刘询是刘据的孙子，刘据就是巫蛊之祸里被冤枉的太子，皇后卫子夫之子。当年巫蛊之祸起，太子刘据被迫起兵，后被武帝误认为是起兵叛乱谋夺皇位，太子和卫子夫都被逼自杀，刘询虽然刚出生不久，但也受到牵连，同其他人一起被关进了监狱。太子刘据应该说是个宅心仁厚的人，所以深得下层官员和民众的喜爱，再加上刘询毕竟是个襁褓中的婴儿，因此得到负责巫蛊一案的官员的照顾。昭帝即位以后，巫蛊一案得到赦免，刘询被送往张贺掌管下的掖庭生活，张贺是刘据的旧部下，因此对刘询照顾有加。这时候许平君的父亲许广汉在张贺手下做事，因此认识了刘询。

许广汉有一个女儿，就是许平君。当时许平君已经被许配给内谒者令欧侯氏的儿子为妻，但恰好就在结婚前夕，对方因病不治而亡，这许平君就没嫁。刘询也到了结婚的年纪，所以经过大家一撮合，刘询就和许平君结婚了。当时两人都是一介平民。

## 故剑情深，宣帝册封许皇后

刘询与许平君结婚时是公元前75年，一年后许平君生下儿子，同一年刘询被拥戴为皇帝。说起为何刘询突然间被拥为皇帝，这中间还是有点小故事的。在刘询和许平君的儿子出生后不久，当时在位的昭帝就驾崩了，而昭帝无子嗣，所以要另找人选为皇帝。昭帝一直都是由霍光等人辅佐，因此霍光在朝廷的势力已经很大了，当时霍光等人就拥立当时的昌邑王刘贺为帝。没想到这刘贺只是个吃喝玩乐的料，登基没几天就原形毕露，无法无天，荒淫无度。最后大臣们只好奏请上官皇太后废掉刘贺，上官皇太后应允。经众人权衡，觉得刘询是个合适的人选，奏请上官皇太后后也得到通过，因此才拥立刘询为皇帝，是为汉宣帝。

刘询登上皇位，妻子许平君就是皇妃，当时就被封为婕妤。立皇后也算是国家大事，所以群臣都上奏宣帝早日册封皇后。霍光有一个女儿霍成君，他十分想让自己的女儿成为皇后。但是宣帝感念患难与共的结发之妻，他心里寻思的是立许平君为皇后。所以有一天，宣帝“莫名其妙”地下了一道“寻故剑”的诏书，说以前我身份贫微，但是有一把故剑，我们感情深厚，现在十分地想念它。不知道众爱卿中有没有人能帮我将那把旧剑找回来呢？朝中大臣心思各异，但毕竟都不是草包，众人一听就知道宣帝的意思，这不明摆着宣帝是打算要让许平君为皇后吗？于是群臣就奏请立许平君为皇后。

在当皇后期间，许平君尽心尽力打理后宫，贤德节俭，对得起宣帝力排众议立其为后。

## 霍家嫉妒暗中下毒，宣帝最终晓其究竟

但是霍家始终没有放弃追求皇后的位子，因而始终对许平君不满，尤其是霍光的夫人。她时刻没有放松，就像一只老鹰一样在盯着皇后的宝座。第二年，许平君又生了一个孩子。当时侍奉许皇后的御医恰好私下里和霍

夫人比较交好，霍夫人一看时机来了。于是她就与御医串通，让御医将一种有毒的草药附子随身带进宫里，放进许皇后的药汤。许皇后喝完药之后觉得十分不舒服，不久就毒发身亡。宣帝十分悲痛，他无法忘记情意浓厚的结发之妻，但是现在只能将其厚葬，追封为“恭哀皇后”。

后来有人说，皇后死因蹊跷，一定是御医捣鬼。霍夫人一听，害怕宣帝抓御医询问，于是就把事情原委都告诉了霍光。霍光一听冷汗都下来了，但是他也没办法，他觉得最好的办法就是将事情如实禀报给宣帝。宣帝听后悲愤交加，但是在朝廷霍光一手遮天，暂时还不能得罪他。

后来霍成君如愿当上皇后，但是她骄横跋扈，生活奢侈，宣帝十分不悦。在霍光去世以后，宣帝大松一口气，于是又加封许平君的父亲许广汉，并且立他和许平君的儿子为太子。这时霍家母女又起歹意，想要毒死太子，但阴谋没有得逞。之后霍家又发动政变，宣帝趁机将霍家一举消灭，霍皇后也被废黜，算是替许平君出了一口恶气。

## 王政君：西汉元帝刘奭皇后

姓名：王政君

生卒年：公元前71~13年

籍贯：元城（今河北大名）

婚配：西汉元帝刘奭

封号：皇后

王政君，今河北人，西汉元帝刘奭的皇后。王政君相貌平平，才能也平凡，本是很平常的一个人，却因偶然的机会，在历史上却产生了很不平凡的影响：可以说大汉江山就毁在这个女人的手上。王政君本是一个没什么主见的人，但是母凭子贵，她当上皇后，又当上皇太后，最终掌握了汉朝实权。但是一个女人治理江山，必定多靠娘家人，结果最终导致王家外戚篡权，被侄子王莽夺了天下。最后，身为太皇太后的王政君悲愤而死。

## 一朝陪侍太子侧，一次临幸得皇子

据说王政君的母亲在怀她时也有传说，说曾经梦到月亮到了自己的怀里，之后就怀上了王政君。不过王政君的童年不是很幸福，因为她的父亲王禁是个花花公子，好美色，因此家有很多小妾。王政君的母亲因受不了他父亲好色的秉性，于是改嫁他人，而王政君留在王家，从此很少享受到母亲的关怀。

好在王禁也算是官宦之家，家境尚可，所以王政君衣食无忧，也受到一些教育，很是温婉可人，也比较贤惠，远村近邻的人对她还颇多赞扬。

到了及笄之年，父亲王禁就把她许配给人。可是还没进门，未婚夫婿就生病而亡了。其后父亲王禁又把她许给东平王为妾，没想到类似的事情又发生了，这东平王在她还没进门的时候又一命呜呼了。这种事遇到一次是偶然，如果每次都这样，就会让人产生联想，所以父亲也很奇怪，莫不是女儿有克夫的命？于是父亲王禁就去找相士给王政君算上一卦，这人看过卦象之后对王禁说：你女儿不是克夫，而是富贵之命，只是这是天机，我暂时不可泄露。这王禁听后不禁喜上眉梢，于是也不再继续将王政君许配他人，而是转而大力栽培女儿，请人教她读书练琴。

宣帝甘露元年，王政君已经18岁了，正好就被选入宫里，但只是一名地位很低的宫人。进宫以后，她默默无闻，没什么崭露头角的机会，但是很快转机就来了。

当时还是皇太子的刘奭非常宠爱妃子司马良娣，但她却抱病而死。死前司马良娣对太子凄凄怨怨地说，她的死并非是真的宿命到头，而是因为其他的妃子因嫉妒太子对她的宠爱而将其诅咒，结果才生病不治。她很舍不得离开太子殿下，也死不瞑目。太子悲痛欲绝，也对妃子们心存忌讳，甚至决心不再碰其他妃嫔，要跟她们保持距离。

可是这时候太子还没有子嗣，不孝有三，无后为大。即使是一个普通人，也不可没有儿子，更何况是皇家子孙，还是身为太子呢！这不仅关系刘家血脉，更关系到汉家江山。所以宣帝见太子如此，非常地焦虑，他敦促皇后务必要为太子选一些侍女伺候他。

这一天，太子去拜见皇后。皇后就趁机将选好的五名宫女叫上来站在太子面前，让他挑选出喜欢的来伺候他。当时的太子还沉浸在痛失爱妃的悲痛之中，完全无心去挑选宫女，但是又不得不应付母后，所以头也不抬就随手指了一个。而这偶然的是，王政君恰恰是这五个宫女之一，更加偶然的是当时她就站在离太子最近的位置。太子这么一指，皇后再看看这宫女也长得五官端正，于是满心欢喜地就将王政君送到了太子的寝宫。

太子并不喜欢王政君，这一夜过后，王政君居然就怀上了太子的儿子。江山后继有人，宣帝当然十分开心，所以经常没事的时候就带小孙子玩，逗他乐，还亲自给他取名，即刘骜，于是王政君也就成了太子妃。

## 母凭子贵，飞上枝头当皇后

小刘骜三岁的时候，爷爷宣帝驾崩，时年为公元前49年。刘骜的父亲，当时的太子刘奭登基为元帝，作为长子嫡孙的刘骜自然就被立为太子。按道理，太子的母亲理所当然地会被选为皇后，可是这刘奭却犹豫了，他很纠结。当时刘奭有两个宠爱的妃子，一个是傅氏，一个是冯氏，而且傅氏和冯氏也都在王政君生下刘骜之后不久就给刘奭生下了儿子刘康和刘兴。他多想立宠爱的傅氏为皇后啊！他不想立一个自己对她一点感情都没有的皇后。可是，即使是皇帝也有难以改变的传统规制，还有一群拥护传统的忠心朝臣，他怕再不做出决定就会闹出非议了，于是元帝也只好委曲求全，立太子的母亲为皇后。

于是王政君，就真的完全是母凭子贵，当上了万人之上的皇后。

虽然不能如愿地立自己的宠妃为皇后，但是元帝不会忘了她们。于是他专门为宠妃设了一个名号：昭仪。昭仪，就是后妃中地位仅次于皇后的人。傅氏和冯氏，自然就升为昭仪了。而皇后，有了名，有了权，有了地位，却没有皇帝的爱，后来甚至这地位都受到了威胁。

刘骜小时候倒还很积极上进，熟读经书，谦恭有礼。但是后来逐渐贪图享乐，抛弃经书，越来越不上进，元帝对他也越来越失望，甚至萌生了废太子的想法。这想法传到王政君和太子刘骜的耳朵里，两人很是惊恐。而这个时候，幸亏元帝的一个贴身近臣史丹向元帝请求保留太子之位，元帝才长叹同意，毕竟太子深得宣帝宠爱啊！王政君母子这才得以保全自己的地位。

## 儿子即位，太后掌权，兄弟同日封五侯

公元前33年，元帝病逝，太子刘骜即位，是为成帝，王政君被尊称为皇太后。成帝刘骜并没有因为登上帝位而觉得有义务担起江山之责，反而是继续沉迷酒色。因此朝政大权就落入到太后王政君手里，她开始大力任用外戚王家人。

王政君的父亲有不少妻妾，因此王政君的兄弟也比较多。王政君非常重用她的兄弟们，以长兄王凤为首，官至大司马大将军领尚书事。并且其兄弟都得到了封侯，甚至同一天有五个兄弟同时封侯。从此这王家就有些恃宠傲物，大兴土木，扩充自己的势力。

一旦太后掌权，政权就很容易落到外戚手里，这是很容易想到的。一个女人，她再大的能耐，也不能一个人统领天下，她得靠别人支撑。而一个女人她能靠谁呢？自然是娘家人。所以这个时候最容易受重用的，就是娘家的人。如果这外戚都是贤人能人，便能辅佐其将国家治理得更好，如果是只贪图权势和享乐的，那江山就存在危险了。而王家，显然不是什么追求江山社稷，保百姓安居乐业之辈，所以在成帝沉迷酒色，王太后和外戚家族控制的政权下，朝政腐败，百姓生活苦难，贪官污吏横行，民间治安也很混乱，西汉的盛世局面逐渐衰落下来了。

## 外戚专权日盛，侄子王莽终篡权

元帝在位的时候，有想过废除刘骜的太子之位，转而立傅昭仪的儿子定陶王刘康为太子。这刘康比较贤能，熟读经书，通晓礼节。成帝即位以后虽沉迷于玩乐，但是对这个弟弟还是很欣赏的，将其从定陶召到身边陪伴自己。由于成帝没有子嗣，他甚至有意将皇位传于刘康。但是王氏家族见成帝和刘康走得很近，于是就想尽计谋将刘康遣回远离成帝的定陶藩国，以免威胁自己的利益。

这个时候的王家，个个都骄奢淫逸。唯独王莽像一颗光洁的明珠，在这一群奢靡的人中间洁身自好，孝顺有礼。这王莽就是王政君三哥的儿子，三哥去世以后王莽母子无所依靠，生活窘迫，但是王莽却举止有礼，对叔伯姑母恭敬有加，因此深得王政君大哥王凤的欢心。王莽也对王凤尽心尽力，因此王凤在离世前就拜托王政君母子一定要给这可怜的侄儿一官半职，从此这王莽就得到了王政君的重用。

成帝驾崩以后，因没有子嗣，于是定陶王刘康之子刘欣即帝位，即哀帝。这哀帝就是元帝宠爱的昭仪傅氏的孙子，因此哀帝即位，傅氏也得利，结果王氏家族和傅氏又产生了利益纠葛。此时的王莽已经得到大司马的职位，两家争斗比较厉害。为了使争斗降降温，王政君就建议侄儿先离开大司马的职位。

没几年哀帝驾崩，在哀帝临终前，王政君逼迫其将军政大权交给侄儿王莽，王莽又得到大司马的职位。哀帝无子嗣，因此王政君和王莽就迎中山王刘兴年仅九岁的儿子即位，史称平帝，王政君以太皇太后的身份临朝称制。

这时候王莽就开始要弄他的小心思了，他对王政君说太皇太后不宜操劳，朝廷小事交给他来处理就行。结果王政君没看出王莽的意图，反倒以为是为自己着想，就非常高兴地答应了，说是除了分封王侯的事情之外，其他的就交给王莽一手包办，于是这朝政大权就落到王莽手里。

平帝逐渐长大，对王莽专权有些不满。王莽也觉察出小皇帝的不满情绪，于是先下手为强，将小皇帝杀害，又拥立一个两岁的小儿，自己一手把持朝政。太皇太后王政君没想到自己一手栽培的侄儿竟然有谋夺皇权的野心，她悲愤交加，可是也没有办法，此时王莽的势力已经很庞大了。

8年，王莽连只坐个位子的小皇帝也忍不了，将小皇帝废去，将皇冠戴到自己头上，还亲自坐上龙椅。为了真正取代汉室江山，他竟然恬不知耻地向太皇太后王政君索要汉室玉玺。王政君此时已无法阻挡王莽的新政权，她即使想愤怒地诅咒王莽，但也无力回天，她再不忍将玉玺交出，也无法保证王莽不会拿到，所以她使劲将玉玺砸向王莽。王莽终将天下收为己有，从此建立了新朝政权。

13年，太皇太后王政君悲愤而死，享年84岁，与元帝合葬于渭陵。

## 赵飞燕：西汉成帝刘骜皇后

姓名：赵飞燕

生卒年：？~公元前1年

籍贯：不详

婚配：西汉成帝刘骜

封号：皇后

赵飞燕，西汉成帝刘骜的宠妃，在将皇后许娥陷害之后，被成帝立为皇后。赵飞燕是个耳熟能详的名字，与唐朝杨玉环有“环肥燕瘦”之称，是历史上有名的美人，文人骚客笔下的宠儿。她可以称得上是中国古代史上有名的舞蹈家，但她同样也可以担当阴谋家的称号。在赵氏姐妹的魅惑下，成帝不理朝事，国家日益衰落。而且赵氏姐妹得势以后，居然频频害死成帝子嗣，以至于成帝至死无子，最终要另选皇侄继承皇位，真可谓是红颜祸水。

## 穷苦燕燕飞上天

赵飞燕虽然后来在宫中深受成帝宠爱，要风得风要雨得雨，但其实她出身卑微，甚至一出生就被父母遗弃，却不料是大富大贵之命。飞燕的父亲是官家的奴隶，日子穷苦，并且也没有办法改变自己家里的处境，按照正常的发展，应该是子子孙孙都将世袭他的官奴身份。飞燕出生以后，家里无法承担起养育一个女儿的负担，自己的日子都快过不下去了，哪还养得起一个姑娘呢？夫妻俩心一横，把这刚出生的婴儿送到野外丢弃了。

可是孩子毕竟是娘身上掉下来的肉，哪有父母不心疼的。三天以后父亲放心不下，就去丢弃婴儿的地方看看，没想到这小家伙还活着！父亲大为惊讶，刚出生的婴儿一点没保护好就容易夭折啊，她在野外三天没人照顾都能挺过来，一定是命不同凡人。所以父亲又将她抱回了家，将她精心喂养着。

那时候穷人家的小孩养不起，稍大一点就送到官家的府上做丫鬟奴婢，飞燕就来到了阳阿公主家。阳阿公主一看这丫头身材苗条柔软，长相清丽出众，就让她学习歌舞，做了府上一名歌舞伎。这飞燕真是天生的舞蹈家，她跳起舞来整个舞池里就她最耀眼，无疑是当之无愧的明星。除此之外她还精通音乐，能弹得一手好琴。

一天，成帝同往常一样出外游玩，来到阳阿公主家。阳阿公主就派府上的歌舞伎出来助兴，这就是飞燕登场的时候了。在一片金杯银盏之中，飞燕翩翩而来，婀娜的身姿已经将成帝的魂魄勾住，目光在她身上无法转移。随着音乐声起，那身姿便如同花枝，如同燕尾，那轻盈与妖娆已经让成帝无法自拔，一曲过后便无法回过神来。遇到如此艳丽的美人，成帝十分开心，宴会过后就要带飞燕一同回宫，要将这绝世美人据为己有。

飞燕随同成帝入宫以后，瞬间就将后宫其他佳丽比了下去。原本成帝还比较宠爱皇后许氏，许氏属于贤惠端庄有修养的美人，但毕竟此时的许氏同年轻妖娆的飞燕比较，早就没了颜色。飞燕从下层社会而来，从小家境贫苦，所以很是懂得如何博取别人的欢心，如何争取自己的利益。不消几天，成帝就同飞燕如胶似漆，一日不见如丢失魂魄。

虽然非常得宠，但是飞燕也十分清楚，身在后宫就不仅仅是抓住成帝一个人的心那么简单，后宫是一潭深不见底的水，现在虽然被成帝宠着红极一时，但却也防止不了其他后妃会暗害于她，孤身一人在后宫里，怎斗得过群芳的联手呢？于是飞燕就想到了那出落得比她还艳丽的妹妹赵合德。她要把合德也介绍给成帝，姐妹俩一起同心协力维护其在宫中的地位。

成帝对于美色，从来都不拒绝，应该说迎之而唯恐不及。听说飞燕还有一个比她还水灵的妹妹，别提有多开心。见到合德以后，果不其然，成帝简直乐得合不拢嘴，两个天仙站在自己面前，谁能比自己更有艳福呢！当即就下旨封赐，封两姐妹为婕妤，地位高于众妃嫔之上，仅次于皇后。

## 恃宠谋图皇后位

人的贪婪和欲望总是无止境的。飞燕姐妹在宫中百般受宠，成帝几乎是她们俩的专属丈夫了，可是飞燕仍不满足。她要的不仅仅是这些，不仅仅是被成帝宠着，她还要权力，要位子，她要当皇后，要当后宫最高的统帅。

可是皇后位子上早就有人了，平白无故是不可能轻易让皇后退下来的，也不能凭着皇帝宠爱谁就让谁当皇后，更不可能有人会主动让出位子来，所以这一切必须得用脑子，用计谋。

当时的皇后许氏已经不怎么受宠，并且皇太后以及权臣王凤等人对其也颇有微词，许氏的地位也没什么保障。本来有孩子的许氏，又不慎将孩子丢失，这无疑是给她增加了一个致命伤。所以许氏的威胁不是很大，找个借口就能将她拉下来。但是许氏下台以后，要怎样才能保证成帝一定立她为后呢？这里面剩下的最重要的一个就是，要保证其他的后妃不能有成帝的儿子，否则，其他人还是能对她造成威胁。所以赵飞燕一边谋取皇后位，一边同妹妹联手，将所有被成帝宠着，以及怀上成帝骨肉的妃嫔都视为自己最大的障碍，要将她们全部铲除。

这个时机很快就到了。当时后宫一个王美人正好有身孕，此时许氏与王氏两派外戚斗争比较激烈，太后已经将许氏家族的势力都基本清除朝廷，朝政大事由王凤一手把持。飞燕趁此机会想出了一个妙招儿，她上书一封给成帝，说许皇后的姐姐诅咒王美人，并且诅咒权臣王凤，想让王美人腹中胎儿无法生产，分明是想让成帝无后。而王凤，现在朝廷大小事务几乎都是他来处理，若他有个三长两短，对大汉江山来说是何其大的损失！这两个人加起来，不就是诅咒汉室无后，汉室江山无继吗！这事情传到王太后耳朵里，无论如何都不能姑息，一定要严惩！一怒之下，王太后赐予许皇后姐姐死罪，并且王太后和王凤等人推测一定是许皇后在背后指使，因为这样做对她最有利，王氏兄妹怎么可能放过许氏呢？一纸诏书下来，许氏皇后位子就被废掉，还被打入冷宫，在昭台宫幽禁。

这几乎是不费吹灰之力，一个小小的假造事件就将许皇后踢到冷宫里了，可见赵飞燕的阴谋是多么缜密。

## 姐妹联手霸成帝

赵飞燕和赵合德姐妹俩在宫里将成帝迷得神魂颠倒，对她们几乎百依百顺。飞燕的舞姿自不必说，据说赵飞燕跳起舞能在荷叶上站立，有似轻功水上漂，婀娜多姿体态轻盈，在水上扬起轻衫犹如仙女在风中飞舞一样。有一次飞燕正在表演她的拿手舞蹈，忽然一阵风吹过，吹得飞燕那娇小的身躯差点跌进水中，后被人拉住裙摆才没有掉下，这种美妙的视觉盛宴和瘦弱惹人怜爱的身姿，任哪个男人都无法放下。合德的美貌，相对于飞燕来说甚至更胜一筹，姐妹俩围绕在成帝身边，成帝再无心想起其他人，可是姐妹俩并不满足。

觊觎皇后位子很久的赵飞燕设计陷害许皇后，后成帝将许氏打入冷宫，不久飞燕坐上了久盼的皇后位子。可是，飞燕姐妹俩和成帝在一起很久了都没有孩子，后来她们终于知道是自己不能够怀孕。据说为了保持美丽和身体的吸引力，赵氏姐妹就用各种香料掺和在一起做成一种叫作息肌丸的香料，姐妹长期使用这种香料以保持对成帝的吸引力。可是没想到这香料是有毒的，这种毒不仅能使女性内分泌失调，更重要的是长期使用能够导致不孕不育，而姐妹俩过度使用，结果导致二人均不能够怀孕。

这对于想长期在后宫独领风骚的姐妹俩，无疑是一种绝望性的打击。但是，赵氏姐妹是不会轻易认输的。既然不能有孩子，那么对她们威胁最大的就是后宫里有孩子的其他嫔妃。只要别人也没有孩子，那么最受宠的仍然只会是她们姐妹俩。于是，她们便魅惑皇帝，让他不能够临幸其他的妃子，不许去其他妃子住处，更不许去其他妃子那边过夜，成帝必须同意以表示对姐妹俩的真心。成帝一时色迷心窍，一把年纪了还没有儿子竟还答应了两姐妹的无理要求。

可是，皇帝虽答应了，但传宗接代也很重要，临幸不同的妃子也是为江山社稷需要，所以总难免有别的妃子幸运地怀上龙子。但是这种情况对赵氏姐妹俩来说，就是绝对不允许存在的，凡是听到如此信息，姐妹俩必定要设计将其母子害死，以绝后患。更为过分的是，她们甚至会魅惑成帝将自己的孩子弄死。

一次，听说许美人生下了皇上的孩子，待成帝来到合德住处，合德居然倒地大哭，说成帝欺骗她们姐妹俩，说好疼她们姐妹俩一辈子再不踏入别的妃子房门半步，可是却有许美人生下了皇上的孩子。成帝哪见过这阵势，心爱的美人居然伤心成这个样子，他当然得尽一切力量来把美人哄开心。于是他向合德许诺，绝对不会失言于赵氏姐妹，飞燕的皇后位任何人都无法取代。不久后成帝还将自己的亲生儿子交到合德手上，结果那幼小的生命竟被合德偷偷埋掉了。

就这样，赵氏姐妹联手将成帝死死地控制在手上，凡是有成帝骨肉的妃子宫女等都一一被害死，孩子也全部夭折，最终一直到成帝终老，膝下都无子。

## 助哀帝登上皇位

成帝膝下无子，但总归要找个继承人来继承汉室江山的。当时比较有希望的也就是中山王刘兴和定陶王刘康的儿子刘欣。刘欣是元帝宠爱的妃子傅昭仪的孙子，这傅氏一心想让孙子继承帝位，于是不惜一切代价多方奔走，为孙子打点铺路。

这赵氏姐妹虽能将成帝迷得神魂颠倒，但是太后王政君却并不喜欢她们。当时立飞燕为后，太后就嫌弃她出身卑微，最后是先封飞燕父亲为侯，然后才立飞燕为后，以提高其身份。飞燕姐妹俩对自己在宫里的情势也是非常清楚的，太后一手掌权，姐妹俩又没有一儿半女，将来成帝一命呜呼了，两人在宫里的地位就不保了。再加上成帝先前对刘欣也很赞赏，曾在她们面前提起，因此姐妹两人一合计，这是非常划算的生意，于是就同意帮助傅氏，在成帝面前多美言，助刘欣顺利被选定为继承人。

果不其然，在赵氏姐妹的帮助下，公元前8年，成帝刘骜立刘欣为太子，公元前7年成帝驾崩，刘欣即帝位，是为哀帝。

## 一朝春尽，香消玉殒

成帝跟赵氏姐妹一起，日子过得有些荒淫无度，最终，成帝还是死在了合德的床上。

这消息一出，群臣都讨伐赵氏姐妹，这不是相当于赵合德害死了成帝吗！而事实上这么说也不过分，合德知道自己逃脱不了干系，就自杀了，而飞燕则幸运一些，成帝驾崩，太子刘欣即位，是为哀帝。哀帝登上皇帝宝座毕竟赵飞燕是出了力气的，双方当时也有约定，哀帝对飞燕还是充满感激的，将其尊为皇太后。可是哀帝在位不长，哀帝去世后新皇帝即位，大权则落到大司马王莽手里，王莽对飞燕可没什么好感，将其贬为庶人，还揭露飞燕有杀害皇子的罪名，最终将飞燕逼到绝路，自尽身亡。曾经在后宫风光无限的飞燕，就这样归于尘土，再也无法展现其美妙绝伦的曼妙舞姿了。

# 赵合德：汉成帝刘骜昭仪

姓名：赵合德

生卒年：？~公元前7年

籍贯：不详

婚配：西汉成帝刘骜

封号：昭仪

赵合德，赵飞燕的妹妹，两个姐妹花在历史上也相当有名气：非常著名的红颜祸水。自从合德入宫以后，赵氏姐妹就将成帝狠狠地握在股掌之中，将成帝迷得神魂颠倒不思朝政，整日与姐妹俩一起厮混。后宫里若有人怀有成帝的骨肉，也定将会被姐妹俩消灭，最终成帝到死都没能留下子嗣。后来，成帝终于暴毙在合德床上，合德难辞其咎，被迫自杀。

## 姐姐倾国貌，妹妹好颜色

成帝在阳阿公主家见到飞燕以后，就被她的曼妙舞姿和美丽容颜所倾倒，宴会结束就将飞燕带回宫里了。飞燕是聪明人，心思特别缜密。她知道一个人在深宫生存不易，必须有帮手才好，于是把自己的妹妹合德也介绍给成帝。成帝本来就喜好女色，对飞燕爱得不得了，又听说飞燕还有一个妹妹也貌美如花，自然是乐得合不拢嘴。见了飞燕和妹妹合德之后，立马将二位美人都封为婕妤，非常宠爱。

赵氏姐妹进宫以后，成帝就更加地乐在后宫不思前朝了，对姐妹俩言听计从。后来合德同飞燕两姐妹设计陷害许皇后，丢失儿子又卷入外戚斗争的许氏很快就被废去了皇后之位，还被打入冷宫，而合德的姐姐飞燕则终于心想事成，坐上了觊觎已久的皇后之位。

姐姐飞燕登上皇后的宝座之后，却发现她是不能生孩子的。这对于一个女人，尤其是一个皇宫里的女人来说，无疑是一件几近绝望的事情，这样发展下去，假使有一个嫔妃有了龙种的话，这皇后位就很难保住了。为了保住皇后位，合德帮助飞燕一起，姐妹俩将成帝牢牢握在手中。

## 姐妹齐联手，终成祸国红颜

成帝特别宠爱合德，甚至跟合德在一起的时间还要多于同姐姐飞燕在一起的时间。成帝曾很荒唐地跟合德说，他很想立合德为皇后，只是无奈一国只能有一个皇后啊。虽说当今皇后是自己姐姐，成帝也最疼她们姐妹俩，可是毕竟这是后宫，时间久了合德和飞燕之间也逐渐开始争宠了。但姐妹毕竟是姐妹，何况自己还是姐姐引荐给成帝的，所以在对付后宫和朝中大臣这方面，两人还是特别地齐心协力，总是联手出击。

在宫里，姐妹俩一个是皇后，一个是昭仪，身份地位高于其他妃嫔之上，唯一的威胁就是姐妹均不能生育，所以她们最大的敌人就是怀有成帝骨肉的人。于是，姐妹俩双剑合璧，飞燕操纵，合德在成帝面前谗言，后宫妃嫔宫女被残害无数，甚至连皇子也被她们害死。

成帝曾答应赵氏姐妹，不再去和其他妃子亲近，更不去过夜。但是成帝还是没忍住，偷幸过一个姓曹的宫女，并且这曹宫女还为成帝生下一个男婴。这事传到飞燕和合德耳朵里，怎可容忍！于是合德立刻行动，将曹宫人毒死，并且派人偷偷抱走幼小的婴儿，还未曾好好看过这世界一眼的孩童就被合德送走了。

又一年，许美人有孕，生下一个儿子。成帝当时岁数已经不小，按古代皇帝来说，得孙子都不足为奇，可是成帝膝下连个儿子也没有。这时候算是老来得子，所以别提有多高兴了。可是成帝的高兴在合德眼里，那是何等的让人愤怒啊！他居然为别的女人生的孩子高兴！所以她完全不顾成帝的感受而是顿时怒目以对：你让别的女人有了你的孩子，难道你不要我们姐妹俩了吗？难道你要让有孩子的人去当皇后吗？你这个负心汉，你要怎么对我们姐妹负责？可怜昏庸无能的成帝被合德一哭闹，立马乱了方寸，只好哄着合德说他绝不可能立别人为皇后，飞燕的皇后位子没有任何人可以动的，他心里只有她们姐妹俩。为了表示真心，成帝将幼儿从他母亲那里抱过来，送到合德的住处。可怜的小生命落到合德的手上，便只落下早早夭亡的命运了。

合德姐妹俩就是如此歹毒，为了一己之私，最终害得成帝终年无子。公元前7年，成帝因与合德一起纵欲过度，最终暴毙在合德床上。朝中群臣愤慨，要讨伐这个祸国祸君的女人，合德因知道自己难逃罪责，畏罪自杀。

# 东汉

## 郭圣通：汉光武帝刘秀皇后

姓名：郭圣通

生卒年：7~52年

籍贯：真定（今河北）

婚配：东汉光武帝刘秀

封号：皇后

郭圣通，真定人，出身尊贵，是东汉光武帝刘秀的第一任皇后，却不是刘秀的结发之妻。后因刘秀宠爱阴丽华而逐渐受到冷落，经常在刘秀面前抱怨，使得刘秀对她无法忍耐，终将其皇后位废黜。但她比较幸运的是被废以后刘秀对她还算善待，让她去儿子的封国做了中山王太后，所以她可以称得上是失宠后妃中的幸运儿了。

## 西汉末年大乱，刘秀异军突起

西汉末年，汉室皇族日益败落，政权逐渐落入外戚手中，国家统治日益衰落，民众生活疾苦。公元前1年，王莽实际操纵政权，公元8年王莽称帝，正式建立新朝，取代汉朝。但是天下大乱之势已定，王莽为稳定政权，缓解这空前激化的社会矛盾，于是想托古改制。改制并未成功，加上天下大旱，蝗灾严重，结果烽烟四起，揭竿而起的义军连绵不断。

这时候，汉高祖后裔刘秀开始崭露头角，他从小失去父母，跟随叔父长大，很具有军事才能。22年，刘秀和哥哥刘縯也起兵反抗新政权，在和王莽新军的决战昆阳之战中，刘秀充分发挥了他卓越的军事才能，将王莽军队的大部分主力给消灭掉，为新朝政权的覆灭奠定了基础。

23年，因刘秀哥哥刘縯的威望日益高涨，更始帝刘玄害怕他威胁自己的政权，并且当时也有许多人对更始政权不服，于是刘玄就找了个莫须有的罪名将刘縯杀害，一方面消灭他的势力，一方面想起到杀一儆百的作用，告诉其他带兵首领认真服从领导，否则后果自负。刘秀与哥哥感情深厚，此事对他打击非常大。可是，现在是关键时刻，还不可以冲动，不可以意气用事。所以具有非凡智慧的刘秀忍受着巨大的痛苦，亲自到更始帝面前请罪，并把自己所有的战功都推到别人身上，以免遭更始帝怀疑而加害于他，他也可以继续保存自家的实力。果然，刘玄见刘秀这么做就放过了刘秀，几个月后还封刘秀为司隶校尉，先行去洛阳。

这时候，刘秀已经结识爱慕已久的阴丽华，而刘秀也得到阴丽华兄长的欣赏，就与阴丽华成婚，这也是后来郭圣通后宫争宠危机的起始。

## 政治联姻，河北王室女嫁与刘秀

更始帝刘玄移都洛阳，派刘秀为破虏将军行大司马事，征讨在北部割据的王郎。这时候有一个非常重要的力量就是河北真定王刘扬集团，他手握十万兵力，谁争取到他就几乎可以决定谁胜谁败。为了拉拢刘扬的势力，刘秀就娶了郭家的女儿郭圣通。这刘扬就是郭圣通的舅舅。舅舅非常疼爱这个外甥女，既然刘秀娶了自己的外甥女，刘扬当然站在刘秀这一边。

有刘扬的军队助力，刘秀很快便扫平了河北一带的异兵，黄河以北的地区也基本上都在刘秀的掌握之下。这几年中，郭圣通一直陪伴在刘秀身边，还为刘秀生了一个孩子刘疆。

## 东汉后方稳固，郭圣通入主中宫

25年，刘秀在部下的拥戴下即位称帝，重新建立汉王朝，史称东汉王朝。这时候的刘秀，还是非常宠爱这个陪在自己身边的郭圣通的。这个女人陪他南北征战，为他生下皇子，更重要的是若不是她舅舅借兵，刘秀可能就无法建立东汉王朝了，这个女人于立国有功啊！所以，刘秀就立郭圣通为贵人。

这时候尽管刘秀已经称帝，但是势力还只是在黄河以北，他还需要率兵南下，平定中原，真正夺取天下。一直到刘秀亲带将领攻下洛阳并定都洛阳以后，他才派侍中去接分离三年的结发之妻阴丽华入宫，封为贵人。

阴丽华出身南阳豪强名门，刘秀很早就对她仰慕，曾感慨地说“娶妻当得阴丽华”，后果然与阴氏结为夫妻，也算是美梦成真。但是生逢乱世，聚少离多，刘秀与阴丽华结婚三个月便分离开来。如今阴丽华再回到刘秀身边，却已发现他有了别的妻子和孩子，可是尽管内心难受，阴丽华毕竟出身名门，懂修养知礼节，安安分分地做她的贵人。

郭圣通在开始的时候也并没有将阴丽华放在眼里，即使其也是贵人，地位高于其他妃嫔之上，但她始终觉得她是唯一的。她于刘秀立国有功，她生有他的大皇子，这些优势无人能比。

重定的汉室江山，也需要一个女主人。可是身边有两个女人，刘秀此时非常为难。阴丽华是结发之妻，也是他感情上最爱慕的一个，这个女人美丽大方温婉善良，他四处征战，对她亏欠也很多。而郭圣通，理由也明摆着。他多想立阴丽华为皇后呀！阴丽华知道刘秀的难处，便主动跟刘秀说，这皇后当然应该是郭圣通，她有功于国，还生下皇子，皇后位毫无疑问该是她的。刘秀于是立郭圣通为皇后，立郭氏长子为太子。他对阴丽华充满感激，觉得对她的亏欠更多了，也更加宠爱她了。

## 凄凄怨怨争宠，一纸诏书废后

郭圣通也是名门之后，她气质优雅，端庄高贵，她的母亲就有母仪之德，她也深受家族的熏陶。在接阴丽华到来之前，刘秀对她也是十分宠爱的，而她对刘秀的感情自不必说，刘秀就是她的天，是她的一切。然而，这一切在阴丽华入宫以后就变了，刘秀的感情逐渐转移到了阴丽华的身上，并且随后阴丽华还有了刘秀的孩子。而她自己，虽身处后宫主人的位置，却越来越受到刘秀的冷落。她不甘心，她也不能忍受！她在感情面前可能也是感性的，这时候什么大家闺秀，什么窈窕淑女的风范早就无心顾及，她只要他回转心来，她只要他知道没有他的关心，她有多苦闷。于是郭皇后就三番五次在刘秀面前抱怨和吵闹，甚至将怨气波及阴丽华身上。这时候郭皇后和阴丽华两人若一对比，郭皇后确实处于劣势。往往就是抱怨和唠叨将男人对女人的感情送诸坟墓的。刘秀对郭圣通越来越无法忍受了，在这种抱怨声中，他没有增加对郭圣通的理解，反而更增加了对她的反感。也许，他心里也在盘算着要废去这个皇后，册封他最爱的阴丽华。

在此之前，郭氏外戚的势力已逐渐得到削弱，郭圣通舅舅因谋反也被杀害。曾经出于政治原因考虑要与郭家联姻，如今已经不用担心这些。再加上刘秀对郭圣通的抱怨实在厌烦，遂下一诏书，说郭皇后怨念太多，无法抚养其他的孩子，要将其废去，而阴丽华与他分开多年，雅兴宽仁，要立她为后。并嘱咐这于家庭来说不是一件幸事，大臣们不必庆贺。

于此，郭圣通只好交出皇后的玺绶，默默离开皇后的寝宫。不过，刘秀并没有从此将郭圣通幽禁于冷宫，而是念在两人的感情，让她去往儿子中山王的封地，并封她为中山王太后。母后被废，太子在位上也颤颤巍巍，最终也请辞太子位，刘秀封其为东海王。

被废11年后，郭圣通病逝，葬于洛阳近郊邙山。

# 阴丽华：汉光武帝刘秀皇后

姓名：阴丽华

生卒年：？~64年

籍贯：南阳新野（今河南新野）

婚配：东汉光武帝刘秀

封号：皇后

谥号：光烈

阴丽华（？~64年），南阳新野人，东汉开国皇帝光武帝刘秀的结发妻子，在历史上以美貌著称，史称光烈皇后。据历史记载，阴后在位之时，端庄贤淑，不喜言笑，有母仪之美；内持恭俭，外抑宗族，为一代贤后。

## 一见钟情，千古美谈

阴丽华，生于南阳新野富甲一方的显赫门第，后为东汉开国皇帝刘秀的皇后。她端庄美丽，温良贤淑，十五六岁时其美丽和孝顺在新野一带已名声在外。当时南阳还有一位小有名气的人物刘秀，他是汉高祖的后裔，九岁失去父母而成为孤儿，寄养在叔父刘良家里。刘秀人如其名，长得一表人才，十分秀气，性格温和，待人慷慨，喜爱读书。对于阴丽华的美丽和孝顺早有耳闻，只是没有机会亲眼得见。25岁那年，姐夫邓晨领着他去拜访阴丽华的哥哥阴识，恰好遇到阴丽华在院子里给牡丹花浇水，年轻的刘秀对这个比自己小近十岁的美丽少女一见钟情，自此有了“娶妻当得阴丽华”的心愿。然而身为一介布衣，想娶阴丽华为妻似乎是不着边际的空想。对阴丽华而言，那时还只是一个天真的少女，远未到出嫁的年龄。她除了对这个爱慕她的大哥哥有些好感之外，决然想不到，三年以后她竟然嫁给了他，她更没想到的是，他后来居然成了东汉的开国皇帝。

“娶妻当得阴丽华”这句话也随之流传了千年，成了中国古代君王爱情故事的一段千古美谈。

## 相濡以沫，共度时艰

22年，刘秀和他的哥哥刘縯抱着推翻王莽重建汉室的目的在南阳起兵，阴丽华同父异母的哥哥阴识也参加到了刘縯的起义队伍中。阴识的加入，为刘秀和阴丽华的结合创造了条件。

23年六月，威望日增的刘縯被更始帝刘玄以莫须有的罪名杀害。正领兵在外的刘秀自知势单力薄，为保住刘家军，刘秀只好主动回到宛城向刘玄谢罪。刘秀把功劳都推给了别人，自己主动承担罪责，这倒使得刘玄有了点内疚，暂时放过了刘秀。此时，一直跟随刘秀作战的阴氏兄弟，对刘秀的所作所为十分钦佩，认为他是个能成大事的人，于是便说服家人，把妹妹阴丽华嫁给了刘秀。

28岁的刘秀终于实现了“娶妻当得阴丽华”这个多年的愿望。那年，阴丽华是19岁。

刘秀和哥哥刘縯的感情非常深厚，对于刘縯的死，刘秀表面上只能强颜欢笑，到晚上却偷偷流泪。在宛城那段前途暗淡、生死未卜的日子里，与他相濡以沫的，便是他的新婚妻子阴丽华。阴丽华，当是世上唯一一个看过光武皇帝流泪的女人。

三个月后，刘玄迁都洛阳，并封刘秀为司隶校尉，先行抵洛，为自己打前站。此行生死未卜，因此只有少量人马可同行。为了妻子的安全，刘秀只好派人把阴丽华送回了南阳老家。从新婚到离别，仅短短的三个月，两人便天各一方。

回到老家的阴丽华随着家人几经辗转，惶恐度日，在家里待了近三年的时间。直到刘秀定都洛阳，派侍中傅俊接她到洛阳。可是在洛阳等待她的，却已物是人非，刘秀身边不仅多了一个女子，而且还有了一个孩子。

那女子名叫郭圣通，刘秀在河北征战时为了借助真定王刘扬的十万大军而娶了其外甥女郭圣通，此时阴丽华的心情是可想而知的了。

## 雅性宽仁，甘为“媵妾”

面对着阴丽华和郭圣通这两个红颜知己，刘秀左右为难。一个是深爱着的结发妻子，另一个是有了孩子，背后还有着十万大军的征途伴侣，无奈的刘秀只好把她们暂时都立为贵人，但在他的心底，始终是向着自己的结发之妻的。26年，郭贵人的舅父刘扬因谋反被杀，刘秀趁此机会以阴氏“雅性宽仁”、有“母仪之美”为名，要立她为后。可没想到阴丽华却拒绝了这个天大的好事，推辞说：“患难时的情谊不能忘，何况郭贵人已经为你生了孩子。”坚持不肯接受皇后的册封。迫不得已，刘秀只好立郭圣通为皇后，阴丽华为贵人。

身为原配，却甘为“媵妾”，这使得刘秀非常愧疚，于是总想方设法弥补自己对阴丽华的亏欠。立郭皇后不久，他提出要把阴丽华的兄弟们封为侯爵，但再次被她拒绝。她认为自己如今的身份只是媵妾，自己的兄弟们没有封为侯爵的资格。如此宽仁谦让的胸怀，真是古今罕有，到了令人赞叹的地步，刘秀也因此更加地宠爱她了。

当时的东汉天下还没有完全平定，为了能更多地和阴丽华在一起，刘秀每次出去征战都把阴丽华带在身边。28年，在刘秀征讨彭宠的战役期间，阴丽华生下了她和刘秀的第一个孩子，即后来的汉明帝刘庄。

## 母仪天下，友爱天至

阴丽华有了儿子，是天大的喜事，可对郭皇后来说，却造成了极大的忧虑。当年她之所以能登上皇后的宝座，正是因为阴丽华无子的缘故，而一场突发事件，则把她的担忧变成了现实。

33年，洛阳附近发生了一场叛乱，阴丽华的母亲和弟弟都死于这场叛乱中。当年刘秀曾要对阴丽华的家人封爵，只因阴丽华的推辞而作罢，假如刘秀坚持封爵，也就不会有这场灾难。面对着悲伤欲绝的阴丽华，刘秀对此深深自责。他伤感于阴氏家族遭逢的变故，下诏书表达了对自己的自责和对阴丽华只能列为“媵妾”身份的一种深深的愧疚。并在诏书中说到郭皇后能成为皇后，完全是贵人阴丽华“固辞”的结果。这道诏书对阴丽华是安慰，但对郭圣通，却是天大的刺激。

由于失宠和忧思过重，没有调整好心态的郭皇后多次在刘秀面前发出自己的不满和怨气，而阴丽华则表现得通情达理，总是默默退让，以避免矛盾激化。41年，光武帝终于决定废掉郭圣通的皇后之位，立贵人阴丽华为皇后。

郭圣通被废后，改称“中山王太后”，和儿子一起生活，成为中国历史上唯一一个没入冷宫反得尊崇的废后。亲身经历了建武、永平两朝，对阴皇后极为熟悉的老臣第五伦在上书中说道：“光烈皇后友爱天至。”就是说她天性善良，不愿去伤害别人。

永平七年（64年），阴丽华薨，死后与光武帝合葬于原陵，东汉明帝君臣上其谥号为“光烈皇后”。

# 三国后妃

# 魏

## 卞氏：魏武帝曹操皇后

姓名：卞氏

生卒年：159~230年

籍贯：琅琊开阳

婚配：魏武帝曹操

封号：王后

谥号：武宣

卞氏，魏王曹操的王后，琅琊开阳（今山东临沂）人。卞氏出身卑微，家族几代都是从事说唱卖艺的事业，但因卞氏容貌姣好，曹操便纳她为妾。后曹操结发之妻丁氏与曹操分开，卞氏就被立为正室。216年曹操被封为魏王，卞氏被立为王后。

### 歌舞伎出身，遇曹操身份逆转

传说卞氏名为玲珑，但史上并无明确记载。卞氏出身低下，其祖父、父亲已经好几代都为倡优出身，虽然倡优是卖艺之人，在今天也许就是大明星，受万众瞩目，但在汉朝那个时候倡优身份是很低微的。西汉的时候，因为高祖本身也出身微贱，所以在身份地位上没什么特别的计较，然而发展到东汉，出身已经很重要了，出身低微的人即使长得再漂亮都没办法进入皇宫侍奉皇帝。不过，此时已是东汉末世，卞氏也没想着进入汉宫成为一个皇妃。

据说卞氏出生的时候，房间里有奇异的景象，有满满的光聚在室内。相士解说这是好的预兆，说明卞氏以后定是大富大贵之人。话虽如此，卞氏父母倒是没因此而刻意去将卞氏培养成一个高贵的人，而是让她继承家族衣钵，继续街头卖艺。

就这样，卞氏一直长到20岁。这一天，在安徽亳县的一个地方，正在家闲养的曹操见到了飘零到这里卖艺的卞氏，年轻貌美的卞氏很快就吸引了曹操的眼球，于是曹操纳了卞氏为妾。曹操祖上也是皇室亲信，朝中大臣，所以歌舞伎出身的卞氏也没什么好拒绝曹操的，古时候20岁的姑娘也该嫁人了。就这样，卞氏从此跟了曹操。

## 聪慧又宽容，深得曹操喜爱

卞氏嫁给曹操的时候，曹操已经有妻子了，还有一个小妾。卞氏也没有想过要和曹操其他的妻妾争宠，只安安心心地陪在曹操身边。不过曹操的结发之妻丁氏则不一样，她对卞氏没什么好脸色。丁氏虽为曹操的结发之妻，但是没有生孩子，一个没有孩子的妻子，心里苦闷也很正常。当时曹操已经有个儿子曹昂，这曹昂的母亲去世得早，恰好丁夫人又没有生，就一直抚养曹昂，对曹昂也很好。但令丁夫人伤心的是，在汉末的战乱之中，有一次曹昂为了救曹操，在战场上被乱箭射死了。丁夫人这个很重要的情感寄托从此就没有了，从此以后对曹操就甚为埋怨，经常在曹操面前凄凄怨怨。曹操对多有抱怨的丁夫人有些忍受不了，就想将她送回娘家。结果丁夫人不但不反对，反而在回到娘家之后不愿意回到曹操身边了，最终逼得曹操离婚了。

189年，灵帝驾崩以后汉室皇宫里频出乱事，何太后的哥哥大将军何进死于非命，何太后带着少帝和刘协两人逃离宫中，又被带兵进入洛阳的董卓劫持，董卓随后毒杀何太后，废掉少帝转而立刘协为献帝，自已倚仗拥立有功而为非作歹。董卓认为曹操很有才能，想让他为己所用。结果曹操知道董卓成不了气候，不打算跟随董卓。董卓已经封曹操为骁骑校尉，这时候曹操只有两个选择：要么去上任，跟随董卓一起。如果不上任，那只好逃跑，甚至自己起兵。因为不上任就意味着是跟董卓对着干，他一定不会放过曹操的。曹操选择了逃走。果然，曹操出逃以后，袁术就四处放话说曹操已经在乱世中死掉。这话传回到曹操部下的耳里，众人军心大乱，首领已经葬身乱世，曹操的军中不就是群龙无首，再待下去也没有指望。所以曹操的旧部下都准备离开曹营，重新投奔明主了。

这时候的卞氏心里也很慌乱，曹操在外生死不明，军中又大乱。一方面她很担心丈夫到底怎样，另一方面假如军中人都散了，曹家的势力就要落下去。于是她毅然决然地站了出来，对众将领说，各位将领先少安毋躁，虽然有传言说曹操已经身亡，但毕竟还是传言，并没有得到证实。现在曹操虽然下落不明，但如果他还活着，总有一天会回来，那个时候众将领如果再想回来就是很难堪的事了。各位将领在战场上都是英雄，不能因为几句传言就置一世的名节于不顾。听完这番话后，将领们觉得言之有理，如果就此离开的确是太冲动了，大家又安心回到自己的岗位。其实这个时候的曹操，不仅没有死，而是已经在各处拉拢兵力，在筹备自己的野心计划。

在曹操府中，有很多妻妾，因此也有很多的孩子。光卞氏就为曹操生了曹丕、曹植、曹熊、曹彰等好几个孩子，其他小妾也有不少。在这样一个大家庭中，矛盾多自然是不可避免的，如果是心胸狭窄之人，估计早就能气死，或者每天也会跟众多小妾和儿孙闹气。曹操的妻子丁氏就是不能忍受这些，她对卞氏经常没有好脸色，但是卞氏也不太计较。丁氏后来同曹操分开，卞氏还常常照顾丁氏，或者请丁氏回曹府吃饭。对其他的小妾以及他们的孩子，卞氏也都很宽容，从不刻意制造矛盾或者是排挤他们。曹操将这些看在眼里，心里非常开心，觉得自己讨对了老婆。在和丁氏分开以后，曹操就将卞氏扶为正室。

## 献帝封曹操魏王，卞氏母仪为王后

曹操攻入雒阳以后，挟持汉献帝，献帝就成了一个傀儡皇帝。虽然献帝曾想要除掉曹操，恢复自己的势力，但却不能实施，他已经没有办法逃离曹操的手掌心了。

曹操虽掌握了献帝，但他还要继续巩固自己的实力。他将自己的三个女儿都送入献帝的宫中，将献帝紧紧包围。在逼死伏寿皇后之后，还逼迫献帝立二女儿曹节为皇后，这汉室天下等于已经是曹操的了。

216年，献帝封曹操为魏王。

曹操当时的实力，大可以自己称帝。但是他却一直没有动献帝一根汗毛，虽然献帝已经没有实权了。曹操的顾虑，也许是反正已经掌握实权了，就没必要让自己成为出头之鸟了。

在曹操被立为魏王之后，曹操的儿子们之间展开了一场权力之争，尤其是曹丕和曹植。曹丕甚至都想置曹植于死地，曹植因此留下诗作："煮豆燃豆萁，豆在釜中泣。本是同根生，相煎何太急。"曹丕和曹植都是卞氏所生，因此在这场争斗中卞氏作为生母，却始终保持沉默，任由他们自己去处理。

217年，曹操立曹丕为王太子。在得知曹丕被立为王太子之后，卞氏也没有什么过分的喜悦之情，她一直保持冷静，可见身在如此家庭里，必定要练就出一身钢铁般喜怒忧愁都没法侵身的本领。

两年后，曹操觉得卞氏有母仪天下的风范，遂立卞氏为王后。成为王后的卞夫人仍然节俭朴素，遵循曹操的倡导，基本上粗茶淡饭。

220年，曹操病逝，曹丕即位魏王。后曹丕逼迫献帝退位，自己取代汉朝建立魏朝，并追封曹操为魏武帝，尊母亲卞氏为皇太后。

230年，卞氏病逝，与曹操合葬。

# 丁氏：魏武帝曹操夫人

姓名：丁氏

生卒年：不详

籍贯：不详

婚配：魏武帝曹操

封号：夫人

丁氏，曹操的正室夫人，结发之妻。丁氏是一个非常有个性，非常有脾气，同时又非常美丽的女人。当然，曹操为一代枭雄，也是著名的好色之徒，若丁氏不美，也不可能得到曹操的垂青。

曹操一生宠爱的女人特别多，孩子也很多。丁氏虽是曹操的正室，但遗憾的是她没有生孩子。在曹操娶丁氏之前，曹操另外一个妾就已经给曹操生过一个儿子，就是曹昂。只是曹昂的生母命薄，很早就去世了。曹昂母亲去世以后，丁氏就将曹昂当作自己的儿子抚养大，所以，她对曹昂感情很深，同时曹昂也是她重要的感情寄托。

然而，曹操好色就算了，却还因为美色惹祸，还害得曹昂因此失去性命。当时是197年，曹操准备率军讨伐张绣，张绣兵败投降。张绣有个叔叔叫张济，张济已经过世。曹操感兴趣的倒不是这个张济，而是张济的老婆。曹操听说张济的这个老婆有倾国倾城的姿色，于是就起了占有之心。

叔叔之妻被曹操占有，侄儿当然咽不下这口气。已经投降的张绣又准备反曹操。在一个夜间，张绣率兵突袭曹操，曹操猝不及防，身上多处受伤。后来曹操的大儿子曹昂将自己的马让给曹操，曹操骑上马就跑，这才逃过了张绣的追兵。然而，曹昂因为没有战马，结果被追兵乱箭射死了。

曹操回去以后，丁氏始终无法为此事释怀，好不容易养大一个孩子，倾注了她多少心血啊！况且这曹操女人多，丁氏所得的关心不可能多到哪里去，现在孩子也没了，在感情上肯定无法接受。丁氏对曹操一直很埋怨，几乎天天都是满肚子怨气。曹操深知此事确实自己脱不了干系，所以也不敢对恼怒的丁氏发脾气。但是无论怎样有耐力的人，都无法一直忍受着没完没了的抱怨。曹操有一天终于是忍不了了，他就想将丁氏先送回娘家冷静一段时间，等她渐渐从悲痛中走出来了，再把她接回来。

没想到丁氏回去以后，她就不想再回到曹操身边了。那个时候时局混乱，诸侯割据，汉室江山危在旦夕，曹操已经是最有势力的一方了，所以按说许多女子应该是争着向曹操投怀送抱才是，可是这丁氏不为荣华富贵所动摇，是一个真性情的女子。

曹操自觉得对丁氏有些愧疚，就到丁氏的娘家去接丁氏回去。可是丁氏已经非常淡漠，坚决不跟随曹操，曹操无奈，只好将丁氏这个正室废掉，不久立卞氏为正妻。但是尽管这样，他还是经常将丁氏接回去吃饭，卞氏对丁氏也很照顾。

丁氏毕竟也是比较厚道的人，她对卞氏说，既然自己已经是被废的人了，以后就不需要再将她请回去了。再后来丁氏也就不再进入曹操的宫中，几年之后染病身亡。

曹操对丁氏还是很有愧疚之心的，听到丁氏病逝的消息很是伤心。这时候卞氏也很理解曹操，于是她提议由她来主持丁氏的葬礼，曹操同意了。卞氏为丁氏举行了一个很体面的葬礼，也算是对她在天之灵的告慰。

## 郭照：魏文帝曹丕皇后

姓名：郭照

生卒年：184~235年

籍贯：安平广宗（今河北邢台广宗）

婚配：魏文帝曹丕

封号：皇后

谥号：文德

郭照，魏文帝曹丕皇后，安平广宗人。郭照并不是曹丕的原配夫人，因其不仅具有美貌，而且具有非凡的智慧，经常能为曹丕出谋划策，尤其是在曹丕与众兄弟争夺王储之位时献出许多妙计，终助曹丕谋位成功，立下汗马功劳，为自己在曹丕心中的地位打下坚实的基础。郭皇后一生贤德，但因陷于甄洛之死的迷雾，最终被魏明帝逼死。

## 家有女王，少时不幸

郭照，魏文帝曹丕皇后，聪明智慧，但是少年时却并不是很幸运。

郭照的这种不幸，完全是出生于乱世的社会环境所造成的。其实她出生于一个很幸福的家庭，父亲郭永，是东汉末年的大官，兄弟姐妹共有五人，她既不像独生子女那般寂寞，又不至于因为是女孩子而不得父母的疼爱。她的聪慧从小就显示了出来，常常出语不凡，做事也不像平庸之辈，所以做官的父亲认定这个女儿将有不凡的作为，非常喜爱她，也常夸赞她，说郭照这个女儿有女中之王的风度，甚至还将她取字“女王”，所以郭照也有“郭女王”之称。

然而，这种完整的家庭幸福并没有享受多久，既然出生于东汉末年的乱世之中，命运的起伏在情理之外，却也在意料之中。黄巾军起义爆发，身为南郡太守的父亲郭永以及她母亲董氏，甚至包括她的兄弟们，都在战乱中死去，孤苦无依的少女郭女王，只好沦落去做官宦家的婢女。

自董卓毒杀何太后，废掉少帝拥立献帝上位以后，各地守军将领都纷纷割据讨伐不得人心的董卓。董卓被诛，曹操此时先行一步进入洛阳将献帝挟持，从此实力大振，曹操不仅已经掌握了所有实权，献帝还封其为魏王，曹家夺得天下之势似乎不可抵挡，于是就有更多的地方势力和权贵就来巴结曹府。郭照也是这个时候被铜醍侯家当作礼物送给了曹操的大儿子曹丕（曹丕虽然不是曹操的第一个儿子，但当时大儿子曹昂已经去世）。

曹丕当时已有家室，侯家将郭照送给曹丕并不是希望她进入大户人家过上幸福美满的生活，而只是出于一个美女也就是一件美丽的礼品，送给曹丕也许就能帮忙做一件事，仅此而已。而大多数美女因为美貌被所谓的英雄们欣赏过一段时间之后，也逐渐会被别的更加年轻貌美的美女们代替，从此先前的美女们也就被淹没在历史的洪流中再无人记起。郭照进入曹丕府中的时候，情况也是很严峻的。当时曹丕的正室夫人甄洛非常有实力有地位，她不仅姿色秀丽端庄优雅，而且能文擅赋非常有才，并且对曹丕的母亲卞氏非常孝顺，深得王后的喜爱，真可谓是德才兼备。有这样一个竞争对手，对郭照这样一个从婢女身份过来的人说，想翻身无疑是很难的。但是，郭照并没有因此而放弃任何一个夺得曹丕青睐的机会。

## 聪明智慧，终得所爱

郭照进入曹府以后，只是一个地位低下的宫人，曹丕依旧宠爱着出身高贵气质脱俗又温柔贤惠的正室夫人甄洛。甄洛才色俱佳，然而总会有逊色的地方，那就是她能将曹丕的后院打理得好，却没能够在曹丕成就功业的第一战场上书写篇章，而这郭照恰恰有这方面的才能。所以郭照来到曹丕身边之后，经常为曹丕出谋划策，总有些非常精辟的点子让陷入迷惘的曹丕眼前一亮，于是渐渐地，曹丕就对这位足智多谋、屡出奇计的郭女王萌生宠爱之情。

曹丕的父亲曹操，足智多谋为一项，其风流也不亚于他的任何一项事业，他一生妻妾成群，儿女众多。所以在继承魏王之位这件事情上，众多的儿子中间产生了激烈的争斗，其中最为激烈的就是曹丕和曹植两兄弟，他们虽为同父同母的亲兄弟，然而谁得天下终究还是有区分的，母亲卞氏没有为任何一方多出一份力，但是曹丕能被曹操立为嗣子，多亏有郭女王一直在他身边谋划，才得以将众兄弟打压下去。而只有首先得到曹操的传位，手中真正掌握住了曹家的天下，也才能够进一步将汉朝天下夺得，所以这一次的胜利对曹丕来说非常重要，郭女王自然功不可没，从此在曹丕心中的地位就更加稳固了。

220年，魏王曹操病逝，曹丕继承曹操的位子，成为魏王，郭女王直接被晋封为夫人。郭氏的地位越来越高，甄洛就日渐被冷落了。登上魏王之位以后，曹丕并不满足，他要突破他父亲曹操的顾虑，他要直接取代汉朝，他再不要给那个傀儡皇帝留名号。所以在即位魏王之后，他还有许多事情要做，他要继续带兵出征，要继续谋取更为广阔的天下大业。所以他带着能帮他出谋划策，像军师一样的郭女王奔赴洛阳，而将曾经恩爱的甄洛夫人留在邺城，去向献帝逼要玺绶去了。

最终，曹丕将献帝的玺绶索要到手，将献帝废去，贬封献帝为山阳公，带着自己的几个姐妹移居到了山阳县，曹丕自己登基为帝，建立了魏朝，是为魏文帝，他封甄洛为皇后，将郭女王封为贵嫔。

曹丕称帝以后，身边更加不缺美女。众人皆知英雄爱美女，所以为夺得英雄信赖，美人计是非常奏效的一招儿，所以群臣都努力地往曹丕身边进献美女，首先是自己的宝贝女儿，然后是侄女、外甥女乃至八竿子打不着的美女们，都努力地往皇宫里送，甚至连被废掉的汉献帝刘协都将自己的女儿送给了曹丕。幸亏郭女王在文帝身边屡出计谋屡立大功，不然此时的她在文帝心中立足也难。

## 离间甄洛，登上后位

曹丕称帝以后，除了事业上还有一些地方需要巩固之外，注意力也转移到大后方，后宫也是很重要的一个方面，唯有后宫安定，前方才可以军心稳固，所以此时皇后位就变成了一个焦点问题。

如若按照传统，皇后之位自然无须争论便是正室夫人甄洛。甄洛论出身有出身，论才华有才华，只是论美貌，现在年近40，略微不及，但是文帝的天下是一步一步得来的，他是魏国的开创者，甄洛一直陪同他一路走到现在，美貌不是选人的重点。更重要的是，甄洛无可挑剔，她为曹丕生下了两个孩子，儿子曹叡是曹丕长子，在封建社会里，这种地位简直无人能够撼动了。还有很重要的一点，自古婆婆也是很重要的一个砝码，能得到婆婆喜爱的媳妇儿是很不容易的，恰恰甄洛就是这样一个好媳妇儿，婆婆卞氏经常夸赞她。就在这样一个众人觉得立甄洛为皇后是十拿九稳的事情的时候，出人意料的事情发生了。

也许这个时候最清楚自己处境的人，就是甄洛自己。她虽然占有许多重要的条件，但她也失去了最重要的一个，那就是文帝曹丕的爱。曹丕对她的冷落，谁都能感受得到，何况是她自己？两年之间居然没能见一次面，这又何谈感情的事？感情当然需要夫妻双方精心打点，相互呵护，否则分离久远，得到的必定是距离有了、感情没了的结果。甄洛想唤回曹丕对自己的感情，自古女子多情处，泪滴轻点入愁肠。于是才女甄洛拿起纸笔，一书泪两行，写下了流传至今的《塘上行》。写完之后，甄洛还期待着曹丕见诗能回心转意，重新燃起对自己的爱意。

在文帝身边的郭女王，不可能没想过皇后之位。她也深知甄洛的优势，可是她深深地相信自己能够打败甄洛。因为，在文帝身边的是自己，而不是甄洛。所以这个时候，她就集中力量突出自己，离间甄洛。恰好甄洛此时以诗传意，诗里表达的是对文帝的爱恨情谊，爱在字里行间，可是怨也在字里行间。曹丕一心没想着爱，他只看出了怨，这怨就让他心头大火烧了起来，这时候郭女王就趁机提出让曹丕赐死甄洛，从此再不担心她会跟自己争抢皇后之位了。

甄洛死后，郭女王更加受宠，222年，文帝曹丕册封她为皇后。然而决定一出，众大臣却纷纷反对。是啊，这是册封皇后，不仅仅是一个家庭里丈夫立谁为正室那么简单了，身为天子，家事也就是天下事。大家都觉得，皇后贵为一国之母，当然必须出身高贵啊，曹宫里出身高贵的后妃多了去了，为什么偏要册封这样一个出身卑贱之人？郭女王知道大臣们的异议，心里觉得十分悲凉。然而她也知道，正面争取不如以退为进地争取好，何不表现自己大度的一面呢？既然群臣反对，那我就告诉文帝，告诉天下，我郭女王不在乎这个皇后位子。于是一纸上书，谢绝皇上好意：皇后之位是多么高贵啊，当然需要出身高贵的人且要品德高尚修养深厚的人才能胜任，而我，不仅比不上娥皇，比不上女英，也没有姜氏、任氏的品德，所以实在是不能够胜任皇后的职位。曹丕看了这个谢表，本来在他心目中地位非凡的郭女王此时又更多了一份贤良之德，他觉得更加要坚持先前的想法，郭女王就是最好的皇后人选。郭氏遂当上皇后。

其实历史上，并没有明确地记载郭女王同甄洛之死有关，也没有明确地说与她无关。然而后宫之事，有如丝麻之乱，况且后来被立为皇后的不是别人，正是郭女王，所以她毕竟是脱不了干系的。

## 勤俭为后，抚养曹叡

尽管在怎么当上皇后这件事情上，也许郭女王在背后做过一些小动作，但是，郭女王还是无愧于这个皇后之位的。

曹操是个比较节俭之人，所以曹操的王后卞氏就顺同曹操，也很节俭，在曹宫中节俭之风盛行。郭女王当上皇后以后，也顺应这个节俭之风，从不奢侈浪费。并且，她对娘家人也管束得很严格。

郭女王在年少的时候就失去了双亲及兄弟，所以在她被封为皇后之后，就将其堂兄郭表当作最亲的兄弟了，好在她姐姐还在，还有个外甥。按照一种思路，小时候这么不幸，如今也算是光宗耀祖出人头地了，当然得好好封赏这些还在人世的亲人，让他们好好享福。可是郭女王不这么想，她要好好克制娘家人，以免骄奢成性。当时姐姐的孩子孟武想娶妾，那个时候男人三妻四妾多正常啊，就说这魏文帝曹丕，他后宫里多少美女啊！如今姨妈是皇后，自己娶个妾是多么顺理成章的事。没想到姨妈郭女王非常严肃地制止了他，并且说如今战乱，多少将士在外征战，他们也需要娶妻生子。你们在家，已经建立家室，拥有完美的家庭，好好跟老婆孩儿在一起把家建设得和和睦睦多好，何必还要四处纳妾呢？如果以后再发生这样的事情，一定要严格惩罚。这种决定，也许是出于一个女人对男人花心、三妻四妾的一种反感厌恶，但是也确实是有积极意义的。

郭皇后不仅在这件事情上干预过她的外甥，后来姐姐去世，这个外甥希望将娘亲厚葬，又被郭皇后拒绝。可见，她真的是提倡简朴的生活，对奢侈浪费的事情管理很严格。

除了在外戚上严格控制之外，郭女王将后宫也管理得井井有条。其实后宫之事，烦恼也不会少于治理一个国家，但是郭女王以其广阔的胸怀和智慧将许多烦恼都化解掉了。

首先她知道后宫干涉政务，一定会引来许多的麻烦，所以被册封为皇后之后她就不再去管曹丕的政治事宜了，专心打理后宫。其次在处理后宫各妃嫔之间以及妃嫔与曹丕之间的关系上，郭女王充分发挥了一个领导者的手腕，每当有人对文帝伺候不周到或者犯错的时候，郭氏就尽量安抚文帝，不仅不会将自己的错误推到别人身上，更是常常主动担当别人的错误，以免妃嫔们被文帝怪罪。有这样的心胸，自然能够得到妃嫔们的敬重。

再次甄洛生前对婆婆卞氏是极为敬重的，甄洛被赐毒酒以后，郭女王就承担起了孝敬婆婆的任务，人人可见她的孝顺之心。

还有难能可贵的一点，甄洛死后，曹丕就将甄洛的儿子曹叡交给作为皇后的郭女王来抚养。作为一个女人，能尽心尽意去抚养自己丈夫和别的女人所生的孩子，真的很不容易。但是郭女王做到了，她把曹叡照顾得非常好。也许是她自己没有孩子的缘故，也许是她真的觉得对甄洛有一些愧疚，所以好好补偿在她儿子身上。这些原因都只能是猜测，但不管怎么样，若不是一个贤德的女人，不可能做到这样。所以这种种事情，为郭女王赢得了一致的赞誉。

## 明帝怨恨，被逼自杀

身为皇后的郭女王，一心一意地抚养甄洛夫人的儿子曹叡。曹叡同她感情也还好，每天早上和晚上都会去给郭女王请安问好。

226年，曹丕去世，曹叡即位，即魏明帝，郭女王被尊为皇太后。

可是，曹叡毕竟是甄洛的孩子，这个养母对自己再好，他也还是会思念自己的生身母亲，并且，他始终对自己母亲的死耿耿于怀，所以他常常向郭女王追问："我母亲到底是怎么死的？"郭女王是多么为难！她只能对这个孩子说，你母亲是你父亲赐毒酒致命，与我有什么关系呢？你也不能因为这样去怪罪你的父亲呀！

尽管得到这样的答复，曹叡仍打心眼儿里不太相信。怀疑是致命的，只要你执着地去怀疑，不管真假，你都能将事实变成你怀疑的样子。魏明帝的母亲甄洛死前其实是将他交给一个李姓的妃子照顾的，只是后来被文帝交给郭女王。这李氏就告诉明帝，母亲甄洛的死就是郭太后背后闲话所致。明帝听完怒不可遏，他终于知道真相了！居然隐瞒他这么久，他却要把害死自己母亲的人当作母亲一样！他要报仇。

此心一绝，郭太后肯定没有好日子过，后来在明帝的逼迫下，选择自杀，了结了自己的性命。

魏明帝为报母亲之仇，在下葬郭太后的时候，就效仿他母亲被下葬时候的样子，让她披头散发，头发全盖在脸上，嘴巴里还塞满了糠。

但是对外，明帝还得扮演自己的孝子模样，颁下孝子哀诏，并且加封郭氏族人。

可是这一切，对郭女王来说，都是没有意义的了。

# 蜀汉

## 甘氏：蜀汉昭烈帝刘备皇后

姓名：甘氏

生卒年：177~209年

婚配：蜀汉昭烈帝刘备

封号：夫人

追封：昭烈皇后

甘氏，蜀汉昭烈帝刘备的原配夫人，死后被追封为皇后。汉末、三国时期有不少非常著名的美女，比如貂蝉、大小乔等，甘夫人也是其中之一。甘氏生平经历也比较坎坷，嫁给不平凡的人，就需要承受一些不平凡的磨难，她多次被刘备丢下落为人质，又多次安全脱险。最终于22岁时病逝，后与刘备合葬。

## 命中注定贵人命，嫁给刘备为夫人

甘夫人是汉末非常著名的美女之一，肤色白如雪。在很小的时候，相士就坦言这姑娘是个贵人，一定会嫁给天子之类的人物。等甘氏长大以后，果然出落成一个绝色美人。但是甘氏家庭比较穷苦，地位也比较低微，直接嫁给天子的可能性不是那么大。当时正好刘备在出任豫州刺史，就娶了貌美的甘氏为妾。

刘备这人命硬，有克妻之说。是真是假且无法考证，但是刘备先前确实有好几个妻子已经过世，也正是这样甘氏才有可能被刘备立为正室夫人。

嫁给刘备以后，甘夫人就随同刘备各处奔波和迁徙，还生下了刘备唯一的儿子阿斗。

甘夫人的肌肤胜过白雪，胜过美玉，令男人垂涎，女人嫉妒。非常著名的一个故事就是刘备有一次得到一个玉人，非常非常美，晶莹剔透。刘备就让甘夫人和玉人一起站在夜色下，结果刘备居然分不清这谁是甘夫人，谁是玉人了，直把刘备迷得神魂颠倒，所以夜夜将玉人和甘夫人放在一起，又抱美人，又玩弄玉人。不过日子久了，甘夫人倒是嫉妒起这个玉人来。于是对刘备说，不可天天抱着玉人玩耍，谨防玩物丧志。刘备听从，就将玉人收了起来。这故事充分地说明了甘夫人的美，是多么动人心魄。

## 生前坎坷多磨难，几次被丢成俘虏

甘夫人嫁给刘备以后，打心眼儿里来说真没过上几天安稳的好日子，前后三次被刘备给抛下，多次成为俘虏。要不是福大命大，一个如此美貌的柔弱女子，在战乱年代被人抛下而落入对手手中，还真不知道会遇到什么样的事情。

与刘备新婚不久，徐州地区就遭到吕布的偷袭，当时刘备正好接管徐州，刘备不敌吕布，于是就三十六计走为上计，他这一下就跑到了广陵，到那边静下来才发现自己不仅连地盘丢了，连刚娶的美人也丢了，可是有什么办法呢。

吕布顺利拿下了徐州，也顺便将刘备丢下的夫人捡了回去，扣为俘虏。他想着，你这么貌美如花的夫人，总不会舍得不要吧，我就等着你来，看你刘备还能往哪里逃。结果吕布还真想错了，刘备丢了老婆和徐州之后，在广陵又娶了一个美艳艳娇滴滴的美人糜夫人，糜夫人的哥哥是一个生意人，手上有钱，刘备娶了他妹妹之后，他就把他的财产都拿出来，充作刘备的军费了。失魂落魄的刘备一下子又站了起来，有钱就有兵，身边还有美人。吕布见这刘备前脚刚刚把夫人抛弃，后脚立刻娶美女进门，即使扣押着甘夫人估计也对刘备起不了什么作用，顶多就是白白帮刘备养一个大活人，干脆不如做个顺水人情，把夫人送回去。于是，甘夫人安全地回到了刘备身边。

回去之后，这边心里被抛弃的疼痛还没好，那边发现刘备又娶了个妾。可是那时候的女人多逆来顺受啊，甘夫人一句怨言都没说，而且还跟糜夫人认了个姐妹。那时候的男人三妻四妾实属正常，怨也不会改变什么，倒是不如多个姐妹相互照应，结果甘夫人和糜夫人两人倒是真的感情越来越好，情同姐妹了。

刘备见这吕布将夫人毫发无伤地送了回来，还大胆地想让吕布允许他在小沛休整，吕布也是一时脑子发热，不仅没有趁机除掉刘备，还真答应了刘备。他想将刘备收为麾下，好一同对抗其他实力派的人。但刘备可不这么想，刘备只想借助吕布给他喘息的机会，等他休整好了就要立刻踹掉吕布。

果然，198年，吕布觉得要添一些好马以供军中之用，增强战斗力，所以就派人去往河内购马。刘备知道这个消息，偷偷在半路埋伏，结果吕布的部下连人带马的都被刘备给劫了。消息传到吕布耳里，他咬着牙狠狠地说，好你个刘备，看我不扒了你的皮泄愤！立刻调集大军讨伐刘备。刘备一看这阵势，立刻拔腿就跑，一边还在找救兵，根本无暇顾及甘夫人和糜夫人两位夫人。曹操接到刘备的求救信息，毫不含糊地率军前往相救：这不是抢地盘的大好时机吗！于是曹操出马，吕布大败，刘备顺势投奔了曹操。吕布也是难得的将才，曹操也是爱才之人，本打算将吕布留用。刘备眼珠滴溜一转，那可不行，自己背叛吕布，若是留下吕布，有朝一日自己落入他的手中，那就再无活命的机会了。所以他就进言，万不可留这吕布！于是刘备就借着曹操的刀，将吕布除掉了。当然，二位夫人又回到了刘备身边。

建安五年，刘备又和曹操大战一场。刘备怎么是曹操的对手呢？自然是一败涂地。这一次刘备又没有想到两位夫人，就一个光杆司令跑了。他还得找一个靠山，他选择了当时比较有势力的袁绍。后来是由关羽救出了两位夫人。

再后来，甘夫人替刘备生了个儿子刘禅，但是又一次遇到刘备与曹操大战。刘备面对战争已经习以为常，反正打得赢就打，打不赢就跑，留得青山在不愁没柴烧。于是在眼看着不敌曹操大军的时候，刘备又准备一溜烟跑掉。不过这一次，他丢下的就不止夫人了，还有夫人手上的孩子，当然，还有两个好兄弟，张飞和赵云。

以往的每次，夫人总是安然无恙地回去了。而这一次，糜夫人和甘夫人走散，赵云虽然找到了甘夫人和阿斗，糜夫人却在此次战乱中丢失了性命。

在经过又一次劫难之后，甘夫人回到了刘备身边。本以为今后可以过上安稳日子了，可是没多久甘夫人就病逝了。这一年，是209年。十几年后，刘备终于称帝，建立蜀汉。他怀念他最美的夫人甘夫人，追谥她为“皇思夫人”，准备以后让甘夫人与他合葬在一起。刘备去世以后，一直很尊重甘夫人的诸葛亮向刘禅上表，又追谥甘夫人为“昭烈皇后”。

## 孙氏：蜀汉昭烈帝刘备夫人

姓名：孙氏

生卒年：不详

籍贯：江东

婚配：蜀汉昭烈帝刘备

封号：夫人

孙氏，蜀汉昭烈帝刘备夫人，孙权的妹妹，有巾帼不让须眉之范。也有说孙氏名尚香，全名孙尚香，不过正史上没有详细记载。

孙氏一共兄妹四人，父亲孙坚，母亲吴国太，哥哥孙策、孙权等人都是叱咤风云的政治人物，一个妹妹在这些英雄堆里长大，受他们的影响非常大，从小就喜欢舞刀弄枪，耍刀弄棒，功夫非常好。除一身武术之外，孙氏长得也很端正，不愧为一个大美女。

东汉末年时局混乱，孙氏的父亲和兄弟们一起打拼出一片天地，但是创业艰难，父兄也都于乱世中离世，打天下的大担子就落到了年轻的孙权肩上。在曹操大败袁绍之后，剩下的势力里比较强的应该就是孙权、刘备和曹操，刘备当时虽然比较窘迫，不得不向孙权暂借荆州以谋求一个栖身之地，但是刘备麾下有许多的将才，这让曹操和孙权都比较惧怕他。尤其是有神机妙算的诸葛亮，屡出妙计，屡打胜仗，曹操好几次都被打得落花流水，落荒而逃。所以刘备虽然只是占据荆州一隅，势力却不可小觑。

在赤壁之战中，刘备和孙权结盟，打败曹操大军，曹魏、孙权以及刘备三足鼎立的局面已经逐渐形成。此后，孙权就想收回荆州，不想让刘备再占据如此要地了。可是刘备却开始耍赖了，虽然当初说是借荆州，日后会还给孙权的，但到了孙权要收回荆州的时候，刘备始终不肯。荆州是个好地方，那里物产富饶，易守难攻，自古就是兵家常争之地。刘备不肯还荆州，孙权也不会轻易放弃。

当时孙权手下也有一员非常有名的谋士，就是周瑜。周瑜英气不凡，通晓音乐也晓兵法，足智多谋。他给孙权出了一个主意，利用“美人计”将刘备引到孙权的地盘上，然后扣留刘备，再让诸葛孔明出让荆州之地以换回刘备，这美人计就是利用孙权的小妹孙氏。

刘备和孔明也有心思与孙权联手，先将曹操给打败下去再说，所以既然孙权主动提出将妹妹嫁给刘备，刘备当然欣然接受。

刘备到孙权的吴地去了之后，先去拜吴国太，没想到这吴国太对刘备很满意，就真把他当作自己的女婿了。孙权和周瑜本来只是想借计将刘备骗过来而已，没想到还要假戏真做，真把妹妹嫁给刘备。这妹妹孙氏年方20岁，刘备却是个年近半百的老头儿，孙氏怎么可能同意呢？但是没办法，为了哥哥的政权，这桩政治联姻是必须要完成的。就这样，年轻的孙氏就嫁给了刘备。

不过，孙氏虽然嫁给了刘备，但是身边随从还是一个都没少，全都配着刀护卫着孙氏，她自己也刀不离手，即使是新婚之夜也如此。所以刘备一直对孙夫人心存着恐惧，虽然她现在已经是自己的夫人，但是她毕竟是孙权的妹妹呀，说不定哪天夜里就要了自己的小命，所以也不得不多提防着点。孙夫人本来就不是一个顺从的人，反正她还有她哥哥撑腰，无须将刘备放在眼里。

刘备和孙夫人在吴地住了一段时间，诸葛亮就想办法让刘备回去。想什么借口呢？说是曹操派兵攻打荆州来了，这荆州不能丢失，十万火急。刘备向孙权请示，孙权虽然想扣留刘备，但是荆州也不能落到曹操的手里啊，只好将他放回去，孙夫人也得一起陪同，所以这刘备不仅娶了孙权的妹妹，又完完整整地回去了。等周瑜回来，刘备人早已经走了，问明了孙权是怎么回事后，只好哀叹一声：您这是赔了夫人又折兵啊。

刘备带回孙夫人以后，其实也有几分惧怕，不过毕竟两边政治联姻，好处更多，尤其是曹操见刘备孙权联盟，之后就不太敢轻举妄动了。

再后来，孙权对刘备也没什么办法，就想将妹妹骗回去。孙氏很孝顺，于是孙权就派人捎来消息说老太太病危，急着想见夫人一面呢。孙夫人听得这话，当然得立刻动身啊，只是此时刘备不在军中，孙夫人想向军师诸葛汇报一声，但是被孙权派来的周善制止了。所以孙夫人就带着阿斗，去往吴国。半路上诸葛亮听说孙夫人带着阿斗要回吴国去，立刻派人半路拦截，这才把阿斗给抢了回去，但是孙夫人却还是回到吴国去了，这一回去，孙夫人就没再回到刘备这来。

刘备对总是配着刀剑的孙夫人也心存恐惧，所以在她回去之后也没派人去吴国接她，此后就没什么消息了。

# 吴

## 潘氏：吴大帝孙权皇后

姓名：潘氏

生卒年：？~252年

籍贯：会稽句章（今浙江宁波）

婚配：吴大帝孙权

封号：皇后

潘氏，东吴大帝孙权的宠妃，后被立为皇后，也是孙权在世时唯一被册封的皇后。潘皇后是会稽句章县人，她本为一个官差的女儿，但是父亲因触犯律令犯下死罪，她和姐姐也受到牵连，被发配到皇宫里负责纺织的部门里做苦工。但是潘氏不是一般人，她生得非常非常美，一同做苦工的女子数百人，就数她相貌最美，鹤立鸡群。因为她长得实在太美了，其他的女工反而都和她保持距离，她们觉得潘氏一定不是凡人，凡人是不可能生得如此水灵脱俗的。

有一天，孙权偶然间见到了正在做苦工的潘氏，一下子就被她的美貌吸引了。这个女人虽然满面愁容，但是看起来就和别人非常不一样。孙权想，皱着眉头都能如此娇媚，不知道她开心的时候会是什么样子呢？随后就把潘氏从纺织女工那里召到后宫中，成为孙权的一个妃子。潘氏进了后宫之后，果然心情大好，非常开心，面色也更加红润了，孙权对她很为宠幸，不多久，她就怀上了孙权的孩子。这个孩子就是孙权的小儿子孙亮。孙亮就是吴国第二代国君，他是典型的命中注定是君主的命。潘氏在怀孕的时候就梦到有人送龙头给她，她就顺势接住了。这样的梦自然是超级好兆头，之后就生下了儿子，注定是不平凡的命。

孙权原本是已经立了王夫人的儿子孙和为太子的，但是孙权的大女儿鲁班公主非常讨厌王夫人，所以在孙权面前说尽王夫人的坏话，最终挑拨离间成功，王夫人因此而丢失了性命。王夫人就是典型的往前一步是富贵，退后一步是地狱的例子。儿子已经是太子了，她离皇后的位子也就很近很近了，这充分说明在宫廷生活里，谁都不能得罪。后来在鲁班公主的继续挑唆下，孙权将孙和的太子位也废去了。孙权这时候最宠爱的就是潘氏了，潘氏见机就不断为儿子争取，孙权也很疼爱这个小儿子，所以最终孙亮就被立为了太子。儿子被立为太子以后，潘氏就请求将她的姐姐外放嫁人，得到了孙权的同意。第二年，太子的母亲潘氏母凭子贵，被孙权正式立为皇后。

成为皇后以后，潘氏在宫里就很嚣张了，生性嫉妒的她，要将后宫所有反对她和与她不和的人都除掉，所以很多人都被她所害。除了潘氏以外，孙权有好几位夫人，其中袁夫人是品性最好的一个。袁夫人就是袁术的女儿，嫁给了孙权，她出自大家，为人修养极好，但是唯一可惜的是她没有生孩子。在孙权的步夫人去世以后，孙权有意想立袁夫人为皇后，但是袁夫人认为自己没有儿子，不可以被封皇后，就此推辞。待潘氏为皇后以后，居然将袁夫人陷害。

不仅如此，除了不断进行后宫争斗之外，潘氏对政权还很感兴趣。潘氏被立为皇后这一年，孙权已经近70岁了。后来孙权生了一场大病，这潘氏就开始琢磨着等老头子一命呜呼之后，她想要自己掌握政权，也来个太后专政，于是这边孙权还病着，那边潘氏已经在向与她狼狈为奸的孙宏打听西汉吕后的故事，也想来学一学。宫中的宫女对她都很恐惧，这样一个奸诈有野心的女人，确实让人觉得很恐怖。孙权还在世的时候她都这样，如果孙权去世了，而她也真的掌握了大权，那宫中的人日子肯定不好受。所以，这一天，趁着潘氏因侍奉孙权而累得睡着的时候，宫女们冒着生命危险将潘氏给勒死了。

孙权将潘氏厚葬，但是又觉得事有蹊跷，于是派人查清事情原委，最后知道是宫女们下手，孙权就一下处决掉了六七个涉事的宫女。

# 两晋后妃

# 西晋

## 杨艳：西晋武帝司马炎皇后

姓名：杨艳

生卒年：238~274年

籍贯：弘农华阴（今陕西华阴）

婚配：西晋武帝司马炎

封号：皇后

杨艳，西晋武帝司马炎的皇后。她生于曹魏贵族之家，是曹魏末期大臣杨文宗的女儿。因为她不仅长得漂亮，而且传言她有皇后之命，非常有野心的司马昭就想取巧，将她聘来给自己的大儿子为妻，以借她命中的贵相来助司马家族一臂之力。杨艳性格狭隘，有些小心眼儿，善嫉妒，为了保护她的白痴儿子以及巩固她娘家人的势力，为西晋政局的动荡埋下了祸根。

### 命中显贵，司马昭有借用之心

杨艳的父亲杨文宗和司马昭同是曹魏大将，司马昭是很有野心的一个人。当时曹髦为帝，但是大权都被司马昭掌握，他一心想要自己取代曹髦，对此大臣们以及曹髦自己都非常清楚，因此说“司马昭之心，路人皆知”。不过尽管司马昭已经手握大权，但是当他听说同僚杨文宗有一个聪明貌美的女儿杨艳，并且在小时候就有人看相说这姑娘命中显贵，将来必定是皇后之命，因此司马昭就替大儿子司马炎提亲，杨艳就嫁给了司马炎。

曹髦虽然少年登基，并且自己已经没什么大权，近似于一个傀儡皇帝，但是他心里还是十分清楚司马昭的野心，他迟早会取代自己，而不可能让自己继续保住皇帝之位，哪怕只是一个空有虚名的傀儡。他不想坐以待毙，就召集亲信，想要讨伐司马昭。

然而，司马昭耳目众多，曹髦要讨伐司马昭这件事早就有司马昭的耳目跑去向司马昭报告了，结果曹髦不仅没有讨伐到司马昭，反而在半路就被司马昭的人马所劫，曹髦也被杀掉。

曹髦被杀以后，司马昭并没有急着自己登基为帝，所以他仍是曹魏之臣。不过他的儿子司马炎确实做了帝王，而且是西晋的开国皇帝。所以说不定，真的和杨艳命中注定的贵相有些关系。265年，司马昭的大儿子司马炎继承了司马昭的晋王之位，但是他比父亲心急，继承王位没多久就逼迫曹魏最后一个皇帝曹奂退位，自己登基建国，就是晋朝，史称西晋，司马炎也就是晋武帝，妻子杨艳也被册封为皇后。

## 一己私心，立储糊涂

晋武帝在建立晋朝以后，显示出了他非常杰出的政治才能，他首先做的一件事就是伐吴统一全国，这也是秦皇汉武之后全国再一次统一，贡献是非常杰出的。国家统一以后，武帝还采取了一系列的经济措施，将国家治理得井井有条，非常繁荣，出现了历史上的“太康之治”。

杨艳不仅当上了皇后，而且还给司马炎生了六个孩子，其中有三个皇子，三个公主。皇子分别为大儿子司马轨、二儿子司马衷和小儿子司马柬。然而这三个儿子虽为同父同母所生，命运却非常的不一样，首先是长子司马轨早逝；次子司马衷身体健康，长得也很强壮，但是脑子不好使，就如同白痴一样；小儿子司马柬比较正常，而且有胆有识也非常有先见之明，只是位居老小。

晋武帝和皇后杨艳两个人都是非常聪明的人，然而在立太子这件事上却被私情迷惑，一再犯糊涂。按照嫡长子继承皇位的制度，本来太子应当是大儿子司马轨。然而司马轨没有这命，两岁的时候就夭亡了，次子司马衷就成了长子。尽管晋武帝与杨艳皇后都非常明确地知道司马衷有些白痴，不适宜将国家交给他，否则很可能给国家造成不可挽回的损失。然而，这时候的司马炎和杨艳却忽略了自己天子和国母的身份，从情感上回到了普通父母的立场上，他们觉得这个孩子从小就白痴，所以对他很有愧疚之心，就像那些没有照顾好孩子后来就拼命弥补孩子的父母们一样，所以对他百般娇宠，甚至觉得这皇位也非给他不可，否则就是对不起他。皇位继承人是大事，这关乎国家的命运，按说既然他们有一个聪明伶俐的儿子司马柬，应当让司马柬来总理国家事务，而对司马衷，则对他大加照顾，让他不愁吃喝还能继续享乐就好。可是武帝和杨艳偏不这么想，偏要将最好的全部都给这个白痴儿子。

然而司马衷的白痴是无可救药的。他经常发出非常荒唐的言论，朝中比较明智的大臣都觉得立司马衷为太子太不明智了，很多人就婉言谏劝司马炎。太子的老师卫瓘也忧心忡忡，就旁敲侧击地告诉司马炎说“此座可惜”，表示他觉得太子的人选是不恰当的。

武帝心里明白，也非常担忧。毕竟晋朝是他的心血，好不容易才统一天下，如果在儿子手里将大权弄丢，该是多痛心啊，因此他萌生了废掉司马衷重立太子的想法。

可是当这想法被皇后杨艳知道了以后，她就在后宫撒起泼来。她说你这没良心的，居然要废掉儿子！你这是不遵循古法，自古以来太子位都必须是长子继承，管他是不是有才能呢！司马炎对杨艳非常宠爱，看她这么不满意，他居然就再没有反对了。

夫妻俩对太子人选没有异议之后，太子也到了适婚的年龄，这下他们又该为太子考虑太子妃的人选了。这个时候杨艳又因为一些小的利益而犯了大糊涂。其实在武帝的心里，对太子妃早就有了人选，他看上的是卫瓘的女儿。卫瓘是一代名臣，忠心耿耿，还是太子的老师。卫家的女儿不仅长得美，而且受到很好的教养。然而，当时贾充家里也有一个女儿贾南风，贾南风的母亲事先贿赂了杨艳，让她在选太子妃的时候一定要选贾家的女儿。杨艳这个时候倒是说一不二，收了贾南风母亲的贿赂她就立场坚定地要立贾氏女为太子妃，最后在她的坚持下武帝又妥协了。

贾南风是一个生性嫉妒的女人，然而在皇家的后宫，哪个王子不是佳丽成群，况且是太子或者是天子呢，这不仅在于他们爱好美色，还在于他们必须要生下大量的儿子，以表示家族繁盛。但是因为贾南风生性嫉妒，凡是有妃子为司马衷怀孕的，母子必遭毒害。司马昭终于也忍受不了这个儿媳妇，想要将她废掉。但是这时候杨艳仍然记得贾母对她的贿赂，早把为家为国的事忘到脑后，千方百计说服司马炎不要大动肝火，保全了贾南风。

这个贾南风倒是很厉害，虽然长得丑，居然还一直位居太子妃之位，司马衷即位以后她还登上皇后之位。不仅如此，贾南风造成八王之乱，还一度专权，把晋朝弄得乌七八糟。

## 二杨继宠，福极灾生

除了儿子的事，自己的事也够杨艳焦心的。武帝前期励精图治，到后期也逐渐沉迷于女色，广选妃嫔。以前杨艳得到武帝百般宠爱，到后来贵嫔胡芳和夫人诸葛婉等人逐渐抢占风头，大有取代杨艳在武帝心目中的地位之势，杨艳逐渐越来越焦虑，最终不幸病倒。

眼见着自己的病入膏肓，杨艳心里担心的还是儿子的太子之位。她生怕她死后武帝会重新选一个宠妃当皇后，这样她白痴儿子的太子地位就很难保全了。另外她即使死了都不想让别人爬上她生前的宝座。所以在临终前武帝来看她，她紧紧握着武帝的手，让他一定要立她叔叔的女儿杨芷为皇后，她温柔贤淑，是最适合的人选。武帝对杨艳的感情是难以割舍的，于是答应了她。实际上，她只是害怕死后她儿子和娘家人的势力就此衰落下去。

杨艳死后不久，武帝果然将杨芷册封为皇后。然而，杨芷的父亲杨骏是一个野心勃勃的人，女儿被封为皇后以后他就更加嚣张，想要夺权。武帝后期沉迷于女色，身体也越来越差，朝中政事就开始混乱。武帝去世以后，司马衷即位，贾南风为皇后，政局更加混乱，不得不说西晋历时这么短暂，跟杨艳犯下那么多的错误是有关系的。

# 贾南风：西晋惠帝司马衷皇后

姓名：贾南风

生卒年：257~300年

籍贯：平阳襄陵

婚配：西晋惠帝司马衷

封号：皇后

贾南风，西晋惠帝司马衷的皇后，贾充之女。贾南风是历史有名的乱国毒后，她不仅身材矮小，长相奇丑无比，还心如蛇蝎，操控白痴丈夫司马衷，恶毒对待后宫之人，还个人专权，造成八王之乱等，好不容易在三国之后被司马氏统一起来的国家又被贾南风搞得一团糟，西晋的短命可以说与贾南风有着重要的联系。在害人无数之后，她终于也被自己所害，300年，被司马伦用毒酒赐死。

## 家有妒母，女儿学样

贾南风，父亲贾充，母亲郭槐。要说到贾南风的性格和教养等方面，还必须得从贾南风的父母亲说起。

贾南风的父亲贾充，本是曹魏大臣，官位曾达到大将军司马、廷尉之职。曹魏末期已经大权旁落，大将军司马昭权力庞大，一手遮天，有取代曹髦帝位之意。贾充这人老奸巨猾，能说会道，嘴巴像抹了蜂蜜一样，很快就成为司马昭的心腹，是后来杀掉曹魏末期皇帝曹髦的主谋之一，深得司马昭信任。

司马炎是司马昭的长子，但是却并不怎么受司马昭重用，甚至在继承晋王王位的时候他首先考虑的也不是长子司马炎，而是次子司马攸。而司马炎能够继承晋王之位乃至后来逼迫曹魏元帝退位而建立晋朝，多亏贾充在司马昭面前屡次为司马炎美言，说他能够成就大事，这才让司马昭决定立他为继承人。因此贾充在司马炎心里可以说地位非常重要，也是晋朝的开国元勋。

尽管贾充很有能力，也很善于巴结和社交，在事业上可谓风生水起，但是他却有一个很大的弱点——惧内。贾充本来有一个非常温柔贤淑的原配夫人李氏，李氏是曹魏末期大将李丰的女儿。李丰当时为曹芳的心腹，曹魏末期大权被郭太后和司马师掌握，为了帮助曹芳夺权亲政，李丰征讨司马师，结果被株连三族，女儿李氏因此受连累，遭到流放，之后贾充又娶了郭槐。这郭槐生于官宦之家，父亲郭配是城阳太守。但是这郭槐却没有大家闺秀的气质，反而是以善于嫉妒而出名。

郭槐的嫉妒达到什么程度呢？说出来非常令人发指。就因为这嫉妒，她的两个儿子就是活生生死于她的嫉妒之下。贾家已经是大户人家，郭槐嫁给贾充之后，先是生了大女儿贾南风，后来又陆续生了几个孩子。即使已经生了好几个孩子了，郭槐仍然不许贾充接近任何女人，凡是距离近一点她就会疑神疑鬼。这天，乳母带着贾南风三岁的弟弟贾黎民玩耍，这时候恰好碰见父亲贾充，儿子见到父亲当然就很亲热，伸出手要让父亲抱抱。贾充当然高兴，就伸出手来要抱儿子。这是再正常不过的一个场面，然而被郭槐看见了，她脑子里只出现一个场面，忽略掉儿子，变成了贾充同乳母关系很亲密了。郭槐二话没说，出来就将乳母拉开，用鞭子抽打起来，只打到皮开肉绽最后竟连一口气也没有了。而贾充这个害怕老婆的草包，竟不敢说一句话，乳母竟莫名其妙地被郭槐活活打死。孩子一直是由乳母带着，当然同乳母亲近，没了乳母孩子连奶也没得吃，最终病死。后来，郭槐又生了一个儿子，但是这次她不仅没有吸取上次的教训，居然还发生了同上次一样的事情，乳母又被郭槐给打死。而贾充已经以丢一个儿子为代价，这次依然没有阻止郭槐，任凭她没来由地吃醋发疯，然后这个儿子又因为乳母离世而不吃不喝，又遭到惊吓，最终也没活多久。

如果是平常人家，家里有这样一个母夜叉，还活活害死这么多条命，做丈夫的应该早就把这女人休了。而贾充不仅不敢，甚至连原配夫人回来了都不敢接回家。

李氏是因为父亲讨伐司马师而被牵连，司马师是司马昭的哥哥，也就是司马炎的伯父。到司马炎称帝建立晋朝，他宣布大赦天下，因此李氏就被赦免，得以回家。司马炎与贾充关系非常好，司马炎能有今天也多亏贾充，所以他特意传召给贾充说，他可以迎回原配夫人。结果这事被现任夫人郭槐知道了，她暴跳如雷，才不管什么听从夫婿三从四德的东西，她只管在贾充面前撒起泼来，坚决不允许把李氏接回家。李氏在被流放之前就已经给贾充生了两个女儿，女儿见母亲能够回来自然喜出望外，但是父亲竟然慑于郭槐淫威而不敢将母亲接回来，就非常伤心，来找父亲哭诉。可是贾充不敢招惹郭槐，要是把李氏接回家弄成两个夫人，说不定郭槐又能闹出人命来，所以就派人将前夫人在城中安置下来，自己连面都不敢露。

贾南风在家里一直目睹母亲的行为，她并不觉得母亲的做法有何不妥，相反，她从母亲身上看见，只有像母亲这样才能够震慑住男人，震慑住别人，才能够维护和巩固自己的地位，得到任何自己想要的东西。这是她从她母亲身上继承下来的“最好的财富”。

## 父母行贿，丑女为妃

贾充在朝中势力很大，但是也容易引起别人的嫉妒，遭到排挤。当时鲜卑长期扰乱边境，总是骚扰山西和甘肃一带，晋朝刚刚统一全国还不是十分稳定，所以这些边患是武帝司马炎的一大块心病。而朝中，贾充和任恺等人正好分为两个派别，两组人马相互斗争，互相打压对方。边患问题出现的时候，侍中任恺心生一计，就让贾充这个老狐狸带兵扫平边患，这样表面上可以说是因为他有能力才派他出去，而实际上则是趁机将他派到边远地区，远离朝廷，这样就可以将贾充的势力排挤，而任恺等人正好就可以扩充自己的势力了。

贾充当然也是聪明人，他岂能不知道侍中任恺的意图呢。但是这一时半会儿也找不出合适的借口推辞，他正发愁着。

这一年太子司马衷已经有13岁了。在当时的宫廷，13岁已经是适婚年龄，该给太子选太子妃了，所以武帝司马炎和皇后杨艳就开始为傻太子司马衷张罗选妃的事情。

太子司马衷是个天生的傻子，他除了吃喝玩乐之外什么都不懂，他的父母亲武帝司马炎和皇后杨艳甚至还担心他不懂男女之事，专门派才人谢玖去教他。这样一个傻子如果生在普通人家应该连老婆都找不到，但是他生在帝王之家就不愁了，只有他们挑选别人的份儿，而且还会有大量人主动送上门来。

这个时候正好贾充为带兵平患的事情焦虑，突然想到太子选妃是个大好机会，他贾充目前只剩下几个女儿了，如果能把女儿送入宫中成为太子妃，不仅他不用出去带兵，顺带着还能更加巩固家业。这么一合计，和贾充一派的荀勖、荀顗当然鼎力支持，于是他们就开始兵分几路，合谋着要把贾家女儿推上太子妃之位。荀勖、荀顗等老臣就负责在司马炎耳边煽风点火，努力夸赞贾家的女儿，贾充的妻子郭槐出面贿赂皇后杨艳，杨艳见到郭槐送的礼品别提多高兴了，就不遗余力地帮助贾氏说话。说也奇怪，杨艳乃一国之后，什么珍奇异宝没见过，竟然会被大臣的夫人行贿，在自己儿子选妃的时候站到别人一边。

司马炎当时心里已经有了人选，他看好大臣卫瓘的女儿，卫瓘生性秉直，又是太子的老师。卫瓘的女儿也通情达理，还生得眉清目秀，相貌出众。但是因为贾充亲信众多，再加上皇后也被收买，所以选卫家女儿这事除了武帝坚持之外，其他人都强烈建议要选贾家的女儿。卫瓘自己是当事人，所以也不便说什么。武帝说，这贾家的女儿和卫家的女儿简直不能比啊，无论从相貌还是从品性，那都不是一个档次的。再说，贾家的女人出了名的爱嫉妒，娶到宫中后果不堪设想，肯定不利于后代的。但是皇后杨艳却丝毫不松口，再加上众多大臣为贾家美言，说这贾氏是大功臣，选贾家的没错。最后武帝立场也松动了，就确定选贾家的女儿。贾家除了大女儿贾南风之外，还有个幼女贾午。贾午和太子年龄相仿，所以武帝就选贾午为太子妃人选。结果出人意料的是，贾家的女儿都生得丑，身材矮小，大婚当天众人才发现贾午完全无法穿起结婚的礼服，如果由贾午出面，则非常难看，连仪式都无法顺利完成。最后，大家居然荒唐地让大女儿替换小女儿，穿上礼服去大婚了。好在那个时候除了家人和亲信之人以外，谁也不知道谁是谁，就这样，贾南风被轿子抬到了太子宫中。

## 傻夫悍妻，宫事频生

贾南风比妹妹贾午年长三岁，所以选妃当时贾午12岁，贾南风已经15岁。再加上古时候女子早熟，这时候的贾南风已经懂得很多事情。当她入宫见到她的丈夫的时候，她其实是非常不喜欢这个傻子的。当然，也许从继承她母亲的秉性来看，她根本没打算把丈夫放在眼里，要好好爱护好好对待。应该说，在她们眼里，丈夫就是用来欺负的。

这个贾南风长得又黑又丑又矮，但是她一点也不因此自卑，反而还高调得很，非常懂得利用她太子妃的身份压迫身边的人。也真是好在太子是个傻子，否则怎么会容忍她宫中为所欲为呢！不仅如此，太子对这个大他两岁的太子妃还有几分畏惧，因为但凡他有点让太子妃生气了，贾南风就会对太子大吼大叫，太子就被吓到了，因此他很容易被贾南风操控。

贾南风没把这太子放在眼里，对太子也没什么感情，但是她不允许太子亲近别的女人。宫中被她打击的人无数，尤其是那些被太子临幸过的。如果哪一位妃子被太子临幸过且怀上皇子的话，这对她不仅不是幸运的事，反而会给她带来巨大的灾难。因为只要贾南风知道，她一定要让这母子不得好下场，经常就是一尸两命。有一次，一位宫女怀了太子的孩子，这孩子都快出生了，但是还是被贾南风知道了。她自己没能给太子生孩子，所以她可能对自己的无能十分恼怒，而这恼怒之情就转移到其他女子的身上。知道这位宫女怀孕了之后，她就派人将这位宫女拉到面前，不由分说就拿起利器直接捅向宫女隆起的大肚子，顿时鲜血如注，一尸两命。旁边的宫女太监们虽然觉得十分残忍，但也不敢说什么，否则自己的下场也是这样啊。宫里的人完全是谈贾色变了。

太子妃贾南风就这样公然将怀有太子孩子的宫女当场戳死，这么大的事件很快就传到了武帝司马炎的耳朵里。司马炎本来对这贾南风就没有什么好感，现如今她居然做出这么恶劣的事情来，司马炎非常生气，他决定要废掉贾南风的太子妃之位，再选一位温柔贤淑的太子妃。

然而荒唐的是，贾南风做下如此缺德恶劣的事，武帝要废黜她，宫中居然有很多人替她求情。首先是她父亲贾充的党羽，一定竭尽全力来保护她，这样也就等于是保护贾充的势力，也就巩固了他们自己的利益。再一个就是皇后杨芷。杨芷是武帝司马炎的第二任皇后，她是前任皇后杨艳的堂妹。她之所以能当上皇后，全靠堂姐杨艳在临死前苦苦哀求武帝，武帝才答应的。杨艳临终前叮嘱她当上皇后以后一定要尽全力保护太子和太子妃。为了不辜负堂姐所托，她就在武帝面前尽量替贾南风开脱，说太子妃年纪尚小不懂事，等她长大了自然就知道错了。另外还有一位妃子赵粲，算起来她应该是杨艳的表妹，开始被册封为充华，后来晋封为夫人，她一直追随太子妃贾南风。这时候见贾南风有难，她立马站出来在武帝面前帮她说好话，结果在众人的维护下，武帝又一次软弱了，将贾南风教训了一番就再没追究。

从这之后，皇后杨芷知道再不警示贾南风的话，她也许还会做出更加出格的事情来。所以她就几次三番地警告贾南风要守妇德，不要再闯出大祸。贾南风还真是狗咬吕洞宾不识好人心，她不知道皇后这是在帮她，反而误以为武帝之所以要废她都是这杨芷在背后捣鬼说她坏话所致，这还不止，居然还当面教训她，所以越想心里越气愤，对杨芷也就产生了恨意。

说到家里她那个傻丈夫，常常傻得连她都哑口无言。有一次太子和随从们在园里散步，正好是夏天，青蛙出没的季节，所以到处都能听见青蛙呱呱地在叫。太子忽然来了兴致，就开口问了一句，这呱呱叫的青蛙是公还是私？左右面面相觑，这时有个随从就顺着太子的意也白痴地回答了他，青蛙在哪家的地盘上就是哪家的，在公家的就为公，在私人的地方就为私。傻太子这才若有所悟地点了点头表示懂了，旁边的人却被弄得哭笑不得。

## 争夺权力，初次出手

武帝司马炎是个很有所作为的皇帝，他对选继承人和选太子妃其实有着比较正确的看法，但是无奈一直被皇后杨艳干扰。杨艳去世以后，武帝对这个太子能否继承大位还是有些犹豫，再加上这个太子妃太过于恶毒，武帝一直有动摇的念头。但是杨艳早就考虑好了这一步，为了保护白痴太子和太子妃的地位，她在临死前还苦苦哀求武帝立她的堂妹为皇后，让堂妹接替她来保护太子夫妻。所以傻太子一直没有被废掉，贾南风也得以保全。

朝廷里虽然有不少只管阿谀奉承的人，但是贤能的人也还是有很多的，这些人为太子感到担忧。因为太子是皇位的继承人，而皇帝是否有能力则关乎国家的前途。这太子傻傻的非常白痴，当了皇帝肯定无法为国家社稷着想，所以众大臣从国家前途出发，就经常委婉地向武帝传达司马衷不适宜太子之位。武帝心里也有自知之明，只是在大臣面前他不能公然承认他的儿子是白痴，但是他心里也在犯嘀咕，毕竟晋朝是由他开疆辟土一手建立的，不想很早就被断送掉。但是朝廷上下经常为这个话题议论纷纷，武帝没法儿堵住众口，就想出一个方法，一方面也是检验一下太子是否思维正常，另一方面也好堵住众人的议论。这一天，他就出了一些题，让太子作答。但是并不是让太子当面作答，而是将这些试题送到太子府上。为了让众人见识一下太子是智力正常，有能力胜任太子之位的，武帝特意将朝廷中大大小小的官员都邀请来一起摆了一场宴席，众人在吃酒聊天的间隙，太子也有时间作答。

贾南风虽然长得丑，但是脑子还是很好使的。她一见这试题就明白了武帝的用意，心想如果让太子亲自作答那岂不是玩完了，她的太子妃也别想再做了，于是她果断地请人来代太子答完了题目，然后让太子送给武帝。武帝看过太子的答卷以后非常满意，因为从答卷上来看思路和条理都非常清晰，看上去完全没有问题。他兴冲冲地将这些东西交给旁边的卫瓘，让他评定。卫瓘一看非常吃惊，但也说不出什么来，又没有证据指责说这不是太子亲自作答的。但是卫瓘是太子的老师，对于这个学生有个几斤几两他怎么会不清楚呢！但是这答卷确实是没有问题的，卫瓘只好摇头叹息但毫无办法，大臣们也明白了这场宴会实际上是为了说明太子是能胜任太子之任的合适人选，大家都不是糊涂虫，所以日后也再没有人议论这件事了。

虽然在贾南风的安排之下太子总算渡过了这一难关，但是贾南风也受惊不小。她觉得一定是卫瓘等人在背后捣鬼，就是想把太子拉下位来，所以在心里就想着一定要找机会报复这个“老不死”的。

武帝在皇后杨艳去世以后又听从杨艳的话，娶了杨艳的堂妹杨芷，并封她为皇后。杨芷的父亲杨骏本没什么才能，但是借着女儿是皇后，就一步步得以升迁。武帝又觉得杨骏既是岳父，又没什么本事，重用他最好，所以杨骏就逐渐掌握了大权，渐渐将太子妃贾南风也不看在眼里。贾南风本来就误会杨芷在武帝面前说她坏话，再加上杨骏一手遮天，就埋下了贾南风报复杨氏父女的隐患。

武帝去世以后，杨骏为顾命大臣辅佐太子司马衷，司马衷即帝位，贾南风被册封为皇后，杨芷为皇太后。但是这时候的杨骏甚至已经不把皇帝和皇后放在眼里，时常连奏折都不呈给皇帝而是他自己批阅，贾南风早对他恨得牙痒痒。

杨骏在朝廷越来越嚣张，这引起司马氏几个王爷很不满。贾南风也看出这些王爷早看不惯杨骏了，于是心生一计。她先派心腹去找汝南王司马亮，司马亮正是由于杨骏的排挤才远离朝廷的，她想利用司马亮与杨骏的矛盾来铲除杨骏。但是司马亮也不是个容易被利用的人，他本身就老奸巨猾，不想被贾南风利用，所以他即使跟杨骏有仇，也不想理贾南风这妇人之辈。贾南风找司马亮不成，转而将目标精准定位到年轻气盛的司马玮身上。司马玮一听这消息就非常振奋，这种美差他很喜欢，立马就摩拳擦掌，带兵赶往洛阳。人手备齐以后，就差一道诏书了。这对于贾南风来说也不是难事，司马衷早就被她操纵，她骗一道诏书不费吹灰之力。很快，贾南风指使李肇等人到惠帝面前诬告杨骏企图谋反，糊里糊涂的司马衷就立刻下旨洛阳全城戒严，司马玮等人分兵驻守，杨骏全府被包围。当时有人建议杨骏突击出去，但是杨骏本人无胆无识，畏畏缩缩，最终被乱箭射死。

当惠帝下旨全城戒严并包围杨骏府的消息传入皇太后杨芷的耳朵时，她心急如焚，只好将一个写有“救太傅者有赏”的布帛用箭射出城外，但又恰恰落入了贾南风之手，于是贾南风趁机污蔑说皇太后与太傅是合谋，正好将皇太后杨芷也铲除掉了。因为贾南风对杨芷充满恨意，所以杨芷死得非常惨，先是被惠帝废为庶人，然后被贾南风关起来，贾南风不给她任何吃食，最终杨芷被活活饿死。

这是贾南风在宫中发动的第一次政变，这次政变取得很大的成绩，几乎一手遮天的杨骏被铲除，皇太后杨芷也被除掉，现在内宫里几乎已经没有贾南风的对手了。

## 再次出手，八王之乱

上次出手大获全胜，让贾南风尝到了甜头。但是异已势力还没有完全铲除，贾南风还没有完全掌握大权。朝廷中尤其是卫瓘这些人，他们位高权重，深得人心，但是他们又处处公正，为国家社稷着想，并不与贾南风之辈同流合污，贾南风也早看他不爽了。

在除掉杨骏之后，被杨骏排挤出朝的司马亮就回到朝中担任太宰的职务，同担任太保的卫瓘一起辅佐惠帝。同时司马玮也得以晋升，成为卫将军，掌握兵权。

司马玮是个刚愎自用、见利忘义的人，同时也很不尊重生命，动不动就杀人。这种人掌握兵权是很危险的事，司马亮和卫瓘两人都很看不惯他。司马玮知道司马亮和卫瓘的心思，就投靠了贾南风。贾南风一看司马玮手握兵权，又可以利用他把卫瓘和司马亮两个重臣给斗下去，又有一计上心头。

贾南风又根据原来的招数，骗惠帝司马衷写下诏书，连个莫须有的罪名都没有就要将司马亮和卫瓘的官职免去。司马亮和卫瓘都不敢相信，自己素来对皇室和国家都忠心不贰，为何突然会招来杀身之祸？所以坚决地认为他们身清自明，不想反抗也不想辩解什么，当司马玮带兵来抓他们的时候，两个人都不听部下的劝诫，没有任何反抗地就被司马玮抓起来。然而他们哪里明白，这是有人要置他们于死地，完全没有说理之处，也许反抗才有活命的机会。两个老臣在这一夜之间，全部丧命于贾南风和司马玮的刀下。所以说忠者遇贤君则可惜，遇愚君则可悲。

一夜之间除掉两位心腹大患，贾南风觉得很畅快。然而她还是有担心的地方，那就是这个司马玮。司马玮这人容易被利用，但是这人也很奸险，如果任凭他发展壮大下去，将来很难被掌控，反而对自己不利。恰好张华有一条妙计点醒了贾南风，他建议贾南风趁机告发司马玮杀戮，两位大臣一夜之间死于他的刀下，他也无处狡辩。就这样，司马玮正想着可以去邀功的时候接到这样的命令，说他司马玮居然无故杀害两位国家重臣，罪不可恕，罪当处斩，他一下没转过弯来，当即就懵掉了。

就这样，一夜之间，贾南风就将这三个有实力的对手给清除掉了。这之后，朝廷大权就落入到了贾南风手中，但是也正是因为这次政变，直接酿成了八王之乱，为争夺中央政权，司马氏的几个王爷不断内乱，继而引发起各种经济矛盾、民族矛盾、社会矛盾等，晋朝国运逐渐衰败下去。八王之乱一直持续了16年，直到最终司马越夺权才结束，而贾南风自己也死于这场斗争之中。

## 独掌大权，淫乱后宫

继除掉太傅杨骏，又除掉司马亮、卫瓘以及司马玮等人之后，整个朝廷上几乎再没有人能与贾南风为敌了，贾南风也就一手掌握了大权，可以为所欲为了。惠帝几乎对贾南风言听计从。为了扩展自己的势力，贾南风还大量任用亲族，一时之间朝野里布满了贾家的亲族。

除了权力欲望非常强烈以外，贾南风还是个淫欲非常强烈的女人。可能是因为惠帝司马衷是个白痴，贾南风对他不怎么感兴趣，所以对其他男子就非常有欲望。虽说这个贾南风长相奇丑，但是她却很喜欢美男子。再加上现在手里也有权，就完全可以将这个野心变为现实。

当时有个太医叫程据，他不仅因为医术高明而得以能够出入内宫，而且仪表堂堂。对于在内宫里的女人，平常除了能经常看到皇帝和太监之外，就很难见到别的男人了，所以程据就更加难能可贵，在贾南风眼里也就更加高大帅气了。所以贾南风就对这程据打起了主意，想让这程据伺候她。

程据有太医的身份，可以自由进出后宫，只要贾南风随便装个头疼脑热的就可以传令程据进宫，她就隔三岔五地让程据夜宿宫中，实则是与她同床共枕。至于程据，一方面慑于贾南风的威力，另一方面与贾南风交好则他也有享不完的荣华富贵和锦衣玉食，所以也算乐得效劳。

虽然有一个太医程据可以供贾南风享用，但是她还不满足。为了满足她的淫欲，她公然派自己身边的贴身宫女出宫给她四处寻找美男子，而且很多时候这些美男子被带入宫中的时候根本就不知道是去哪里，去干吗。当这些小美男被贾南风玩腻了之后，她就秘密把这些人给处决掉，否则万一被他们泄密说皇后把他们弄进宫来是当男宠的，岂不是国丑？贾南风虽然敢于做这些丑事，但她还没那么大的胆子公然暴露自己的癖好。所以她虽然给司马衷戴了许多顶绿帽子，司马衷却仍然浑然不知。

然而，百密总有一疏。尽管贾南风做得很秘密又处理得很坚决，但还是有一个美男让贾南风非常动心，最后不忍心杀他，把他送出宫了。这小美男子之前本来是穷困潦倒的一个穷小子，就是长得像女孩一样俊俏。结果就莫名其妙失踪了几天，没有任何人知道他去了哪里，谁能想到他是被抓去伺候当今皇后了呢。但是几天之后，这人又出现了，反而摇身一变成为衣着华丽的一个公子哥儿。正好当时遇到一桩偷窃案，几天都没有侦破，所以就有人怀疑是这个人偷窃。这小哥见被人抓起来就非常害怕，还没等人逼问就一五一十地把他这几天的遭遇说了一通。但是他仍然不知道他被带去了哪里，是什么人把他带走的，他只能描述出那个让他陪睡的女人。但是这相貌一描述，众官员就知道这人是谁了，长得黑黑矮矮，眉头还有一颗肉瘤，明摆着就是皇后贾南风，所以众人皆掩口而笑，贾南风四处抓取美男子满足性欲的事情也不胫而走。

## 嫉妒成性，谋害太子

贾南风虽然淫欲很强，但是生子却很少，她只给惠帝司马衷生下一个女儿。没有儿子对于皇后来说是一大憾事，如果皇后贤良，可能还能抚养一个孝顺有能力的养子，或者是另选一个有能力的贤者。而这贾南风恰恰不是贤良之人，她见自己没有儿子就十分嫉妒他人，后宫妃子凡怀有司马衷骨肉的都会遭殃。当贾南风还是太子妃时，残害宫人的名声就已经传到武帝司马炎耳中，想废掉她但是没能成功，但从此也知道这个儿媳妇的本性了。所以当太子的妃子谢玖有了太子的骨肉以后，武帝司马炎就将她们母子仔细保护了起来，甚至连司马衷自己都不知道自己已经有了儿子。直到有一天，司马衷和儿子一起玩耍，他还以为这个小男孩是他的一个弟弟，于是同他一起握手。在一旁的父亲司马炎说：这是你的儿子。他这才知道原来自己早就有了儿子了。他们父子相认的时候这个孩子司马遹已经有好几岁了。

因为太子的痴傻，司马炎心里其实不是十分舒畅的，但是这个小孙子却让他觉得有些弥补，因为司马遹虽小小年纪，但是非常聪明可人，而且也非常懂得疼惜祖父。《晋书》记载，在司马遹五岁的时候，有一次皇宫里有个地方失火了，司马炎就带着小孙子登上城楼观看火势。但是上了城楼以后，司马遹一直用小手拽着祖父的衣角，直把他拉到火光照不到的暗处。司马炎很不解，他一本正经地解释说，这黑天瞎火的突然皇城失火，非常不吉利，所以不能让这火光照到身为皇上的您。司马炎对孙子的表现很是惊奇，没想到他这么小就这么懂事，他就把发扬家业的大任寄托在了这个孙子身上。

290年，武帝司马炎去世，太子司马衷即位，是为晋惠帝，立司马遹为太子。贾南风对这个太子分外眼红，这孩子这么小就这么聪明伶俐，将来肯定不会听从她的管教，所以她从一开始就想将太子废掉。

司马遹年龄虽小，但是心里也有数。不过毕竟是小孩子，不会想得太长远。再加上当时他也就十二三岁的年纪，正好贪玩，贾南风安插几个亲信在太子身边，专门教太子不学好只学坏，每天纵情享乐。司马遹很热衷于买卖之事，很喜欢假扮商人，他的外祖父就是一个屠夫，以杀羊为生，所以他也从外祖父那里学得一身的好本领，拿起猪肉用手掂一掂就能分毫不差地说出斤两，所以他在宫里也弄了一个集市，可以进行买卖，他在这集市上玩得不亦乐乎，却不料危机正在一步步逼近他。

他原本可能觉得只要不思政事，并且保持对皇后敬重，皇后就不会加害于他。他哪里料到皇后是只有将所有眼中钉都赶尽杀绝了才放心的人。如今他每日只顾玩耍和享乐，恰好给了皇后废掉他的理由。

这天皇后贾南风又设了一个计谋来陷害太子。她先让下人传话给太子说皇后召见。司马遹对贾南风很畏惧，不敢不去。但是当他到了之后，贾南风并不露面，只是拿了酒让司马遹喝。司马遹酒量不行，但是皇后的命令又不得不喝，结果他强忍着将酒灌下肚子立刻就晕乎乎神志不清了。

贾南风趁这个时候，让手下的爪牙拿出事先写好的文字让司马遹照着抄写一遍。这时候的司马遹早就找不着北了，让他抄写什么就写什么，自己完全不知道在干什么，笔画还写得歪歪斜斜。尽管笔画这么可疑，不像是正常状态所为，但毕竟是司马遹亲笔所写。而抄写的内容大意是逼迫父皇司马衷和皇后贾南风退位自杀。司马衷哪里分得清真假，只知道太子居然这么大逆不道，居然逼迫他自杀！贾南风就在惠帝面前继续大说坏话，说这样论罪当处斩。但是大臣们还是觉得事有蹊跷，应当查明。并且废太子这事一定要慎重，否则会动摇国家社稷。因为来自大臣的阻力，贾南风最终松口，只让惠帝将司马遹贬为庶人，逐出皇宫。

司马遹很落魄地来到宫外，远离宫城。但是贾南风还是放心不下，觉得不够安心，又派她的情人太医程据给司马遹配制巴豆杏仁毒药，想毒死司马遹。但是司马遹小心谨慎，坚决不吃药。当时贾南风的一个爪牙孙虑见迟迟不能下手，竟然直接将司马遹打死。可怜的司马遹死的时候年仅13岁，后被称为愍怀太子，贾南风一个40来岁的女人居然对他下如此毒手。

## 害人害己，善恶有报

正当贾南风在宫中一手遮天十分嚣张的时候，早有人看不惯专制的贾后，想要密谋废掉她了。

贾南风害死太子以后引起民愤，早就一直在争夺权力的八王之一赵王司马伦见时机成熟，就联合了齐王司马冏和梁王司马肜等人一起起兵讨伐贾南风。当齐王司马冏进入内宫将贾南风羁押的时候，贾南风还厉声问他干什么，凭什么。司马冏也毫不惧怕地说来了就是为了抓你的。贾南风还想拚死反抗，还想让惠帝司马衷救她，她不知道惠帝早就被赵王等人控制了。

就这样，嚣张一世的贾南风被废为庶人，还关进了专门关押罪妇的冷宫金墉城。即使被废，司马伦等人还是容不下她，不久以后赐给她毒酒，了结了她罪恶的一生。

话说天下大事，分久必合，合久必分，贾南风被除掉以后，西晋王朝的八王之乱也进入了高潮，西晋司马氏家族内部起了政权纷争，直接导致西晋走向衰落，刚刚统一不久的中原又陷入分裂之中。

# 东晋

## 虞孟母：东晋元帝司马睿皇后

姓名：虞孟母

生卒年：277~312年

籍贯：济南黄外

婚配：东晋元帝司马睿

追谥：元敬皇后

虞孟母，东晋元帝司马睿的结发之妻，后来被司马睿追谥为皇后，但是她生前并没有皇后的封号，司马睿是在她去世以后才成为皇帝的。虞孟母家里也算是名士之家，可谓书香门第，她的父亲虞豫在年轻的时候就美名远扬了，后来州郡想聘他为官，但他没有从命，最后就任一个南阳王文学的官职，不过他福气不大，很早就去世了。

虞孟母从小受到父亲的熏染，也知书达理，尤其是生得端庄美丽，深得司马睿的宠爱。司马睿世袭琅琊王，他也是司马懿的后代，但是却并不是嫡长子的血脉延续下来的，所以地位比嫡长子们的世袭地位要低，他因此也很低调，不参与激烈的政权纷争，结果得以保全他自己的实力。

虞氏嫁给司马睿以后，夫妻感情特别好，司马睿一直非常宠爱她。但是事情总是有所缺陷，尽管司马睿十分宠爱虞王妃，结婚多年却一直没有生子。不过即使没有儿子，这也没有影响司马睿对她的宠爱，他把其他宫人所生的孩子交给虞夫人抚养。可是虞孟母却显示出了小家子气，司马睿有一个宫人荀氏，她为司马睿生了两个儿子，大儿子司马绍就是荀氏所生。所以尽管孩子是交给虞孟母抚养，荀氏也仍然地位卑微，并且对虞孟母一直忍气吞声，虞孟母却还是常忍不住欺负她，嫉妒她能生儿子。不仅如此，她还常常在司马睿面前说荀氏的坏话，导致司马睿对荀氏逐渐厌烦，很少理她。

312年，年仅35岁的虞氏病逝，司马睿心痛不已。但是人死不能复生，再怎么思念都不能再将她复活，这是必须接受的事实。不过虞孟母虽然人已经不在了，但她始终在司马睿的心里，这也是虞孟母的强大之处。虞孟母是司马睿的原配夫人，所以是琅琊王司马睿府上的女主人。如今女主人不在了，他必须要找一个新的人选来补上，料理全府上下的内部事务。但是因为虞孟母生前对他的其他妃子和妾都有不满，司马睿打算重新在外面找一个可以主事的人，于是选择了寡妇郑阿春。

郑阿春让司马睿很满意，但她也仍然没能够占据虞孟母在他心里的地位。司马睿称帝以后，追封虞孟母为皇后，谥号为“元敬皇后”，郑阿春为夫人。终其一生，郑阿春都没能取代虞孟母在司马睿心中的核心地位。虞孟母对于司马睿来说，实在是太有魅力了。

## 庾文君：东晋明帝司马绍皇后

姓名：庾文君

生卒年：296~328年

籍贯：颍川鄢陵

婚配：东晋明帝司马绍

封号：皇后

谥号：明穆

庾文君，颍川鄢陵人，东晋明帝司马绍的皇后。庾文君姿色很美，且性格非常好，温柔仁慈。元帝司马睿听闻庾文君个性这么好，就做主将她选为太子司马绍的妃子，立为太子妃。

321年，庾文君为太子生下儿子司马衍。第二年，元帝去世，太子司马绍即帝位，是为明帝，再二年册封庾文君为皇后，其父亲和母亲都得到册封，父亲为车骑将军，母亲为安阳县君。

司马绍在位时间很短，325年就去世了，也就是说他只当了三年左右的皇帝，庾文君则只当了两年左右时间的皇后。明帝去世以后，太子司马衍即位，是为成帝，尊生母庾文君为皇太后。

因为成帝司马衍当时年纪太小，是个刚刚五岁的小儿，所以皇太后庾文君就临朝辅政。皇太后毕竟是一个妇道人家，要治理国家必须借助于得力大臣的帮助，所以庾文君就启用哥哥庾亮。

庾亮也是江南名士，他虽为掌权的外戚，但是很有节气，一直忠心辅政。忠心正直者办事公道，办事公道则会损害某些人的利益，所以很多时候他也并不被朝臣所理解，被大家认为是一个不合群，为自己谋利的人。

328年，苏峻、祖约叛变，率兵攻入当时的都城建康，后来庾太后也忧愤而死，时年31岁。

# 十六国后妃

# 呼延氏：汉国光文帝刘渊皇后

姓名：呼延氏

生卒年：不详

籍贯：不详

婚配：汉国光文帝刘渊

封号：皇后

呼延氏，汉国光文帝刘渊皇后，匈奴族人。呼延氏是匈奴贵族之后，刘渊娶其为妻。

刘渊是匈奴族人，汉朝时为了保障边疆的稳定，汉朝皇室采取与匈奴族和亲的政策，从而让匈奴归附汉朝。刘渊是匈奴王室之后，由于和亲的关系，所以匈奴贵族自认是汉室的外甥，从而姓刘，取了汉族的名字，并且长期在中原生活，对中原的形势和文化都比较了解。

刘渊已经完全脱离了游牧打猎的生活，而是非常有文化有谋略的人。他在洛阳的时候就注意结交权贵，广集人脉。当晋朝发生八王之乱的时候，他就趁机返回匈奴，想要一举统一中原。

刘渊在其父亲去世以后就承袭父亲的匈奴左贤王之位。289年，刘渊与贵族少女呼延氏成婚，呼延氏为刘渊生下一子，即刘和。

在晋朝内乱四起的时候，刘渊看时机已到，就自称“大单于”，又借着自己是汉室刘备后人的外衣，起兵向中原进发，掀起反晋的大旗。304年，刘渊在平阳这个地方称帝，建立汉国政权，呼延氏被册封为皇后，他们的儿子刘和被立为太子。

刘渊去世以后，太子刘和即位。

在刘渊反晋的过程中，有两个得力助手，一个是刘渊的第四子刘聪，一个是刘渊的侄子刘曜。刘聪既有匈奴族人强大的体格和力量，又善书法诗文，是一个文武全才，有谋有略。但是刘渊死后，太子刘和即位，这让刘聪很不满，所以刘聪就将刘和杀掉，自己取而代之。

## 呼延氏：汉国昭武帝刘聪皇后

姓名：呼延氏

生卒年：？~312年

籍贯：不详

婚配：汉国昭武帝刘聪

封号：皇后

谥号：武元

呼延氏，汉国昭武帝刘聪的第一任皇后，也是汉国光文帝刘渊呼延皇后的堂妹。她容貌美丽，否则刘聪也不会看上她。

呼延氏出身名门望族，在匈奴部族里呼延氏的声望非常高。由于汉国立国以后很少任用汉族的官员，朝臣大多都为少数民族，又由于呼延一族发展很旺，所以朝廷中的官员姓呼延的非常多。昭武帝刘聪呼延皇后既有美貌，也有温和的性格，但同样也很有为自己利益着想的野心。

刘聪的帝位并不是按照子承父位而自然继承的，他父亲光文帝刘渊死后，皇位由太子刘和继承，是刘聪将刘和杀害，然后自己登上皇位。在杀掉刘和以后，他其实还想假装推辞一下，于是推刘渊单皇后的儿子刘乂，但又被刘乂推辞，所以他就不客气地自己登上了皇帝的宝座。

他当了皇帝以后，就对早已垂涎已久的嫡母单氏下手了，这单氏正是刘乂的生母。虽然单氏是长辈，年纪也不小了，但是她依然非常美丽，刘聪这个好色之徒就管不了什么乱伦之类的，只想将单氏的美色放在手中把玩。他开始也没有立自己的儿子为太子，而是将弟弟刘乂立为继承人，封他为皇太弟。

呼延氏见刘聪不立自己的儿子反而立自己的弟弟，心里很不满意，她想让她的儿子刘璨被立为太子，成为皇位的继承人。所以她就常常在刘聪耳边挑拨刘聪和刘乂两兄弟的感情，并说，自古以来都是子承父位，皇上您也是继承的您父皇的家业啊，现在您自己反而想将皇位传给你的弟弟，这叫怎么回事呢？这样下去的话，等您百年之后，刘璨兄弟们就任何地位都没有了！

在呼延皇后去世五年以后，刘聪最终还是将刘乂的皇太弟身份废掉，另立了呼延氏的儿子刘璨为太子。

呼延皇后于公元312年去世，她的谥号为“武元皇后”。

## 刘氏：后赵高祖石勒皇后

姓名：刘氏

生卒年：？~333年

籍贯：不详

婚配：后赵高祖石勒

封号：皇后

刘氏，后赵高祖石勒的皇后。石勒也是一个传奇的人物，他应该是历史上第一个，也是唯一一个原本是奴隶，最后却做到皇帝的人。而他取得这些成就，肯定跟他的妻子刘氏也有关系。

石勒本是一个穷困潦倒的奴隶，后来投奔汉国刘渊，为刘渊打败晋国立下了汗马功劳，他在汉国和前赵都受到重用，官位不低。这其中结发夫人刘氏也常常给他很多很好的建议，使他作战和行事更加得心应手。在刘氏的帮助下，他最终杀掉了前赵国君刘曜，自己登上帝位，建立了新的政权——后赵。石勒当了皇帝以后，刘氏就毫无悬念地当上了皇后。

由于国家已经建立，丈夫登上了皇位，自己也当上了皇后，所以刘氏则过了几年比较安稳的生活。

333年，石勒病死，太子石弘即位。可是，这时候石勒的一个侄子石虎露出了野心，他是非常暴戾的人，非常野蛮，杀人不眨眼。石勒在位的时候他还有点害怕叔叔，不敢乱来，现在看着叔叔已经去世了，他就没把什么人放在眼里，尤其是这个新登基的石弘，他更加觉得这应该就是个傀儡。于是他在朝堂上下大力排除异己，把重要的官职都让自己的党羽来担任。他这些行为明眼人都能看出来，位居太后的刘氏当然更加清楚不过。

石弘看上去确实没什么能耐，刘太后非常着急。再这样任凭石虎胡作非为下去，他迟早是要夺走皇位的。情急之下，刘氏想到了石勒的一个养子石堪，这个人还有一些能耐，而且比较忠心。刘氏秘密地把石堪叫到宫中，跟他说出了自己的担忧。石堪明白刘氏的意思之后，就全盘思考了一下，然后两人商量了一个对策，由石堪去执行。

但是没想到，石虎的力量很强大，而石堪本来准备就不是很充分，原本打算在兖州先起兵达到一定的效应，然后再好找大家一起反对石虎，结果在兖州的第一仗中石堪就失败了，并且连命也丢了。

这下，可以指望的人也没了，而且事情还暴露了。有人向石虎报告，这一切都是太后刘氏在背后操作的，石虎听完咬牙切齿，一定要将这个女人除掉。没过几天，太后刘氏果然被石虎所害。不久石弘也被石虎赶下台，他自己登上了皇位。

## 张氏：前秦宣昭帝苻坚夫人

姓名：张氏

生卒年：？~385年

籍贯：不详

婚配：前秦宣昭帝苻坚

封号：夫人

张氏是前秦宣昭帝苻坚的妻子，她聪慧过人，深得苻坚宠爱，被封为夫人。她为苻坚生下苻宝、苻锦两个女儿，相传幼子苻诜也为张氏所出。

382年，苻坚准备攻打东晋，张氏极力劝阻，朝臣也一致反对，但是苻坚志在一统天下，他训斥张氏不该参与朝廷政事，张氏见劝阻无效，也很无奈，但是她劝服苻坚带她一同前去。

张氏一直谋划着继续劝阻苻坚南征，她思来想去，想到苻诜平素比较有谋略，深得苻坚重视，于是让苻诜出面劝谏，苻坚却以“小孩子不懂国家大事”为理由拒绝了。就这样，苻坚力排众议，出兵讨伐东晋。

383年，苻坚在淝水之战中大败，狼狈地逃往淮北，他内疚地对张夫人说：“如果我早听从你和群臣的意见，也不至于落至今天这步田地！”张夫人也不怨恨，只是默默地流泪。

385年，苻坚带着张氏和三个子女一起逃到五将山（今陕西岐山县），不幸被羌族首领姚苌抓住，关押在新平佛寺。姚苌强迫苻坚让位，苻坚拒绝了，姚苌大怒，逼他自缢。苻坚悲愤地对张夫人说：“我苻坚的女儿，绝不能让羌奴污辱。”于是他亲手杀死了苻宝、苻锦，然后自缢而死。张氏和苻诜非常痛心，也随之自杀。张氏就这样从一而终，留给后世无尽的思索与慨叹。

## 尹氏：西凉武昭王李暠皇后

姓名：尹氏

生卒年：363~437年

籍贯：冀县

婚配：西凉武昭王李暠

封号：皇后

尹氏，西凉武昭王李暠的皇后，父亲尹文。尹氏是一个天资聪慧的女子，与同时期其他女子不同，她特别喜欢看书学习，钻研儒学经典，加上记忆力过人，只要认过的字和读过的文章基本上可以达到过目不忘的境界，因此小小年纪就学过许多的儒家经典，《论语》《孟子》等都不在话下。

尹氏的父母原本只觉得女儿比较聪明，这就足够让父母开心了。但是几年以后，他们发现女儿的发展超出了他们的想象，她不仅很有文化，而且还非常有思想有见解。所以尹氏的父母就觉得，一定要将女儿嫁到名士的家里。

到了结婚的适宜年龄，尹氏与马元正结为夫妻，马家是陇西的名门望族，而且马元正本人也有官职，这个婚事两家人都很满意，小夫妻的感情也挺好。但是好景不长，尹氏嫁给马元正还没多久，年轻的马元正就病死了。当时医疗卫生条件比较差，即使是家境比较好的人家，生病也很难得到及时的治疗，所以很多人年纪轻轻就被病魔夺去了生命，于是正是花一般美好年纪的尹氏就成了年轻的寡妇。

在差不多的时间，陇西李暠的妻子也去世了，还留下好几个没有成年的孩子。李暠也是陇西世族，家庭背景很好。由于这两个人条件都不差，又同为不幸的家庭，有人就想撮合他们生活在一起。

尹氏接受了这段新的婚姻。但是据说这段新的婚姻在开始的三年里，李暠并没有得到尹氏正常的为人妻的关怀，因为尹氏为她死去的前夫守节了三年，这和她从小就一直接受的儒家思想分不开。不过即便是如此，李暠也并没有因为尹氏的不正常而将她休了，一直等到三年期满，她就立刻变身成为一名非常合格的妻子，李暠的耐心等待终于换来了满意的果实。

从这之后，尹氏不仅对李暠完全尽到了为人妻的职责，给他温暖和关怀，帮助他打理全家上上下下各种事务，帮助照料李暠前妻所生的孩子，还在事业上给予李暠非常大的帮助。

由于尹氏读过大量的经史古籍，因此对时局的分析非常到位，也非常有远见和政治眼光。李暠也是一个很聪明睿智的人，他很欣赏妻子，并且会认真采纳妻子的建议，不会像有些大男子主义的人在家庭以外的事情上从来不听妻子的话。就这样，夫妻两个人双剑合璧，李暠的实力也越来越强大。

李暠在397年的时候就跟随了段业，被段业封为敦煌太守。后来他发现段业也不是什么能够成就大事的人，就于400年自己建立了西凉政权，尹氏也被封为王后。

李暠在位18年以后病死，西凉王位由李暠的太子李歆即位，尹氏被尊为太后。李歆同他的父亲不一样，他喜好征战，想不断地向外发展，却忽略了国家内部的发展。为了扩大疆土，李歆于420年发起对北凉沮渠蒙逊政权的攻击。尹太后觉得国家政权还没有完全稳定，当务之急应当是发展生产巩固政权安抚民生，而不是四处征战，所以想劝李歆不要出战。但是李歆哪里听得进去？他一味想要体验战争的快感，结果被沮渠蒙逊一举打败，尹太后和女儿都成了沮渠蒙逊的俘虏。

尹太后一路陪同丈夫李暠从一个太守走到建立西凉政权，可谓什么事情都见过、经历过，所以当她面对沮渠蒙逊的时候，一点惊慌失措的感觉都没有，而是表现得非常有气节。沮渠蒙逊也算一代豪杰，他被尹太后这种气节所感染，对她非常佩服，所以一点都没把她们母女当战俘对待，反而对她相当有礼。由于她的女儿李氏长得也很有姿色，沮渠蒙逊干脆让自己的儿子沮渠牧犍娶李氏为妻，就这样，作为战俘的母女就又变成了北凉王室的人了。

后来，尹氏得知孙子李宝还在人世并且有一定的势力，就偷偷投奔到孙子所在的伊吾地区。在与孙子团聚之后，由于年事已高，尹氏在伊吾去世，享年75岁高龄。

# 南北朝后妃

# 南朝

## 臧爱亲：南朝宋武帝刘裕皇后

姓名：臧爱亲

生卒年：361~408年

籍贯：东晋东莞（今山东沂水）

婚配：南朝宋武帝刘裕

谥号：敬

臧爱亲，南朝宋武帝刘裕的结发妻子，东莞（今山东沂水）人。祖父臧汪当过尚书郎，而父亲臧隽只是一个郡的功曹。臧爱亲嫁给刘裕时，刘裕尚未发迹，还只是一介布衣平民，生活穷苦潦倒。臧爱亲在家操持家务，养育儿女。

婚后不久，臧爱亲生下了一个女儿，起名刘兴弟，后来被封为会稽宣长公主。这时，初为人父的刘裕却起了离家从军的念头，臧爱亲拗不过丈夫，只得眼巴巴地看着刘裕离开家乡。从军后的刘裕英勇善战，很快被提拔为军官，后又因镇压叛乱有功，被升为郡太守。

东晋义熙元年（405年），刘裕率军平定桓玄之乱后，被升为相国，封宋王，掌握了东晋实权。一时间，从前不肯雪中送炭的“亲戚”们，现在都拼了命地来锦上添花了，阿谀奉承和送礼的人在门外排成了长长的队伍。但臧爱亲并不为这些所动，虽然丈夫成为权臣，她仍然过着非常俭朴的生活，布衣粗食，勤劳持家。想通过巴结臧爱亲升官发财的亲属们，一个也没有达到目的。

臧爱亲始终与刘裕患难与共，心心相印。可惜的是臧氏福分有限，没能等到丈夫登基称帝的那一天，就病逝于东城（今安徽定远东南），时年48岁。这个时候刘裕爵位为豫章郡公，朝廷追封臧氏为“豫章公夫人”，并归葬丹徒老家。

刘裕对这位患难发妻的感情非常深厚。臧爱亲虽然没有生过儿子，但同刘裕患难与共，甚为情深，所以刘裕后来称帝之后，追封已辞世12年之久的臧爱亲为“敬皇后”，其他姬妾们不得再册立为后，另外七个儿子（包括皇太子）的母亲仅仅封为妃嫔而已。

元熙二年（420年），刘裕代晋称帝，国号宋，即宋武帝。永初三年（422年）春，刘裕病危时，留下遗嘱，迎回已故臧爱亲皇后的遗骨，同自己一起葬于建康的初宁陵。这对九泉之下的敬皇后来说，也是莫大的欣慰了。

## 司马茂英：南朝宋少帝刘义符皇后

姓名：司马茂英

生卒年：403~439年

籍贯：河内温县（今河南温县）

婚配：南朝宋少帝刘义符

封号：皇后

司马茂英是晋恭帝司马德文的女儿，是晋朝的海盐公主，母亲是晋朝的褚灵媛。身为公主的她，总有一种高贵的气质。

420年，刘裕逼迫晋恭帝司马德文让位，自己做皇帝。第二年，又将司马德文杀死。为了缓和与司马家的矛盾，刘裕便让长子刘义符迎娶司马德文的女儿司马茂英为妻。当时司马茂英28岁，而刘义符才十岁。但刘裕并没有顾及他们年龄的悬殊，为了政治需要，还是将司马茂英娶进了门。

元熙二年（420年），刘裕灭晋建宋后，封刘义符为太子，司马茂英被立为太子妃。永初三年（422年）春，刘裕死后，刘义符即位，司马茂英也登上了皇后的宝座。但是刘义符荒淫无度，即位才两年，就不问朝政，整日和一些戏子混在一起，引得朝堂辅政大臣强烈不满。

后来，以司空徐羡之为首的大臣们闯入皇宫，逼刘义符交出皇帝玺绶，又召集文武百官，以太后的名义，列数其罪恶，将其帝位废去，将他降为营阳王，司马茂英也自然被降为营阳王妃。

不久，刘义符被诛杀，司马茂英又被改称为南丰王太妃。439年，司马王太妃过世，年46岁。

## 袁齐妫：南朝宋文帝刘义隆皇后

姓名：袁齐妫

生卒年：405~440年

籍贯：陈郡阳夏（今河南太康）

婚配：南朝宋文帝刘义隆

封号：皇后

谥号：元

405年，袁齐妫出生在一个世代为宦的家族，曾祖父袁耽曾在晋朝做过历阳郡（今安徽和县）太守、祖父袁质做过琅琊（今山东临沂北）内史，父亲袁湛做过左光禄大夫的大官。袁齐妫因为是小妾王氏所生，所以在家庭中的地位并不高。但是袁氏天生丽质，长大后更是娇美动人。

420年，袁齐妫嫁给宋武帝刘裕的第三个儿子刘义隆。当时的刘义隆被封为宜都郡王，袁齐妫被封为宜都王妃。424年，刘义隆称帝，袁齐妫被立为皇后。

起初，宋文帝刘义隆与袁氏情谊深厚。不久，皇后生下皇太子刘劭，后来又生东阳献公主刘英娥，更是十分得宠。因为袁齐妫的娘家贫穷，便常请求刘义隆拿钱资助。但是自从貌若天仙的潘淑妃入宫，宋文帝很快就将视线转移到潘氏身上，对她千依百顺。潘淑妃常自称只要请求皇上，没有什么办不到的。

袁齐妫起初还不相信，有一次便特意假借潘淑妃的名义向刘义隆要求30万钱，没想到才一晚上刘义隆就将钱拨下来了。宋文帝因生性节俭，每次给袁皇后娘家补贴生活的钱，也不过三五万钱。可是通过潘妃，一夜之间，宋文帝就将30万钱一文不少地送到了。为此，袁齐妫感到分外怨恨，至此假托自己身体不适，不再与刘义隆见面。刘义隆每次来到她的寝宫，她都回避到别处。就连儿女们前来探望她，她也不见。最后，袁氏终于怨恨成疾。

440年，袁皇后病危，宋文帝急忙前来探视。刘义隆执起她的手，流着眼泪问她有什么遗言要交代时。袁齐妫慢慢睁开眼睛，只是看着刘义隆，一句话也没说，过了一会儿，便用被子把头蒙起来，再也不看他了。不久，袁皇后便在显阳殿过世，年仅35岁。袁齐妫死后，刘义隆相当哀痛，命当时的文学家颜延之作了一篇文辞华丽的哀策。刘义隆并以“抚存悼亡，感今怀昔”八字致意，表达了自己对袁皇后的怀念。有大臣建议用“宣”为谥号，后来宋文帝亲自定其谥号为“元”，故称其为“元皇后”。

## 张丽华：南陈后主陈叔宝贵妃

姓名：张丽华

生卒年：559~589年

籍贯：不详

婚配：南陈后主陈叔宝

封号：贵妃

张丽华，南陈后主陈叔宝的贵妃。与皇后沈婺华不一样，张丽华出身贫寒，她的父亲以织席来谋生计。张丽华之所以比沈氏更得陈后主的欢心，一方面是她长得非常美，另一方面就是她善于迎合陈后主。

张丽华很小就入宫了，只是入宫不是为贵妃，而是为奴婢，她开始只是龚贵妃的一个婢女。有一天，身为太子的陈叔宝到龚贵妃那里，看到了这个年仅十岁的小美人。陈后主本性荒淫好色，看到她之后眼睛都直了，他还责怪龚贵妃说她这里藏有这么美丽的女子，居然不献给他。龚贵妃说事实不是这样的，她只是觉得张丽华年纪太小，才十岁呢，怎么献给你啊。然而这张氏年纪虽小，但是已经被陈叔宝给看上了，不久就让她侍寝了。

陈叔宝的父亲陈宣帝陈顼去世以后，皇位就由他来继承，他就是南陈后主，那个亡国的陈后主。陈后主将他的正室夫人沈氏立为皇后，张氏立为贵妃，但是他的感情却不在皇后身上，大多都放在张贵妃身上了。

张贵妃可谓是个七窍玲珑之人。她不仅貌美，记忆力还特别棒，另外凡有点什么事情进入她的耳朵，她基本上就能知道全部事情的原委了。因此这朝野上下或者是民间有点什么事情，基本上都瞒不过她。她在陈后主面前表现得非常乖巧善解人意，她才不会像沈皇后那样傻到劝谏他认真治理国家，怎么样快活就让他怎么快活去吧，只要陈后主开心了，那她也就想要什么就有什么了。因为她非常懂得怎么迎合陈后主，讨他欢心，因而后宫之事几乎都听她来定夺，而不是后宫之主皇后了。

陈后主不仅喜好美色，生活还十分奢侈。他当皇帝以后，嫌弃之前的居室都不够华丽，于是又重新建立起几座豪华的阁楼，其中包括临春阁、结绮阁和望仙阁。他把他最宠爱的几位妃子都安排住在这些楼阁里，并且每座楼阁之间都是相互连接着的，可以非常容易地从这座楼走到那座楼，以便他在看完了这位妃子之后，再去看那位妃子。这个张贵妃就是住在结绮阁里面的。

张氏不仅貌美，才艺也非常出色。她十分聪明，不管什么曲子或者什么舞蹈，总是一学就会，陈后主尤其喜好歌舞，专门为她作了一曲《玉树后庭花》。每日，陈后主就和张贵妃一起，伴着这些靡靡之音，饮酒作乐。

沉迷于美女和歌舞之中，陈后主完全没有心思处理政事，朝廷上的事情基本上就交给蔡临儿这些宦官处理。实在是需要后主处理的事情，他也一定要和张氏在一起，要让贵妃坐在自己的膝盖上，然后一起来商讨。由于张贵妃记忆力超好，所以她看过的东西都能记得，当陈后主处理事情的时候基本上她都可以将奏折上的内容一一地说出来，无须陈后主再去查阅了，因此陈后主更加喜欢她。一开始，后主可能只是在处理宫中事务的时候听张贵妃的，后来逐渐地，朝内外的大事都有张氏参与了。

每天游戏花丛，不亡国才怪。589年，隋朝的军队趁陈后主没有防备，轻而易举就打到了长江之南，然后迅速攻破台城，接着就进了陈后主的皇宫。饮酒作诗是一把好手的陈后主，听到隋军已经进入皇宫了，顿时吓得六神无主，和张贵妃、孔贵嫔慌忙之间躲到一口废弃的枯井里，自己闭着眼睛捂住耳朵，装作什么都不知道地躲在枯井里，以为肯定不会有人发现他们。然而隋军却很轻易地就找到了这对风流夫妻，把他们押到长安去了。

当时还不是皇帝的隋军主帅杨广看到张贵妃的时候，也被她的美色迷惑住了，难怪陈后主宁愿沉迷于她的温柔乡里也不愿处理政务。杨广原本也想将张氏收到他的后宫里，但是遭到了群臣的反对：你看就是因为她，你才得以轻易就灭掉了陈朝。难道你想像陈后主一样吗？这话虽然不好听，但确实是这样，沉迷于色就容易弃国，英雄能打得下江山，往往在美人面前就没了抱负。

最终，杨广将张氏处死，时年29岁。

# 北朝

## 慕容氏：北魏道武帝拓跋珪皇后

姓名：慕容氏

生卒年：不详

籍贯：后燕中山（今河北保定）

婚配：北魏道武帝拓跋珪

封号：皇后

慕容氏，北魏道武帝拓跋珪的皇后。她本出身于后燕皇室，是后燕最后一个皇帝慕容宝的小女儿。

396年，北魏道武帝拓跋珪派兵发起对后燕的攻击，弱小的后燕无法挡住北魏庞大的攻势，很快就败下阵来。397年，慕容宝带领皇室和大臣们都放弃都城逃命去了，但是慕容氏却不知何故没有逃走，结果被拓跋珪抓住成了俘虏。

拓跋珪把慕容氏抓走以后，发现这个后燕的公主长得很漂亮，拓跋珪就干脆把这个被他俘虏的后燕公主收入后宫，成为他妃嫔中的一员。

400年，拓跋珪该立皇后了。拓跋珪自己心中最理想的皇后人选是在慕容氏之前的夫人刘氏，他对刘氏非常宠爱，并且刘氏也为他生了一子一女，几乎是完美的皇后人选。然而，拓跋家族有一个铸造金人的习俗，所以拓跋珪的皇后也要通过铸造金人来决定谁更适合做皇后。

铸造金人的习俗是这样的，让皇后的候选人刘氏和慕容氏各自铸造一个金人，谁能够铸造成功，谁就是皇后的人选。结果刘氏不知何故，怎么弄金人都不能铸造成功，而慕容氏则很顺利地把金人给铸造起来了。于是慕容氏就在群臣的拥护下成了拓跋珪的皇后。

拓跋珪毕竟是一位很有野心的皇帝，他甚至梦想着要统一北方，假使能够将北方统一，也许他还愿意打到长江以南，将全国也都统一了。所以女人对于他来说，远远没有政权重要，况且作为一个君主，他根本就不缺女人。于是，为了进一步扩大自己的势力，402年，他想用与后秦和亲的方式来逐渐将后秦纳入麾下，就向后秦皇帝姚兴的女儿求婚，条件是将她封为皇后。不过，姚兴也没那么傻，他知道拓跋珪刚立皇后才两年，提出这个条件肯定不是出于对自己女儿的喜爱，而是另有图谋，因而就拒绝了。所以慕容氏还是拓跋珪的皇后，只是后来也没有慕容皇后的记载了。

## 赫连氏：北魏太武帝拓跋焘皇后

姓名：赫连氏

生卒年：？~453年

籍贯：统万城（今陕西榆林）

婚配：北魏太武帝拓跋焘

封号：皇后

谥号：太武

赫连氏，北魏太武帝拓跋焘的皇后。赫连氏本是大夏国的公主，父亲是赫连勃勃，夏国的建立者。

当时的北方，势力最大的国家应当要数北魏，北魏不断吞并周围的小国，逐渐有统一北方的势头。

427年，北魏太武帝攻占夏国的都城统万城，赫连氏姐妹都成了拓跋焘的俘虏。三姐妹生于皇室，体貌都生得十分美。拓跋焘见到三个美女，于是一起带回宫中，成了他的妃子。

北魏拓跋皇族选皇后是要通过一个铸造金人的方法来确定的，这与中原的传统很不一样。后来，赫连氏铸造金人成功，于是成了拓跋焘的皇后。

452年，太武帝拓跋焘被太监宗爱暗杀，太武帝的小儿子拓跋余被拥立为帝，赫连氏被尊为皇太后。同一年，由于幼小的拓跋余又被宗爱暗杀，大臣们就群起将宗爱杀死，然后拥立太武帝的长孙拓跋濬为帝，他就是历史上赫赫有名的北魏文成帝。由于文成帝登基时赫连氏还健在，因而她被尊为太皇太后。

第二年，453年，太皇太后赫连氏去世。

## 冯清：北魏孝文帝元宏皇后

姓名：冯清

生卒年：不详

籍贯：长乐信都

婚配：北魏孝文帝元宏

封号：皇后

冯清，长乐信都人。她是北魏文明太后的侄女。文明太后是北魏非常有影响力的一个太后，多次临朝听政，所以政治欲与权力欲都比一般的北魏皇后要重。为了巩固自己的地位和自己在皇宫里所打下的基础，让冯家的势力一直保持下去，她又将自己的几个侄女选入宫中。先入宫的是冯清的大姐和二姐，但是大姐命薄，入宫不久就病逝了，二姐冯润得到孝文帝的深宠。然而时隔不久，二姐也生病了。孝文帝虽然对二姐很为宠爱，但是也不能耽误她治病，所以让她回家安心静养。于是，小女儿冯清则又担负着两个姐姐没有完成的使命入宫。

孝文帝对冯清的姐姐很是宠爱，按说从相貌来说冯清不会比她们差多少，而且还更年轻，所以应该得宠才是。但是孝文帝对冯清却总是有着一份类似朋友的敬意，始终保持着一份距离，对她不怎么亲近，也许是因为她和姐姐冯润的性格差异比较大的缘故。

文明太后去世之前就留下旨意，要孝文帝册封冯清为皇后。在孝文帝守完孝以后，大臣们一起上表请求皇上册封皇后，孝文帝就按照太后的懿旨将冯清册封为皇后。这时候北魏的制度已经改了很多，文明太后大力学习汉制，孝文帝更是受文明太后的影响，大力推行汉制和汉文化，所以无须像拓跋家族原来的那些皇帝那样以铸造金人来册立皇后。

被册封为皇后，冯清就是后宫之主，统领三宫六院了。但是，虽然身份地位在后宫已经无人能比，生活却是寂寞的，孝文帝对这个冯皇后并没有给予太多温存之情。

494年，终于有一件事可以让冯皇后摆脱寂寞了，那就是这一年孝文帝要将六宫迁到洛阳，而这事就由冯后负责。只有在忙忙碌碌的生活中，才能少想一些感情上的寂寞。

在这之后，冯后的姐姐冯润也逐渐痊愈，孝文帝知道后非常开心，忙把她接回宫中。他对她到底是有多爱呀！如果是一般的妃子，即使前几天还在一起卿卿我我，形影不离，只要有几天不见面，皇帝一定就已经把她忘了又找新欢去了。可是冯润却能做到让孝文帝如此挂念，实在是一名不平凡的女子。冯润入宫以后，孝文帝对她宠爱如故，册封她为左昭仪，对冯皇后也更加冷淡了。

冯后对此也并没有太多心，好歹冯润毕竟是自己的姐姐。然而，姐姐却不这么想。她心里思忖着如果不是生病，就凭孝文帝对她的宠爱，这个皇后之位显然是她的呀！结果这位子居然被妹妹占据了，她现在要把它夺回来！所以她也不管什么姐妹之情，只要有机会就在孝文帝耳旁说妹妹冯后的坏话，日子久了，本来对冯后就没什么感情的孝文帝对冯后大加厌恶了起来。冯润见时机差不多成熟，就向孝文帝暗示要废掉妹妹，重新立她为后。

就这样，冯清被孝文帝废为庶人。在被废为庶人以后，冯清就在瑶光寺出家为尼，并终老于瑶光寺。

# 柔然公主：北齐神武帝高欢皇后

姓名：郁久闾氏

生卒年：不详

籍贯：柔然

婚配：北齐神武帝高欢

封号：皇后

柔然公主，北齐神武帝高欢的皇后。因为高欢在世时并没有自己称帝，所以他的帝号和妻子的皇后封号，都是后人追赠的。柔然属于匈奴人的一支。柔然公主原本是姓郁久闾，父亲是郁久闾阿那瑰，是当时柔然族的可汗（首领）。当时柔然的这位公主正是花样年华，活泼可爱。她就是在草原上长大的，和男孩子一样骑马射雕。

柔然是匈奴族里比较强大的一支，而且越来越壮大。在北齐建立之前，北魏已经分裂成东魏和西魏，高家以洛阳为据点，掌握了东魏的大权，而西魏以长安为据点，与东魏对立。西魏想联合柔然一起来对抗东魏，东魏当然要采取措施。高欢那个时候已经50多岁了，身体也越来越差，再大规模打仗作战估计也吃不消，因此他就想到了和亲的策略。他开始想他自己年纪已经大了，最好的借口是给他的儿子娶媳妇儿，这样柔然可汗也不会拒绝。可是让他吃惊的是，当他向可汗提亲的时候，柔然可汗的条件却是，如果是高欢自己娶，他可以嫁女儿。如果是高欢的儿子，则不行。高欢听了这个条件很久都没回过神来，这可汗不会是脑子有毛病吧？可是，可汗确实是这么说的。他不知道这可汗葫芦里卖的什么药，犹豫了很久。而且，他现在的家庭生活也很幸福了，他和夫人娄昭君感情一直很好。这样再给他娶一个如花似玉的柔然小公主，似乎不太好安排。

这时候高欢的夫人娄昭君和大儿子高澄看出他的困惑，就一起来开导他。这是政治联姻，大王一定要以大局为重，不要因小失大啊！夫人和儿子都不介意了，高欢也就派了使者去柔然接公主过来。柔然可汗也很守约，亲自派公主的弟弟秃突佳护送姐姐去洛阳。为了证实高欢是真心诚意对这门亲事的，他在女儿和儿子离开的时候叮嘱儿子一定要等到公主生下孩子之后才能回去。

在洛阳，夫人娄昭君早就把迎亲的事情安排妥当，她不仅不吃醋，反而处处为高欢着想，甚至愿意让出自己的正室夫人之位。这些做法让高欢大为感动，所以这个新来的公主不仅没有夺走高欢对夫人的爱，反而使他对夫人的感情更重了。由于高欢自己身体也不是很好，所以大多时候还是和夫人在一起，由娄夫人照顾他，因此就很少来柔然公主这一边。公主还忙着自己玩，高欢不来她反而觉得更自由。但是秃突佳可忍受不了这个，高欢不到姐姐房里来，那姐姐何时才能怀孕，他何时才有小外甥呢？如果没有小外甥，他就不能回去复命，就还必须住在洛阳，这里风俗习惯都和柔然不同，语言也不懂，住个十年八年的可耐不住。于是他就自己带着刀，亲自找高欢去了。他就直接在高欢门外举着大刀呜里哇啦喊叫了一阵，高欢在屋里虽然不是很懂，但是他能明白这话语里都是怒气，所以虽然是病怏怏的状态，他也坚持出门到公主那边去了，这样秃突佳才平息了他的不满。

但是，柔然公主还是没能怀上高欢的孩子，高欢在娶了她之后没多久就病逝了。高欢去世了高欢的儿子就得娶柔然公主，因此高澄又和柔然公主成亲了，并且两个人还生了一个女儿。

## 郑大车：北齐神武帝高欢妃

姓名：郑大车

生卒年：不详

籍贯：不详

婚配：北齐神武帝高欢

封号：妃

郑大车，北齐神武帝高欢的妃子。郑大车原本是北魏广平王元悌的妻子，但是在尔朱荣杀害胡太后等人的时候，元悌也被尔朱荣杀死，郑大车就守了寡。

在高欢掌握了大权以后，他又将尔朱英娥和郑大车等人娶为妾室，关系都处得不错。

但是，郑大车却做了一件对不起高欢的事。也不知道这个女人到底怎么想的，居然和高欢的儿子高澄通奸。这事后来又被她的一个婢女告发到高欢那里，高欢哪里受得了这事呢，他自己的老婆和自己的儿子，确实让人难以接受。而这事人证都在，不仅有告状的那个婢女作证，还有另外几个婢女也知道这件事。因为高澄是长子，所以早就被高欢定为了自己的继承人，就是世子。高欢知道这件事以后对高澄很失望，对郑大车也很气愤，所以决定把儿子关起来，还要把他的世子身份去掉。至于郑大车，他决定再不见她，让她自己孤孤单单地继续生活吧！

一听到世子身份也要被剥夺，高澄就着急了，赶紧找人来给他说情。后来，经过司马子如等人的努力，高欢和高澄父子又和好如初，就像没发生过这些事情一样，但是那个告状的婢女则因为所谓的诬告而自杀了。

这之后，因为郑大车和高欢之间的矛盾解决了，于是两人又过上了夫妻生活，郑大车还为高欢生下了一个儿子高润。

550年，高欢的次子高洋取代东魏建立了北齐政权，高欢被追赠为北齐神武皇帝，郑大车的儿子高润被封为冯翊王，郑大车还健在，与儿子一起住，被封为冯翊太妃。

# 隋唐后妃

# 隋

## 独孤氏：隋文帝杨坚皇后

姓名：独孤氏

生卒年：544~602年

籍贯：北周云中（今山西大同）

婚配：隋文帝杨坚

封号：皇后

谥号：文献

独孤氏，隋文帝杨坚后，名伽罗（正史未有记录其名，后人考据），北周云中（今山西大同）人，北周大司马独孤信的女儿。独孤信是北周的名将，作战勇敢，战功卓著，官拜上柱国大都督，被封为河内公，可谓名门望族。独孤伽罗是独孤信的第七个女儿，被许配给杨坚做妻子，时年14岁。

隋文帝即位之后，封独孤氏为皇后。据史书记载独孤皇后懂礼貌、识大体，崇尚节约，公私分明，很有政治才能。朝廷大臣曾感叹“有此国母乃大隋之幸”。

### 出身显赫，一门三后

独孤氏的祖先出自于漠北的鲜卑族（中国古代游牧民族，兴起于大兴安岭山脉）。随北魏拓跋氏入主中原而南迁，最终定居在中原境内，其父独孤信雄才大略，曾助北周宇文泰开创霸业，后来在北周政权中享有崇高地位，出任大司马。后被封为河内公，是北周的建国功臣。

543年，独孤信家中又添了一个女儿，她是独孤信最小的女儿。因为生在将门，时常听父亲讲征战沙场的故事，这个小女儿自幼便不喜欢女红等家事，而偏爱读书，独孤信对她尤为宠爱，视作掌上明珠。

独孤信不仅雄才大略，而且看人也是眼光独到，独孤信的大女儿嫁给了后来成为北周明帝的宇文毓，大女儿因此成为皇后。四女儿嫁给了唐高祖李渊的父亲，后被追封为“贞元皇后”。独孤氏14岁那一年，便已出落得亭亭玉立，面如满月，眸如点漆，而且举止端庄，知书达理，许多名门望族的子弟都纷纷慕名前去求婚。作为独孤信的第七个女儿，独孤迦罗被父亲许配给了杨坚，也就是日后建立隋朝的隋文帝，母仪天下，成为皇后。

一门三皇后（北周、隋、唐），历史罕见，也被传为佳话。独孤氏嫁给杨坚属于门当户对，同样的政治环境、家庭熏陶，让他们之间很有共同语言，独孤氏比杨坚小八岁，嫁给杨坚时正值妙龄，人也漂亮，属于那种美丽又大方、温柔又贤惠型的。最重要的一点，名门之后的独孤氏家教甚好，知书达理，“柔顺恭孝，不失妇道”。独孤氏父母早亡，所以对长辈非常尊敬，懂礼貌、识大体，绝对是中国优良好儿媳，“见公卿有父母者，每为致礼焉”，朝中上下无人不夸，在当时也是声名远播的。夫妻感情十分和睦，举案齐眉，杨坚还曾发誓，日后不再与其他女子欢好、生子。

## 巾帼不让须眉，崇尚节约，公私分明

据《隋书》记载，独孤氏很有政治才能，“每与上言及政事，往往意合，宫中称为二圣”。最早在杨坚称帝这件大事上，独孤氏就表现出超常的政治敏锐性。北周宣帝死后，独孤氏就预感大局已定，告诉杨坚：“大局已经是现在的样子，不如早日取得政权！”让杨坚当机立断，从而促使杨坚废周自立。杨坚对独孤氏从心眼儿里佩服，杨坚“每事唯后言是用”，做什么事都得听取独孤氏的意见，不管是生活上还是政治上简直就是离不开独孤氏了。

隋文帝治政时期，厉行节约，这与独孤皇后的宣导有很大关系。有一次，突厥人向幽州总管索卖一箱价值800万的明珠，明珠光明剔透，质量上乘，幽州总管怂恿独孤氏买此珍品。但是她说：我现在不需要明珠，目前边关不宁，经常受到威胁，边防将士浴血奋战，劳苦功高，若将此800万分赏有功者，岂不是比我独自一人享用更有意义？此语传出，美名远播，朝廷大臣上下欢呼，谓有此国母乃大隋的幸事。隋文帝也因此更加敬重独孤氏。

独孤皇后公私分明，她的表弟犯罪当斩，文帝想要看在独孤皇后的面子上赦免他的罪行。然而，独孤氏说：这涉及国家刑法大事，怎能为了我一个人的情面而更改国家刑律？文帝听到这样的话更加感动，遂将独孤皇后的表弟处死。独孤皇后诸如此类的举动以及对国家大事的看法，令当时许多有识之士倾倒，因此她与文帝并称为“二圣”（比武则天和唐高宗更早被称此名）。独孤氏精明的头脑让杨坚对她很依赖，独孤皇后谈论政治头头是道，朝中大臣们没有不服气的。

## 女权主义，倡导一夫一妻制

杨坚在政治和生活上都很依赖独孤氏，独孤皇后和隋文帝感情也十分和睦，但自古皇帝都是三宫六院，隋文帝自然也想充实后宫。独孤皇后不愿别人与自己共享一个丈夫，所以她并没有给杨坚这样的机会。她因此改革后宫，被认为是历史上一个货真价实的女权主义者，一个一夫一妻制的忠实捍卫者。

说到独孤氏特殊，不仅因为她的显赫身世、她的才干以及她的美貌，还因为她能让自己的丈夫隋文帝一辈子服服帖帖，一生只娶她一个。单论这手段，也让人不得不赞叹。

独孤皇后以嫉妒闻名，她改革后宫，嫔妾、三妃，一概不设，并把这样的制度推广到满朝文武，营造一种举国上下推崇一夫一妻制的良好氛围。

在这样良好氛围的带动下，皇帝自然就不觉得委屈，否则，底下大臣三天两头娶一个，而皇帝就这么一个，肯定早晚“起义”。于是她让皇帝下旨，规定满朝文武乱娶妻妾者，一律不予提拔重用。所谓前途和女人只能选一样，自己掂量着办，孰轻孰重，自有定夺。为了让大家能有个切身的感受，她甚至将太子杨勇废掉。

杨勇这人宅心仁厚，没什么心计，就是一个毛病：贪图美色。杨勇的原配元氏很得独孤氏喜欢，偏偏杨勇瞧不上，宠爱别的姬妾，这就戳到独孤氏的软肋上了，你说我最看不上左拥右抱，一夫多妻，你偏整天花天酒地，恣意玩乐，什么时候你爹再受你影响纳几个姬妾，我不是白忙活一场了吗？你这不仅是向你爹示威，也在向我示威！这还了得！再加上杨广在旁边煽风点火，于是独孤氏常给杨坚吹耳边风，说连你这个皇帝都是一个老婆，他做太子的就敢妻妾成群，将来肯定是个败家子儿。杨坚一听，是这么个理儿，找个机会就把杨勇废了。独孤氏让杨坚废掉太子，可谓一石二鸟，一方面是肃清不利于一夫一妻制实行的氛围，好叫那些大臣们看看，亲儿子我都敢下手，你们还不是小菜一碟？一方面也是在提醒杨坚，少动别的心思。所以说独孤氏在氛围营造上也是煞费苦心。

隋文帝也不是没犯过错误，《隋书》记载文帝曾经倾心于宫中一女奴，刚刚临幸过后，就被独孤皇后察觉，竟然趁文帝上朝之时，将此女处死。独孤氏杀掉宫女之后，杨坚一下子血往上涌，愤怒到了极点，这愤怒里更多的是一种憋屈，是面子问题，杀宫女这不明摆着让杨坚难堪吗！作为一个男人，一个皇帝，连保护一个宫女的能力都没有，满朝文武嘴上不敢说，心里一定会嘲笑自己。杨坚怒是怒了，但还是敢怒不敢言，这怒火愣没敢和独孤氏发，打落牙齿和血吞，自己总得想办法发泄，又惹不起独孤氏，怎么办呢？杨坚别无他法，只能气急败坏地拽过一匹马骑着就出了宫，相当于现在的叛逆少年离家出走，不同的是少年反抗的是父母，他怕的是老婆。于是越想越憋屈的他漫无目的地狂奔了20多里，皇帝被妻子所逼离家出走在历史上这还是第一次，“单骑从苑中而出，不由径路，入山谷间二十余里”。这场景我们可以想象一下，那马跑得不定多快呢，好似酒后驾车，神经麻木会令速度变得飞快，超速行驶也能释放压力啊。杨坚在荒僻的山谷中一直待到将近后半夜才回，平生第一次发出渴望自由的心灵呐喊：“吾贵为天子，而不得自由。”这个皇帝当得还真不如一个平民百姓啊，皇帝被皇后挤兑成这样，也够可怜的。天子的颜面扫地，大臣们还得反复劝他，说你为了一个女人而置天下于不顾不值得，其实都是为你好，隋文帝当然不会不懂这些大道理。

说归说，闹归闹，堂堂一国之君总不能老在荒僻的山谷待着。聪明的独孤氏也懂得给皇帝台阶，等杨坚一回来，“后流涕拜谢”，喜极而泣，又是哭又是谢罪，在大臣高颎、杨素的劝解调停之下，这事总算过去了，不过二人自此也就有了嫌隙，不像以前那么好了。

在独孤皇后去世后，杨坚终于可以纵情声色，隋文帝身体一天不如一天，就在生命岌岌可危之时，杨坚又想起了独孤氏的好，对左右说：“使皇后在，吾不及此。”要是她还管着我点，我也不至于落到如此田地啊，说到底还是命重要，自己苦苦追寻的美色只会把身体弄坏，独孤皇后的严厉也不是没有好处啊，这下算是明白了，可惜已经晚了。就在独孤氏死后两年，隋文帝也一命呜呼，追随而去了。

仁寿二年八月，文献皇后病逝永安宫中，终年59岁，葬于太陵。

## 萧氏：隋炀帝杨广皇后

姓名：萧氏

生卒年：？~647年

籍贯：江陵（今湖北江陵）

婚配：隋炀帝杨广

封号：皇后

谥号：愍

萧皇后，梁朝昭明太子萧统曾孙女，西梁孝明帝萧岿之女，母为张皇后，南兰陵（今常州武进万绥乡）人。由于江南风俗认为二月出生的子女不吉利，所以出生于二月的萧氏只能由萧岿的堂弟萧岌收养，因此不能同其他姐妹一样享受荣华富贵。养父萧岌过世后，萧氏辗转由舅父张轲收养。但由于张轲家境贫寒，因此本贵为公主的萧氏亦随之操劳农务。萧氏出身显赫却只能寄人篱下，幼年吃了很多苦。也由于萧氏这些不同于其他嫔妃的经历，最终使她能够始终陪伴杨广，成为隋炀帝最为敬重的嫔妃。

## 性情温婉，谦虚好学

隋文帝即位后，立长子杨勇为太子，封次子杨广为晋王。之后文帝挺待见萧岿，表现之一，就是希望从向来关系良好的西梁国选位公主为晋王之妃。萧家三位公主兴冲冲地走上了政治婚姻的舞台，哪里知道经过占卜，结果三个女儿生辰八字都不合、不宜，这时有人就跟萧岿提议，不如让四公主试试，四公主就是被寄养在民间的后来的萧皇后。姐姐们享受荣华富贵，她却是衣衫褴褛，正吃糠咽菜自己动手自食其力。最后萧岿不得以接回萧氏，占卜之，结果大吉，于是萧氏成为晋王杨广之妻，封晋王妃，由此奠定了大隋一桩极其重大的政治婚姻。

杨广窥伺皇位，想要取代太子杨勇，因此韬光养晦。为了挤垮太子，其十年如一日地矫饰和伪装，使隋文帝和独孤皇后情感逐渐向他倾斜。这个时候估计只有萧妃才是真正地了解杨广用心的人。为博得独孤皇后的好感，杨广只有萧妃一个妻子。杨广假惺惺地装扮仁德君子，萧妃也跟着过了几年苦日子 。对于萧妃来说，日子虽然清苦，但总比舅舅家的生活宽绰。因为起点较低，萧妃还是很满足的。而且一夫一妻，不用像其他女人那样争风吃醋，也不失为一种幸福。杨广天天夹着尾巴过活，每天都上演争夺储君之位这出韬光养晦的好戏，这出戏最终以杨广顺利当上皇上告终，是与萧妃忠诚的陪伴以及女性的隐忍和耐力分不开的，说白了是靠夫妻二人联袂演出才得以成功。

## 云开月明，母仪天下

大业元年（605年），萧妃晋升为皇后。这是她和杨广苦守了十年的酬劳。杨广颁诏，慷慨地称赞自己的原配："妃萧氏，夙禀成训，妇道克修，宜正位轩闱，式弘柔教，可立为皇后。"杨广没有忘恩负义，对萧皇后的表面文章还是做得非常漂亮的。当初，杨广许诺的好日子终于来了，可是这样的好日子对于萧氏来说仅仅是后宫中拥有至高无上的权力。丈夫却不再只属于自己一个人的。杨广即位后荒淫无度，不用取悦父皇母后的杨广终于露出自己的本性，纵情淫乐，杨广一口气在西苑修了景明院、迎晖院等16院。然后，他广征天下美女，分别入住各院。另外挑选320名美女学习吹弹歌舞。聪明过人的萧皇后也相当知趣，她一步一步地退让，直到靠边儿站。人老珠黄，色衰爱弛，何必搬个醋坛子，招皇帝烦呢？皇帝对她也算异于其他妃子，无论到哪儿，不管干什么，都捎上萧皇后。于是萧氏便更死心塌地过日子、无怨无悔地追随丈夫。也正因为萧皇后的忍让大度，让沉湎于酒色的隋炀帝对她一直十分礼敬。萧皇后和隋炀帝共同生活了20多个年头。

好大喜功的隋炀帝，把隋文帝攒下的家底挥霍得一干二净；官府横征暴敛，民间盗贼蜂起；远征高句丽的军队和挖掘运河的民工，天天都在哀号、死亡……隋朝恢宏的大厦，摇摇欲坠，随时可能土崩瓦解。对于炀帝的暴政，萧皇后因为惧怕而不敢直述，《隋书·后妃列传》写道："后见帝失德，心知不可，不敢厝言。"于是萧皇后作《述志赋》委婉劝诫。昏庸无道的隋炀帝哪里听得进去糟糠之妻的劝告？依然我行我素，直到最后自取灭亡。618年春天，觊觎皇位已久的宇文化及率领禁军造反，率兵进入离宫，刚满50岁的隋炀帝在烟花三月的扬州被勒死了。萧皇后亲自收尸，手边什么也没有，只能拆几块床板，草草地拼了一副薄棺材。50岁的杨广与萧皇后互相搀扶着过了23年苦日子，为的是一朝称帝，可现在死得却像个叫花子。

## 国破家亡，历尽沧桑

宇文化及觊觎的不只是皇位，还有风韵犹存的萧皇后。他以萧皇后儿子的性命相要挟，逼她做自己的妾室。萧皇后为保全儿子只能逆来顺受，忍辱偷生。但是，宇文化及不过一时得势，此时在中原一带起兵的窦建德节节胜利，宇文化及一败再败，最后，他带着萧皇后退守魏县，并自立为许帝，改称萧皇后为淑妃。然而不久，魏县又被攻破，窦建德率军最后攻下聊城，杀死了宇文化及。

窦建德本也是好色之徒，萧皇后又一次面临屈辱的境地。这时，北方突厥人的势力迅猛地发展起来。之前远嫁给突厥可汗和亲的隋炀帝的妹妹，也就是萧皇后的小姑义成公主，终于打听到了萧皇后的下落，就派使者到乐寿迎接萧皇后。窦建德不敢与突厥人正面对抗，只好乖乖地把萧皇后及皇族的人交给了使者。

630年，即唐太宗贞观四年，唐朝派大将李靖打败了突厥大军，迎回了曾是前朝皇后的萧氏。

# 唐

## 窦氏：唐高祖李渊皇后

姓名：窦氏

生卒年：约569~613年

籍贯：京兆平陵

婚配：唐高祖李渊

追封：皇后

谥号：太穆皇后

窦氏，京兆平陵人，生卒年大约在569年到613年之间，是唐高祖李渊的结发妻子。她父亲是北周的大司马窦毅，后来北周政权被隋文帝杨坚取代之后，她父亲又在隋朝做官，为定州总管神武公。母亲是北周武帝的姐姐襄阳长公主，北周武帝是她的舅舅。

窦氏出生的时候头发就长到颈子了，三岁时候头发已经垂地，与她的身体同长，除了这一特点之外，她从小就聪明伶俐，和别的小孩很不一样，因此很得舅舅喜爱，北周武帝把她接到宫中抚养，其他外甥都没有这种待遇。她还非常喜欢读书，一点大的年纪就开始阅读《女诫》《列女》等传记读物，学习前人的经验教训，而且读书能够过目不忘。也正是这样，她很小的时候就有很高的政治觉悟和很成熟的政治看法。当时她舅舅武帝的皇后是突厥的姑娘，但是婚后武帝和皇后感情并不是很好，武帝不想宠爱这个皇后。只有五六岁的窦氏就到舅舅面前，对舅舅说，现在突厥的力量还很强大，而我国的国情还没有稳定，所以希望舅舅能够控制你的感情，好好对待皇后，与突厥联合，这样可以增强我们的实力，周边的边患也不足为惧了。武帝听后非常震惊，也非常认同她的观点，就采纳了小外甥女的进言。

杨坚取代北周建立隋朝政权，窦氏听闻这个消息非常悲痛，痛哭流涕地说，真恨自己不是男儿身，不能够救舅舅家于危难之中。她的父亲赶紧捂住她的嘴巴，说这话可不能乱说啊，会给家族惹来杀身之祸的！

窦氏不仅生得美貌，还非常有见识有才华，所以有很多人上门提亲。父亲窦毅对她母亲说，我们家的女儿相貌又好，又见识不凡，我们可不能随便给她找个人嫁了，一定要挑选一个贤能的夫婿。她母亲也很赞同。后来夫妻俩商量，找人在屏风上画了一只孔雀，然后把屏风摆在屋子中间，凡是上门提亲的人都必须先拿起箭来射这只孔雀。听说窦家以此种方式选婿，不少贵族子弟就纷纷上门，但是前前后后来了几十人，都没有满意的。这天李渊也来了，他拿起箭就嗖嗖地射了两箭，正好一支箭射中了孔雀的左眼，一支箭射中了孔雀的右眼，窦氏父母两人一看顿时喜上眉梢，女婿就定这个了！这也就是“雀屏中选”的典故。

窦氏和李渊结婚以后，感情一直非常好。窦氏不仅对李渊感情好，对李渊的家人也都非常好，尤其很孝敬婆婆。李渊的母亲年纪大了，一直卧病在床，但是她脾气又特别坏，其他的儿媳妇都不敢近前去照顾侍奉她。只有窦氏，不怕辛苦不怕脏，也不怕老人家骂，始终尽心尽力地照顾老人，甚至很多天衣服都不换洗地在床前伺候，让李渊以及家人都特别感动。

除了温婉贤良之外，窦氏还很会写文章，也擅长李渊的书法。把她写的书法和李渊写的书法如果混在一起，外人是很难分清楚哪些是窦氏的作品，哪些是李渊的作品。

窦氏在五六岁的时候就展示了她非同一般的政治见解，所以她对李渊的政治生涯帮助也很大。隋文帝之后隋炀帝执政，炀帝很喜欢各种珍奇的马匹。有一次李渊得到几匹好马，就自己留了下来。李渊是骑马打天下的人，岂有不爱马之理？窦氏见到就对他说，隋帝非常喜爱马匹，如今你得到这几匹珍稀好马，最好是献给皇上，不然若有人将此事传入皇上耳中，恐怕会引来祸患。李渊还是舍不得敬献，结果果然被隋炀帝知道，他因此遭到了贬谪。隋炀帝后期贪图享乐，大兴土木，国家很混乱，李渊想起窦氏的话，就经常四处收集良马敬献给隋炀帝，果然保全了自己。李渊后来还常常想起窦氏的话，有时候涕泪齐下地对几个孩子说，如果及早听从你们母亲的话，早就得到现在可以得到的东西了啊！

炀帝末期，李渊一直在外征战，窦氏又要照顾家里又要替丈夫担心，劳累生病而死。李渊取得帝位以后，下诏命名窦氏所葬的园陵为寿安陵，追封她为皇后，上谥号为“穆”。唐高祖李渊死后与窦皇后一起合葬于献陵，窦皇后也被尊称为“太穆皇后”。

# 长孙氏：唐太宗李世民皇后

姓名：长孙氏

生卒年：601~636年

籍贯：河南洛阳

婚配：唐太宗李世民

封号：皇后

谥号：文德顺圣

长孙皇后，是历史上非常有名的一代贤后。她是唐太宗李世民的结发妻子，李世民登基以后封其为皇后。长孙皇后出身名门，她母亲也是大家闺秀，祖父是隋朝的扬州刺史。长孙氏的父亲文韬武略，不仅骁勇善战，还精通文史，常广泛涉猎各种史书。在这种家庭氛围下，长孙氏从小就很懂规矩，知道如何在封建大家庭里行事，并且非常有修养，喜好读书，能写诗著文。她是太宗的贤内助，去世很多年以后太宗还对她念念不忘。

## 天赐良缘，与李世民定亲

长孙家和李渊家都是隋朝的官员，长孙氏的父亲长孙晟是隋朝的大将，官至右尧卫将军，李渊家世也很不错。当时人都知道李渊娶得一名贤妻，也就是窦氏。窦氏从小不凡，美名远扬，尤其是她五六岁的时候在宫中就能劝说其舅舅周武帝要好好善待她的突厥皇后，以便和突厥搞好关系，增强国势，从此她非同凡人的贤德和才能就流传开来。后来她父母以玉屏画孔雀的方式招女婿，从而选中李渊，给李渊生下了李建成、李世民等几个儿子。

长孙皇后不仅生得貌美，既有她母亲大家闺秀的风范，又从父亲身上学到勤学好学的品质，既懂得规矩和礼教，又十分善于做人和做事，因此她父亲也希望给她找一个好人家。

隋朝末年，国家也是混乱纷纷。长孙晟看上了李渊家的二儿子李世民，这李世民不仅一表人才，还有勇有谋，是打天下的一把好手。最让长孙晟放心的是，李世民是窦夫人的儿子，他一直都知道窦夫人是非常贤能的一个人，所以他相信窦夫人教育出来的孩子一定不会差到哪里去。就这样，既然看中了，他就拿出将军的果断，直接找到李渊来谈这门儿女婚事。李渊见长孙家都亲自上门，而且也早就知道长孙家的女儿是才貌双全，果断地同长孙晟一拍即合，当即定下这门亲事，两个人高高兴兴喝酒去了。

长孙晟喝得微醺，回到家里跟他的儿子长孙无忌说，我给你找了个妹夫，就是李世民，他将来一定前途不可限量。从此这长孙无忌就多了一名伙伴，就是李世民。他们两个年纪相仿，很合得来，所以常一块玩耍。

但是不多久，长孙氏的父亲长孙晟就病逝了，那年长孙皇后才八岁。在封建的大家庭里，都是三妻四妾，所以父亲是一家之主，也是一家的台柱子。父亲倒下了，难免会有些比较柔弱一点的母亲带着孩子就会被欺负，而如果母亲更早去世的话，那孩子的生活就更悲惨，异母兄弟姐妹们很难相处得好。长孙无忌兄妹也一样，在家里处得不太融洽，好在他们有个好舅舅高士廉，高士廉将两个失去父亲的可怜孩子接到府上管吃管住，还带着他们学习，所以长孙无忌学了一身的本领，文才非常好。在这一个时期里，他们同李世民的关系仍旧非常好。

长孙氏13岁，是差不多该嫁人的年纪了，这一年她同李世民成亲。隋炀帝后来日益享乐，四处大兴土木，弄得民怨载道，天下起兵者无数。李世民也怂恿父亲李渊要趁机起兵，打出一片天下。加上当时李渊身边有一个武士彟可以给他提供物质上的支持，还假借李渊腾达的梦来怂恿李渊，于是李渊父子在晋阳起兵，从此声势逐渐浩大。长孙无忌在李渊父子起兵以后一直跟随李世民，并且对李世民忠心耿耿。

618年李渊称帝，李世民为次子，虽然战功赫赫但被封为秦王，长子李建成被立为太子，长孙氏为秦王妃，长孙兄妹同李世民的感情都很好，可谓是一桩天赐良缘。

## 有女子的贤柔，也有智有谋

嫁到李家，并不是说直接去享受荣华富贵就行了，李家也是一个充满矛盾的家庭。李世民兄弟的母亲窦氏虽然是一个非常贤德的母亲，对子女教养都很严格，但是当时的家庭条件并不能说是非常好，李家父子常年在外征战，窦氏在家里要照顾老人，操持家务，家里还有李渊的其他妻妾和孩子，在家里非常劳累，还十分牵挂在外征战的父子，积劳成疾，没等到李渊称帝就病逝了，儿子们后来也都不是一条心。

到李渊称帝以后，后宫无主，妃嫔争宠，儿子之间的斗争更为严重。李世民一直跟随李渊南征北战，为打下李家大唐江山立下赫赫战功。相对来说大哥李建成则要逊色得多。无论从人品还是从能力来说，显然都是李世民更适合做继承人，更能够将江山统治得更好。但是李建成是嫡长子，他也不愿意放弃手中的权力，弟弟李元吉和他走得很近，二人以李世民为敌。不仅兄弟之间联合，李建成、李元吉兄弟还同李渊的妃子张婕好、尹德妃等人结成联盟，各自以巩固自己的利益为目的。李渊一直对李世民很赞叹，他心里也深知李世民是最适合的继承人。但是李建成等人一心想要拔去李世民这颗眼中钉，时时想办法陷害他，内宫中张婕好、尹德妃等人常常在高祖李渊耳边说李世民的坏话，结果李渊听信他们，逐渐同李建成、李元吉兄弟走得近，而渐渐疏远了李世民。

长孙妃深知丈夫要成就大业，妻子必须要助其一臂之力。但是她不是盲目地去正面帮李世民谋取，而是小心翼翼地伺候公公，将家庭里的关系搞好，并且对众妃嫔和妯娌之间的关系也都处理得十分得体，尽量多做事而少谋求自己的利益，保持低调之风，不给丈夫添麻烦。她这么做深得李渊满意，对这个儿媳妇十分赞叹。

626年，李氏兄弟之间的矛盾激化到不可调和，李世民决定要除掉李建成等人。在长孙无忌等人的一同谋划下，秦王决定发动政变，这场政变历史上称为“玄武门之变”。在玄武门之变的前一天，李世民密奏李建成、李元吉兄弟在后宫淫乱，第二天，李世民和长孙无忌等亲自到玄武门率兵等候李建成等人的到来，然后将李建成、李元吉兄弟杀死。这场战斗是惊心动魄的，亲兄弟之间手足相残，不成功就只能成仁，不是你死就是我亡，跟着李世民的人都是拿性命出来的，甚至连李世民自己都决定抛开性命一搏了。这时候不仅哥哥长孙无忌亲自到最前线，连长孙王妃也抛弃女儿柔弱的形象，亲自给秦王的将士们打气，激励他们。在这种气氛下，士兵们士气大涨，一鼓作气，一举取得玄武门之变的胜利。李渊听闻这场政变之后虽然极度吃惊，但是也毫无办法，三天之后就将秦王册封为太子，当年便退位让贤，让儿子接替了他的皇帝之位。

李世民登基以后，长孙氏就被册封为皇后。从此以后，应该说长孙皇后就是人中之凤了，但是她仍然兢兢业业地管理后宫，她知道丈夫每天要处理国事已经非常劳累了，所以她必须替他分担更多忧愁和烦心事，要把后宫打理好，给丈夫一个温馨的家，不为后宫事情操心。

## 统领后宫，深明大义

后宫争斗，似乎是永远都谈不完的话题。但是长孙皇后首先所想的，却不是怎样用一些奇招怪招来巩固她自己的地位和利益问题，而是想到要尽量让后宫和谐，不让皇上白天操心政事，晚上还操心宫中之事。所以尽管她和皇帝关系非常好，她也不要求专宠，反而让李世民有更多机会去亲近其他妃子，广泛地开枝散叶。对待后宫妃嫔以及宫女等，她态度都十分温和，宫中上上下下关系都处得非常好。如果说哪个妃子或者宫女遇到一些难事或者身体不舒服什么的，长孙皇后都会亲自去慰问，甚至还将自己的物品送给她们。所以作为回报，宫中上上下下对她也都十分爱戴。

长孙皇后不仅不在宫中做恶毒皇后，还十分注意控制外戚的势力。她的哥哥长孙无忌和李世民是在打天下之前认识的，后来李家父子打天下的时候，长孙无忌一直跟随李世民，忠心耿耿，两人感情十分要好。长孙无忌本身就十分有才华，他父亲是武将出身，但也十分精通文才，后来在舅舅家更加地受影响，才华大长。在玄武门之变中，尤其显示他的才能和胆识，冲锋陷阵从不惧怕，李世民为他所做的事非常感动，常常在别的大臣面前毫不避讳地说他之所以有今日，多亏长孙无忌的功劳。

所以在李世民即位以后，他多次想将长孙无忌提拔为宰相。宰相是朝中最重要的职位了，掌握大权。太宗和长孙皇后提起的时候，长孙皇后就非常忧虑，她觉得她已经是皇后，统领后宫，已经是三宫之首，她的家人已经有皇家的财粮供应，不愁吃穿，享受荣华富贵。如果再让哥哥任此大职，她恐怕外戚势力变大会招来不好的结果。为了向太宗明确说明此事，她还大量引经据典，用古代的例子来说明她是正确的。外戚势力庞大以后，大多是日渐恃宠傲物，或者权力欲望更强，最终换来家族灭门的结果，像汉朝吕氏家族、上官家族以及霍氏家族等，都没有好下场。太宗每次都很听从长孙皇后的话，但是这一次真的哭笑不得。他给长孙皇后解释说，他是真的很想重用长孙无忌，这不是因为长孙无忌是皇后的哥哥，而是因为他真的很有才能，多次为自己立下大功，并且忠心耿耿。他知道谁都有可能背叛于他，只有长孙无忌不会。所以这宰相的位子不给他给谁呢？一个英明的皇上，当然得选贤任能，这也是百姓的福气啊！

不过长孙皇后还是觉得不妥，就亲自与哥哥商议。哥哥长孙无忌深知妹妹的用意，就同意了妹妹的看法，向太宗辞去有实权的职务，太宗没法儿，只得同意。不过大臣们仍然知道，如果有什么棘手的事情，还是得去找长孙大人才行，只有他能办妥。

## 不干政事，及时劝谏

历史上后宫里很多女人都对权势有着极大的欲望，临朝听政的事情也层出不穷，但长孙皇后从来没有这种欲望，她一直坚持不干预朝政。

但是不干预朝政不表示她不关心国家大事，不关心百姓疾苦，不给太宗分忧解难。她尤其懂得在太宗做事不妥的时候要及时劝谏，让他尽量少做错事，而做更多有利于国家和百姓的事情，最有突出代表的事情就是针对大臣魏徵和房玄龄。

魏徵是有名的谏臣，他总是直言不讳，每当太宗李世民有事情做得不妥，他总是当面就斥责，毫不留情面。唐太宗对魏徵是又爱又恨。爱的是，有这样的臣子是做皇帝的福气，他深知“以铜为镜可以正衣冠，以史为镜可以知兴亡，以人为镜可以明得失”，他把魏徵当作他的一面镜子。所以魏徵敢于在他面前谏言，一方面是魏徵的品格，另一方面当然是太宗的品格，不然早就把他拉出去外放或者怎样了。

太宗在准备嫁长乐公主的时候，想多给她嫁妆。因为这长乐公主是长孙皇后的女儿，太宗对她格外疼爱，所以希望嫁妆也要多给。其实一个父亲疼爱女儿的心情，是绝对可以理解的，但是他们不是一般的家庭，必须凡事还要注重礼节。按当时的规矩，公主们的嫁妆规格一定不能超过长公主的规格，公主是皇上的女儿，长公主是皇上的姐妹，所以长公主是公主的姑姑，是长辈，嫁妆得多。但是按太宗的想法，长乐公主的嫁妆就多于长公主嫁妆的一倍了，这是不合礼法的，因此魏徵就建议太宗不能这么做，必须要减少长乐公主的嫁妆才行。太宗知道魏徵的讲法是有道理的，只是从感情上还是有点不服。回到宫里，他就将这事原原本本对长孙皇后说了一遍，他原本还担心长孙皇后会不高兴，因为这公主是长孙皇后的女儿。没想到长孙皇后听完之后，对魏徵大为赞赏，还恍然大悟似的对太宗说，常听说皇上很喜欢这个魏徵，以前还不知道魏徵有什么特殊才能，今天听皇上这么一说，他果然是个贤能的大臣啊！这是皇上的福气！她不仅不生气，反而还派人送许多布匹和银两到魏徵的府上，表示对他的嘉奖。太宗见皇后这样，也就完全宽心了。

从道理上说有这样的大臣很好，但是从感情上说，这种人确实常让人恨得牙痒痒。有一个非常有名的故事，可以说明太宗对魏徵都是惧怕的。有一次太宗在赏鸟，恰好魏徵来了，太宗怕魏徵说他，就赶忙把鸟藏在袖子里。魏徵多聪明呀，他知道太宗将鸟藏在袖子里，就故意在太宗身边不走，太宗也一直不敢把鸟拿出来，结果就把鸟憋死在袖子里了。所以太宗有时候也实在忍受不了魏徵这人。有一次下早朝，太宗怒气冲冲地回到后宫，说他一定要找机会狠狠整治魏徵这个家伙。长孙皇后很少见太宗这么生气，赶忙问是何缘故。太宗就将魏徵的事说给长孙皇后听，告诉她这个魏徵总是不分时间、不分场合地不给他面子，让他难堪，让他无法下台，他实在忍受不了这个直来直去的家伙了。长孙皇后听太宗发完脾气之后，什么话都不讲，而是径自去内房换了一身庄严的礼服出来，在太宗面前行了一个大礼，说恭喜陛下，贺喜陛下。太宗被皇后这莫名其妙的举动搞得半天回不过神，不明所以。皇后解释说，有这样的大臣，是皇上的福气呀。只有在明君的统治下，大臣才敢这么直接地明谏。试想如果是一个昏君，这种劝谏不是早被拖出去处斩了吗，哪一个大臣不怕死呢？所以魏徵是充分知道皇上是一位可以信任的明君，才敢冒着生命危险直言相谏的。有这样的明臣，难道不值得恭喜皇上吗？太宗听完，不仅不再恨着魏徵了，也对皇后更加敬重了。

不仅仅是对于魏徵一个人，长孙皇后经常保护一些老臣。就在长孙皇后生病快不治的时候，她还想着老臣房玄龄。她对太宗说，要继续任用房玄龄，他是一位能做好事情的大臣。太宗也听从她的建议，再次启用房玄龄。

## 《春游曲》显才能，也是晒幸福

长孙皇后深明大义，好在唐太宗李世民也是一代好皇帝，不仅很开明，也很公正廉洁，并且对长孙皇后很是情深。否则的话，贤德的人就很容易被奸佞之人欺负或者打击，而长孙皇后即使病重，还没有人敢对她怎么样。她即使不主动让太宗对她专宠，太宗心里也始终有她。所以，她是幸福的，她也为这幸福而感到骄傲，甚至有些自负。她从不缺吃穿，而且吃穿皆为上等。她即使只是一双鞋子，都缀满珍珠。但是相对历代奢侈的皇宫生活，她又是节俭的，她只用她所需要的，超过需要的便不要了。整个宫里宫外，从朝臣到百姓，都赞扬她和李世民的爱情，都赞扬她贤德助夫，整个世界都对她不薄。

所以当大好的春日里，百花竞相开放，花园里莺歌燕舞的时候，这位美丽而贤惠的皇后也会到花丛中翩翩起舞，是的，她也很懂得生活。当穿梭于花丛间，伴着蝴蝶在肩膀两旁的时候，她也忍不住诗兴大发：

上苑桃花朝日明，兰闺艳妾动春情。
井上新桃偷面色，檐边嫩柳学身轻。
花中来去看舞蝶，树上长短听啼莺。
林下何须远借问，出众风流旧有名。

这首诗就是长孙皇后的传世作品《春游曲》，展示出的是她活泼开放的一面，甚至能表现出她骄傲自负的一面。你看那桃花红艳艳惹人侧目，那是因为偷了她的面色呀！檐边的嫩柳细腰扭扭的，也是跟她学的呢！从这首诗中还能生动地看出皇后在花丛中穿梭舞蝶的景象，好似还带着银铃般的笑声，多么美丽惬意的画面呀！画中的女子又是多么幸福！而这幅画的场景，就是长孙皇后的生活场景，可见她是多么幸福的一个人！所以说，能边游玩还能边作出诗来，这表示她很有才气，而这诗的内容，就是她生活的写照，明摆着就是在晒幸福呢！

## 贤后去世，太宗伤怀

长孙皇后纵使万般美好，也逃不过命运的安排，她还是病倒了。但是即使是被病魔缠绕，她也仍然不忘以太宗为重，以国事为重。太宗和太子都十分挂念她的病，请了最好的太医用了最好的药仍然没用。后来没有办法，太子对她说，也许行善积德可以让母亲长寿，既然用药已经不见好，应该尝试一下大赦天下、大修佛寺的方法。长孙皇后听完费力地说，不可以的，大赦天下是国家的事，哪能因为她一个人生病就采取这样的做法呢？大修佛寺就更没有依据，每个人的生死都是上天注定的，所谓生死有命，富贵在天。若是只靠行善积德，我长孙皇后一辈子做了很多好事，如果要灵验，也该灵验了。所以她阻止了太子的做法。

再后来，长孙皇后的病一天比一天重，病魔可不管她是一个平民还是一个皇后，是不是受人尊敬受人爱戴，只要被它看上它就不松手的。眼见着病是好不了了，死神一步步在逼近她，她很从容地对太宗说，她死后葬礼要一切从简，不可奢侈浪费，太宗不得不听她的，只好含泪答应。

636年，长孙皇后不治而亡，葬于昭陵。

长孙皇后去世以后，为转移对她的思念，太宗就亲自抚养长孙皇后留下的幼子幼女，李治就是太宗亲自留在身边养大的。在他看来，带着长孙皇后的孩子，就像见到他们的母亲一样。

太宗还在宫中建起了层观，以便于他想念长孙皇后的时候就登上远望昭陵。层观建好以后他还带着魏徵等亲信大臣一同观看，但是魏徵又跑出来大煞风景了，说这是不合礼法的，婉言劝谏太宗放弃层观。太宗无奈，又将层观拆除。

长孙皇后去世以后，太宗还是重用了她的哥哥长孙无忌。太宗不可以不重用他，他是太宗的心腹，是太宗的左膀右臂呀！长孙无忌也没有让太宗失望，兢兢业业为唐朝出力。太宗去世前将太子李治交给长孙无忌和褚遂良等重臣，让他们辅佐太子李治，这些忠厚的老臣又拿过接力棒，继续为新的皇帝效力去了。

## 王氏：唐高宗李治皇后

姓名：王氏

生卒年：？~655年

籍贯：并州祁县（今山西文水）

婚配：唐高宗李治

封号：皇后

王氏，并州祁县人，唐高宗李治的结发妻子，李治登基为皇帝以后被封为皇后。王氏和高宗也是世家亲戚，王氏的曾祖母与高宗的祖父李渊是同母的兄妹，曾祖父在唐朝之前是西魏的大将军，她的母亲也是出身豪族，是关中柳家的女儿，舅舅在太宗朝上为官，所以论出身，王氏毫无瑕疵。但是后来因为遇到武媚娘这个强大的对手，最终惨死在武媚娘手下。

## 纤纤王氏女，嫁入李家门

名门望族出身的王氏是一个纤纤美女，她娇小玲珑，眉清目秀。待她长到豆蔻之年，就愈发地显示出美女的气质，而这个时候，唐太宗十分宠爱的长孙皇后的小儿子李治也到了该选妃的年纪，太宗就张罗着要给李治选一个合格的妃子。当时的李治还没有被立为太子，还是晋王的封号。

王氏本来就条件优越，再加上她的曾祖母是太宗的姑姑同安长公主，同安长公主十分喜欢她，对她赞扬有加，就在太宗面前极力推荐，有了这层关系，太宗看王氏就更加入眼了，所以没怎么犹豫就将她选为了晋王妃。

王氏和李治年纪差别并不太大，当时两人都处于十四五岁的年纪，感情刚刚萌发，对彼此也都很看得上眼，所以婚后早期感情还是很好的。结婚第二年，晋王李治就被封为太子，王氏也就跟着晋升为太子妃。李治生性有些懦弱，所以太宗一度曾有废掉李治重新立太子的念头，但是李治有长孙无忌等人的保护，也没发生太大的变故，仍旧保持了太子的位置。几年以后，太宗病故，太子李治登基，王氏也就顺理成章地登上皇后之位。

女儿为皇后，家族当然都得册封，王氏的父亲就被封为魏国公，母亲也得到魏国夫人的称号，舅舅更加官升一级，最终达到中书令的职位，这个时候，王氏心里是舒畅的。

## 未能生子，萧淑妃风头占尽

可是，这种舒畅的日子并没能持续太久。在与王氏成婚之后，高宗又娶了一些妃子，其中有一个萧淑妃不仅美貌，还非常有激情，年轻女子的那种活泼在她身上体现得非常好，她要妩媚有妩媚，要温柔有温柔，十分具有母性美。李治生性懦弱，所以他更需要的也许是那种具有母性的，稍微强势的，还带有性感的，能给他新奇感的女性。而王氏，则是规规矩矩、纤纤弱弱的那种女子，与萧淑妃一相比，王氏就显得黯然失色了。

而且更加要命的是，王氏与李治结婚以来，一直没能生育，这对她来说是一个十分巨大的劣势，不仅她自己很着急，甚至连高宗李治都很着急，传宗接代是一件大事。而萧淑妃则很争气，给高宗生下了儿子李素节，高宗也因此更加宠爱萧淑妃而冷落王皇后了，逐渐地，萧淑妃就成了高宗的专宠，王皇后虽贵为皇后，却很少能和高宗同寝，这样一来生子也就更加无望了。

萧淑妃得宠，她在宫中就很趾高气扬，不把皇后看在眼里，甚至想要取代皇后的地位。本来皇后王氏对此就忧心忡忡，加上萧淑妃本身就有意对她构成威胁，王氏就更加担心自己的地位和处境了。她不能坐以待毙，她必须想办法。

在李素节出生之前，李治其实还有一个儿子李忠，李忠是高宗李治的长子。但是他的母亲很没有地位，只是一个歌舞伎出身，偶尔被高宗临幸，很幸运地怀上了他而已，此后也一直不怎么受宠。王氏心里想，她自己没能生孩子，如果能将长子李忠收养，再努力栽培他，将来立他为太子，成为皇位的继承人，那么对她还是有利的，仍然能够巩固她自己的地位。因此，王皇后就收养了李忠。

但是这仍然改变不了高宗对萧淑妃专宠的局面，王氏的处境仍然没有得到根本性的改变，她仍然一筹莫展。然而，偶然间，王氏想到了对付萧淑妃的方法。

太宗周年祭的时候，王皇后陪同高宗一起去感业寺拜祭。事有凑巧，高宗在感业寺遇到了父亲太宗的遗孀武才人武媚娘，武媚娘见到高宗涕泪俱下，毫不掩饰对高宗的相思之苦，而高宗又何尝不是呢，他也难以控制自己思念的情怀。原来，高宗和武媚娘早就相识，并且彼此都有感情。武媚娘曾经陪同太宗上朝，她虽然站在帘子之后，但李治已经深深被她吸引，对她一见钟情，再难忘却了。太宗生病期间，两个人还曾一同在病床前伺候太宗，从此感情更进一步。但是武媚娘是他父亲的女人，他不能对她怎样，只能在心里思念，或者私下里两人交往。原本，高宗以为他和武媚娘的感情只能如此，不可能有机会在一起，没想到今天在感业寺重逢，而她对他仍然如此情深！在一旁的王氏怎能看不出端倪，这个时候她却一点醋意都没有，脑中反而灵光一闪，她的转机到了！是的，她想到要利用这个武媚娘来对付那个讨厌的萧淑妃，只要高宗对萧氏不再专宠，那么她皇后的位子还是稳固的。

离开感业寺之后，皇后就开始布置起来了。她首先暗中让武媚娘注意保养自己，尤其再也不能光头，另一方面就在宫中同高宗商议，将武媚娘接回宫中。高宗早有此意，只是不好自己开口，没想到皇后这么体贴，全帮他想到了。他喜不自禁，当即就同意了皇后的提议。在太宗三年祭满以后，武媚娘也长出了一头乌黑的长发，高宗李治则迫不及待地将武媚娘接到了宫中。皇后以为武媚娘是她计中的一颗棋子，自然要对她大加照顾，所以先将她留在自己身边，让武媚娘先熟悉宫中的环境，在宫中稳固下来。武媚娘盼这一天不知道盼了多少个日夜，她当然很珍惜这次机会，所以她十分小心翼翼地伺候皇后，很快便得到了王皇后的信任。王皇后在高宗面前就对武媚娘赞不绝口，高宗对武媚娘本来就很喜欢，所以没多久，武媚娘就顺利地登上了昭仪的位置。

## 搬来武媚娘，结果埋祸患

王皇后为武媚娘受宠而感到很开心，她看到自己的计策果然成功了。她很赞赏自己的眼光，武媚娘果然没让她失望，进宫不久就将高宗俘获，高宗越来越离不开武媚娘，也就逐渐冷落了萧淑妃，不仅如此，在进宫不到一年的时间里，武媚娘就顺利地怀上了高宗的孩子，十月怀胎，顺利产下一个男孩儿，高宗对这个儿子十分宠爱，将他取名为“弘”，对武媚娘也更加宠爱了。王皇后此时还没有意识到武媚娘对她的威胁，她仍旧对这种局面很满意，她一直觉得高宗和武媚娘都会终身对她感恩戴德，因为她是武媚娘的恩人，也给高宗带来很多欢乐。所以趁高宗十分开心的时机，她就赶紧建议高宗立她的养子李忠为太子，高宗也十分爽快地答应了。

然而，她不知道她的危机真正地来了。武媚娘这人才是最大的敌人，因为她手段高超，心计毒辣。当李忠被立为太子以后，武媚娘就觉得是该她出手的时候了，她才不想让外人被立为太子，她不要留这个碍手碍脚的皇后，这些必须都是她的，她要成为宫中的女主人。但是，武媚娘可不会直接就明显地出手宣战，她所有的一切都在暗中操作，表面上却要显示出她的柔弱与贤淑。她在进宫的时候就暗暗观察了宫中的形势，并且不断收买王皇后和萧淑妃身边的人，在她们身边插满了眼线，她要随时知道她们的一举一动。然后，她就要死死抓住高宗的心，她要控制他。

到这个时候，高宗已经基本上是武媚娘的人了，王皇后这才意识到，她将武媚娘召来，确实打击了萧淑妃，萧淑妃再也不是专宠了，但是，武媚娘却成了专宠。而这个武媚娘显然比萧淑妃更加难以对付。王氏苦闷的心情又回来了，她又陷入了苦难的境地。这个时候，她再想不出别的办法，只有想到同萧淑妃联手，再将武媚娘打压下去。

高宗此时已经被武媚娘迷得神魂颠倒，而王氏和萧淑妃此时还只顾着消除心头之气，直接在高宗面前说武媚娘的坏话，高宗怎么可能听得进去呢？尤其是看到本来水火不容的皇后和萧淑妃，现在居然一个鼻孔出气，目的就是要诋毁他宠爱的武媚娘，他就更加气不打一处来，他决定，从此要更加疼爱他的武昭仪，而再不理会这可恶的皇后和萧淑妃了。

这个时候，王皇后和萧淑妃几乎已经是完全被高宗冷落了。但是，武媚娘还不罢手。她知道即使高宗很宠她，对王皇后很冷落，但是高宗也不会自己谋出心思要将她扶上皇后之位，她知道她自己的路还得她自己走，而且，她必须下点狠招。而她的狠，不仅是对别人狠，连自己的亲生女儿的性命都变成她前进路上的一块小石子。

这一次，武媚娘为高宗生下一个小公主，可把高宗高兴坏了。王氏身为皇后，自然要前去看望，尽管对没有孩子的她来说，她很嫉妒。但是当她看到孩子的时候，她还是被这个小生命深深地吸引了，多可爱啊！所以她也忍不住伸出手，逗了逗小公主。但是刚一会儿，高宗就来了。王皇后不想和高宗直接打照面，便轻轻地走了。而武昭仪心里早就想好计谋，她趁皇后出去的一会儿，自己走进屋内将小公主闷死，然后又什么事都没发生一样出来接待皇上。皇上迫不及待地要去看小公主，但是当他看到小公主的时候，小公主早被她狠心的母亲给闷死掉了。高宗怎么也没料到，他心爱的公主已经没有了气息。而武昭仪进来之后更是号啕大哭，那哭声几乎惊动了整个皇宫，所有人都知道武昭仪失去了女儿是多么伤心，引得宫女太监都一一为她掉眼泪。高宗要查明事情的原委，这些宫女们都说除了王皇后来过，再也没其他人进来了。高宗听完一口咬定，是王皇后害死了他的女儿！王皇后本来就嫉妒武昭仪，所以他对此深信不疑，他坚信他的皇后就是凶手！这无疑是王皇后的一次巨大灾难，她在高宗心里的地位，再没回旋的余地了。高宗已经有了废掉皇后另立武氏的想法，所以皇后的寝宫，无疑已经成了一座冷宫。

但是，王皇后的位子是没那么容易动的，大臣们都拥护她。而武昭仪，大臣们都不赞同。因为武昭仪出身低微，她父亲原本是一个木材商人，后来虽然在朝廷为官，但是改变不了他低微的出身。而且，她还是高宗父亲太宗的才人，还要将她立为皇后，那就太过分了。但是武媚娘可不管这么多，她要得到的东西，就一定要得到。当时朝廷最有话语权的一个人，莫过于李治的舅舅长孙无忌了。为了得到他的支持，高宗和武昭仪两个人亲自去长孙无忌府上同他商量，但长孙无忌就是不松口。武媚娘没有达到目的，心里恨死了这个无忌老头儿，她发誓有一天一定要整得他满地找牙。

一边争取大臣们的支持，另一边武昭仪还继续迫害王皇后。王皇后失宠以后，王氏家族的人觉得靠山要倒塌了，心里都很慌张。她的舅舅柳奭更在这个时候提出辞去中书省的职务，以为这样就可以给自己解困，但是这样更加削弱了外甥女王皇后的力量，弄得她内外无援。武媚娘见还没能够将王氏置于绝境，则继续告发她和她母亲柳氏在宫中行巫蛊之术，高宗遂将王皇后和萧淑妃两人都禁入冷宫，并将王皇后废为庶人。

武昭仪后来也找到了支持者，逐渐有一批人看到武昭仪说话非常有分量，就投靠了她，并拉拢更多说客为武昭仪开路。有了支持，高宗也就更加大胆了，终于于655年将他心爱的武昭仪立为皇后，满足了武媚娘的皇后野心。

## 高宗念旧情，武氏断绝路

王氏和萧淑妃已经被废为庶人，还关进了冷宫，但是武媚娘却不放弃折磨她们的机会，她派人监禁她们，连正常的食物都不给，两个人如同在监牢里，过着猪狗不如的生活。

有一天，高宗又想起了昔日同他恩爱的两个女子，就一个人偷偷地来到幽禁王氏和萧淑妃的地方。当他看到的时候，他都不敢相信眼前的悲惨状况，他眼里含着泪花呼喊，他问他的皇后和萧淑妃，你们还好吗？两个悲惨的女人只有用一声声的痛哭来表达她们现在的处境。高宗非常伤怀，为什么会弄成现在这个样子呢，为什么呀！他对他的两位前爱妃说，你们放心，我一定会想办法，一定会救你们脱离苦海的。王氏和萧淑妃稍微安了安神，她们在内心里还指望着这个男人能够救她们，因为这个男人是她们的丈夫，是当今皇上呀！

但是，她们仍然错了，这个男人根本不能够救她们。而恰恰是这个男人来看她们，让武媚娘觉得她必须要对这两个女人更加决绝才能够永绝后患，让她们两个人再也无力对她武媚娘反击。所以在高宗走了之后，武媚娘就派人将王氏和萧淑妃的手足都砍去，然后不管不顾地扔在那里，任凭两个女人悲惨地哀号了几天几夜，这才慢慢断气。高宗说要救她们两个的诺言，始终来不及实现。

# 武则天：唐高宗李治皇后

姓名：武曌

生卒年：624~705年

籍贯：并州文水（今山西文水）

婚配：唐高宗李治

封号：皇后

帝号：武周神圣皇帝

谥号：则天顺圣皇后

武则天，姓武，名曌（zhào，这是武则天特意为自己造的字，意思是日月之上，目空一切），又名媚娘，尊号武则天。武则天不是生下来就叫武则天的，甚至在她死的时候都不叫这个名字，这是后人的称谓。

## 术士预言，不平凡的女儿命

武则天的父亲叫武士彟，他出身于一个农民家庭，就像中国大多数的老百姓一样，在武士彟之前，他们家世代务农，在黄土高原贫瘠的土地上耕种、劳作。看着身后的一片黄土地，武士彟心想，他不能一直局限在这片黄土地上，他要走出去，他要出人头地。所以他放弃了祖祖辈辈耕作的生活，而是选择了出去贩卖木材，而当时正处于隋炀帝晚期时候，隋炀帝在全国各地大兴土木，木材具有非常大的市场，于是武士彟正生逢其时地赶上了，并因此积聚了很多的财富。

武士彟的眼光还不仅仅局限在弃农从商这件事情上，事实上证明他真的是一个非常好的投资家，而他那个时代也给他创造了最好的时机。隋炀帝大兴土木，四处建设，虽然会带来很多好处，但是生产建设的规模和数量也一定要符合当时国家和人民的力量才行，也就是要和经济基础相符合。炀帝所设想的广建扩建显然超过了民力所能承受的程度，赋税和劳力都严重不足，人们不堪重负，自然就会发生到处起兵，反对暴政的局面。

这个时候的武士彟已经和李渊父子结识，并且还是比较要好的朋友。李渊是个朝廷命官，武士彟是个贩卖木材的商人，他们怎么会成为好朋友呢？这又要说到武士彟的投资眼光了。在那个时候，士农工商是有差别的，地位悬殊。武士彟在贩卖木材得到一些财产之后，并没有急着把这些财产拿去享乐，去买好吃的好玩的去讨三妻四妾，建豪华的房子，他首先拿出一笔钱为自己买了一个小官职。卖官卖爵不是新鲜事，他要通过这些途径来改变他的社会地位，来结交更多的达官贵人，也就是这样他才得以认识唐朝的开国皇帝李渊。

当时是在晋阳起兵前夕，隋炀帝的朝廷已经是风雨飘摇，李渊虽有心反隋，但还犹豫不决。第一，起兵是冒风险的事，成功固然好，但万一时机不对失败的话，后果不堪设想。第二，李渊同隋朝皇室关系也很密切，他是隋炀帝独孤皇后的外甥，也算是很亲的亲戚关系了。武士彟这人早觉得李渊气度不凡，将来也许有帝王之相，所以他就去劝李渊要果断起兵。为了让他更加坚定，他还编造谎话说他梦见李渊必胜，还能成为天子。并向李渊承诺，军费由他支撑，反正他是个商人，他的工作就是弄钱财的。有了物质保障，再加上那个梦的蛊惑，李渊就没什么好犹豫的了，率军在晋阳起兵，并且取得了决定性的胜利。后来隋炀帝也被部下杀死，李渊果然建立了唐朝，取代了隋朝，实现了天子梦。

李渊既然夺得天下，武士彟就是大功臣，封官赏爵，一下升到正三品的官位。这时候也算是位高权重了，可是武士彟还是不开心。因为朝中的大官们一般都有显赫的出身，他们论地位是一定要按出身来算的。武士彟出自农商家庭，所以即使官位高，但也仍然是出身卑贱。他还得改变他的出身才行。快速换血提高自己地位的方法，当然是娶一个贵族出身的老婆，当时恰巧又遇到武士彟的原配老婆去世，李渊就趁机撮合了他和隋朝宰相杨达的女儿杨氏的美事，从此身份大变样。这个杨氏，就是武则天的母亲。

杨氏嫁给武士彟以后，一共给他生了三个孩子，只是可惜三个孩子都是女儿。夫妻两人本来一心想生一个儿子，无奈生下第一胎女儿后，接连生下两胎仍然还是女儿。最后不得不放弃生儿子的理想了。

当时有个很著名的相士，名叫袁天罡。据记载，他看相非常非常准，几乎就没有不灵验的。这天武士彟也让他来家里给家人看看相，现在的武家不同以往，府上是有很多人的，孩子也都有奶妈照看。当小武则天被抱出来的时候，袁天罡当即就很吃惊地说，不得了啊，如果这孩子是个女孩儿，那就是女皇帝的命啊！只可惜是个男娃。武士彟夫妇听完当场就惊呆了，因为她就是个女孩儿啊！只是因为夫妻俩太想要男孩子，所以就把这个二女儿当作男孩子养，平常也都把她装扮成男孩子的样子。相士的话真不得了，惊得夫妇俩面面相觑。不过充满野心的武士彟对相士的预言很满意，这样说意味着至少这个丫头前途不可限量，做不做女皇帝并无所谓，但是做个皇后也许还是很有可能的。所以从此以后，他就更加疼爱这个女儿了，对她加大培养。

## 被选入宫，封为才人

在12岁之前，小武则天的生活都是幸福的。然而，12岁那年，一直疼爱着她庇护着她的父亲去世了，她母亲是继室，所以她们母女就遭到了父亲前妻几个孩子的排斥和欺负，过了两年很悲惨的生活。14岁时，武则天已经出落得亭亭玉立，加上她喜好读书，内在和外在气质一并显露出来，非常迷人。这时候在位的是唐太宗李世民，太宗听说武家二女儿姿色非常美，就把她召入宫中。相士袁天罡的话还犹在耳边，没想到真的有女儿进宫的一日。父亲已经去世，这时候就剩她们姐妹和母亲，似乎无依无靠。二女儿此次进宫，也不知道未来会怎么样，能不能得到皇帝欢心，会不会惹怒皇上而遭到不测。想到即将要面临的别离和种种不确定，母亲杨氏忍不住流下泪来。然而，年仅14岁的武则天可不像母亲一样哭哭啼啼的。她觉得此番进宫，应该是她大展拳脚的时候，当然不值得哭哭啼啼。安慰了母亲，她就上路了。

## 入宫得宠，莫名冷落

进宫也不是一条容易的路。到宫里以后，并不是能够马上见到皇帝的，不仅如此，有很多很多人进宫后一辈子都没见到皇帝。不过14岁的武则天进去以后就被赐予了才人之位，但是先要接受各种训练，要注重各种礼仪，要怎么说话，要怎么笑，面部表情，肢体语言等。最重要的是，一定要将皇上伺候得开心了。经过了一段时间的训练，武则天才得以见到皇上。而美女们被送给皇上，自然最主要的一件事就是侍寝。武才人的美貌和气质，也真的艳压群芳，连阅女无数的太宗也不觉得被她吸引，一夜过后就无法离开她。武才人一下子就受宠了，太宗还赐她“武媚娘”的名字。

武媚娘不是一个很低调的人，她觉得受宠了就是她有本事有资本，所以对身边的太监宫女也不太客气，她要享受那种有资格傲慢的感觉。

可是这种傲慢的感觉没能够享受多久，突然的冷落就来了。没有任何预兆，就再也接不到太宗侍寝的传令了，武媚娘不得其解。而太宗冷落她，确实是有原因的。袁相士在武媚娘小时候就曾看相说她有女皇帝的命，而宫中也传来这样的传闻，有武氏女主将取代李氏天下。太宗并不能想起宫中有何人是姓武的且会对他的江山造成威胁，而唯独想起，不久前给他侍寝的武媚娘，正是姓武啊！所以不管真相如何，至少是不能离她太近了。太宗算是英明神武的皇帝，将天下治理得井井有条，所以尽管武媚娘对他很有吸引力，他也会以江山社稷为重，不会因为一个女色而将大唐江山断送在他的手里的。

不明所以的武媚娘面对突如其来的冷落非常不甘心，她要知道原因，她要知道到底是为什么，她一定要抓住皇帝的心，她不会甘心在宫里孤单终老的。为了知道这个原因，她不惜重金四处打听，将能够打通的关系都打通了，这才知道，原来是因为那个传言。她知道，这是很严重的事情，她必须要小心翼翼，这样才能避免杀身之祸。所以从此以后，她就变得收敛了一些，在宫中尽量处理好上下的关系，再不恃才傲物了。同时，由于没有皇帝传侍，所以空闲的日子很多，她就继续利用这些日子读书，充实自己。正是这些特质，让她比一般的美女志向更高远，也许一般的女子只想得到皇帝宠爱，能享尽荣华富贵即可，而她，则越来越想要得到全天下，当然，这是后话。

隔了一段时间，太宗又想起了那个被冷落的武媚娘，让她又回到了他身边，每天陪他上早朝，当然，肯定是不可以在朝廷上直接露面，侍女都得站在太宗的身后，隔着帘子侍奉皇帝的。但是正是这样一段经历，让她了解了更多的朝廷大事，也认识了很多的朝廷命官。

一晃儿，在宫里已经过了十几个春秋，但是自从因为传言被太宗冷落过后，她就没有机会给太宗侍寝了，更加不会有机会怀上太宗的骨肉，这对于宫里的女人来说，预示着她们是没有前途的。十几年过去了，武才人从入宫时候开始，一直还是个才人，地位没有变过。太宗年纪也大了，身上毛病也多了，649年，太宗病情恶化，不久便去世，将皇位传于太子李治，而后宫之人，凡是没有生过孩子的侍妾都必须离开宫中，且不可以改嫁他人过正常生活，而是被发配到感业寺剃度为尼，伴青灯孤影过完余生。

武媚娘也要承受这种命运，也要年纪轻轻就出家为尼，要和这外面繁华美丽的大千世界告别，去清冷的尼姑庵里吃斋念经。

## 感业寺重逢高宗，入后宫得宠封后

尽管是有百般不想，纵然是有百般抗拒，但是太宗的命令是不可违抗的，没有人疼惜这些内宫的女人。武媚娘只好也随着其他内宫侍女一起，离开锦衣玉食的生活，来到感业寺。

然而命运对她总是眷顾的。太宗周年祭的时候，接位的高宗李治和皇后王氏都要去感业寺上香拜祭，事有巧合，他居然与在此出家的武媚娘再度相遇。其实李治和武媚娘在宫中的时候就早已相识，那还是武媚娘在太宗身后做侍女的时候，每天随太宗上朝。但是帘子隔不住眼光，挡不住武媚娘清丽的脸庞，她秀美的身姿早就深深印进李治的眼睛里，刻在了他萌动的心里。后来太宗生病卧床不起的时候，武媚娘又有幸和太子李治一起侍奉太宗，两人的感情更进了一步。只是当李治知道武媚娘是父皇的妃子时，他就知道这个女人他不可能得到，只有无限的眷念。所以此时感业寺相遇，两个人都感慨无限，彼此都是充满思念的。在一旁的皇后王氏看出了端倪，立刻打起了她自己的小算盘。当时的皇后王氏在宫中也遇到了困难，因为有一个劲敌需要处理，那就是萧淑妃。皇后王氏没有子嗣，这一点对她的地位有很大威胁，而萧淑妃很受高宗宠爱，为高宗生下了孩子，她在宫中可谓是恃宠傲物，谁都不放在眼里。皇后此时心想，如果让武媚娘进宫，分散一下高宗对萧淑妃的宠爱，这样萧淑妃就不敢再那么飞扬跋扈了。有了此种心思，她就向高宗献计说接武媚娘进宫吧！高宗心里正想着这事啊，皇后都替他想了，当然同意都来不及。只是守孝也必须要满三年，还得等两年之后，高宗才能光明正大地把武媚娘接进宫。而也正好有两年的时间，武媚娘可以养出秀美的长发。就这样，两年以后，武媚娘又重新回到了她做梦都想回的宫中。

到宫中以后，皇后王氏主动将武媚娘收留在她的身边，她希望把武氏收为她自己的人！再一次进宫的武媚娘，知道这个机会是多么难得，也知道她必须要抓住这个机会，所以她很小心翼翼，对皇后小心伺候，不引起她的嫉妒。皇后对武媚娘非常满意，她只想着将萧淑妃打败就行，其他的暂时不顾了。而武媚娘趁着大家不怎么注意她并且皇后也很信任她的这种时候，充分利用她的聪明才智将宫里的情况打探清楚，不久她就知道宫里的战况和实力了。她对自己重新翻身很有把握，她不仅要打败萧淑妃，她还要打败皇后呢！只是，这想法不能让人知道，低调行事才是最保险的。

同上一次侍奉太宗不一样，这次到宫中侍奉高宗，武媚娘则很幸运，很快就怀上了高宗的骨肉，而高宗对武媚娘又是宠上加宠，武媚娘也就接连生下了好几个孩子，在武媚娘为高宗生下皇子弘的时候，高宗高兴坏了，武媚娘的地位自然也就升了，她被封为昭仪，昭仪是妃子中地位非常高的一种封号，萧淑妃自然而然也就被打败了。

王皇后果然有眼光，一下子就选对人了，武媚娘来了之后萧淑妃很快就战败。皇后如果没有孩子，一般也都会有一个养子，将其他妃子的孩子养大。皇后王氏也有一个养子，如果养子被立为太子，然后太子又懂得对养母报恩的话，那即使她自己没有生孩子，也算是功德圆满了。所以王皇后现在可以指望的，就是让这个养子登上太子之位。萧淑妃不敌武媚娘，现在显然已经失宠，所以太子位也轮不到萧淑妃的儿子，皇后也不必有什么担心了。

然而，王皇后轻松得太早了。她哪里料到斗倒了一个萧淑妃，又来了一个武媚娘呢！当时怕的就是萧淑妃得专宠，而如今萧淑妃是失宠了，但武媚娘却成了专宠！而且这武媚娘显然比萧淑妃还可怕，还难以对付。这个时候的王皇后，又想起了萧淑妃，她们俩现在倒同是天涯沦落人了，于是两人都意识到她们联手的时候到了。

这一天王皇后正在萧淑妃处同萧淑妃密谋除掉武媚娘的方法，恰巧高宗觉得很久没见过萧淑妃了，就来看看她。进门他才发现，皇后居然也在这里，顿时就不高兴了。可是皇后和萧淑妃这个时候还没看懂皇上的脸色，只想到要把武媚娘抹黑，两人一同说她的坏话，还劝说皇上要勤政为国，不要败在了女人手上。本来就不开心的高宗，现在又听到这些，他终于明白皇后和一向不和的萧淑妃到一起居然是要针对他正热宠的武媚娘，于是他甩手就走掉了，这两个女人，他决定再也不要理她们了。

武昭仪是多么聪明的人，她当然知道皇后和萧淑妃背后的行动，她也早已经在全盘筹划了。她不仅仅是要得宠，她还要得皇后的位子。而她，离皇后的位子也越来越近了。高宗因为特别宠爱武昭仪，在武昭仪的提议下，特意给武昭仪设了一个特别的封号：“武宸妃”。这是一个新的称号，之前并没有这一级，她的地位就仅次于皇后了。

不久，武媚娘又生了个孩子，是一个小公主。皇上的爱妃喜得小公主，皇后当然也得表示表示，她亲自去看摇篮中的小宝宝。武媚娘想，好时机来了。为了陷害皇后，她竟然在皇后走后将自己的亲生骨肉给捂死了，然后号啕大哭，哭得惊天地泣鬼神，任谁看了都不忍心。高宗特别心疼，派人查明此事，宫女和太监们都说没别人来，只是皇后来过。皇后对武媚娘本来就嫉妒，这下跳进黄河也洗不清了，高宗对皇后太失望，已经在寻思着找借口废掉皇后了。

皇后深知自己的处境，就非常担心。高宗和武媚娘那边已经在试探大臣们的口风，只是大臣们都不怎么赞成废王氏皇后而立武氏皇后，这虽然貌似只是皇帝的家事，但是天子立皇后也是关乎国家的大事，废后终究不是好事情。皇后的厄运也注定是要来了，王氏的母亲柳氏也是一个非常要强的人，她不可能看女儿受冷落还面对被废的风险而不顾的，而她所想到的方法，居然是收买精通巫术的人，对武媚娘进行诅咒。这是非常危险也非常愚蠢的一个做法，宫廷里出现了太多这样的悲剧了。但是王氏此时也不知道有其他什么法子，只好孤注一掷了。然而，这种事怎么能够瞒得过武媚娘的眼睛？事情暴露之后，王氏就再也没翻身的机会了，若不是高宗考虑废后会遇到大臣们阻挠，估计知道事情的当时就会把王氏废掉而立武媚娘为皇后的。现在，王氏几乎是被冷在宫里，只等着命运的裁决了。

而此时，赞成武媚娘被立为皇后的声音出现了，当时朝廷上有个叫李义府的官员，他见高宗非常想立武媚娘为皇后，武媚娘那么得宠，巴结她总没错。得到朝廷命官的支持，高宗就像有了救星一样，别提多兴奋了。在这个官员的带动下，一大批官员都站出来力挺武媚娘，武媚娘集团的势力越来越大，反对党逐渐被他们排除，最终武媚娘终于实现了她的梦想，成功登上了皇后的宝座。

## 临朝听政，政治才能显现

对于女人的宫廷斗争，我们并不陌生，历朝历代都有，有人要尽手腕得来财力和权势，有人落入冷宫终此残生，但不管在宫廷里斗争得多么厉害，在政治上取得成就的女人还是寥寥无几。而武则天，则是一个善于宫廷斗争，又能够将国家治理得还不错的这样一个女人。在武则天统治期间，她前面连起了贞观之治，后面承接了开元盛世，在政治上算是成功的了。有人说，女人是天生的政治家，但是中国五千年的历史证明，真正的女皇帝只有武则天一个，她的政治才能是哪里来的呢？

武则天从小天资聪慧，这是一个先决条件。她喜好读书，却不喜欢女红，所以别的女子花在绣花上的工夫都被她用到学习上去了，当然更重要的仍然是从两个皇帝身上的学习和自己的实际历练。

武则天先是在太宗身边待了十几年，这十几年时间对她是很重要的，虽然从妃子的地位上她一直是才人没有得到提升，但是她学习到的东西为她的后来奠定了基础。太宗是一代明君，十分有政治才能，他在位期间开辟了贞观之治，虽然他在玄武门之变中杀了自己的兄弟，但事实证明他夺这个皇位是正确的。武才人进宫以后本是很受太宗宠爱，但是因为有“武氏女主”的传言存在，太宗在女色和天下之间选择了天下，冷落了武媚娘。不过后来他还是将她放到了身边做一名侍女，每天有机会近距离接触文武百官，观看上朝下朝，群臣进谏，讨论国家大事，她在这里认识了朝中的官员，也学会了处理政事的一些知识，当然还有一点重要的，她在这里认识了对她一见钟情的太宗的儿子李治，这是她的第二个政治导师。

李治在朝堂上对站在帘子后面的武则天一见钟情，从此念念不忘。太宗死后，没有生孩子的武则天同其他无子女的宫妃们一起被迫到感业寺出家为尼，李治登基，是为高宗。高宗又到感业寺将旧爱接回宫里，并且大加宠爱，乃至还让她统领后宫，成为一国之后。这中间必定经历各种考验和磨难，高宗和武后夫妇俩在这里面又练就了更深的政治本领。

在武则天当皇后以后，就逐渐有参与朝政的倾向。武则天也确实有这方面的才能，能够帮高宗处理政事，所以后来高宗身体不适，就直接让武则天垂帘听政了。

渐渐地，高宗感觉皇后好像太过分，他自己没什么分量了，他感觉到了这个女人的威胁，就找宰相上官仪商量废后的事情，然而废后诏书还没拟好，这事就被武则天给知道了，无奈高宗只好牺牲老臣上官仪，上官一家几代人也都成了殉葬品。自此以后，高宗更加懦弱，朝政大事几乎全权由武则天掌握，高宗连发表意见的机会都很少了。高宗对武则天的政治才能是很信任的，他也知道这个女人野心很大，但是身体上的不适，加上种种事情，他也无心跟皇后一斗高低，好歹那是他的皇后，有人主动替他分担，他也乐得清闲自在。

## 除老臣，除异己，任用酷吏

武则天是从太宗的一个才人逐渐成为高宗皇后的，按民间的说法，也就是原本是父亲的小老婆，结果变成了儿子的正室，这本来就是需要冲破各种阻碍的，更何况她当上皇后后还逐渐处理朝政事务，朝中老臣们自然对她不是很赞同。所以武则天当政期间虽然国家治理得还算成功，但是大量任用酷吏，并且非常严重地排除异己和排除老臣，所有阻碍她的人，她都要将他们除去。

褚遂良反对武则天被封为皇后，反对得非常激烈，甚至以死相逼。高宗对反对这件事的人很反感，但他还不敢对这些老臣怎么样，毕竟他们都是受先朝遗命，对先朝有功，又兢兢业业为此朝献力。然而，武则天可不管这么多，她直接当着高宗和朝臣们的面，对高宗说，何不将这个老臣杀掉？长孙无忌等老臣绝不可能袖手旁观，都替褚遂良求情，褚遂良这才免死，但遭到贬官流放，最终死在贬官途中。其他反对者的下场都和褚遂良一样，不断遭到贬官和流放，唯独长孙无忌势力雄厚，扳倒他还需要一番功夫。这时候武则天想到，必须要精心设计一个案件才能将长孙无忌的势力铲除，好在她有许敬宗这个忠实的追随者。当时朝廷在处理一个朋党案件，本是一个结党营私的小事，但他们却趁机宣扬说这几个人与长孙无忌勾结，想造反。长孙无忌身居要职，在宰相位几十年，对身居高位的他来点闲话实在太容易了，许敬宗就开始在高宗面前造谣，说长孙无忌现在势力太庞大，太得民心，百姓无不听从他，官员也无不慑于他的威力，这对皇上是一个很大的威胁。优柔寡断的高宗将此事全权交给许敬宗处理，经过他一番抹黑描述，高宗竟然信以为真，将长孙无忌官职罢去，流放四川。流放之后许敬宗等人还不放过他，派人将长孙无忌逼死，永远扫除心头大患。

将这些大的绊脚石一一扫除以后，武则天就开始大展拳脚了。这一路上她想要的基本上都实现了，所以小时候刚进宫被太宗宠幸时那种骄傲情绪又回来了，对高宗也不怎么温柔体贴了，高宗逐渐感受到这个女人有很大的威胁。他很苦恼，他知道这样下去大权势必要被皇后掌握，所以高宗找来宰相上官仪秘密商量，上官仪赞同废去皇后，他去拟定废后诏书。可怜上官仪时运不济，事情被武则天知道了。听闻高宗和上官仪商量这事，武则天非常愤怒，直接跑到高宗面前质问他。高宗见到武则天就像老鼠见到猫一样，立刻吓得哆嗦着不敢说话，只好把责任全部推到上官仪身上，说是他出的主意。武则天咬着牙说，上官仪这老贼，活得不耐烦了！结果将其全家抄斩，只有女眷，包括刚出生不久的孙女上官婉儿和婉儿的母亲免去死罪，但被发配到掖廷充当官奴。

除了铲除这些不怎么配合她的老臣之外，武则天还起用了一大堆酷吏，武则天当政期间各种刑罚不计其数，严刑逼供害死诸多无辜的人，弄得人心惶惶。当时有两大酷吏，来俊臣和周兴，他们的乐趣就是开发出各种严酷的刑罚，然后看着别人受刑，弄得朝臣人人自危，这些酷吏也让武则天背上了骂名。

任用酷吏可能是武则天害怕自己当政期间朝臣及民众不服，所以必须要使用一些非常规的严酷手法来镇压不服从者，后来政权逐步稳定之后，武则天就利用这两个酷吏，先让来俊臣除掉了周兴，然后又除掉了来俊臣，这样才结束了酷吏恐怖的统治。

## 一代女皇，青史留名

武则天开始参与政权，是在除掉长孙无忌集团之后，660年高宗身体不适，头晕目眩，武则天开始临朝听政，再到664年上官仪被除，武则天已经和高宗一起并列临朝了。再十年，武则天又有了新想法，高宗自称天皇，武则天贵为皇后，自然就称为天后了。她认为她是承天命而来，注定要作为女主治理天下的。称为天后之后，武则天雄心勃勃地提出了自己的政治主张，主要分为12条，基本上延续了太宗休养生息的思想，鼓励农桑，对发展生产很有好处，主张由她提出，由高宗颁布执行，高宗配合得非常好，武则天非常满意。

这个时候的武则天已经过了50岁，高宗也年事已高，身体又一直不好，越来越觉得不太适合继续天子之位。此时太子李弘已经20多岁，他是武则天的亲生骨肉，是她的第一个儿子，生性宽厚，很得人心，高宗也很喜欢他。正当高宗酝酿着要让太子即位时，武则天却深深地忧虑起来了。她太留恋这种把握权势的感觉，如果高宗是皇帝，她仍然可以把他吃得死死的，就像她自己掌握实际政权一样。然而这个儿子没有父亲那么温顺，不会对她这个母亲言听计从的，她掌握不了他，如果李弘登基为帝，那权势势必不能再由武则天掌握。更加可恶的是，当李弘想起曾经被母后害死的萧淑妃的两个女儿还一直被幽禁的时候，居然提出来要将她们释放。在李弘看来，这是他为姐姐做的一点事，而在武则天眼中，就是儿子与自己作对！她不能忍受，从此她心里就没有这个儿子了，他就同任何一个眼中钉一样，她要将他除掉。

一天，正在陪同高宗和武则天一起吃饭的太子李弘突然暴毙，武则天很镇定，因为她早就知道这种结果，是她用药将自己的儿子毒死的。但是这件事对高宗却是一个很大的打击，他似乎感觉心力交瘁，再无力支撑了，他想把所有事情都交给武则天来打理。当然，这种荒唐的想法自然是又遭到了群臣的反对，他只好再继续培养新的太子。

李弘被毒杀以后，次子李贤被立为太子。然而，武则天感觉李贤又是她的威胁，她要李贤顺从她，但是这个儿子依然还是不顺从，母子矛盾重重。当时有一个叫明崇俨的巫师，他很懂得讨好武则天，还认为武则天有天子之相，深得武则天欢心。然而有一天明崇俨突然遇刺身亡，武则天非常气愤，又无法缉拿到凶手，她断定一定是太子李贤派人所为，又将李贤给废去，再派人将自己的第二个儿子杀死。李贤被废以后，又立第三个儿子李显为太子。同年冬天，高宗逝世，李显即位，是为中宗，尊武则天为皇太后。然而中宗在位不过两个月，武则天又耐不住，将中宗废掉，再改立第四个儿子李旦为皇帝，即睿宗。睿宗即位，就纯粹是武则天的傀儡，政事由皇太后处理和裁决。

690年，武则天废掉睿宗，正式称帝，改国号为周，史称“武周”，自号“神圣皇帝”。

在武则天统治期间，她平定了边患，也换来了政通人和的局面，为开启开元盛世奠定了基础。武则天虽任用了酷吏，但也用了大量贤臣，比如狄仁杰等。她很重视任用有才之人，也有非常大度的一面。当时扬州一些官员反叛，其中就有“初唐四杰”之一的骆宾王，骆宾王写了讨伐武则天的一篇檄文，言辞激烈充满谩骂，武则天读过之后不仅没有生气，还大赞他有才华。还有上官仪的孙女上官婉儿，在祖父因和高宗商议废掉武则天的事情家族被诛以后，她和母亲被发往掖廷为官奴，但是她聪慧好学，非常有才华。武则天得知此事，不仅没有因为她是上官仪的后人而将她除掉，反而将她留在身边重用，做了贴身秘书，这些都是武则天爱才的表现。所以在她的统治下，国家并没有退步，政局也很稳定。

只是到晚年，武则天在选继承人的时候又犹豫了。如果让位给儿子，则天下就不姓“武”而要改姓“李”了，如果要让天下姓“武”，就得让位给侄子。这时候宰相狄仁杰进言说，儿子和侄子谁亲，陛下应该能够明断。这么一句话让武则天明白，当然是儿子更亲。

晚年的武则天生活奢靡，有一群男宠，这些男宠在武则天的宠爱之下，权势大增。705年，张柬之等人发起政变，将武则天身边两位红极一时的男宠张昌宗、张易之兄弟杀死，武则天被迫退位，还政给中宗李显，恢复李唐国号。

同年冬，武则天病逝，与高宗合葬，留无字碑。她死后也并没有留下帝号，而是称为“则天顺圣皇后”。

## 韦氏：唐中宗李显皇后

姓名：韦氏

生卒年：？~710年

籍贯：京兆万年（今陕西西安）

婚配：唐中宗李显

封号：皇后

韦氏，京兆万年人，是唐中宗李显的第二任正妻。李显为太子时纳韦氏为太子妃，高宗驾崩以后李显即位，即中宗，韦氏被立为皇后。中宗和韦氏感情很好，李显的皇位被武则天废掉以后，韦氏不离不弃地陪伴在李显身边十几年，直到他又复位当上皇帝，所以中宗对韦氏言听计从。韦氏是个很有野心的女人，她一心想要效仿武则天，成为女皇帝，所以经常干预朝政，把持政权，后来为了把握大权竟然人性丧失，同女儿安乐公主一起将中宗毒死。最后临淄王李隆基和太平公主里应外合，将韦氏等人诛杀。

### 十几年患难夫妻

李显在被立为太子之前是英王，那时候已经娶了一个妻子赵氏，但是赵氏的母亲是常乐公主，她得罪了武则天，结果赵氏就被武则天给害死了。其实在李显之前，还有好几任太子，先是太子李忠，李忠不是武则天的儿子，结果被废掉，又立武则天的大儿子李弘。李弘是很得人心的，不管是高宗还是朝臣，都很喜爱李弘。可是李弘宽厚，有自己的见解，并不能够完全听从武则天的，武则天觉得对自己有威胁，万一李弘当上皇帝，她就没办法临朝了，于是将李弘废去，改立次子李贤。这样武则天还是不安，最终又改立李显。李显当太子之后，娶了韦氏为太子妃，两人感情很好。后高宗驾崩，李显即位，是为中宗，封韦氏为皇后。

韦氏当上皇后以后，惦念着家人，她的父亲原本官位并不高。中宗知道韦后的心意，就提高韦后父亲的官位，甚至还想将他提拔到朝内当大官。韦氏的父亲又没有做过什么贡献，就这样凭着韦皇后在中宗面前的几句话就连连升职，朝臣是不能接受的，自然有人反对。没想到中宗见人反对，不但不反思自己是不是真的做得不合理，反而大怒，还放出狂言说，给岳父升个官算什么呀，就算是让他把这皇帝宝座让给他的岳父，他也愿意！当然，中宗说这话并不是真的说把皇位让给他的岳父，他只是想表达只要是他的皇后想要的，他都愿意给而已。然而这话招来大臣的不满，甚至还传到了武则天的耳朵里。在高宗的时候，武则天就已经临朝听政，尤其到高宗后期，几乎实权就在武则天的手里，她对权势已经上瘾了，为了保住自己的权势，她甚至不惜废掉和害死自己两个亲生骨肉，但皇位仍然还是让给第三个儿子李显了。李显是成年人，又不需要她辅佐，所以本身她就闲着很失落。听到这样的话，她就立刻走到李显面前，要将他贬为庐陵王。中宗李显不服，问是为何缘故。武则天说，你不是扬言要将天下让给韦氏吗，这还不是天大的错误？可怜的李显哑口无言，默默地收拾东西上路了。

中宗被废除皇位，韦皇后也被废掉后位，跟随着中宗赴任庐陵王。夫妻俩带着随从和儿女一路奔波，吃尽苦头，还时刻担心着武则天会不会派人来取他们的性命。好在一路上虽然艰苦，倒是还很平安。

在途中，韦氏给李显生下了小女儿安乐公主，当时的条件完全不像是皇家添小公主的样子，简陋得什么都没有，李显亲自脱下自己的外套将小公主包住，也许正是因为这样，他们夫妻俩对这个小公主格外疼爱，以至于过分纵容她了。

在被废为庐陵王的这段日子里，中宗的生活是十分苦闷的。不管中宗个人是否有雄才大略，这种登上皇位又被人硬生生拉下来的挫折无疑是巨大的，心理上始终是有阴影的。武则天在宫中也并不是完全对外放的李显放心，尽管是自己的亲生儿子，她也怕他会不满，一时起来反了也是有可能的，所以她时常派人来看看他们，以表关心。实际上当然是窥探李显有没有想法，要时刻关注他的心理和各种动向。有两个哥哥被害死在先，每每这些使者前来“慰问”李显的时候，他都格外紧张，他时常因为受不了这种担惊受怕的生活而想了结自己的生命，以此摆脱这种恐惧的生活。韦氏总是陪在他身边，还总是宽慰他，让他坚持，告诉他说这么艰苦的日子都熬过来了，不愁没有出头之日。正是因为有韦氏的陪伴和支持，李显才一直坚持了下来。正是这段日子，更加奠定了中宗李显和韦皇后的感情，他发誓如果有一天他能重登皇位，一定满足他心爱的女人提出的一切要求。

## 再度回宫，恢复皇后之位

在废掉中宗李显之后，武则天又另立了第四子李旦为帝，是为睿宗，睿宗完全是武则天的傀儡。但是这样她还是不够过瘾，后来干脆废掉李旦，自己亲自称帝，还将唐国号改为周，做起了女皇帝。到晚年的时候，武则天身体越来越差，她的侄子一心想让她传位给他，她有些犹豫不定。宰相狄仁杰等人对武则天说，儿子和侄子当然是儿子更亲，因此她才坚定了要传位于儿子的想法。705年，大臣张柬之等人将武则天的男宠张昌宗等人杀死，这场政变让武则天看清自己大势已去，于是让中宗李显复位，继续恢复唐的国号。中宗再度回到皇宫，韦氏也跟着中宗回宫，重新做回了她的皇后。

这次回到皇宫以后，韦皇后就尽情享乐了，吃喝玩乐不说，朝政大事她也要插手，还要学武则天的样子，要临朝听政，和中宗一起上朝。

宫中还有一个女子，就是武则天身边的红人上官婉儿。上官婉儿很有才华，武则天一直留她在身边做贴身女秘书，大小差事和公文都让她起草。中宗李显复位以后，仍然任用上官婉儿。上官婉儿不仅非常有才，外貌也极佳，李显便将她宠幸，还封她为婕妤。实际上，这李显和婉儿其实早就相识，婉儿14岁便跟随着武则天了，李显还是太子的时候就已经和上官婉儿认识了。在武则天身边那么多年，婉儿也学得一身政治本领，她看出来韦皇后野心很大，并且能够把中宗吃得死死的，所以婉儿就主动靠近韦皇后，和她结盟了。上官婉儿早就与武三思有染，这下正好又将武三思介绍给韦皇后。韦皇后也是欲望非常大的人，很快就和武三思勾搭上了。这武三思是武则天的侄子，武则天下台以后武三思也就失去了一个大靠山，所以他得靠着这些女人，才能够让他的地位和权势保住，并且不断获得新的权势。大家各取所需，上官婉儿、韦皇后和武三思很快就成了一个铁三角。这个铁三角里还有另外一个角色，她就是韦皇后的小女儿安乐公主。安乐公主聪明伶俐，同样有很大的野心，她也非常希望能够像祖母武则天那样，做一个女皇帝。回到宫里以后，她嫁给武三思的儿子武崇训，这样韦氏母子和武三思父子关系更加密切了。

## 权力欲望膨胀，昏庸乱政

韦皇后和安乐公主母女二人都是权力欲极强的人，都想要做女皇帝。安乐公主痴心妄想着父皇能封自己为皇太女，然后自然而然地继承皇位。她觉得这个梦很真实，但实际上这种事情发生的概率实在太小。中国是怎样一个社会，她还身在皇家，居然摆不正自己的位置。

中宗复位以后，朝臣和太平公主以及相王李旦等人要求册封太子，于是匆忙之中中宗还没来得及和韦皇后商量就定了太子李重俊。这个太子不是韦皇后的儿子，让韦皇后很是不满。而安乐公主则更甚，莫名发很大的脾气。她一直在自己做梦，梦想着父皇应当册封她为皇太女，没想到父亲却是将继承人的位子留给了李重俊！他李重俊算什么，在她安乐公主的眼里，他就是个傻子，就该是个奴才，居然也敢跟她争储位！安乐公主常毫无顾忌地欺负李重俊，驸马武崇训也常常教她很多的馊主意。日子久了，李重俊就无法忍受了，并且他也非常明白地知道韦皇后对他是不满的，他时刻都有危险。因此，他想先发制人，先把韦后和武三思等人给解决掉。

但是纵观朝野上下，几乎所有人都是武三思和韦后的走狗，只剩下李多祚等少数几个正直朝臣。太子于是联合这些人，想要将韦氏的党羽除掉。707年，李多祚率领几百名羽林军，同太子一起，直接杀入武三思府上，将武三思父子当场正法，随后又直逼内宫，要将韦皇后和上官婉儿拿下。

当天，韦皇后以及上官婉儿都在同中宗一起用餐，刚刚用餐完毕听有人报称太子谋反，中宗吓得直哆嗦。上官婉儿很镇定地说请陛下和皇后先登上玄武门，此处位置高，比较安全，另外还可以颁旨调集救兵。中宗和韦氏哆哆嗦嗦地被扶到城楼上，李多祚已经率兵到城楼下。李多祚等人只是想铲除韦皇后等人，她们扰乱朝政，淫乱后宫，与武三思私通，确实罪不可恕，他向中宗承诺，只要将上官婉儿以及韦皇后交给他，他立刻撤兵。韦氏和婉儿一边苦苦求着中宗，一边要让中宗报仇，中宗犹豫不定，他舍不得交出身边的这两个女人。太子和李多祚时运不济，当时中宗救兵已经到了。李多祚等人被围困，当场被乱箭射死，太子虽然逃跑，但是仍然没有逃脱被追杀的命运。

有一次安乐公主看上了昆明池，非得让中宗宣布那个池子归她安乐公主私人所有。中宗很为难，祖祖辈辈都没发生过这样的事，他怎么能开先河这么做呢？但是安乐公主脾气很大，中宗还不敢义正言辞地拒绝她，只能找些借口再满足她。为了得到补偿，安乐公主派人挖了一个更大的池子，在池子上修建更豪华的宫殿和亭台，这才得到满足。池子和亭子建好以后，中宗和韦皇后不仅不管教她奢侈浪费，还很开心地率人去游玩，这更加助长了安乐公主的嚣张气焰。

有的时候，中宗可能忘记了身为天子，要以天下为重。中宗更多的是想到他曾经吃过很多苦，如今能再登上皇位，就应该好好享乐，妻子和儿女们也一样。所以尽管当时天下闹各种灾害，他都不是十分介意，不想过分烦神，他要好好享受他的生活，带着妻儿四处游玩赏乐。

他们自已乐还不够，独乐乐不如众乐乐，因此，还要率众多宫女一起乐。710年的农历正月，韦皇后和上官婉儿一番打扮，拉着中宗假扮平民就出宫了，他们要去繁华的长安城游街走市观灯。私自出宫便罢，他们还带了大批的宫女，一大群人往街上拥挤。结果，宫女们趁着四处乱走的人流偷偷逃跑了，谁稀罕宫中永无天日的生活呢？他们几个一路玩得很尽兴很疯狂，谁也没注意到。但到宫中一数才发现，宫女们有近半数都逃走了。但这事本来就是他们先不合礼法，也不能去追究，只能不了了之。像这种荒唐的事情肯定不止一件两件。

## 母女联合，害死中宗

韦皇后生性淫荡，给中宗戴了不少绿帽子。上官婉儿把武三思介绍给韦皇后之后，两人就勾搭上了，甚至当着中宗的面眉来眼去。二人的丑行几乎人尽皆知，只有中宗一人蒙在鼓里。武三思被除掉以后，韦皇后遇到美貌的人也会起色心。有一次游春赐宴，韦皇后见到两位年轻貌美的男子马秦客和杨钧，当时心里就打起了算盘，宴会后就留下二人，也丝毫没有女性的矜持和顾忌就密令二人给她侍寝。这事后来泄露出去，有人揭发上告给中宗，结果韦后在中宗处理事情之前就知道了，先行将事情掩盖掉了。但是从此以后，韦皇后觉得不能再留着中宗了，她得及早行动，除掉中宗然后自己掌权。安乐公主一心想着当女皇帝，当时中宗没有将她封为皇太女她已经很不满了，所以就将希望放到了母亲身上，她希望韦皇后能临朝听政，然后她再顺其自然地接替母亲。因此母女两人一拍即合，联手将中宗，也即韦氏的丈夫、安乐公主的父亲给毒死了。

## 风云突变，临淄王平定韦氏之乱

中宗被毒死以后，韦氏害怕群臣反对她，也不敢将尸体下葬，所以就秘不发丧，然后和哥哥韦温商议，先立李重茂为太子，以免一步直接掌权受到的阻碍多。

正当韦氏以为自己一切安排妥当，准备自己临朝听政的时候，临淄王李隆基联合宫中的太平公主，先下手为强，一路杀到了宫中，要除掉这个淫乱后宫还谋杀亲夫的女人。

李隆基率军到内宫，将上官婉儿和韦氏母女都诛杀掉了，然后迎立李隆基的父亲相王李旦为帝，是为睿宗，李旦由此第二次登上皇帝宝座。至此，韦皇后的荒唐女皇帝梦就此全部破碎。

做皇帝哪有韦氏所想的那么简单，她以为皇帝就是玩玩权势，多享受一些美貌的男人，多拥有一些物质上的欢乐。凡是能担当国家重任的人，必定会懂得选贤任能，也必须心怀百姓，这绝不是一个空有占位野心、只顾淫乱后宫的女人所能做到的。

## 杨玉环：唐玄宗李隆基贵妃

姓名：杨玉环

生卒年：719~756年

籍贯：蒲州永乐

婚配：唐玄宗李隆基

封号：贵妃

杨玉环，唐玄宗李隆基宠妃，从小在四川长大，十岁左右因父亲去世才迁到洛阳叔叔杨玄璬家，由叔叔照顾。因为她姿色超群，被纳为寿王妃，从此进入皇室。唐玄宗的爱妃、寿王的母亲武惠妃去世以后，玄宗非常思念，这时候恰好看见了儿媳妇杨玉环，被她的回眸一笑深深迷住，从此杨玉环就从寿王身边转移到了玄宗身边，集三千宠爱于一身，享尽荣华富贵。后安史之乱发生，杨国忠被将士们处死以泄民愤，被认为是祸国殃民的杨贵妃也被众将士要求处死，玄宗无奈，将其缢死，时年38岁。

## 杨家有女初长成，一见钟情寿王侧

杨玉环，父亲杨玄琰，杨玄琰也是名门之后。只是隋末炀帝暴政，导致天下大乱，民怨载道，起义不断，最终天下被李氏夺得，建立唐朝。因父亲杨玄琰在四川任职，杨玉环就在四川出生，并在四川长大，也许杨玉环的天姿国色与物产富饶、风景秀丽的天府之国养人的水土也有一定的关系。直到大约十岁的时候，父亲杨玄琰去世了，家里的顶梁柱倒下了对他们家是一个很大的打击，她就离开了成都，来到洛阳的叔叔杨玄璬家。

虽然家道生出变故，但是杨玉环还是受到了很好的教育。其实在隋末的时候，隋炀帝就已经很重视教育，还开创了科举，所以杨家也非常注重对子女们的教育和培养。杨玉环小时候就接受多种教育，她能够作一些诗词歌赋，更加精通音律，非常擅长舞蹈，各种乐器也都能弹奏，尤其擅长琵琶。本来一个人有一种突出的才能就已经很了不起，很能引起身边的人侧目了，况且杨玉环身兼这么多才艺，自然是气质风度不凡，待人接物落落大方。

她还有更厉害的、更让人羡慕但又无法效仿和学习的资本：倾国倾城的姿色。美，是一种宝贵的资源，美女是一种稀缺资源。杨玉环有着羞花的美貌，中国上下五千年的历史，她是历史上留名的四大美女之一，其他三位分别是“闭月”的貂蝉，“沉鱼”的西施，“落雁”的王昭君。相传在进宫之后，杨玉环在宫中赏花，走到一处摸到一枝花，花居然收起了花骨朵儿，连叶子都收了起来，经过随行宫女的宣传，从此人们知道了杨玉环同花比美，花都害羞的了典故，于是她便被称为“羞花”。

有这些令人艳羡的资本，也难怪杨玉环有夺尽宠爱，享尽荣华富贵的命了。

开元二十二年，咸宜公主大婚，咸宜公主是当时玄宗最宠爱的武惠妃的女儿，女凭母贵，所以在众多的儿女之中，玄宗也更加宠爱武惠妃的子女。咸宜公主出嫁，玄宗自然会为她举办一个巨大豪华的婚礼，这婚礼就在洛阳举行。当时玉环的叔叔都被邀请了，玉环也在邀请之列。在婚礼上，咸宜公主和她的同母弟弟寿王都见到了国色天香的玉环，寿王当时就被玉环给迷住了，对她一见钟情。

杨玉环虽然与当时的王孙贵族子女的身份不能相比，但是她的姿色远超常人，并且自小受到音乐舞蹈的熏陶，气质上落落大方，见谁都能够不惊不惧，从容自如，咸宜公主自然非常喜欢。站在身边的弟弟寿王早已被杨玉环的美色所倾倒，身为寿王的姐姐，岂有不懂弟弟心思之理？于是就向母亲武惠妃透露了弟弟看上杨玉环的事情，众人在婚礼上相识，从此杨玉环的命运就开始运转了。

武惠妃知道儿子的心思之后，当然得替儿子做主，遂向玄宗请示，玄宗准奏，于是杨玉环就嫁到了寿王府上，成了寿王的妻子。嫁到寿王府以后，寿王对如此美丽的妻子自然是百般疼爱，两人的感情也十分要好，新婚燕尔，夫妻俩过着幸福的生活。

寿王是玄宗的第18个儿子，因为母亲很受宠，所以玄宗对他也很宠爱，但毕竟不是长子嫡孙，不能立为太子。但是他母亲武惠妃很希望玄宗将他立为太子，所以积极拉拢李林甫，想要合谋将当时的太子废掉，改立她的儿子，这样她在宫中的地位也可以恒久稳固。武惠妃是武家人，她和武则天一样也是有美貌有才气又聪明机警懂得后宫事宜的人。所以如果不发生变故，寿王的前途还是不可限量的。然而，就在杨玉环成为寿王妃的第二年，武惠妃就因病去世了。这样一来，寿王的太子梦想显然就断送了，毕竟他最大的靠山就是他母亲，现在母亲去世了，无疑相当于给他遮风挡雨的大树倒下了。

武惠妃去世以后，难过的当然不止寿王一个人，还有一个就是唐玄宗。唐玄宗对武惠妃深爱至极，虽然她只是一个宠妃，但是给她的待遇是同皇后没有区别的。没有了武惠妃的陪伴，玄宗像是丢了魂魄一般，每天食不知味，寐不安寝。

## 回眸一笑百媚生，玄宗不寐思佳人

当时玄宗身边最为看重的人之一就是高力士，高力士这个宦官在武则天时就得到赏识，后又帮助玄宗平定太平公主之乱，玄宗对他就更为信任，于是高力士就留在玄宗身边，每天几乎贴身进出。因为武惠妃的事，玄宗大受影响，整日郁郁寡欢，高力士就想让玄宗高兴起来。既然是因为失去爱妃引起的，如果再找到让玄宗非常动心的女人，事情不就解决了吗？玄宗也觉得非常有道理，可是到哪去找这样一位让玄宗心动的美女呢？这时候高力士突然灵机一动，有了！他问玄宗，陛下可记得寿王妃？天姿国色呀！玄宗在脑子里想了一想，是啊，这个儿媳妇儿真的是不一般的美，而且身上还确实有几分武惠妃的影子。可是，玄宗心头又叹了一口气，那是自己的儿媳妇儿啊。高力士这个老太监怎么不知道玄宗的心思，他对玄宗说，陛下不必担心，这事交给他高力士办就行。

没想到便罢，自想到这个儿媳妇儿，玄宗心里就急得不轻，那股思念的劲头就越来越浓厚，不得到她就好像不能甘心一样。趁着玄宗要去华清宫的时候，高力士派人接杨玉环到骊山伺候玄宗。使者来到寿王府，身为皇宫之人寿王自然明白使者的意思，可是他身为玄宗的儿子，自然不能忤逆玄宗的意愿，否则很容易就会招来杀身之祸。也许这就是身在皇室必须忍受的没有自我，没有自由，甚至连爱妻也不能留。

对于杨玉环来讲，也许宫中的诱惑更大，毕竟像她这样一个女子，对于富贵有着追求不尽的热情，到皇帝身边更利于她自己，更利于她的家族，哪怕和寿王相比玄宗已经是个老头子，但是那有什么关系呢？说她和寿王已经有很深的感情了吗？然而，也许感情比不过各种新奇的诱惑，而只有到皇帝身边，她才能有更多的机会。当然更重要的，他们都明白，玄宗的意思是不能违背的。所以，杨玉环同寿王挥泪告别，到了玄宗的身边。

当时还是唐玄宗开元年间，玄宗统治前期国家昌盛，百姓安居乐业，这时候的唐朝是名副其实的天朝大国，国土疆域辽阔，广纳四方人才，风俗开明，创造了开元盛世的局面。但是后来，到开元后期，唐玄宗逐渐沉迷于声色犬马之中，他自己是一个音乐舞蹈的爱好者，而且造诣非常深厚，是名副其实的艺术家，还培养了众多的艺术才子，梨园弟子都出于他的培养。所以也许正是因为这层原因，才强化了玄宗和杨玉环的气质相吸，导致他们必须要在一起，玄宗需要这样一位美女在她身边，弥补他内心的空虚。

有一种关于杨玉环来到玄宗身边的说法是这样的：杨玉环还在闺中的时候，就听说当今天子玄宗沉迷美色，每天酒池肉林，朝政荒芜。所以她心里就立下一个愿望，希望有一天能够到皇帝身边，让他重新振作起来，管理朝政，恢复开元盛世的局面。只是没想到进入宫中以后，玄宗更加沉迷于她的美色，连早朝都不上了，她又没办法阻止玄宗，结果导致玄宗后期更加荒废朝政。这种说法只是表明杨贵妃是抱着单纯的目的，但实际上，杨玉环似乎不是那样的人。

杨玉环来到玄宗身边后，玄宗的生活立刻就鲜活了起来。当年的杨玉环才22岁，正是女人最美的时候，无论是青春活力还是才色美貌，都是最佳的黄金时期。杨玉环体形丰满，很是性感，自然能撩起玄宗更多的热情。她回眸的嫣然一笑，能让玄宗神魂颠倒，百花草木都变得羞愧，媚态无人能比。玄宗心里坚决地认定，这女人他一定要。

可是当时杨玉环还是他的儿媳妇儿，自然不能直接将她接进宫里封为妃子，光明正大地陪在身边日夜侍寝，所以中间必定要安排一个过渡环节。玄宗和杨玉环说好，让她先出家为道姑，到合适的时候玄宗就册封她为妃。所以杨玉环有一段当道姑的时光，道号为太真。

时机差不多的时候，玄宗先是帮寿王再娶一个贤良的妻子，算是对他的一种弥补。但是不管怎么样，寿王心里肯定是难过的，但是他却毫无办法，这种内心的愁苦，自然无法发泄，还必须闷在心里。从另外一个角度来说，发生这种事情总会觉得很丢人。但是有什么办法呢？老爹是皇帝，他想要什么不就能得到什么吗？玄宗将其他的一切安排好以后，就将道姑杨玉环封为贵妃，此刻他娶的不是儿媳妇儿，而是一个道姑而已，再不怕别人在背后说闲话了，从此杨玉环也就光明正大地待在了玄宗的身边。

## 后宫佳丽三千人，三千宠爱在一身

杨玉环进宫以后，确实是六宫粉黛无颜色。只要她在场，其他的美女就全部变成了陪衬，她实在是太光彩夺目，是后宫里最耀眼的明星。随着杨玉环的受宠，接下来必然是杨家受益无穷。果然，杨玉环死去的父亲被追封为济阳太守，还被封为齐国公，母亲也受封为陇西郡夫人，在世的兄弟和叔父们不用说，全都一律受封，杨家风风光光扬眉吐气了，就连杨贵妃的三个姐姐也都分别被封为韩国夫人、虢国夫人和秦国夫人，当然最得势的要算杨贵妃的堂兄杨国忠了。

杨国忠原不叫杨国忠，而是叫杨钊，从小放荡不羁，也没什么特别的才能。但是仪表堂堂，看上去很像是一表人才。他早年就喜欢喝酒赌博，所以擅长钻营拍马，当杨贵妃得到玄宗宠爱时，他也就顺势得利，一直官至宰相，权倾朝野。

玄宗宠爱杨贵妃到什么程度呢？杨贵妃曾几次被玄宗赶出宫外，但是都不超过五天就被玄宗接回宫中，每次都还要在宫中大摆筵席欢迎她回宫。如果是别的妃子，相信一次惹恼皇上可能结局就是轻则被打进冷宫，重则是杀头之祸，可见杨玉环多么不一般。

其中一次惹恼玄宗是因为杨贵妃嫉妒虢国夫人。虢国夫人是杨贵妃的二姐，叔叔杨玄璬的女儿。她本已经嫁人了，但夫婿早亡，就成了个寡妇。这个寡妇姐姐姿色也很好，并且还非常自信，别的姐姐都还要浓妆艳抹，她觉得自己姿色一等，根本就不需要打扮，常常大清早就骑着马直奔宫中了。不仅是仗着妹妹受宠她才享尽富贵，她还想与妹妹争宠。在宫中她常常对玄宗大抛媚眼，玄宗虽然很爱杨贵妃，但是也招架不住她姐姐的诱惑。有一次出门游玩，这玄宗和虢国夫人就趁着杨贵妃和众人外出赏景之时贪欢，被杨贵妃发现。杨贵妃非常恼怒，一气之下就提早回宫了，任凭玄宗怎么哄也无济于事。后来玄宗也生气了，回宫之后就让高力士传话，把杨玉环送回到杨府去。杨贵妃不是个认错的主，这事本来就是她姐姐和玄宗的错，哪有这样的姐姐和丈夫？她鼻子里哼了哼，回去就回去，谁怕谁。回到杨府之后，杨玉环倒是没怎么担心，但可急坏了杨府的人，他们毕竟都是因为杨贵妃得宠才有的今天啊！

杨贵妃是高力士一手谋划才抢到玄宗身边的，所以高力士不可能放弃她不管。杨国忠能有今天也是杨玉环的原因，所以杨国忠和高力士自然要想方设法将杨玉环迎回宫中。过了几天，玄宗气也消了，又十分想念那个让他销魂的杨贵妃，于是就派人带上好吃的，到杨府去接杨贵妃回宫。杨贵妃见来人接她，还摆起了架子，人来了三次才成功将她接回宫中，而玄宗早在宫中备下了宴席，众人一起等着她用餐呢。

像杨贵妃这样几乎受到玄宗专宠，自然少不了宫廷斗争的。相传，在杨玉环之前玄宗还宠爱一位梅妃，梅妃是福建人，原名江采苹，不仅长相出众，还能诗善画，就像一朵清新淡雅的梅花，她最喜欢的花也是梅花，在她的宫前种满了各式的梅树，每当梅花盛开的季节，她就会兴致勃勃地在院里赏花。也因此，玄宗就赐她梅妃的称号。

梅妃和杨玉环是两种完全不同的类型。梅妃是那种小清新，很清纯的美，淡淡的，静静的。杨玉环是那种很耀眼很热烈的美，很能勾起男人的欲望。再加上梅妃进宫已经接近20年了，对玄宗来说自然是杨玉环更有新鲜感。所以自从杨玉环来到宫中，梅妃就逐渐受到冷落，常常陪玄宗去华清宫沐浴玩耍的就是杨玉环了。

其实梅妃和杨玉环在才能上很有一拼，所以这两人有斗文还有斗舞。在杨贵妃来之前，玄宗非常喜欢梅妃跳的舞，即使是在杨玉环得宠后，玄宗还经常观看梅妃跳舞，有时候还让梅妃侍寝，这让杨玉环很是嫉妒。为此，她在舞艺上更加勤学苦练，后来玄宗创霓裳羽衣舞，杨贵妃和玄宗一起完成，玄宗就更爱杨玉环的舞蹈了。她为玄宗还经常光顾梅妃而嫉妒而生气，所以更加地想办法留住玄宗的心，最后终于让玄宗把梅妃迁到冷宫，过清冷的生活了。

为了讨杨玉环的欢心，玄宗真的是什么都能做，不管会耗费多少人力和物力。杨玉环很喜欢吃荔枝，但是荔枝生长在南方，运到北方就要过很久，等运到的时候已经不新鲜了。为了保证杨玉环能吃到新鲜的荔枝，玄宗派人快马加鞭，就像战时送快报那样修出专门的驿道，任何人不可拖延送荔枝的速度，要确保在七天之内送到。这样的兴师动众，不过是为了博得杨玉环在吃上新鲜荔枝时浅浅一笑！于是有了流传至今的传世作词："一骑红尘妃子笑，无人知是荔枝来。"

## 六军不发无奈何，宛转蛾眉马前死

杨玉环进宫以后虽然不问政事，但是最后的安史之乱却不能说跟她没有关系。

安禄山本是一个胡人，但是受到玄宗的重用。他老早就有图谋不轨的打算，所以在拜见玄宗的时候，他就讨好杨贵妃，尽管他比杨贵妃年长20多岁，但是他还恬不知耻地拜杨贵妃为母亲。杨贵妃也知道身后有越多的人撑腰越好，而且安禄山白白胖胖，她自己也体形偏胖，所以看安禄山还挺顺眼。安禄山非常会甜言蜜语，每次恭维别人还让人觉得他非常真诚。玄宗和杨贵妃见他挺个老大的啤酒肚，就问他那肚子里装着什么宝贝呢？只见他不紧不慢正儿八经地说：臣这肚子里什么宝贝都没装，就装着一颗忠心耿耿的大红心呢！听得玄宗和杨玉环生生觉得这安禄山就像是亲儿子一样，谁都不会想到这么大一颗红心的安禄山会叛乱。

安禄山拜杨玉环为母亲之后，两人走得就非常近。一个一把年纪的大男人叫年纪轻轻的杨玉环为母亲，杨玉环居然听得十分舒服，一点都不别扭。当时朝野上下，遍布李林甫的人，李林甫是个老奸巨猾的奸臣，对顺从自己的人大加提拔，对不顺从自己的人就狠狠打击。所谓一山不能容二虎，有李林甫就不能有杨国忠，有杨国忠就不能有李林甫，两个人明争暗斗，一定要把对方给打下去。

杨玉环也深深地知道李林甫和杨国忠的争斗，于是鼓励他与安禄山结成同盟，先把李林甫打下去再说。安禄山和杨国忠联手，李林甫果然元气大伤。只不过最后李林甫还不是杨国忠和安禄山给杀掉的，是他自己病死的。

当安禄山叛乱的消息传到玄宗和杨玉环耳中的时候，两个人都如在梦中一般，觉得这不是事实。但是，事实就是事实，即使是梦，也该醒了。于是慌慌忙忙的，玄宗就打点行李，带上随行人员，打算逃到蜀地去避难。杨国忠等人护卫着玄宗和杨玉环，太子李亨就带人从后面护卫，一行人走到了马嵬坡。到了那里的时候，将士们突然不走了，一群人拿着刀剑守候着玄宗说，务必要处死杨国忠以泄民愤，都是这杨家害得大家流落至此。若不是他招惹安禄山，怎么会有安禄山反叛？玄宗如今虽还是皇帝，但是他知道，如果不听从将士们的话，很可能他的命都保不了，无奈只得同意，将士们遂处死了杨国忠。杨国忠被处置以后，将士们还不走，玄宗又问还有什么事呢？将士们说，杨家祸国殃民，虽然杨国忠已经被处死了，但是杨贵妃还在。若不是她魅惑玄宗，玄宗怎么会不理朝政，导致政事荒芜，乱兵反贼反叛呢？玄宗心如乱麻，他舍不得啊！高力士赶紧出来打圆场，说安禄山之乱确实与贵妃无关，她对此事完全不知，饶过她一命吧！可是将士们不许，他们实在太恨杨家了。玄宗确实没有办法，就让高力士赐她死吧。于是享尽一生荣华的杨玉环，就被一根白绫给勒死了。

# 五代十国后妃

# 张惠：后梁太祖朱温皇后

姓名：张惠

生卒年：？~904年

籍贯：单州砀山（今安徽砀山）

婚配：后梁太祖朱温

封号：贤妃

谥号：元贞皇后

张惠，单州砀山人（今安徽砀山），长得十分漂亮，真真正正是集美貌与才艺于一身。张惠和后梁太祖朱温共同生活了20余年，虽最初身份不相匹配，却也能够结成连理，琴瑟和鸣。

## 豪富之女，一见钟情

张惠是单州豪富之女，家里是当地有名的富裕之户，既有教养，又懂得军事与政治谋略，其父亲张蕤还做过宋州的刺史，她的学识教养来自于父亲对她的教育。

她和朱温是同乡，都是砀山人，朱温出身寒微，孔武有力，蛮勇凶悍。朱温从小不喜耕田，专喜打猎，常常带着弓箭到深山里猎取一些山鸡野兔。有一次，朱温和二哥朱存在宋州郊外打猎，遇到了到龙元寺进香还愿的富家少女张氏。见到张氏的那一刻，他就想到了东汉光武帝刘秀的皇后阴丽华。

朱温对二哥说："汉光武帝曾经说过：'仕宦当作执金吾，娶妻当如阴丽华。'当日阴丽华也不过如此，而我未尝不可以成为汉光武帝呢！总有一天，非把张氏女娶为妻子不可。"他在心里暗暗下了个决心，他知道张惠家里家境不一般，自己这个穷小子和其并不般配，所以他要好好奋斗。他看中的并不只是张惠的美貌，因为张惠还有“阴丽华”的能耐。

僖宗乾符二年（875年），黄巢起义爆发，朱温参加黄巢起义军后，仍然念念不忘张氏，他不愿像其他农民军将领一样，任意将掳来的良家女子作为妻房。甚至为了再见张惠，朱温曾怂恿黄巢出兵攻打宋州。

由于朱温在战场上英勇善战、屡立战功，遂被倚为黄巢的亲信。在朱温为同州防御使的时候，他与自己的心上人张氏意外相逢。

此时张氏已父母双亡，孤女落难，蓬头垢面也难掩其美貌，朱温部下见她美貌出众，便进献给朱温。朱温认出了张氏，欣喜若狂。为了不让张氏觉得突兀，他还特地先跟她拉了拉家常，谈了过往与他们的故乡情况，倾诉了很早以前就开始对她的爱慕之情。这对于当时的张氏，即使她本来对这个男人并不了解，但一听他那么多年以来对自己的思念之情，心也自然快被融化了。朱温说起自己至今未娶，就为等她，张惠不禁十分感动。朱温趁机提出要娶张氏为妻。张惠见到朱温如此痴心，点点头答应了。

朱温与张氏自此成婚，虽然是在军营中，为了表示隆重，朱温还千辛万苦地寻访到张氏的族叔，按照古礼，如聘礼、定金、媒婆、洞房布置等都处理得井井有条，该有的一样都不能少，可见其对张氏独特的情与爱和尊重，张氏在他心中的地位也由此可见。

## 屡次进谏，辅佐夫君

张惠生活上温柔贤惠，但在辅佐朱温上又有英武的一面，并非一味顺从男人，这使得暴躁的朱温也收敛了许多。朱温生性粗浅，虽也狡诈，但有时在军事决断上总是犹豫不定。在这位刚柔相济、贤惠机智的妻子面前，朱温到了特别敬重的地步。朱温不但让张惠在后宫做主，在政治上和军事上也常听取她的意见。凡遇大事犹豫不能决断时就向妻子询问，而且张氏所说的道理在实践上也的确经常被验证为真理，让朱温茅塞顿开，受益匪浅。

有一次朱温用兵不当，虽然已率兵出征，张氏意识到有所不妥，于是派使者阻拦，朱温的部队中途被张惠派的使者赶上，说是奉张夫人之命，进军对朱温不利，请他速领兵回营，朱温虽未了解具体情况，还是立即下令收兵返回。他知道张氏的考虑一定是周全的，最终也确实避免了不必要的损失。

朱温性格暴戾，喜欢滥杀无辜，而且动不动就处死将士。张惠看在眼里，记在心上。她知道这必然影响到内部的团结和战斗力，一个残暴的首领是很难得到手下的真心拥护的。于是她就尽最大的努力来约束朱温的行为，使朱温集团内部尽可能少地内耗，一致对外。每当朱温大动肝火要降罪无辜人等时，只有张氏敢于与其硬碰硬，继而进言规劝，挽救无辜。

有一次，朱温长子朱友裕曾被命令领兵攻伐企图独立的族人朱瑾，朱瑾兵败逃走，朱友裕则按兵不动，没有追击余党。有人向朱温进言指朱友裕实是与朱瑾勾结，才有意按兵不动，放过朱瑾。事后朱温果然相信，立即命令解除儿子的兵权，无辜的朱友裕对父亲的举动深感惶恐，于是带领几名亲信逃入深山躲了起来。朱友裕虽非张氏亲生，但是张氏深明大义，爱子深切，明白朱友裕是无辜的，于是命人四处找寻朱友裕，她认为躲避不能解决问题，要他回来负荆请罪。朱友裕听从她所言，归来向父亲请罪求死。张氏得知儿子归来，并得知朱温预备赐死朱友裕，来不及穿鞋赤脚走到朱温跟前，并捉住朱友裕的手，痛哭说："如果他要谋反就不会回来向你请罪，他是你的亲生儿子，既然并未谋反为何还要杀他？"朱温看着妻子的苦心和请罪的儿子，心软了下来，便放过朱友裕，最终赦免了儿子。张惠用自己的诚意感动了朱温，救了朱友裕。

朱温除了生性残暴多疑外，还十分好色。朱瑾被朱友裕打败逃走之后，朱温见他的妻子相貌端庄，便动了邪念。朱瑾和朱温是同姓兄弟，当初如果没有朱瑾的援兵相助，他也不会大败秦宗权，在河南站稳脚跟。如果这时他强占朱瑾的妻子于情于理都让人非议。张惠也十分同情朱瑾的妻子，于是便让人把朱瑾的妻子请来，对她说："我们的夫君本来是同姓，理应和睦共处。他们兄弟之间为一点小事而兵戎相见，致使姐姐落到这等地步，如果有朝一日汴州失守，那我也会和你今天一样了。”说完，感同身受地流下眼泪。朱温在一旁听出了张惠的用意，确实自己也愧对朱瑾，不应再强占人妻。张惠的话中也不赞成自己这样做，于是朱温将朱瑾的妻子送到寺庙里做了尼姑，对于朱瑾的妻子来说这也是最好的归宿。张惠常让人去送些衣物食品，尽量让她们生活的舒适些，也算为朱温弥补一点过失。

## 临终嘱托，成就美名

张惠和朱温共同生活了20余年，在朱温灭唐建后梁前夕却生命垂危。朱温得到张惠病重的消息，急忙赶回家中，张惠对他来说不单单是相互扶持的妻子，还是一个不可多得的军师。张惠临终前，难舍夫婿，也担心夫婿。张惠太了解朱温了，朱温有成就霸业的大志，但为人粗暴残忍，贪恋酒色，张惠知道这是朱温的致命伤。于是张惠临终嘱托说：“你英武超群，别的事我都放心，但有时冤杀部下、贪恋酒色让人时常担心。所以‘戒杀远色’这四个字，千万要记住！如果你答应，那我也就放心去了。”

张惠的话不仅是对丈夫的惦念，还有对跟随朱温左右士兵的关心。她不想丈夫成就不了霸业，也不想有无辜的士兵因为丈夫的鲁莽而死。这怎能不让朱温感伤流泪，众多将士悲伤不已？朱温知道自己虽妻妾无数，可能真心对自己的也就张惠一人，所以这么多年才真心听从她的劝谏。如今贤妻临终嘱托还记挂自己，那一刻真是要痛下决心不再贪恋酒色了。可是张惠去世后，朱温还是本性难移。

张惠为人和善，常常解救被杀的将士，许多被救的将士都对张惠感激不尽，其他将士对张惠这种爱护将士之情也充满了敬仰。

对朱温的两个妾也是谦让有礼，没有丝毫嫉妒，更不用说加害她们了。张惠是后宫的典范，也因此成就一代美名。梁末帝继位时，将母亲追加谥号为“元贞皇后”和“元贞皇太后”。

## 刘氏：后唐末帝李从珂皇后

姓名：王氏

生卒年：？~936年

籍贯：应州浑元（今山西应县）

婚配：后唐末帝李从珂

封号：皇后

刘氏，后唐末帝李从珂的皇后，应州浑元（今山西应县）人，父亲刘茂威。后唐明宗天成年间，被封为沛国夫人。

清泰元年（934年）七月，百官数次上表，刘氏遂被李从珂立为皇后。刘皇后性格强戾，末帝李从珂平素很害怕她。她弟弟刘延皓开始是李从珂的牙将。牙军，唐朝节度使的亲兵名称。牙将就是牙门将，是警卫部队的指挥官，他们有时也被派到外地作战。刘氏当上皇后后，刘延皓便被升为宫苑使（掌皇宫内苑之事的实职官）、宣徽南院使。刘延皓青云直上，升为枢密使，出为邺都留守，皆由刘皇后一手操作。李从珂即位的第二年，即清泰二年（935年），为枢密使、天雄军节度使（驻邺城），这都是因为刘皇后。刘延皓原本为人谨厚，受重任后却贪污受贿，掠人园宅，在邺城不能体恤军士，军士皆怒。有司请求杀掉刘延皓以正军法，李从珂却因为惧怕刘皇后，只是削了他的官爵。后晋高祖石敬瑭攻入洛阳后，刘皇后与李从珂一起自焚。

## 李氏：后晋高祖石敬瑭皇后

姓名：李氏

生卒年：？~950年

籍贯：不详

婚配：后晋高祖石敬瑭

封号：皇后

李氏，是后唐明宗李嗣源的三女儿，是后唐公主，她的母亲是明宗的皇后曹氏。曹氏果断勇敢，贤良淑德，李氏继承了她母亲的诸多美德，深为明宗李嗣源所喜爱。

## 喜结连理，屡次晋封

当时，石敬瑭还是她父亲手下的亲兵将领，作战英勇兼足智多谋，李嗣源就是在石敬瑭的策划下，于河北发动兵变，率军攻占洛阳，因此称帝后，李嗣源常疑石敬瑭会造反。于是，李嗣源便把自己的女儿嫁给了他。应该说两人结合有政治联姻的倾向，但是李氏继承了她母亲的诸多美德，石敬瑭也十分敬重她，因此两人十分恩爱。后唐天成元年（926年），李嗣源自立为帝。天成三年（928年）四月，封李氏为永宁公主。长兴四年（933年）九月，李嗣源将她又晋封为魏国公主；李嗣源屡次加封公主，其实是意在让她设法使石敬瑭服从于后唐的统治。李氏也不愿看到自己最亲的人互相残杀，所以也常常劝阻石敬瑭的一些想法。因此在李嗣源在世期间石敬瑭也算安分守己。

李嗣源死后，继位的闵帝优柔寡断，朝政全由枢密朱弘昭等人把持。后来李从珂起兵攻占了洛阳，后唐由李从珂继位，是为末帝。后唐末帝李从珂称帝后一直猜忌石敬瑭，因为那时候，他的王朝已经日益衰落，石敬瑭手握重兵，唯恐他伺机造反。石敬瑭这时也是步步小心，唯恐李从珂怀疑他有反心，为图自保，在晋阳城内称病不理政事。

清泰三年（936年）正月，唐末帝李从珂于生日之机，在宫中摆下酒宴庆贺，石敬瑭让夫人李氏只身一人前去祝寿。说起来李氏是后唐末帝的妹妹，曾在清泰二年（935年）九月，被末帝封为魏国长公主。当然，末帝这样做也是为了安抚石敬瑭。

当文武百官齐集一堂举杯畅饮时，魏国长公主石敬瑭的夫人李氏向他祝寿。末帝举杯一饮而尽，问道："石郎可好？"公主答道："敬瑭多病，每日卧床静养，需我回去侍奉，明天我就向陛下告辞回归晋阳了。"末帝说："妹妹刚到京城，就急着回去，莫非想同石敬瑭一起造反吗？"

公主一听，吓出了一身冷汗，她知道两方征战一触即发，于是回到晋阳如实告诉夫君这边的情况。石敬瑭不得不反，他一边公开反唐，一边派人向契丹国主耶律德光求援。后唐清泰三年（936年），石敬瑭联合契丹人在晋阳（今山西太原南）起兵攻入洛阳，后晋正式代替了后唐。李氏的母亲，后唐的曹太后在女婿进洛阳之际，与末帝李从珂及宫中老小自焚于玄武楼。当李氏看到母亲惨死，哭得呼天抢地。她如果知道刚烈的母亲会这样做，她是无论如何也不会让自己的夫君攻打后唐的，但是，她这样一个小小的女子，何尝真的能改变已乱的时局啊。

## 劫后余生，命途多舛

石敬瑭建立后晋后，天福六年（941年）十一月，李氏被尊为皇后。李氏曾生过几个孩子，但都不是早殁就是被杀，仅剩下幼子重睿，这对于一个母亲来说无疑是残酷的。天福七年（942年）六月，石敬瑭病死。这时重睿的年龄还小，不能继承皇位，于是石敬瑭的侄子齐王石重贵继承皇位，即晋出帝。第二年，李氏被尊为皇太后。

李氏经历过重大的历史变故，再加上为人强敏，这也是遗传了其母曹氏的性格，所以石敬瑭在世时也是十分敬重她的。在石重贵继承皇位执政期间，每次决策有误，太后或直言训斥，或耐心劝谏。石重贵算不上一位尽职尽责的好皇帝，早在石敬瑭治丧期间，就和寡居的婶母冯氏私通，最后还把冯氏弄进宫来，立为皇后。她哥哥冯玉，本是粗俗之人，也跟着官运亨通，一直做到枢密使（管理军事、边防等实权超过宰相）。李太后非常不满冯氏兄妹弄权，常常加以训诫，但石重贵不听，由此李太后知道后晋的时日无多了。

开运三年（946年），辽主耶律德光发动大兵南侵，一举攻克汴京，后晋全军溃败。耶律德光致书李太后，希望她携重贵快快归顺。李太后没想到失败来得这么快，不禁悲从中来，边哭边对石重贵说："我屡次训诫你，不要贪恋美色，冯后兄妹弄权误国，祸国殃民，现在内忧外患，你有何面目去见先帝！"李氏没有母亲曹氏的勇气自焚殉国，迫于无奈，只能命范质帮助起草降表。

耶律德光览表后，立即令人将李太后和石重贵驱出皇宫，囚禁在开封府中。后晋至此宣告灭亡。后又把石重贵、李太后等赶出开封府，顷刻不得留。这只是流亡生活的开始。出帝与李太后、皇后和宦者等随行人员徒步走出开封城外。耶律德光命李太后带着石重贵及晋室宫眷全部迁入封禅寺内，以重兵看守。

当时雨雪交加连日，封禅寺内奇冷无比，李太后她们没有食物，衣物饥寒交迫难以忍受，李太后虽曾赏赐封禅寺很多粮食衣物，可如今落魄，僧徒又不敢忤逆辽主，不敢给太后食物，太后哭泣不止。石重贵难忍饥饿，只好偷偷向守兵乞求，同太后等人勉强充饥。

## 颠沛流离，客死他乡

开运四年（947年）三月，李太后和石重贵又被迁于契丹之黄龙府（今吉林农安）。李太后，冯后，出帝之弟重睿，帝子延煦、延宝举族随石重贵向北出发。临行前，辽太宗曾听闻李太后正直英勇，曾劝谏石重贵，就对她说："石重贵有这样的下场，是不听从你的意见的结果，你可以不跟随他去。"李太后不愿独自苟活，她说："我不能只顾自己，我不能违背了先君的意思。同为后晋之人，让我们一起去吧。"在前往黄龙府的路上，李太后一行人吃尽苦头。没有粮食加上路途艰难，不得不采野果充饥。又行七八日至锦州，卫兵强迫他们跪拜辽太祖画像。到达黄龙府后，太后一行人住了六个月，又遵照契丹国母之命迁居怀密州，尚未抵达，又传来新当权的契丹永康王命令，要他们折返辽阳，这样往返几次，太后一行备尝艰辛。

五月，耶律阮立，是为辽世宗。辽世宗曾带走石重贵住霸州（今河北省冀中平原东部），李太后亲自前往霸州见世宗，请求赐地种牧为生。天禄三年秋（949年）春，太后等人又由辽阳迁到建州。

临近晚年，李太后生病，无药可医。去世之前她叮嘱石重贵把她的骨灰带回家乡。后汉乾祐三年（950年）八月二十五日，李太后逝于建州。就这样，聪明能干、温良仁厚的她，由公主成为皇后又成为皇太后，但最后成了辽国的阶下囚，颠沛流离，客死他乡。

## 李氏：后汉高祖刘知远皇后

姓名：李三娘

生卒年：913~954年

籍贯：榆次鸣李

婚配：后汉高祖刘知远

封号：皇后

谥号：昭圣皇太后

李三娘在民间应该是家喻户晓的人物。好多爱听戏的都听过“刘备哭泣江山稳，孟姜女哭倒万里长城，秦雪梅哭倒机房里，李三娘哭倒磨房门”。这是因为刘知远与李三娘的爱情故事曾被元人刘唐卿改编成《刘知远白兔记》。充满传奇色彩的故事被改编成京剧以及川、滇、湘、豫、汉、潮剧等地方剧种，有《磨房产子》《井台会》《磨房会》《红袍记》等剧目。

## 对爱情的忠贞，对生活的坚忍

李氏和刘知远都是出身平民，她与刘知远的婚姻充满了传奇色彩。刘知远少时家贫，无奈充军，在晋阳牧马。这时的刘知远已经38岁，样貌平凡，又毫无背景，而李三娘则是正值妙龄的富家千金。单凭两情相悦，估计很难把他们凑在一起。一个美丽的小姐是很难看上一个已是半大老头的小卒子的。据史书记载，他们是男方邂逅女方，顿生爱慕，并没提女方的反应。刘知远曾托人向李父求亲，李父嫌刘家贫而拒绝。

于是刘知远请了几位朋友，乘夜到李家抢亲，李三娘就这样被抢到军营成了刘知远的“押班夫人”。930年，李三娘生子刘承祐（后来的隐帝）。按照《新五代史》的记载，当时，刘知远才回来将李三娘母子留在了她的老家。16年后，已经封王拜将，节度一方的刘知远接走了李三娘，并封她为魏国夫人。

## 聪颖贤惠，深得人心

李三娘的聪慧曾在历史长河中发挥过重要的政治作用。947年，刘知远起兵太原之际，由于军饷不足，要向百姓征收重税。深明大义的李氏进谏道：“现在才刚刚起兵，参加起兵的农民还没得到什么好处，如果现在要征收赋税，很可能就失去这部分人的拥护，因为他们看不到起兵的好处啊！现在后宫所有的财物，我们一并拿出，虽其不足，士亦不以为怨也。”刘知远采纳建议，果然因此赢得人心。

947年，刘知远乘契丹南下攻打后晋之机，自立为帝，国号为“汉”，历史上称为后汉，立李三娘为皇后，刘承祐为太子，而且很快控制了原来后晋的统治区域，赶跑了契丹军队。不幸的是，刘知远面南背北称帝不到一年，就驾崩了，于是，刘承祐继位做了皇帝，李三娘顺理成章成了皇太后。

950年，隐帝刘承祐在宠臣郭允明、李业的怂恿下，准备杀死枢密使杨邠和都指挥使史弘肇，太后劝阻，却再不能像先帝在世时意见被采纳。杨邠、史弘肇被杀后，隐帝又准备杀死枢密使郭威。李太后又劝道："郭威本来是我们的家人，不到万不得已是不可动杀机的。"隐帝不听，终于迫使郭威反汉，攻入开封，后汉亡。

郭威入京后，不马上称帝，而是以李太后的名义发布法谕拟立湘阴公刘赟为帝，郭威出征契丹，军士拥之以归，郭威仍尊李太后为母。951年郭威称帝，建立后周，后汉灭亡。李太后终因反对杀郭威，而没有被杀，上尊号昭圣皇太后。夫亡子丧之后，李三娘独自在冷清的后宫生活，免不了遭受势力小人的白眼黑手，几年之后，心力交瘁的李三娘以太皇太后的身份薨逝（因为这时郭威已经去世，周世宗柴荣继位），时年41岁。李三娘出生于913年，病逝于954年，经历了后梁、后唐、后晋、后汉、后周五个短命王朝。

## 柴氏：后周太祖郭威皇后

姓名：柴氏

生卒年：不详

籍贯：邢州（今河北邢台）

婚配：后周太祖郭威

封号：皇后

谥号：圣穆

柴氏祖籍邢州（今河北邢台），曾是后唐庄宗李存勖后宫中的一员。但庄宗在位仅三年而亡，她实际上未曾获得恩宠。郭威之所以能在后汉政权的一群纠纠武夫中标新立异，还是由于他的夫人这位落魄宫嫔、柴家闺秀的启迪。

## 萍水相逢，两情相悦

郭威本是刘知远的手下。刘知远建立后汉政权后，认为国家大事不可同书生商量，所信任的人都是武夫，所以后汉政治比前几朝更残暴、更混乱，灭亡也最快，立国不过四年。这群武夫中，只有郭威还算有些知识，留心搜罗有才能的文士，博得文官们的好感。

柴皇后与他的相遇是十分偶然的。柴皇后曾是后唐庄宗李存勖后宫中的一员，李存勖武功显赫，国势强大，建都洛阳，威震天下，骄恣荒淫，朝政紊乱，在宫廷政变中终为伶人所杀，李嗣源率兵进入洛阳，平定叛乱，连刘皇后及诸皇子也一并杀戮。于是尽革庄宗弊政，务从节俭，放出大批宫女及妃嫔，其中就有日后的柴皇后。

柴家姑娘是被礼貌地遣送回家的，有车驾从人，一行人来到孟津渡口，准备过黄河。柴家是邢州的大家，家人已经听到了消息，所以柴家姑娘的父母也匆匆地渡河南来迎接爱女，在孟津渡口会合，在旅舍中休息一天，准备第二天过河，谁料晚上一场滂沱大雨，第二天早晨只见黄河水面浊浪滔天，舟楫难行，当时正是夏秋之交，风雨连绵，数日不停，河水暴涨，连道路都被淹没，柴家一家人伴着绵绵雨水，羁留在旅店。

第二天起床后，梳洗罢，柴家姑娘站在窗前望着一览无余的天地，在迷蒙的雨水中，一壮汉大踏步冒雨而来，衣衫尽湿，但不掩英爽之气。这壮汉也投宿在旅店中，从婢仆的口中，柴家姑娘慢慢地知道了这个壮汉叫郭威，也是河北邢州人，18岁投军；在潞州以军功升为小校，后来因与市井无赖相斗，失手杀人而获罪，州将爱他的才能而暗地里放他逃命，如今正是前途茫茫，不知何去何从。听到这里，联想到他雨中行走的英爽之气，柴家姑娘为之怦然心动。

秋风瑟瑟，秋雨萧萧。柴家姑娘看着旅店的被褥很单薄，又被阴雨润得潮湿，就命侍女送给郭威一床自家带来的毯子御寒，谁料郭威这人硬气，不但没领情，还倔强地说萍水相逢，互不相识，以不能平白无故受人东西为由婉拒。柴家姑娘干脆亲自去见郭威，以同乡之谊说服郭威，话匣子一拉开，柴家姑娘就絮絮叨叨地说个不停。郭威对柴家姑娘充满了感激之情，也隐隐地觉得柴家姑娘似乎对自己饱含着一份爱意。一个是大家闺秀，而且是刚从皇宫中出来的娇贵仕女，一个却是起自贫寒，出身行伍的粗犷人物，原本毫不相干的两个人，在黄河渡口的荒村茅店中，撞击出了爱情的火花。

大雨时断时续，天从人愿，郭威与柴家姑娘有了更多的交谈机会。因五代承唐余风，又值乱世，男女交往似乎了无顾忌，至于男女授受不亲，那是宋代以后的事了。郭威轻快地讲述了一些军旅生涯的小故事，以及江湖风貌，柴家姑娘听得津津有味。偶尔她也讲一些朝廷大事和宫中生活，郭威又睁大了眼睛，傻乎乎的好奇神情煞是可爱，柴家姑娘抓住机会，乘机劝说："如今属于乱世，乱世正是英雄豪杰建功立业的大好时机，应该砥砺志节，进德修业，抓紧机会，为自己的未来创造出一番轰轰烈烈的事业，要知道时不我予，不能白白地蹉跎岁月。"郭威庄肃地听着。

郭威是爱慕、感激、知遇几种感情交织在一起，然而功未成，名未就，现在是孑然一身，又是在逃的杀人犯，连起码的生活都有问题，又怎能消受佳人的美意？柴家姑娘看穿了郭威的顾虑，直截了当地告诉他："士有穷通显晦，婚姻关键在于两情相悦，至于生活用度，不必为此发愁。"

柴家原本就是财大势大的家庭，柴家姑娘此番出宫，更携带了大批的金银珠宝，生活自然不成问题，既然生活无虑，郭威也就无话可说，欢愉之情溢于言表，柴家父母认为以柴家的声势，加上女儿出自宫中，如欲嫁人，起码也应是封疆大吏一类的人物，现在抓住一个落魄汉子不放，总是耿耿于怀。柴家姑娘向父母解释，郭威虽然现在什么都没有，但他日发展不可限量，自己阅人多矣，相信不会走眼。虽然父母犹豫，她已决心以身相许，将来不管是吃苦受罪还是享受荣华富贵，都是命中注定，决不埋怨父母。柴家姑娘把宫中带出来的金银珠宝分成两份，一份孝敬父母，一份留作己用，快刀斩乱麻般地和郭威结为夫妻。天晴雨住水退，但夫妻双双不再过河，折返洛阳。

## 夫唱妇随，琴瑟和鸣

在洛阳，柴家姑娘温婉地为郭威准备了一个幽静的读书环境，一个幽静的小院，让郭威“进修”，埋头学习，以图将来成就大业。她还画了一张作息时间表：每日上午读书，午饭过后夫妻二人品茗闲谈。妻子成为丈夫的老师，解释书中的疑难问题，旁通处世之道，讲授用人之法，纵论国家政事与天下大事。一年多的时间，郭威从这里“毕业”了。郭威惊异于妻子的才学，但柴氏丝毫没有炫示的意味。一年多的时间，郭威受到妻子的关怀、熏陶、教导，他的性情变了，谈吐举止迥异往昔，在勇毅的基础上增加了思想、智慧。

柴家姑娘说：“你要追随一位气度恢宏的领袖人物，以图将来有出头之日。”于是，郭威先后跟随石敬瑭、张彦泽、杨光远、刘知远等人。在柴氏的参赞下，逐渐爬上了权力的巅峰。

郭威先是参加石敬瑭的军队，而后又投到张彦泽的麾下，不久又转归杨光远，最后成为河东节度使刘知远的左步兵指挥使。他不停地迁转，目的是要追随一位气度恢宏的领袖人物，以图将来有出头之日，这些都是柴氏的意见。刘知远对郭威的重视始于一次与契丹人的战争，郭威以2000伏兵大败契丹，刘知远后来夺后晋建后汉，更多方倚重郭威。但刘知远在位一年就死去，他的儿子刘承祐继位后，大杀功臣，当时郭威正领兵担任邺都留守，家人留在汴京，也全部遇害，柴氏也未能幸免。

郭威挥军由邺都直指京师，隐帝一战即溃，为乱军所杀，郭威入京，从容进谒太后，商议由刘知远的侄子刘赟入继大统，恰好契丹人入侵，太后命郭威率军出征，到达澶州，将士哗变，拥郭威称帝，仓促之间，无法制备黄袍，就撕裂黄旗披在郭威的身上权充黄袍加身，将士环跪，三呼万岁，回军南行，入汴京，太后下诏郭威监国，第二年开春，正式称帝，建立后周。

郭威登基，而他的患难之妻柴氏却已是千里孤坟，荒山寂寂无以为报，郭威力排众议，以死去的柴氏为皇后，收她的侄儿柴荣为养子，以慰她的九泉之灵，柴荣后来继位为帝，就是周世宗，也是位英勇的皇帝。郭威说：没有柴皇后，也就没有我后来做皇帝。

## 符氏：后周世宗柴荣皇后

姓名：符氏

生卒年：公元931~956年

籍贯：陈州宛丘

婚配：后周世宗柴荣

封号：皇后

谥号：宣懿

符氏，陈州宛丘人，出身尊贵，为将门世家。祖父符存审是后唐大将，曾出任宰相，赐姓李氏。父亲是魏王符彦卿，曾任后晋天雄军节度使，与郭威交情甚好。她是后周世宗柴荣第二位皇后。符氏为名门闺秀，是个明理而胸怀大志的女人。

符氏曾嫁给大将军李守贞之子李崇训，后来李守贞据河中反叛，后汉枢密使郭威奉命讨伐，李氏父子畏罪自杀。

李崇训临死前，想要先杀死全家人。符氏躲藏在帷幔之后，李崇训唯独找不到妻子，这时汉军已经进来，李崇训不想落入敌手，只好自杀身亡。符氏毕竟是将门之后，见过一些场面，她知道现在最重要的是保住性命，因此她处乱不惊。符氏从帷幔中走出来时，对着冲进来正欲对她不轨的军士说：“我是魏王之女，郭将军与我的父亲交往甚厚，你们胆敢无礼，我定不轻饶，还不速报太尉，就说我在此！”说完，面不改色，稳稳当当地盘脚坐下。郭威闻报，立即前来相认，并把她带回符彦卿的魏王府，让她与父母团圆。郭威非常欣赏符氏的沉稳勇敢，于是认符氏为义女。符氏的母亲古板，认为女儿既然守寡，就该去当尼姑，但符氏可不是这么想，她说："死生有命，我大难不死，本该好好活着，为什么还要苟且偷生呢？我不当尼姑！"此时，郭威的养子柴荣镇守澶渊（今河南濮阳），他的夫人刘氏死了，于是，郭威为柴荣提亲，遂纳符氏为继室。郭威死后，柴荣即位，是为世宗，册封符氏为皇后。符皇后谦和有教养。世宗脾气暴躁，自从与符皇后成婚以后，符皇后总是从容劝说，免得他对兵将施暴而影响军心。世宗要率兵征讨淮南，皇后以为不宜亲征，世宗不听，硬要前往。皇后只好同行，正如符皇后所料，战果不佳。时值炎暑又遭暴雨，皇后身染重病，回到京师后，956年农历七月二十一日于汴梁滋德殿病逝，终年仅26岁。世宗对符皇后之死十分悲痛，为她服丧七日，谥为"宣懿皇后"，安葬于新郑，其陵墓叫"懿陵"。

# 周氏：南唐后主李煜皇后

姓名：周娥皇

生卒年：936~966年

籍贯：不详

婚配：南唐后主李煜

封号：皇后

谥号：昭惠

南唐最后的皇帝李煜更多是以善填词句被后人称道。"问君能有几多愁，恰似一江春水向东流"就是出自李煜之手。李煜精通诗词，被公认为才识清瞻，书画兼精，他的爱情生活也充满了浪漫色彩。历代帝王嫔妃无数，很少有真正的爱情，李煜却是个例外，在他一生短短的42个年头，爱上了一对姐妹大小周氏，并先后立她们为皇后。李煜的爱情生活丰富多彩，这些风花雪月的岁月，也成就了他的诗词创作，因为很多诗词都是爱的颂歌。

大周后，名娥皇，生于936年，比后主李煜大一岁。955年，李煜与大司徒周宗的女儿周娥皇成婚，当年周娥皇19岁。961年，南唐元宗李璟病逝，李煜被历史推上了政治舞台，继位于金陵，年仅25岁。李煜即位，立周皇娥为皇后，也就是大周后。

## 精音律歌舞，多情而贤惠

在文史记载中，大周后是个多情而贤惠的女人。周娥皇长得花容月貌，肤白似雪；眉弯似月，唇小似樱，腰细如柳，以天仙般的容貌压倒群芳；她诗画双绝，举止谈吐无不集天地之灵气于一身，令人见之忘俗。凤眼星眸，朱唇皓齿，冰肌玉肤，骨清神秀，容色照人，明艳不可方物。关于她的美貌，在李煜为她写的词中就能略知一二。李煜写《一斛珠》描写周娥皇的妖艳："晚妆初过，沉檀轻注些儿个。向人微露丁香颗；一曲清歌，暂引樱桃破。罗袖裛残殷色可，杯深旋被香醪涴。绣床斜凭娇无那，烂嚼红茸，笑向檀郎唾。"

大周后虽精心梳妆打扮，却并没有浓施脂粉，只是"沈檀轻注"，给人留下了极好的印象。她娇媚温婉地"微露丁香颗"转动着香舌，轻轻绽开樱桃小口，让一曲曲清歌从她的喉中吐出。歌罢，饮酒时她表现出一副撒娇的神态，小口深杯娇滴滴又忘情地饮，芳香的醇酒旋即沾湿了她的"罗袖"，变成深红色她也满不在乎。有些微醉，她娇态千般地斜靠在绣床上，轻轻地嚼碎束发用的红绒线。

在词中我们可以看到李煜眼中的大周后真是风情万种。

周娥皇之所以能得到李煜的专宠，还因为她是真正的才貌双全。她不仅容貌美丽，而且深谙音律，弹得一手好琵琶。周娥皇由于琵琶演奏技艺很高，一时在后宫名气很大。一次，李璟听了周娥皇弹奏的琵琶后，大为赞赏，叹其灵巧，当即就将他收藏的一把上好琵琶"烧槽琵琶"给了她，这是中主最钟爱的宝物。

周娥皇出身南唐世家，父亲周宗早在徐知诰任刺史的年月，就已经跟随于这位未来南唐烈祖的左右，是不折不扣的元勋功臣。周娥皇嫁给李煜的时候19岁，这桩婚事是南唐元宗李璟亲自定下的。中主李璟觉得她与第六子李煜很般配，就把她赐给了儿子。对于这个亲自选定的儿媳妇，李璟是非常满意的。

据说，李煜得到至五代已经绝响的唐代《霓裳羽衣曲》残谱，大周后同李煜一起根据音律的规律变易讹谬，去繁定缺，于是将《霓裳羽衣曲》补充得清越可听，夫妻唱和，举案齐眉，双方都陶醉在艺术创造的天国里。周后还为李煜作过一支《恨来迟曲》。李煜也投桃报李，专为周后填写了许多动人的诗词，如《一斛珠》《浣溪纱》《玉楼春》《子夜歌》等。无论是周后的曲还是李煜的词，都充满着旖旎绮丽的风光，尽显两人的恩爱之情。李煜的兴趣爱好本来就倾向在文艺方面，再加上得到一个志同道合的伴侣，因此即位之后，从不关心国事，每日谱词度曲。他与大周后情好甚笃，才完全意识到了自我价值的存在，才真正体尝到了人世间爱的幸福和甜蜜。

大周后通书史，就连采戏弈棋，也没有不精通的。对于时尚和流行文化也颇有研究，曾“创为高髻纤裳及首翘鬓”的宫装，纤丽袅娜，很能表现出女性的体态美，宫中争相仿效。

古代帝王们，多是后宫佳丽无数，环肥燕瘦，百花争艳，很少能将全部灵魂寄托在一个后妃身上的，更很少不变迁其爱情，但是历史上记载，大周后却能得到一个多情帝王的专宠。那靠的也许不单单是美貌，还有资质佳惠，美艳多才。

## 香消玉殒，香奁染尘

人生总没有不散之筵席，不幸的事总要有一天降临到最欢乐的人们身边的。

李煜被大周后迷得神魂颠倒，周娥皇遂拥有专房之宠。“专房之宠”使得周娥皇为李煜生了三个儿子。李煜也喜欢这三个俊秀雅逸的孩子，对大周后的爱更是节节增长。

没过多久，大周后生病了。本来并无大碍，但是两个消息最终击垮了大周后。

在她病重期间，她发现了丈夫和妹妹的奸情。李煜一直对周娥皇专宠，后宫嫔妃都视若无睹，但却趁着周娥皇患病的机会将她的妹妹接入宫中，两情缱绻了起来。谁知小周氏虽然才貌出众，却年幼无知，不但被周娥皇发现了踪迹，还告诉周娥皇自己已经进宫好几天的实情。翌年，大周后的小儿子仲宣夭亡，周娥皇最为钟爱的便是小儿子仲宣。作为皇后，养育儿女这样的活儿，都是侍从婢佣承担的，但周娥皇实在是太爱仲宣了，这个孩子的衣食住行她样样都要亲自操心，亲自抚养。听说爱子夭折，正在病中的周娥皇几乎晕厥过去，这样的丧子之痛大周后已经无法面对。

李煜相伴左右，“后主朝夕视食，药非亲尝不进，衣不解带者累夕，如侍父母之痴”。

但她病情迅速恶化，最终去世，谥昭惠，下葬懿陵。

大周后终被秋风吹去了。据记载，因感念大周后，后主不扶杖就无法站立，消瘦异常。

大周后去世，卒年30岁。

## 周氏：前蜀高祖王建皇后

姓名：周氏

生卒年：？~918年

籍贯：许州（今河南许昌）

婚配：前蜀高祖王建

封号：皇后

尊号：昭圣皇后

谥号：顺德皇后

周皇后，前蜀高祖王建的结发夫妻，许州（今河南省许昌市）人。周氏是王建的同乡，随王建来到蜀中。武成元年（908年）八月初八，王建立周氏为皇后。永平年间加尊号昭圣皇后，但王建更宠爱大小徐妃。光天元年（918年）六月初一王建去世，大徐妃的儿子王衍继位，周皇后于当年八月廿四去世，谥号顺德皇后。

# 费氏：后蜀后主孟昶贵妃

姓名：费氏

生卒年：？~966年

籍贯：四川青城

婚配：后蜀后主孟昶

封号：贵妃

费氏，后蜀皇帝孟昶的费贵妃，五代十国时期女诗人，青城（今四川都江堰市东南）人。自幼便受到了良好的教育，文采卓著，尤其擅长作宫词。后成为蜀主孟昶宠妃，赐号花蕊夫人。

## 一代才女，风姿绰约

四川自古为天府之国，成都平原实为天府之国的精华，号称锦城。由于优越的地理环境，历史上一到分裂时期，蜀地就会出现独立政权，五代十国时这里也先后建立了前蜀、后蜀。但青史留名，广为传诵的并不是哪朝哪代的帝王将相，而是花蕊夫人。

熟悉中国历史和古代文学的人都知道，自古才华和美貌在女子身上互不相容。李清照、谢道蕴，面容只能称得上是平凡；鱼玄机、薛涛，其文才和智慧却又远远不及男儿。唯一例外的，是一个叫作花蕊夫人的女子——

那个奇异的女子，聪颖而又博学多才，美丽却并不妖娆。

花蕊夫人的宫词中，描写的生活场景极为丰富，用语以浓艳为主，但也不乏清新朴实之作，如“三月樱桃乍熟时，内人相引看红枝。回头索取黄金弹，绕树藏身打雀儿”这一首，描写得十分生动活泼，富有生活情趣，实在是难得的才女。

## 风流天子，安享荣华

孟昶继位之初，承接了他父亲孟知祥处心积虑所创下的盛世局面。传到孟昶的手上，国家十年没有发生过战乱，五谷丰登，百姓丰衣足食。在这样的太平盛世之下，宫廷之中日日笙歌，夜夜美酒，一派升平和乐的景象。

蜀后主孟昶是个非常懂得享乐的人，他广征蜀地美女以充后宫，妃嫔之外另有12等级，其中最宠爱的是“花蕊夫人”费贵妃。相传花蕊夫人最喜爱牡丹花和红栀子花，于是孟昶便命官民人家大量种植牡丹，还派人前往各地选购优良花种，在宫中开辟“牡丹苑”，孟昶与花蕊夫人日夜盘桓花下。每当芙蓉盛开的季节，沿城40里远近，都如铺了锦绣一般，时近中秋，后主命驾往游浣花溪，罗列水嬉，当真是风流天子，千古盛事。

然而，孟昶只纵情享乐，根本无心朝政，不知危机已然离他越来越近了。

## 亡国之恨，才女命殒

960年，赵匡胤发动兵变，建立了北宋。965年，北宋派兵到了成都，孟昶只能携花蕊夫人出城迎降。后蜀灭亡后，孟昶被封为秦国公，不久便被杀害了，时年47岁。而此时花蕊夫人也沦为了赵匡胤的俘虏，想起来往日与孟昶的恩爱情景，悲痛万分。

花蕊夫人被送到了赵匡胤的后宫，赵匡胤见花蕊夫人十分美丽，便收她做了自己的妃子，并且对花蕊夫人宠爱有加。不久封花蕊夫人为贵妃，自此太祖每日退朝必到花蕊夫人那里，饮酒听曲。花蕊夫人虽被送进宋宫成了赵匡胤的妃子，但不忘故主，绘孟昶画像供奉在寝宫中，每日点上香烛，叩头礼拜。每当夜深人静的时候，就对画像流泪诉说思念之情。此事被宋太祖入宫看见追问，花蕊夫人急中生智说："所挂张仙，送子之神，蜀人皆如。"幸未追究。这所谓送子之神，于是从宫中传到民间，到了晚清年代，把张仙男身像改花蕊女身像，花蕊夫人又被尊为送子娘娘了。

花蕊夫人后来因介入宋廷权力之争，触犯了太祖弟弟光义的利益，在一次打猎时，被后来的宋太宗赵光义一箭射死。虽然太祖英明，但毕竟赵光义是他的胞弟，无奈美人已逝，也没有再追究。

## 王氏：吴国太祖杨行密夫人

姓名：王氏

生卒年：？~928年

籍贯：不详

婚配：吴国太祖杨行密

封号：不详

王氏，名字、籍贯均不详。五代十国南吴太祖杨行密妻，南吴睿帝杨溥生母。900年，王氏生杨溥。920年，杨溥嗣王位，尊王氏为太妃。杨溥称帝后尊其为皇太后。乾贞二年（928年）王太后病逝。

杨行密生于唐末乱世，他先是庐州的一名偏将，但仗着智勇，发动兵变，居然也让唐王朝承认了他为庐州刺史。他的夫人朱氏是寿州刺史朱延寿的姐姐。杨行密需要这位内弟的支持，但是朱氏却没能为他生个一儿半女。王氏是杨行密的侍妾，很快就生下了一个男孩，人到中年的杨行密非常高兴，对王氏疼惜敬爱有加。

此时的王氏有丈夫的呵护，儿子的陪伴，朱氏冷眼看着这一切，一点点地，凉意涌上心间。杨行密这时已经被唐昭宗封为吴王，王氏又有了几个儿子，如果王氏的儿子将来继承了家业，她很担心。王氏注意到朱氏的恨意，所以一直小心翼翼。

这时朱氏的弟弟朱延寿也心怀不轨，想抢夺权力。朱氏便开始帮助弟弟。

杨行密发现了内奸，他决心顺水推舟，麻痹对手。他谎称自己患了眼疾，朱氏得知前去试探。朱氏特意把丈夫领到一棵柳树前，也不告诉他前边有东西。杨行密毫不犹豫地撞向柳树让朱氏放松了警惕。

杨行密向朱氏说，他想将吴王之位传给延寿。朱氏听了大喜，忙把消息传给了弟弟。朱延寿以探病之名赶来，却被杨行密一把匕首刺向了他。

此后杨行密休了朱氏，王氏更为得宠，最终以太后之身份享荣华而逝。

# 宋朝后妃

# 北宋

## 贺氏：宋太祖赵匡胤皇后

姓名：贺氏

生卒年：929~958年

籍贯：开封

婚配：宋太祖赵匡胤

追封：皇后

谥号：孝惠

孝惠皇后贺氏是一位短命的皇后，她是开封人。后晋开运初年（944年），宋太祖的父亲赵弘殷为太祖迎聘贺氏。后周显德三年（956年），太祖赵匡胤任官定国军节度使，贺氏也因此当上了会稽郡夫人，地位虽高却因为一向体弱多病而无福消受。

贺氏为宋太祖生过三个孩子，有魏国公主、鲁国公主、魏王赵德昭。后周显德五年（958年），贺氏去世，去世时才39岁。

太祖登基后，追封贺氏为皇后。乾德二年（964年）三月，上谥孝惠皇后。四月，葬安陵西北，神主享于别庙。宋神宗时，与宋太祖孝章皇后、淑德皇后，宋真宗章怀皇后并祔太庙。

# 王氏：宋太祖赵匡胤皇后

姓名：王氏

生卒年：941~963年

籍贯：不详

婚配：宋太祖赵匡胤

封号：皇后

谥号：孝明

王氏，宋太祖赵匡胤的第二位皇后，很可惜她只活到22岁，也没能陪伴宋太祖享受太多的荣华富贵。赵匡胤和王氏夫妻恩爱，共处4年，王氏不幸在22岁时病逝，宋太祖伤痛欲绝，并鳏居4年以示怀念。

说起来他们两个人也应算是政治联姻，宋太祖赵匡胤的第一个皇后贺氏去世的当年，16岁的王氏便嫁进了赵家，婚礼办得极尽隆重。赵匡胤在为自己挑选续弦妻子时，他选择了极有威望声誉的彰德军节度使、巢国公王饶第三女为继室。赵氏兄弟急于娶妻的真实用意其实很明显，他们虽然得到周世宗的信任，又有很多心腹，毕竟出身还是比不过世家大族，联姻便成了他们抬高身份地位的最佳选择，事实上他们也确实达到了目的，借此迅速扩大了声望。作为身在权力中心却又出身寒微的实干者来说，这也可以说是一种不得已的选择。

王氏之所以能够得到宋太祖的厚爱，不光是家世显赫，她自身条件也很出色，不但相貌出众，性情也是正直贤良，心善仁厚，并且多才多艺，“善弹筝鼓琴”。

王氏经常还“常服宽衣”，亲自下厨为丈夫操办膳食。宋太祖也因此感受到来自一个妻子而不是政治联姻的关爱，由此对她更为宠爱。王氏虔信佛教，每日晨起，必定先焚香诵经，然后到婆婆杜太后宫中问安侍候，深得婆婆欢心。

王氏虽集万千宠爱于一身，但是她也有自己的不幸，她生了三个孩子，但均不幸夭折，这对于一个母亲来说是一个莫大的打击，同时她的身体也是倍受损伤。宋乾德元年（963年），王氏大病一场，没想到仅一个月，王氏病逝，年仅22岁。宋太祖痛苦万分，他命令对王皇后以隆重的殡仪安葬。次年三月二十五日赐谥号“孝明”，史称“孝明王皇后”，同年四月初九把王氏葬于安陵之北。太平兴国二年（977年）五月十九日，宋太宗赵光义将宋太祖的神主祔祭于太庙，以孝明皇后为配祭。

## 尹氏：宋太宗赵光义皇后

姓名：尹氏

生卒年：不详

籍贯：相州邺（今河南安阳北）

婚配：宋太宗赵光义

封号：皇后（追封）

谥号：淑德

太宗尹皇后，父亲是滁州刺史尹廷勋。兄长是尹崇珂，保信军节度使。太宗在后周时娶她。尹氏没有为太宗生有任何一子一女。尹氏死于太宗即位前。太宗即位后，追封她为皇后，并谥淑德，葬孝明陵西北。神主享于别庙，后升祔太庙。

## 李氏：宋太宗赵光义皇后

姓名：李氏

生卒年：960~1004年

籍贯：潞州上党（今山西长治）

婚配：宋太宗赵光义

封号：皇后

谥号：明德

明德皇后李氏，初聘为妃子，太平兴国二年（977年），赵光义把她迎入宫中，封为德妃，雍熙元年（984年）十二月立为皇后。

皇后李氏是开国功臣李处耘的二女儿。李处耘是宋朝潞州上党（今山西长治）人，曾在赵匡胤部下当都押衙，为陈桥兵变谋士之一，也算是开国功臣，日后赵匡胤常常思念他。于是到了开宝年间，太祖就替太宗赵光义娶处耘的二女儿为第二位夫人，就是明德皇后。

李氏进宫后，对赵光义的儿子及嫔妃十分宽厚，对那些遭遇坎坷的人怀有恻隐之心。赵光义的长子赵元佐，是位聪明英俊的少年，只因替叔叔廷美求过情，就被父亲疏远，以致神志错乱，患上了癫狂之症，而李氏对元佐深表同情。

李氏曾生过一个儿子，但不幸夭折。宋真宗赵恒即位后，尊李氏为皇太后，居住在西宫嘉庆殿。赵恒对李氏十分孝敬，专为她建造了一座万安宫。李氏生病，赵恒亲手调剂药饵，升朝的时候也露出忧伤的神情。李氏病重，赵恒连说话都带上了哭腔，屡次下诏悬重赏求请民间名医。景德元年（1004年）三月十五日，李氏病死于万安宫，终年44岁，谥号“明德”。葬永熙陵。

## 潘氏：宋真宗赵恒皇后

姓名：潘氏

生卒年：968~989年

籍贯：大名（今河北大名）

婚配：宋真宗赵恒

封号：皇后

谥号：章怀

潘氏，宋真宗赵恒第一任妻子。大名（今河北大名）人。父亲为潘美（真宗章怀潘皇后，《宋史·真宗章怀潘皇后》记载是潘美之女，而《宋史·潘美传》记载是潘美之孙女。《潘氏族谱》也同样存有这两种说法）。潘美，官拜忠武节度使，在宋代节度使这个官职还是很大的。从这一点来说，潘氏也算是出自名门。

983年，潘氏16岁的时候，宋太宗念潘美有功，于是将潘氏赐婚给韩王赵恒，封潘氏为赵恒夫人，之后又被封为莒国夫人。

六年后，989年就是端拱二年五月，潘氏去世，享年仅21岁，遗憾的事情是潘氏一生未留下任何子女。真宗即位后，于至道三年六月，追封潘氏为庄怀皇后，葬永昌陵之侧保泰陵。在我国古代，皇后的谥号一般要与皇上的谥号相连，庆历中，有一个礼仪官员把件事情对宋仁宗说了。于是，宋仁宗遂改谥为章怀皇后，这样就与宋真宗的谥号联系在一起了。

在宋代的历史上，对于潘皇后并没有太多的记载，总体来说，潘氏借着祖辈的功勋，有幸与宋真宗结为夫妇，但是却没有留下子嗣。由于在宋真宗继位登基之前她就已经去世了，也没有什么政绩留下。

## 刘娥：宋真宗赵恒皇后

姓名：刘娥

生卒年：969~1033年

籍贯：益州华阳（今四川成都）

婚配：宋真宗赵恒

封号：皇后

谥号：章献

刘娥生于北宋太祖开宝年间，祖籍太原。刘家虽然家道中落，但是刘娥也算是官宦之女。祖父刘延庆在五代十国的后晋、后汉时官至右骁卫大将军；父亲刘通在宋太祖时官至虎捷都指挥使、嘉州（今四川乐山）刺史，母亲庞氏，因此刘家举家迁至成都华阳，刘娥也就在四川生长。刘娥是一位有作为的皇后，她垂帘听政期间，一方面先是铲除了奸臣丁谓，夺回大权，澄清吏治；遏制了宋真宗末年的狂热宗教活动（宋真宗时期推崇道教），调整了社会风气；另一方面，刘娥主张兴修水利，推动了农业的发展，贡献颇大。在历代史书中，常与汉之吕后、唐之武后并称，史书这样评价她："有吕武之才，无吕武之恶。"当然，人无完人，民间也有一些传闻，对刘娥颇有微词，但是，总体来说，刘娥可以称得上是一代贤后。

## 天行健，自强不息

相传，母亲庞氏在怀刘娥之时，曾梦到明月入怀，醒来后便生下一女，因此取名刘娥，历代统治者都喜欢将自己的出身神化，以符合君权神授这一传统的统治思想，刘娥的出身也同样披上了神秘的色彩。然而刘娥出生不久，刘通便奉命出征，谁料牺牲于战场上，刘通牺牲后，家中再无男子可以支撑刘家，于是刘家家道中落，庞氏只好带着襁褓中的幼女寄居娘家。也许正是这一段寄居别人屋檐下的经历，锻炼了刘娥不屈不挠的精神，让她在15年的漫长等待中仍然能坚持不懈地读书识字，来不断地充实自己、完善自己，在垂帘听政以后终成一代贤后。

那么，刘娥远在四川，赵恒远在京城，几乎相隔大半个中国，二人又是如何相识的呢？这还要从刘娥的第一次婚姻开始说起。刘娥十几岁时，被外祖父家嫁给银匠龚美为妻。后来的正史记载龚美是刘娥的邻居，二人以兄妹相称，借此掩盖两人曾经为夫妻的事实。其实龚美与刘娥的婚姻还是比较美满的。

所以当龚美的生意不好，决定去京城另谋生路之时，二人又不忍别离，龚美才决定带着刘娥一起，于是二人跨越半个中国来到了京城。二人本来就经济拮据，这一路上的盘缠也不是一笔小数目，只靠龚美很难维持。好在刘娥早年学会一种鼗（táo）鼓，由于刘娥天生聪慧，这鼓打得非常好，于是夫妻二人一边赶路一边卖艺谋生，辛辛苦苦终于来到了京城。谁知这次的京城之旅竟然成了夫妻二人的分别之旅，也成就了刘娥的一生。

到了京师后，龚美继续操老本行，去做银匠，可是生意依旧不是很好，刘娥也只好继续打鼓，补贴家用。京师虽然繁华，却从来没有见过鼗鼓这种玩意儿，颇感新鲜。再加上豆蔻年华的刘娥，容貌出众，刘娥一出场便一炮而红，轰动一时，一传十十传百，人人争相来观看她的表演。收获银两的同时名气也越来越大，还传到了襄王赵恒的耳朵里，刘娥的命运开始转变。

一日，赵恒带了几个太监和护卫，微服去看刘娥的表演。赵恒初见刘娥的美丽容颜，对刘娥一见钟情，立即命人去向龚美买下刘娥，接进府中，作为襄王府侍女。刘娥天生丽质，聪明伶俐，极得赵恒欢心。二人年龄相当，都是少年心性，很快就如胶似漆，宠幸专房。宋太宗得知此事，便命襄王入宫，当面斥责，令他赶走刘娥。此时的宋太宗乃是一国之君，每日日理万机，儿子娶一个侍妾本来也不是什么大事，为何如此在意刘娥与赵恒之间的事情？原来赵恒乳母泰国夫人对来历不明且出身低贱的刘娥十分不满，且听到传闻这刘娥曾经结过婚，怕有辱皇家的名声，于是要求太宗将刘娥驱逐出去。

赵恒正当少年，且对刘娥用情极深，与刘娥情投意合，怎么能将刘娥送出王府？常言道，父命难违，皇命更不可违，但赵恒实在舍不得刘娥，赵恒也是豁出去了，竟然瞒着宋太宗金屋藏娇。表面上将刘娥送回四川老家，但暗中却将其送到亲信幕僚张耆（原名张旻）的家里，开始了金屋藏娇的日子，从此偷情长达十余年。

要知道在当时的情况下，一旦事情暴露，别说太子没得当，估计连襄王的王位也不保，从此也可以看出赵恒对刘娥的感情真的是很深。让赵恒和刘娥没有想到的事情是，这一藏就整整藏了15年，一直到赵恒登基为帝之后才将刘娥接回皇宫。说刘娥自强不息，就是在这15年里，在最初被宋太宗逐出的时候，刘娥并没有哭哭啼啼，没有让赵恒难办，刘娥没有因为身份低贱被人无视之时要么自寻短见以表刚烈，要么就死缠烂打，刘娥此时选择了养精蓄锐！刘娥在这15年中，饱读史书，尽览史书典籍，增长了自己的见识和才干。当然，也有人说，刘娥之所以在这艰难的15年里依然能坚持，是她心中一直存有一个精神依靠。

据民间传说，早年刘娥曾遇到一位相士，正是这相士的话支撑着刘娥。话说见面之时，相士说："只因你的品貌大贵。我一生相人甚多，今天遇见你这相貌，还是第一次。"刘娥疑想相士存心说这样的谎话，只不过是为了骗几个相金，不想与这道士多言，便说："我是贫寒之人，没有相金与你的，休要讲谎话骗人了。"相士说："我并不要你的相金，请将手伸出与我一看，就可断定。"刘娥此时也没有什么紧迫之事，心想：既然不要相金，给他看下也无妨，反正也没有其他的事情。相士仔细看过后，连连说："后妃之相，后妃之相。"刘娥贫困到这般田地，可是自己又是一个弱质女子，又不可能像男子那样靠苦读争取功名来改变自己现在贫苦的命运，虽然不知道这相士的话是真是假，但是有安慰总比没有希望的好，从此相士的话就成为刘娥宽解自己的法宝。

此后虽然多次身处困境，甚至几乎到了无路可走、山穷水尽的地步，她也没有生过自尽的念头，处在困境的时候，以相士这几句话为精神支柱。

## 真宗即位，重见天日

997年，赵恒即位为宋真宗，立召刘娥进宫，从此刘娥才得以重见天日。刘娥进宫后立即被封为美人，不久便晋为德妃，可谓晋升飞快。随着时光的流逝，刘娥已经不复往日的青春貌美，但宋真宗赵恒依旧迷恋她，这大概是旧情难忘。

因为宋真宗的宠幸，刘娥在宫中地位不断提高。刘娥之得宠也不完全是凭借她出众的色艺。刘娥天资聪颖，秉性警悟，成为皇妃以后，更有机会接受上层文化的熏陶，逐渐通晓经史，朝廷之事，听一次就能记住事情的原委。

宋真宗第一任妻子潘氏死后，又续娶宣徽南院使郭守义的第二女郭氏为妻。宋真宗即位后，封郭氏为皇后，刘娥还是没有被册封为皇后，这其中的原因与刘娥出身卑微有着很大的联系。虽然刘娥仍旧没有做成皇后，可是刘娥还是没有放弃，仍然在坚持。终于，迎来了一次转机。景德三年（1006年），郭皇后去世，刘娥37岁，年纪在后宫嫔妃中几乎算最大的了，在后宫地位也最高，离皇后宝座只有一步之遥。可能是基因的问题，无论是南宋还是北宋，皇帝的子嗣都不多，宋真宗也是如此。宋真宗的发妻潘氏在22岁就青春早逝，没有留下子嗣。之后的郭皇后虽然连生三子，但都生下后不久夭折。另一受宠的妃子杨淑妃生子也是如此情形。宋真宗望子心切，又选纳前宰相沈义伦的孙女沈氏进宫为才人，可是依旧没有为宋真宗生出儿子来。就在这时，刘娥竟然怀上了孩子，与刘娥一同怀孕的还有李氏，终于等到生产，可是天不遂人愿，刘娥生出来的孩子竟然夭折了，毕竟姜还是老的辣，精明的刘娥于是将李氏生下的儿子抱养过来，声称是自己所生。

宋真宗一向宠爱刘娥，即使知道这孩子是李妃的，也默认了刘娥的作为；李氏为人又比较软弱，虽然宫中的人都知道宋仁宗不是刘皇后亲生的，但是谁也不敢说明。关于这段历史，历来是众说纷纭。民间广为流传的一种说法是，“狸猫换太子”。说是在宋真宗的后宫中，德妃刘娥与李宸妃同时怀有身孕，李宸妃先生下皇子，刘德妃用一只剥皮的狸猫换去了皇子，宋真宗以为李宸妃产下怪胎，便对李氏加以惩处。本来应该是皇后的李氏被驱逐出宫，历经艰辛。另一种说法则是李宸妃产下皇子，刘娥却不慎流产，只好抢来李氏的皇子，还使李宸妃被迫流落民间。直到包拯包青天出世，彻查此案，才使这件事情真相大白。还有人说，李氏原来是刘娥的婢女，刘娥和宋真宗看李氏有生子的福相，于是夫妻二人就决定借腹生子，果真李氏生下了儿子，但是也失去了母子相认的权利。

民间的说法很多，却无法一一考证。但是当下最为重要的是刘娥为宋真宗产下龙子，一心想立刘娥的宋真宗终于有了名正言顺的理由，就开始找大臣来商议立刘娥为皇后的事情。

宋真宗先找参知政事赵安仁商量，想取得他的支持。本来皇帝亲自屈尊来争取自己的支持，作为臣子的赵安仁该卖个面子才对。可是宋代的文人一向都自视清高，门第观念也很严重，赵安仁以刘娥出身卑微为由，坚决反对立她为后，宋真宗生生是憋了一口气。宋真宗见赵安仁这里很难得到突破，于是又找来了大臣王钦若商量，并把赵安仁的意见告诉了他。王钦若并没有正面回答这个问题，又推到赵安仁那里，赵安仁老老实实地建议说："沈氏是前朝宰相沈义伦的后人，出身显贵，可以做皇后。"宋真宗很是失望。

刘娥立后的事情，一波三折，惹来了当朝宰相的强烈反对。宰相王旦忽然称病，不再上朝。这其中的含义是明摆着的，不过是在以委婉而坚决地表示反对立刘娥为皇后。

聪明的刘娥，见群臣因为自己的出身卑微而坚决反对立自己为后，她也深知这群臣子骨子里的门第观念深重，也知道文人骨子里的清高，知道自己此时若是硬来恐怕会朝堂震荡，于是以退为进，上表请求宋真宗不要立自己为后。刘娥知道不能强求，只好故作谦虚，向宋真宗"固辞"，表示自己可以不做这个皇后。

一来，告诉朝中的群臣，我刘娥是不贪图皇后宝座的，我刘娥虽然出身卑贱但是我的个性清高，不比你们这些识文断字的男子差，二来，也是在向宋真宗显示自己的贤德，为了不让宋真宗难办，我刘娥甘愿放弃皇后的宝座。这样一来，宋真宗看见自己宠爱的刘娥这般贤德，立她为后的决心是彻底下定了，群臣此时也不好太过于苛刻，否则就显得自己太过小气，就这样，大中祥符五年（1012年）十二月二十四日，刘娥终于被册立为皇后。

册后礼仪一切从简，以免激怒众臣。可见，堂堂一个真命天子九五之尊，为了能让自己心爱的女人成为皇后，竟然也向大臣讨好，宋真宗是真正爱着刘娥的。两人之间的爱情，让后人羡慕不已，然而，宋真宗却先离刘娥而去，乾兴元年（1022年）二月甲寅，54岁的宋真宗赵恒病逝于延庆殿，遗诏曰：太子赵祯即位，皇后刘氏为皇太后，杨淑妃为皇太妃，军国重事“权取”皇太后处分。而小皇帝赵祯这时只有11岁，实际上就是由刘娥处理政务，开创了北宋太后垂帘听政的先河。

## 垂帘听政，设计江山

宋真宗在死后，让刘娥处理政务，刘娥就此开始了她长达11年之久的垂帘听政。自古垂帘听政之事，最怕的就是到最后变成了外戚专权，甚至像唐朝一样，江山都改了姓。但是，刘太后却是一个聪明的人，知道自己出身卑微，垂帘听政也是大臣看着宋真宗的面子，如果自己再想谋朝篡位，恐怕是性命都难保的，于是张弛有度地安稳度过了这垂帘听政的11年。

在垂帘听政的11年里，可以说是政绩斐然。

首先，是除掉了奸臣丁谓。丁谓看到宋真宗已死，剩下刘娥母子孤儿寡母的，就有了不臣之心，在朝堂上张扬跋扈，甚至还擅自篡改宋真宗的遗诏。看到丁谓的不臣之心，刘娥也心生一计，她让丁谓来掌管先帝的陵墓相关事宜，但是丁谓哪有时间管这些琐事，实际掌权的是一个内侍太监，雷姓。这雷姓的太监为了讨好皇室，号称选了一块利于子孙繁衍的阴宅，选就选了，偏偏没有上奏没有向刘太后禀报，结果这陵墓修到一半，地下水就渗出来了，刘太后见机会来了，没有给丁谓任何机会，直接将丁谓贬官到现在的海南省，比当年的寇准贬官贬得还远，是永远没有了翻身的地步。刘太后还起用了一批有才能的朝臣，王曾、张知白、吕夷简、鲁宗道都得到了她的重用。

然而，说刘太后没有私心也不是不可能的，登上皇后宝座的刘娥，心里始终都有一块心病：那就是自己出身卑微。其实，刘皇后也曾经试图改变过，她一共做了两件事情——第一，在朝中寻找地位高、出身高贵的刘姓权臣，希望与他们认同宗，这样就改变了自己的低贱出身。相传，她先找开封知府刘综攀亲，又找继任的开封府刘烨。这两个人一个是河中府人，一个是洛阳人，在地域上和四川差得远呢，可是一心想改变出身的刘娥刘皇后可不在乎这个，直接就说："说不定咱们是亲戚，拿出家谱来让我看看。"在宋朝，士大夫可谓是中国历史上最清高的一群人，一向就看不起出身卑微的刘娥，于是直接就把刘皇后给拒绝了。刘综的答复是："我家没人在宫里。"刘烨则根本不把家谱给刘妃看。龙图阁直学士刘烨自12代祖先北齐中书侍郎刘环俊以下，代代为官，家世显赫，结果被刘娥看中。刘娥主动找刘烨攀亲，以明显暗示的口气说："听说你是名门望族，我想看你的家谱，说不定咱们是同宗呢。"然而，刘烨却清高得很，看不起刘皇后的出身，但是身为臣子也不好太直接拒绝，也只能连连摇头说："不敢，不敢。"碰了这个钉子，刘娥刘皇后更加发现出身高贵的重要，于是就一直追要家谱。刘烨不想与刘娥同宗又不敢得罪刘娥，急中生智下，假装晕倒在地，这才将这认同宗的事情不了了之。之后，刘烨坚决请求外放为官，刘娥才只好作罢。第二，就是给自己伪造出一个高贵的出身。刘娥自知出身卑微，宋朝以士大夫为尊，因此大力抬高母家，一直追封自己的祖宗：曾祖父刘维岳成了天平军节度使兼侍中兼中书令兼尚书令，曾祖母宋氏最后封到安国太夫人；祖父刘延庆为彰化军节度使兼中书令兼许国公，祖母元氏封齐国太夫人；父亲刘通为开府仪同三司魏王，母亲庞氏封晋国太夫人。就连自己的前夫也被改姓为刘，加官晋爵成了自己的哥哥。

刘娥充分吸取了武则天的教训，绝不用人为亲，以免落人话柄。刘娥把百官公卿亲族表挂在自己的卧室。有人推荐某某当官，刘娥就查看那张表，除非证明此人确实是奇才，对江山社稷有用，才准许提拔，否则列入者基本不用。这张表是怎么来的呢？据说，在一次封赏仪式上，刘娥让大臣们把自己的子女亲朋的名单报上，大家以为是要择优提拔，纷纷上报，名单列得长长的，能包括的全包括了，结果没有想到，刘娥竟然是这般用意，让大臣好不后悔。此外，刘娥还搞了“约束子弟诏”，要大臣百官带头教训子女亲朋，奉公守法；违反了子弟诏，刘娥严惩不贷。但是，刘太后却还是很好地把握了这样一个度量，她没有像武则天一样修一个刘氏家庙，这也许就是为什么宋仁宗对她还是很尊敬的原因吧。

然而，据说刘太后也曾经动过登基为帝的念头，毕竟面对这权力的诱惑还是很难不动心的。一次，她问参事鲁宗道：“唐武后如何？”回答是：“唐之罪人也，几危社稷。”刘娥听了，沉默不语，估计心里也在沉思。有些庸臣试图向刘娥献媚取宠，例如，方仲弓奏表上书，竟然请刘娥像武则天那样建立刘氏宗庙。一开始，刘娥飘飘然，却有些犹豫不决，于是跟老臣商量，老臣坚决表示反对，几经挣扎刘娥才放弃了这个念头。后来，更有甚者，程琳竟然献上武后临朝图，称刘娥为当代武则天。刘娥看到这幅图，当然明白这其中的含义，立刻把图抛在地上，呵斥道：“我不能对不起祖宗先辈；我不是、也不想做武则天第二！”

明道二年（1033年）二月，按照宋朝惯例举朝要行祭太庙大典，可能刘娥觉得自己命数将尽，竟然想要在生前穿一次天子衮冕，便提出自己要着衮冕祭祀太庙。群臣大大吃惊，可是刘娥大权在握，大臣也只好将皇帝衮衣上的饰物稍减了几样，给刘娥穿上。

二月乙巳这天，皇太后刘娥穿着天子衮衣、头戴仪天冠，在近侍引导下步入太庙行祭典。为了将这场典礼搞得功德圆满，亚献者为皇太妃杨氏、终献者为仁宗皇后郭氏。仪式结束后，刘娥在太庙文德殿接受了群臣给自己上的尊号：应天齐圣显功崇德慈仁保寿皇太后。自此，彻底还政于儿子宋仁宗，做回一个普通的宋王朝的后妃。穿着这一身天子衮衣祭祀祖先这也许是刘太后一生当中最大胆的一次，也是最后一次。在临死之前，她还是不敢穿龙袍去见宋真宗，终究没有走上武则天的道路。

另外，在宋人司马光笔记《涑水记闻》记载了这样一段文字：

真宗晚年不豫，常对宰相盛怒曰：“昨夜皇后以下皆去，刘氏独留朕于宫内。”众知上眊乱误言，皆不应。李迪曰：“果如是，何不以法治之？”良久，上悟曰：“无是也。”章献在幄下闻之，由是恶迪。

大概的意思就是说：晚年的宋真宗有些糊涂，有点像现在的老年痴呆症，有一天有些老年痴呆的宋真宗大怒，对宰相说：昨天晚上所有人都出去了，皇后却留下我一个人。群臣怕是宋真宗的胡言乱语，谁也不敢接这个话茬儿，可是一个叫李迪的大臣开口接话：果真是这样，为什么不依法处置？宋真宗过了一会儿醒悟了说：不是这样的。刘娥在帐下听见了，从此开始记恨李迪。根据这段文字，有人曾经推测，在宋真宗晚年，两人关系失和，刘娥皇后甚至将宋真宗软禁。但是这也只是一家之言，无法考证。

## 一代贤后，终得善终

明道二年（1033年）二月，刘娥病重，宋仁宗大赦天下，同时四处征召名医，希望挽救刘太后的性命。然而，最终还是无法挽留刘娥的生命，几天后，刘娥病逝于宝慈殿，享年65岁。在这65个年头里，刘娥创造了很多“第一”：

北宋第一位垂帘听政的太后，并建立了完整的太后垂帘听政的制度，清代的慈禧是她的崇拜者，曾经下令自己一切听政的体制都要参照“宋代章献皇后故事”。此后，宋朝共有八位太后垂帘听政，且政绩斐然。

第一个身穿龙袍祭祖却没有称帝的女子，也是最后一个身穿龙袍的皇后。

在刘娥之前的太后谥号均为二字，从刘娥开始，参照女皇武则天，称制太后谥号为四字。

史学家将其和汉代吕后、唐代武后并称三大女主，并称其为“有吕武之才，无吕武之恶”的大宋女主，但是却被历史学家及后世称颂的女人，在权力和名誉之间，她还是选择了名誉。然而她在实际上拥有了武则天拥有的一切权力，可没有背负上武则天和吕后所背负的骂名，足见她其实比这两个更为智慧。

刘娥的一生，充满了曲折离奇。刘娥可以说是中国历史上最具传奇性的皇后之一。从一个卖唱的孤女，到一国之母，再到垂帘听政，再到身披龙袍，这一生的千折百转，成就了她一代贤后的美名。

## 高滔滔：宋英宗赵曙皇后

姓名：高滔滔

生卒年：1032~1093年

籍贯：亳州蒙城（今安徽蒙城）

婚配：宋英宗赵曙

封号：皇后

谥号：宣仁圣烈

高氏，宋英宗皇后，名叫高滔滔，宋神宗生母。四岁时被接入宫，由曹皇后一手栽培。1065年被英宗册封为皇后。1093年病薨，终年61岁，葬于永裕陵，与神宗同处。

高太后，亳州蒙城（今安徽省蒙城县）人，宋朝名将高琼是她的曾祖父，曹彬是她的外曾祖父，北宋一代贤后曹皇后是她的小姨，她从小就在这位贤后身边长大。元丰八年（1085年）神宗病逝，宋哲宗继位，因宋哲宗年幼，无法亲政，于是高太后以太皇太后身份垂帘听政。高太后垂帘听政期间，没有巨大的政绩，主要是支持司马光废除宋神宗的新政。但高太后自觉抑制外戚高家的举动却是值得称道的，这也是宋王朝比较普遍的特征，虽然历代太后垂帘听政却都没有外戚专权的现象，终其一生，高太后为后人所知晓的还是她与宋英宗的完美爱情。

### 青梅竹马，旷世奇恋

“郎骑竹马来，绕床弄青梅”，这是唐朝诗人李白有名的诗句，这青梅竹马的爱情让后世的痴情男女们无比向往，这样的爱情发生于帝王家，就更是难得了。宋英宗和高氏是幸福的，生在帝王家的他们也拥有了这样一份纯真的爱情，并且能一辈子保持对彼此的爱恋，更是让人钦佩。

可惜的是，英宗由于在皇宫中日夜提心吊胆，多年以来身心俱疲，在宋仁宗驾崩的那一年继位登基之后，就发了精神病，四年以后，宋英宗就驾崩了，留下了高氏一个人面对朝政和年轻的宋神宗。宋英宗的驾崩对高氏的打击很大，可是，面对夫君留下来的江山和年幼的新君，高氏强忍住悲伤，为死去的夫君撑起这一片江山。虽然未能白头到老，但是曾经的山盟海誓、痴情缠绵，也足矣，普通百姓都难以拥有的爱情，身为帝王子弟的宋英宗却可以拥有这样一份平凡的爱，已经足矣，帝后夫妇能彼此忠贞不渝相守一生，执子之手，只与子偕老，这是一个童话。

说起这份发生在帝王家的旷世奇恋，媒人还是宋仁宗和曹皇后。景祐二年（1035年），宋仁宗由于没有嫡亲子嗣继承大统，决定把四岁的侄子（濮王赵允让的儿子，他在濮王诸子中排行13，仁宗在位时长辈皆唤他“十三”，仁宗为了锻炼他的能力，便封他为团练使，因此十三团练也是指赵曙）宗实接入宫中，由曹后抚养，打算把他作为继嗣。这时候，曹皇后也把她妹妹生的女儿高滔滔作为养女，养于宫中。当时宫中人称高氏为“皇后女”，宗实为“官家儿”，由于两人年纪相同，天天在一起玩耍，随着年龄的增长，渐渐产生了感情。有一天，宋仁宗对曹后说：“我们都没有子嗣，十三和滔滔从小一起在你身边长大且感情深厚，如果由你我做媒让他们结为夫妻，这不是一件喜事吗？”曹皇后其实内心也是这般计划的，欣然同意。于是，庆历七年（1047年），16岁的高氏与赵宗实结婚，当时宫中称“天子娶妇，皇后嫁女”，二人的婚姻一直被传为美谈。这青梅竹马的一对成婚后，很是恩爱。高氏婚后被封为京兆郡君，在濮王府，他们生活了近15年。

那么两人的感情好到什么程度呢？在《宋史》《长编》《续资治通鉴》乃至其余宋代笔记里都没有宋英宗晋封妃嫔的记载，在蔡京之子蔡绦所著的《铁围山丛谈》中曾提及英宗“左右无一侍御者”。这说明宋英宗很可能没有妃嫔，只有高皇后这一位妻子。身为帝王的赵曙面对后宫的3000佳丽竟然都不曾动心，在赵曙的眼里也只有高氏。两个人的感情，完全抛却皇帝和皇后这样的身份，在彼此的眼里，对方不是什么九五至尊的皇帝，也不是一人之下万人之上的六宫掌权者，对方只是自己的爱人而已。后来英宗治平年间，赵曙身体好转，但皇后仍不让他临幸其他的宫人。曹太后觉得不妥，就让亲信悄悄劝皇后：“官家即位已久，如今身体又已痊愈，怎么可以左右无一侍御者呢？”高皇后听后颇不高兴，回答说：“去跟娘娘说，我嫁的是十三团练，又不是嫁他官家！”可见，在高氏的眼里，赵曙只是自己初识的宗实，只是自己的夫君而已，而不是什么皇上。真是今生之只爱君一个，至死不渝。赵曙与高氏婚后婚姻生活美满，两人共生育了四子四女。皇帝所有的子女皆由皇后所出，后来即位的宋神宗，就是高氏所生。宋代帝王的子嗣一向不繁盛，而宋英宗和高氏就有八个子女，可谓是儿女双全，也许这也是上天对二人忠贞的爱情的嘉许。

赵曙虽然有点优柔寡断，大家都觉得英宗乾纲不振，以致皇后强悍如此，甚至因高皇后那番痴情小儿女的话：“去跟娘娘说，我嫁的是十三团练，又不是嫁他官家。”而笑话宋英宗的“惧内”。但是，谁又能说，这不是宋英宗对高氏的宠爱呢？一个九五至尊的皇帝，又怎么会因为害怕皇后而不敢染指其他女子？就算高氏有着王熙凤的毒辣，宋英宗也完全可以像贾琏一样、像宋真宗一样，金屋藏娇啊，可是宋英宗并没有，这也许就是对高氏的爱吧。宋英宗在历史上是有名的脾气好，但是为了高氏却倔起来了，跟养母曹太后作对，只是为了尊重皇后，按她意见不纳嫔御，足见宋英宗对高氏用情极深。

## 垂帘听政，女中尧舜

赵曙16岁时与高氏在宋仁宗与曹皇后的主持下结为夫妻，后来因宋仁宗皇子夭折，又是在曹皇后的支持下得以即位为帝，高氏也顺理成章地入主中宫。宋英宗死后，宋神宗继位登基，但是宋神宗的命也不长，元丰八年（1085年）神宗病逝，宋哲宗继位，因哲宗年幼，高氏以太皇太后身份听政。高氏在执政期间虽然没有什么突出的政绩，但是，却为后世树立了良好的典范：执政期间，高氏从来是严格要求娘家人，不肯逾礼半点，也没有造成外戚干政的局面。这一点对后世垂帘听政的太后们影响是很大的，有宋一朝，垂帘听政的太后很多，却没有一个像吕后和武则天一样，外戚干政甚至到了谋朝篡位的地步。高氏保证了赵氏王朝的安稳，保住了高氏家族的清名。由于高太后廉洁自奉，处事公正，所以她垂帘听政期间，朝政比较清明，她因此也被称为女中尧舜。

高太后拒绝了为自己弟弟升官的请求。高后的弟弟高士林任内殿崇班很长时间，当时宋英宗想升他的官，高后谢绝说："士林能在朝做官，已经是过分的恩典了，怎么好要求更多？"

高太后拒绝了朝廷为高氏修建宅第的请求。宋神宗时几次要为高氏家族修建豪华的宅第，高太后都不答应，最后由朝廷赏赐了一片空地，自己出钱建造了房屋，没用国库一文钱，这实在是难得。

高太后拒绝了为自己侄子升职的请求。高太后的两个侄子高公绘、高公纪都该升观察使，但她坚持不允，一来不想落人话柄，二来也是保全两人的性命，但是宋哲宗一再请求，高皇后才答应官升一级。

高太后拒绝了为自己家族封尊号的请求。一次高公绘呈上一篇奏章，请朝廷尊崇哲宗生母朱太妃和高太后的家族。高太后见奏知道这不是高公绘的文章，担心有人从旁唆使，于是召来高公绘问道："到底是谁让你写的这奏章？"高公绘见瞒不了就说出了这主意的是邢恕，并代自己起草的奏章，高太后不但不允所请，还把邢恕逐出了朝廷。

以上只是几个事例，但是从这几个事例中我们就可以看到，无论是给自己高氏家族人升官，况且升的官都不是什么宰相之类的要职，还是给高氏家族封一个虚名的封号，高太后都没有准许，足见高太后的清廉圣明。

### 一代贤后，终得善终

元祐八年（1093年）秋，高太后病重，几天后，病逝于汴京。终年61岁，谥号为宣仁圣烈皇后。

## 向氏：宋神宗赵顼皇后

姓名：向氏

生卒年：1046~1101年

籍贯：河内（今河南沁阳）

婚配：宋神宗赵顼

封号：皇后

谥号：钦圣

向氏，河内（今河南沁阳）人，曾祖父向敏中曾经任过宋朝的宰相，也算是出身官宦之家。向氏生于1046年，卒于1101年，享年55岁。宋神宗在王安石变法未成后死去，还是皇后帮他收拾的残局。

治平三年（1066年）春，向氏嫁给比她小三岁的赵顼为妃。

治平四年（1067年）正月，英宗赵曙去世，赵顼继位，是为神宗。

治平四年（1067年）二月，向氏被立为皇后。此后不久她便生下了一生中唯一的孩子燕国公主，虽然向氏不受宋神宗的宠爱，但是向氏为自己生下公主，宋神宗对她还是很尊敬的。

元丰元年（1078年）二月，年仅12岁的燕国公主病死，这对向氏的打击很大。

1085年，神宗去世后，赵煦继位，就是宋哲宗，向氏被尊为皇太后。宋哲宗驾崩后，向氏临朝听政，但是并没有什么显著的政绩。

元符三年（1100年）正月初八，向氏拥立端王赵佶为帝，是为宋徽宗。

七月初一，当向氏看着朝政纳入轨道后，她便归政于赵佶。

不久，向氏因病逝于慈宁殿。

向氏生前不贪恋权力，没有给娘家人什么特殊的权力，但是在向太后薨后，赵佶追念不已，特命向氏的两个弟弟向宗良和向宗回为开府仪同三司，分别封汉东郡王、永嘉郡王，自向敏中以上三代也破例追列王爵。

## 王氏：宋徽宗赵佶皇后

姓名：王氏

生卒年：1083~1108年

籍贯：开封

婚配：宋徽宗赵佶

封号：皇后

谥号：初谥靖和，后改谥惠恭

王氏，开封人，德州刺史王藻之女。共生育宋钦宗赵桓和崇国公主两个孩子，初谥靖和，后改谥惠恭，葬于裕陵之侧。

元符二年（1099年）六月，时为端王的赵佶与王氏结为夫妻，当时王氏正是二八妙龄最美丽的年华，结婚后王氏被封顺国夫人。

元符三年（1100年）正月，赵佶登基为帝，王氏也顺理成章地被册立为皇后。

当皇后是古代每个女子的梦想，可是身处皇后宝座的王氏却并没有感觉到幸福。

王氏虽然出身名门，但是遗憾的是她的相貌一般。赵佶是历史上有名的风流皇帝，对王氏又怎么会宠爱？在皇宫中没有皇帝的宠爱，这皇后的头衔也是虚名一个。宋徽宗不但不宠爱王氏，甚至还怀疑王皇后的品德。虽然身为皇后的王氏从来不摆架子，但是她毕竟坐在皇后的宝座上，自然成为觊觎皇后宝座的人的眼中钉肉中刺，古语有云：枪打出头鸟，树大招风。王氏被宦官杨戬在宋徽宗面前告了一状。宋徽宗虽然不宠爱王氏，但是也不能接受皇后红杏出墙，于是不管事情的真假，直接就命令刑部调查此事，最终也没有找到证据证明王皇后有失德之处。

不被宋徽宗宠爱也得不到宋徽宗的信任，王皇后已经很悲惨，可是，得宠的郑贵妃，还是不肯放过王皇后，经常与其他的嫔妃嘲讽王皇后不得宠。王皇后为了大局着想，却从来不与其他的嫔妃计较。

大观二年（1108年）十月，王氏病死，年仅25岁。王皇后秉性恭俭，老实端庄，在历史上没有值得称赞的政绩，但是她宽广的胸怀值得后人敬佩。

## 郑氏：宋徽宗赵佶皇后

姓名：郑氏

生卒年：1079~1130年

籍贯：开封

婚配：宋徽宗赵佶

封号：皇后

谥号：显肃

郑皇后，宋徽宗赵佶皇后。郑皇后在北宋的历史上是升迁最快的一位皇后，也是遭遇最为悲惨的皇后。郑皇后的出身并不是很高贵，她的父亲郑绅，一开始是一个直省官，后来郑氏做了皇后，她的父亲才被封为太师、乐平郡王。

大观四年（1110年）十月，郑皇后入主中宫，成了皇后。

宣和七年（1125年）冬，郑氏被尊为道君太上皇后，迁居撷景西园。

靖康二年（1127年），郑皇后和宋徽宗被金国军队俘虏，被押解北国。从高高在上的皇室成员变成了敌国的阶下囚。

建炎四年（1130年）九月，死于五国城，终年51岁。

绍兴七年（1137年），南宋王朝才闻知了她的死讯，谥号“显肃”。

绍兴十二年（1142年），郑氏与赵佶的梓宫运回南宋，两人合葬于会稽永佑陵，终于回到了自己的国家，但却是受尽金人欺辱命丧黄泉之后回到的故国。

## 过河拆桥的郑皇后

郑皇后不是贵族出身，不够高贵的出身对郑皇后来说可不是什么优势，所以郑皇后一直在想办法提高自己的出身——那就是找一些出身高贵的人拉亲戚，往人家的家谱里面挤。据史料记载，有一个姓郑的开封人叫郑居中，刚考中进士，当了礼部员外郎，本来他与郑氏只是同姓而已，最多也就是500年前是一家，可是他到处自称是郑氏的叔伯兄弟。郑氏听说了，居然默认了这种关系，并且向赵佶竭力引荐，很快使郑居中升为同知枢密院事。这样一来，自己好歹也和进士是同族了。

大观四年，郑居中因与蔡京钩心斗角，这时郑氏刚刚当了皇后，政治斗争可是说不清的，可能一步登天也可能一脚落地，此时的郑皇后可不希望这变幻莫测的政治斗争给自己惹上什么麻烦，于是对赵佶说：“妾回娘家省亲，见居中与父亲相往来，人们都说他在招权市贿，应该加以禁绝，并允许御史弹劾。”结果，郑居中宰相没当上，反而被罢为观文殿学士，可怜的郑居中做宰相的梦想也只能是梦想了，他万万想不到当年与自己结盟的郑皇后会单方面毁约，而且是在自己毫不知情的情况下给自己来了一石头。

当然也有人说郑皇后是一位贤后，册为皇后时，有司要给她制作一套新的冠服，她推辞说：如今国用不足，财政有困难，制作新冠，费用很多，请求把当贵妃时用的旧冠改制一下就行了。无论郑皇后的话真心还是假意，这笔开支确实是省下来了。

## 末代皇后的人生末路

政和七年（1125年）冬，金兵南犯，北宋王朝灭亡几乎就是一夜之间的事情，赵佶不想做亡国之君，急急忙忙禅位于太子赵桓，被尊为教主道君太上皇帝，迁居龙德宫，郑氏被尊为道君太上皇后，迁居撷景西园。但是此时至少还没有亡国，至少自己还是一个皇太后，郑皇后一生最凄苦的日子，是从靖康元年就是1126年开始的。从这一年开始，郑皇后先是在各地流亡。好不容易敌人撤兵了，以为自己可以安度晚年了，谁知竟然亡国了，堂堂的大宋太后成了阶下囚，这还不是最惨的，最惨的是堂堂的大宋太后成了妓女，更惨的是，在有生之年都没有回到宋朝，与韦贵妃比起来，郑皇后的结局比较悲惨。

靖康元年二月初，金兵从汴京城下撤走，郑氏决定回京。赵桓亲自到郊外迎接郑氏，安置到了撷景园改名的宁德宫，称为宁德太后。郑氏深受感动，写信告诉了赵佶。赵佶遂打消了顾虑，回到汴京，依旧住在龙德宫。

靖康元年闰十一月二十五日，金兵攻破汴京。

靖康二年二月六日，金人掳宋宗室，赵佶、赵桓两个皇帝自然免不了是要被废掉的。郑皇后一个弱质女流也只能任人摆布。可是郑氏的父亲郑绅作为宋徽宗的老丈人却得到了赦免。原来郑氏不愿意父亲受自己连累，大胆去找金军统帅粘罕，说道："臣妾有罪，自该随上皇北迁。但臣的家属未尝干预朝政，敢请元帅开恩留下。"粘罕点了点头，果然派人把郑绅送回了城中。金将对郑绅说："你女儿很会说话，进退有法，容止雅丽，所以元帅才特别开恩的。"从这一点上看，郑皇后还是很有胆识的，只是英雄已近末路，无力回天了，再怎么有胆识，郑皇后还是被押往了北方，受尽屈辱而死。

# 韦氏：宋徽宗赵佶婕妤

姓名：韦氏

生卒年：不详

籍贯：不详

婚配：宋徽宗赵佶

封号：婕妤

谥号：显仁皇后

韦氏，开封人，父亲韦安道，是一个平民百姓，被宋高宗赵构封为郡王。韦氏在早年便被选入宫当了郑皇后的侍女，这是《宋史》中的记载。但有的野史说她是会稽（今浙江绍兴）人。史书记载韦氏脾气平和，信奉佛道。但是，官方史书在一定程度上肯定会有修饰。

在崇宁末年，韦氏被封为平昌郡君、才人。

大观元年（1107年）正月，生了赵佶的第九个儿子康王赵构，晋封为婕妤。

靖康二年，韦氏和所有宋朝后妃被金兵俘虏北去，同年被南宋开国皇帝赵构遥尊为宣和皇后，韦家亲属也有30余人封了官。

绍兴十年（1140年），南宋遥尊韦氏为皇太后。

绍兴十二年（1142年），宋、金议和，金朝答应归还韦太后。

绍兴十三年（1143年），主持赵构册立吴氏为皇后的大典。

政和十九年（1149年），韦氏70大寿，赵构将凡与韦氏稍有亲戚关系的人都封官，总数达2000人之多。

绍兴二十九年（1159年），韦氏寿登80，赵构再行庆礼。亲属晋官一等。长寿的普通百姓也跟着她沾了光，庶人年90以上者，宗室子女及贡士以上的官员父母80以上者，全被封官。

绍兴二十九年（1159年）九月，韦氏生病而死，谥号显仁。葬于会稽永佑陵的西侧。

## 身世之谜

《宋史·韦贤妃传》中记载韦太后是皇后的侍女，后来宋哲宗要选择20名处女分赐诸王，韦氏被选中，分到了端王赵佶府。但是也有人说，韦太后原来是宰相苏颂的侍女，一夜本应给苏颂伴寝，可是整夜韦太后莫名其妙地解手，苏颂当下说韦氏是大富大贵之命，不敢染指，劝韦氏进京。于是，韦氏进京刚好赶上宋哲宗要选择20名处女分赐诸王，韦氏被选中，分到了端王赵佶府。所以，历来大家对于韦太后的祖籍出身都是莫衷一是。《宋史·韦贤妃传》记载，韦太后在为侍女期间与乔贵妃结下了深厚的友谊，关于这段友谊，史料曾这样记载："乔贵妃，初与高宗母韦妃俱侍郑皇后，结为姊妹，约先贵者毋相忘。既而贵妃得幸徽宗，遂引韦氏，二人愈相得。二帝北迁，贵妃与韦氏俱。至是，韦妃将还，贵妃以金50两赠高居安，曰：'薄物不足为礼，愿好护送姊还江南。'复举酒酌韦氏曰：'姊善重保护，归即为皇太后；妹无还期，终死于朔漠矣！'遂大恸以别。"就是说，乔贵妃与韦贵妃一开始都是郑皇后的侍女，两个人约好，谁先得到了皇帝的恩宠得了富贵都不要忘了提携对方。后来果真乔贵妃受到宋徽宗的宠幸，乔贵妃就向宋徽宗推荐了韦贵妃。靖康那一年，宋徽宗和宋钦宗被押解北上，两个人都很害怕。直到宋高宗赵构做了皇帝要接韦贵妃回宫之时，乔贵妃还拿出50金，求官员好好送韦贵妃回宫，对韦贵妃说：姐姐你自己保重，回到皇宫一定会被尊为皇太后的，妹妹恐怕是要老死在这荒漠了。说罢，两姐妹抱头痛哭。从这一点上看，两个人的姐妹情谊是真的，两个人在险恶的后宫还能以真心对待，一来说明比较投缘，二来说明两个人都是性情中人，品质纯良，在这一点上，韦太后还是值得称赞的。不过，无论韦太后的出身到底是怎样的，重要的结果是，韦太后被分到了时任端王的宋徽宗的府里，才成就了韦太后这幸运也不幸的一生。

## 北宋的末代皇妃

说宋徽宗给韦太后带来幸运，也是不错的。

在崇宁末年，韦氏被封为平昌郡君、才人。大观元年（1107年）正月，她生下赵佶的第九个儿子康王赵构，晋封为婕妤。毕竟宋徽宗带给韦太后一段幸福的婚姻，相传，赵构生下三天，宋徽宗去看望母子，宋徽宗连连夸赞康王长得像韦太后，眉眼之间带着江南人的文化气息。要知道，宋徽宗是历史上有名的文学皇帝，他要是做文学家肯定不会比秦观的成就低，可是他偏偏生在帝王家，不知道是文学毁了一个帝王，还是一个帝王误了一位文豪。得到宋徽宗这样的称赞，可见宋徽宗是很喜欢康王赵构的。作为一个女子，儿子健康可爱，身为帝王的丈夫又如此宠爱，还有什么比这更让一个女人幸福的呢？此后的20几年间，韦氏除了奉道念佛，养育儿子，可谓是再平常不过的妃子的生活了。这样美好的生活，从靖康二年开始不复存在。

靖康二年，韦氏和所有宋朝后妃被金兵俘虏北去。韦氏在金朝受尽了凌辱磨难，有的记载说她被安置到浣衣院中，相传这浣衣院就是金朝官营的妓院，堂堂的帝王之妃成了伺候金朝王公贵族的妓女。还有另一种说法，有人说韦太后成了金朝皇帝的妃子，还有的书中说她嫁了一个金朝大王，还为这位大王生育了两个儿子。无论如何她一直在忍辱偷生，眼巴巴地指望着能有回归故国的那一天。还有人说，韦太后在金国的生活很没有尊严，当时她的身边有四个宫女也被押往北方，为了保持名节，其中两个自杀而死，金主知道了极为生气，就将二人首级挂于韦太后的寝宫门口，来羞辱韦太后。对于韦太后在金国的遭遇，虽然民间野史传闻很多，但是官方史书却一直是讳莫如深的，如今亦无法考证。

## 南宋的开国皇太后

靖康二年，赵构即位于南京（今河南商丘），建立南宋，是为宋高宗。他遥尊韦氏为宣和皇后，把韦氏的父亲韦安道从平民百姓一下子封为郡王，韦家亲属也有30余人封了官。绍兴十年（1140年），赵构遥尊韦氏为皇太后，每逢韦氏的生辰、节日，都遥行贺礼。身为北宋的妃子，却由南宋的皇帝册封为皇后、太后，这在两宋历史上是第一人，她还是南宋的第一位皇太后，可以说这样的双重身份，让韦太后的一生都耐人寻味。

## 老来得福，安度晚年

宋高宗赵构虽然不是很关心他的臣民，也不是很关心他的父皇，但是对韦太后却是格外地关心和孝顺。在位期间，宋高宗没有怎么讨论过北伐的事情，而是一有机会就和群臣商议怎么样能把生母韦太后接回来，而且一次次与金国商议，几乎到了乞求的地步，绍兴十二年（1142年），金国派萧毅到南宋议和，南宋派何铸、曹勋去金朝答谢金主的许和之恩，赵构把他们召入内殿嘱咐说："我北望庭闱，已经无泪可挥。你们见到大金皇帝，要说'慈亲在上国，只是一个无用老人罢了，对本国来说，则所系甚重'。一定要用至诚至哀的话劝说，或许他会有所感动。"可见在赵构的内心是真的非常敬爱他的生母的，如果只是拿赎回生母来作为自己议和的幌子，宋高宗赵构并没有必要如此卑微。赵构对萧毅说："我拥有天下，却连自己的父母都不能孝养，徽宗是赶不上了！今立誓书，应当归我太后，我不耻称臣讲和。否则，我不怕用兵。"萧毅回朝，赵构又色厉内荏地对他说："太后果能归还，我自当坚守誓约，若不然，虽有誓约，只是虚文。"如果真的只是拿赎回生母做一个讲和的借口，宋高宗赵构绝不会轻易用这么狠烈的口吻说出用兵二字的。

绍兴十二年（1142年），赵构进誓表给金朝，对金称臣，答应每年贡银25万两，绢25万匹，两国领土东以淮水、西以大散关为界，议和达成，金熙宗也终于答应让韦太后归朝。这年四月，与韦氏在金朝生活了17年的贵妃乔氏，摆下几个小菜为韦氏饯行，韦氏就这样与赵佶、郑皇后的棺材一起踏上了回归故国的旅途。八月，赵构亲率文武百官到临平（今浙江余杭）举行隆重热烈的迎接仪式，母子相见，抱头痛哭，韦氏挥泪如雨，这里面有喜、有悲，恐怕也不能没有怨愤。她被迎进临安（今杭州），住进了早就建好的慈宁宫。赵构对她也极尽孝心，常常在慈宁宫陪着聊天，到深夜还不肯离去，她便疼爱地说："快休息吧，天不亮就要早朝，可别耽误了国事。"有时韦氏饭量稍少一些，赵构都不胜忧惧，嘱咐慈宁宫的内侍们说："太后年已60，只有优游无事，起居适意，才能够身体康宁。缺少什么东西，你们不要让太后操心，只管来告诉我。"

回到朝廷的韦太后，真正地做起了太后。她从不干涉朝政，但如果说她什么事情都不管的话，也是不对的，她唯一参与的一件事情，就是为宋高宗赵构选了一位聪慧贤德的好皇后——吴氏。韦氏养成了节俭的习惯，有司献给她一只金痰盂，她觉着太奢华，令换成个涂金的。每年得到的贡奉财帛，除了用一小部分供佛奉道外，其余全都节省下来封存库中，后来她死的时候，丧葬之费就是花的这笔钱。可见韦太后就算是死也不肯花国库一文钱，在这一点上，值得后人称颂。

但是，也有人对韦太后颇有微词，说韦太后为人气量狭窄。当年回朝之时，在两国交界之处，王次翁曾经对自己不尊，于是韦太后刚刚在慈宁宫安顿下来，就向赵构诉说在楚州受到"刁难"，并说："王次翁身为朝廷大臣，居然如此不顾国家利害，万一生变，我母子恐怕就见不到了。"赵构勃然大怒，竟然想要处死王次翁。后人评价道，身为一国的皇太后这样的小事情还值得自己耿耿于怀，气量狭窄。那么这王次翁到底是怎么对韦太后不尊了呢?

绍兴十二年（1142年），赵构派参知政事王次翁和韦氏的弟弟安乐郡王韦渊到楚州迎接。高居安等人一定要求一千黄金后，才肯把她移交给宋人。好端端的为什么又要求一千金？原来在归途中走到燕山时，金朝人想再敲诈韦太后一笔，韦氏也深知这些金人的心思，向高居安等人借了三百两黄金，约好到宋境加倍偿还。这些黄金一部分被她施舍给佛寺，祈求神佛保佑，其余全赠送给从行的金人，买得这些人满心欢喜，一路上没再找她的麻烦。终于平安到了自己的国土，金人索要这一千金是正常的。可是韦氏身边根本就没有这一千金，就把事情的原委告诉了韦渊，要他赶快凑足还上。韦渊生性谨慎，来时自己又没带多少钱，就说有朝廷大臣在此，他不敢擅自做主，韦氏只好求助于王次翁。岂料，王次翁竟断然拒绝了韦氏的请求。担任奉迎提举知事的王瑛怕事情闹僵，再三劝说，王次翁仍不肯答应。双方就这样在边境上相持了整整三天，最后还是王瑛想方设法找来了千余两黄金送给金人，韦氏才得以迈过边境。从事情的经过上来说，王次翁确实是对韦太后不尊，但是也没有犯杀头的大罪，身为太后的韦氏应该看得出来这是奸臣秦桧权倾朝野才造成的，表面上是对自己不尊重，实际上韦氏更应该考虑到宋高宗的皇权问题，而韦太后却没有提醒宋高宗赵构这一点，确实是让后人感到失望，失望于韦太后竟然没有以皇权和江山社稷为重。

同时，还有人说韦太后是一个言而无信的皇太后。据说，韦氏在离开金朝时，钦宗赵桓跑来拉住她的车子，声泪俱下地说："慢着，慢着，你回去后千万想法把我也弄回去，我只求当个太乙宫使就够了，对九哥没有别的指望。"韦氏发誓说："我先回去，若不迎你，就让我瞎了双眼。"韦太后在回朝之前也曾答应一向对自己不错的乔贵妃"绝不忘此处的苦日子"，然而，从韦氏回宋后，直到她死去，人们一直没听见她提过赵桓和乔贵妃的事情。奇怪的是这时她的双目果真失明了，赵构请遍了天下名医都没有治好，有个修泉县朱仙观的道士皇甫坦用针灸术一针就使她的左眼重见光明。韦氏大喜，对皇甫坦说："请再费心治愈我的右眼，定当重谢。"皇甫坦却笑着说："太后能用一只眼睛看见东西就足够了，那只眼还是留着牢记誓言吧。"韦氏一听，吓出了一身冷汗。但接下来韦氏走到花房，又是欣赏又是欢宴，尽兴而罢，把皇甫坦的话统统抛诸脑后。无论韦太后的眼睛为何而瞎，在违背了自己的誓言这一点上，韦太后确实是有失善良。

总体来说，韦太后是南宋第一个皇太后，无论她的一生有过多少错事，但是她生下了宋高宗赵构，使宋王朝后继有人，展开了南宋的历史画卷。在这幅南宋的历史画卷之中也不乏贤能的皇后贵妃，其中由韦太后全力推荐的吴皇后，就是一个典范。

# 南宋

## 邢秉懿：宋高宗赵构皇后

姓名：邢秉懿

生卒年：1106~1139年

籍贯：开封祥符

婚配：宋高宗赵构

封号：皇后

谥号：宪节

邢秉懿，开封祥符人，父亲邢焕。高宗为康王时，聘娶邢氏，封为“嘉国夫人”。靖康二年（1127年）五月初一，宋高宗即位，建立南宋。建炎元年（1127年）七月，宋高宗遥册邢秉懿为皇后，并授予她的亲属25人为官。绍兴九年（1139年），邢秉懿于五国城去世，年34。绍兴十二年（1142年），迎回韦贤妃时，才得知邢秉懿已死，此时中宫已经虚位长达16年。高宗为她辍朝，谥为“懿节”。邢秉懿的梓宫送回后，安置在圣献太后梓宫西北。淳熙末年，改谥邢氏为“宪节”，祔高宗庙。

## 南宋的开国皇后

靖康二年，就是1127年农历五月初一，赵构建立南宋，赵构即位后，第一件事就是封邢秉懿为皇后，邢秉懿也就成了南宋王朝的第一位皇后，也是南宋王朝的开国皇后。与其他的皇后不同，邢秉懿没有经过宫廷争斗，没有与其他妃子争宠就直接坐上了皇后宝座，足见赵构对她用情至深，在宋高宗赵构登基为帝之时，身边还有一位妃子吴氏吴芍芬，一直追随着赵构，却没有被封为皇后。然而，作为南宋的开国皇后，邢氏却没有享受应有的尊重和衣食无忧的皇后生活，是历史上最悲惨的皇后之一。

## 纷繁战乱，与君生离

北宋的灭亡，间接成全了高宗的另一位皇后吴氏，却直接毁掉了邢氏的一生。据史料记载，原本想借助金国灭掉辽国的宋国每年都会给金国进贡“岁币”，谁知，虽然金国灭掉了辽国，可是金国这只老虎也彻底长成了，由积贫积弱的大宋王朝一手养成。金国早就对大宋的万里河山垂涎三尺，刚刚灭掉辽国，金国就举兵南下，金戈铁马，十万铁骑直奔北宋的都城——汴梁。而此时的宋钦宗却还在抱着求和的美梦，希望时为康王的赵构带着大臣和金银去磕头作揖，来换取赵氏王朝的残延。于是，宋钦宗派出赵构求和。

接到圣旨的赵构也希望尽快求和成功，以保宋朝江山，于是马不停蹄地开始准备去求和。然而，多次与金军交兵的宗泽却有另一种看法。他说：“金朝要你去议和，这是骗人的把戏，他们已经兵临城下了，求和还有什么用？你此去岂不是自投罗网！”听到这里，赵构一颗求和的心也动摇了，他也怕自己求和不成，不但保不住大宋王朝，自己再丢了身家性命就不值了，也怕自己死在金国，客死他乡的滋味可是不好受的。于是，赵构心生一计，他停下来驻扎相州（今河南安阳县），自称河北兵马大元帅，举着抗金的旗帜，却始终不能驱除金兵。赵构受宋钦宗之命去金国求和，此时的赵构已是有家之主，然而出使求和又怎么可能带着全家大小，就算赵构想带着全家大小，但是宋钦宗又怎么可能同意呢，万一求和不成，你赵构投降了怎么办呢？赵构也只好把妻儿留下。靖康二年（1127年），金兵终于攻陷汴梁，北宋政权宣告结束，宋朝皇帝、大臣、宗室等三四千人全部做了俘虏，包括赵构的一家八口。邢秉懿就此与高宗赵构分开，今生再也未能相见，两个人谁也没有想到这次竟是死别，只能盼望下辈子再相聚。

## 可怜金贵体，陷于泥沟

靖康之难起，邢秉懿与康王另外两位侧室田春罗、姜醉媚以及康王的五个女儿都被金人掳走，当时邢秉懿已有身孕。不幸的是，在被金人押往北方之时不慎从马上坠落，她与高宗赵构的孩子也流产了。国破家亡，与夫君生离，又痛失爱子，这一层层的悲痛几乎让邢秉懿精神崩溃。但是，她没有想到，还有更加悲惨的命运在等待着她。且不说这押往北方的一路上，美貌非凡的邢氏受到金国士兵的百般调戏，金国统治者更是没有人道，在邢氏刚刚小产没几天，金国的盖天大王就要强占她，绝望中的她差点儿自尽。

靖康二年（1127年）五月初一，宋高宗即位，建立南宋。高宗遥立原配夫人邢氏为皇后。为了对高宗进行羞辱，金人将其相关女眷包括生母韦贤妃、妻妾邢秉懿与姜醉媚，以及其两个女儿赵佛佑、赵神佑等，皆送入浣衣院。所谓的浣衣院，表面上是为军队洗衣服的地方，实际上是官营的妓院。据史料记载，当时的金廷把从北宋所掳掠来的女子关进“浣衣院”的地方，然后看中哪个就可以把她带走过夜。这种惨无人道的羞辱直到绍兴五年（1135年）才结束，邢秉懿等人被送至五国城与宋徽宗等人一起安置。1127年农历七月，宋朝前武义大夫曹勋受宋徽宗之托逃回南方。临行之前，邢秉懿脱下一只金耳环，命侍者交付曹勋，请他转交给宋高宗，说：“请代我告诉大王，我希望能像这只耳环一样，早日与他相见。”高宗得到耳环后，想起当初夫妻二人相亲相爱的日子，不禁泪如雨下，心生无限怜惜，但无奈此时无力营救邢氏，于是睹物思人，对这只耳环相当珍惜。而远在北方的邢氏，日夜盼望着高宗赵构来营救自己，可怜她这个愿望最终也没有实现。宋高宗赵构对邢氏用情极深，也曾多次派人和金国商量，把母亲韦妃和妻子邢氏赎回宋国，然而金国国主认为邢氏是南宋的皇后，高宗又用情极深，利用邢氏可以向高宗讹诈海量的金银和国土。

## 客死他乡，香魂一缕返故乡

绍兴九年（1139年），邢秉懿于五国城去世，年33。金熙宗下诏以一品礼祔葬，但金国却秘不发丧，并没有告知宋高宗邢氏已死的事实，而是依旧借用死去的邢氏的名字继续敲诈着高宗赵构。可怜的高宗赵构，还在杭州盼望着与邢氏相聚。绍兴十二年（1142年），迎回韦贤妃时，才得知邢秉懿已死，此时中宫已经虚位长达16年。高宗为她辍朝，谥为“懿节”。邢秉懿的梓宫送回后，安置在圣献太后梓宫西北。至此，邢氏终于返回了自己的故乡，却与高宗天人永隔了。

邢氏当了16年的南宋皇后，却从没有穿过皇后的礼服凤冠，没有执掌过凤印，从没有享受过皇后的待遇，甚至于从没有住进过皇宫，从没有接受过百官的朝拜，更没有下达过一道懿旨，从没有接受过子民的敬意！

所幸的是，邢氏这一生受到高宗赵构的宠爱。即使邢氏不在身边也要封她为后，为了等待邢氏归朝，生生地将中宫之位空悬了16年之久。

# 夏氏：宋孝宗赵昚皇后

姓名：夏氏

生卒年：？~1167年

籍贯：袁州宜春

婚配：宋孝宗赵昚

封号：皇后

谥号：成恭

夏氏，袁州宜春人，传说夏氏降生时，有异光穿入室中，这估计也是后人为了给她的出生渡上神秘色彩而杜撰的。

夏氏父亲叫夏协，据说为了送夏氏进宫，这位夏老爷倾尽家财，最后寄居在寺庙，因此也号为“夏翁”。由于出身不够高贵，美貌的夏氏在入宫之后成了吴太后的侍女，但是也正是因为在吴太后身边，她才能常常见到宋孝宗，可以说是因祸得福。

夏氏貌美贤淑，聪明伶俐，很快就得到了吴氏的喜爱，常常来探望吴太后的孝宗怎么可能会不注意到这美貌而聪慧的女子，不产生儿女情愫？于是，因为在宋孝宗即位之前，原配妻子郭氏已去世，吴太后就将夏氏赐给了他，封夏氏为齐安郡夫人。接下来，夏氏的皇后之路无比平坦。

绍兴三十二年（1162年），孝宗即位，夏氏被册为贤妃。没多久又被册立为皇后。

乾道三年（1167年），夏皇后去世，谥号安恭。宁宗即位后，又改谥成恭。夏皇后一生没有什么可以记述的政绩，是一位平凡的皇后。

## 李凤娘：宋光宗赵惇皇后

姓名：李凤娘

生卒年：1144~1200年

籍贯：安阳（今河南安阳）

婚配：宋光宗赵惇

封号：皇后

谥号：慈懿

李凤娘，安阳（今河南安阳）人。父亲李道，官庆远军节度使。李皇后是南宋历史上有名的妒妇，逼疯皇帝，气死太上皇，遗弃幼帝，可以说在历史上是独一无二的。她在位期间，将后宫弄得人心惶惶，人人自危，扰乱朝纲，滥杀无辜，赏罚不分，南宋也从宋孝宗的中兴走向没落。

## 黑凤盘旋，夜叉降世

在我国古代，历代史官修史书都喜欢将帝王将相以及帝王将相的后妃的出生神秘化，使之附带上神秘的色彩，来附和君权神授的统治思想。身为宋光宗皇后的李氏也有一个颇带神秘色彩的出生。只是，这李后的出生不与其他帝王将相相同，没有什么代表吉祥的动物或者天象出现，而是与历代的帝王将相恰恰相反，宋光宗李皇后的出生，充满了凶兆。

相传，宋光宗的李皇后出身是格外地诡异。李凤娘出生之时，在军营中出现了数只黑色的凤凰，而且盘旋于上空久久不肯离去。看着这数只浑身漆黑的凤凰，李道也是一个久经官场的老油条，心中早就生有一计，于是就借着这几只黑凤凰，给女儿取名为：凤娘，这样就给女儿的出生带上了神秘的色彩。事情正如李道所希望的那样，自己的女儿李凤娘果真成了皇后，自己也贵为国丈，只可惜，这皇后是一个被历代大骂不止的皇后。

## 道士为媒，祖父之命的“包办婚姻”

李凤娘和宋光宗的婚姻，是一桩彻头彻尾的包办婚姻，这桩婚姻的媒人不是体态肥胖、嗓门奇高的媒婆，而是一个老道士，只是这老道士的嘴却比普通媒婆的嘴还要不靠谱，还要能说会道。自古婚姻之事都要遵从父母之命，可是光宗的婚姻却是宋高宗亲自赐婚的，宋高宗为南宋选择了一个好皇帝宋孝宗，却没有为自己过继的孙子选择一个好妻子。

这位道士，就是有名的皇甫坦。要知道在道教盛行人人梦想修道成仙的宋朝，这道士的话还是很有力度的。况且皇甫坦不是一般市井骗吃骗喝的糊涂道士。相传，皇甫坦为宋高宗的母亲韦太后治好了她的眼疾，因而宋高宗对皇甫坦是极其信任的。

有一次，皇甫坦来到了庆远节度使李道家中，李道知道皇甫坦深受宋高宗的信任，天赐良机，怎么能错过？于是，李道借口说请皇甫坦为自己的女儿们相面，实际上只是为了向皇甫坦介绍自己的二女儿李凤娘。直到李凤娘出来，让皇甫坦为她相面，李道就将李凤娘的出生添油加醋说了一遍。这皇甫坦也是一个明白人，当然明白李道的用意，看这李凤娘也是国色天香，眼角眉梢也带着精明，立马就开口说道：

“令千金乃是娘娘的命，小道不敢受拜。”

皇甫坦此言一出，李道一家好生把这皇甫坦送出李府，就只等着这道士的好消息了。这道士也是不负李家所托，回到宫中，立即求见对自己极为信任的高宗皇帝赵构。说已为他找来了一名好孙媳，其间又是添油又是加醋地把李凤娘的外貌说得堪比仙子下凡，说这李凤娘是大富大贵的命，是旺夫的，又提议以面相大贵的李凤娘为孝宗三子恭王赵惇之妃。后来，孝宗太子病亡，太上皇高宗与嗣皇帝孝宗决定以排行第三的赵惇为太子，恭王妃李凤娘也随即成了太子妃。后来孝宗禅位太子，赵惇即位，是为光宗，以嫡妻李凤娘为皇后。

按照惯例，这婚姻大事也应该由宋孝宗来做主。其实，对于这桩婚姻，贤明的宋孝宗是不同意的，但是宋高宗都已经发话，一手操办了，身为儿子，宋孝宗也只好不言不语。事实证明，宋孝宗的反对是正确的，当这位历史上有名的张扬跋扈的李凤娘大闹赵氏王朝的时候，宋高宗赵构的肠子已经悔青了，说自己生生误了孙儿宋光宗的婚姻。

## 古今第一妒后

汉朝吕后是一个嫉妒心很强的人，但是和这位李皇后比起来也是要“退居二线”“略逊一筹”的。吕后虽然将戚夫人残害得生不如死，那也只能说明吕后心狠手辣，因为毕竟吕后并没有对汉高祖身边所有的嫔妃下手啊，至少刘恒的母亲还是好好活下来了，还做了皇太后。而这位李凤娘可是就连一个侍女也不会放过的。相传，有一次宋光宗洗手，看到一位侍女的手生得甚是好看，就随口说了一句：此手堪比柔荑了。就是这一句话已经让这位嫉妒的皇后怒火中烧，这笔账就记在了她的心里。转过身宋光宗早就把这宫女忘得一干二净了。直到有一天，李皇后派人给宋光宗呈上一个锦盒，宋光宗还以为是什么点心之类的，打开锦盒竟然是一双鲜血淋漓的手，此时想起那位被自己称赞过一句的侍女，心里又是怕又是气愤，可是又不好发作，只好生生咽下这口气。

不过与黄贵妃相比，这位宫女算是幸运的了，黄贵妃可是生生被李凤娘乱棍打死的。相传，由于李凤娘妒忌心太强，宋光宗的后宫嫔妃很少。这其中宋光宗比较宠爱的就是黄贵妃。有一次，李凤娘要立自己的儿子嘉王扩为太子，自己去找宋孝宗要求宋孝宗同意，可是没有想到却被宋孝宗大骂一顿，回来之后却发现宋光宗竟然又跑去了黄贵妃那里。于是，这所有的火气都爆发出来了，她怒发冲冠，脚不沾地直接就去了黄贵妃的寝宫，到了黄贵妃寝宫的门口，连礼仪都不顾了，也不准许内侍通报，直接就进了门，一眼撞见宋光宗正在与黄贵妃促膝而谈。嫉妒的火焰使她冲口而出："皇上的病刚好，应该节欲保重龙体啊。"见到这李凤娘如狼似虎的样子，黄贵妃早就吓得魂飞魄散，双膝如筛糠一般给李凤娘行礼，可是李凤娘连看都没有看一眼黄贵妃，直接拉着宋光宗就走。宋光宗看这般情景也是不敢看黄贵妃，甚至一句宽慰的话也没能说上，就这么走了。过了几日，宋光宗出宫祭祖，李凤娘就直接命人把黄贵妃用木棍打死，就连尸体也是随便处理，可怜黄贵妃死也没有得到个好死。等宋光宗回宫之后，就假说黄贵妃突然身染恶疾暴病而亡。本来就身体抱恙的宋光宗听说黄贵妃死讯身体就更加虚弱了。但是，宋光宗明明知道是李皇后害死的，却也不敢言语，甚至连去看看黄贵妃的遗体也没能如愿。宋光宗剩下的两个比较得宠的妃子，看到黄贵妃这么悲惨的下场，当李凤娘让她们下嫁给地位低贱的粗野武夫时，也只能唯命是从，毕竟性命最重要。

可见这李凤娘李皇后，嫉妒之心是多么强烈，手段更是毒辣阴狠。

## 目无尊长

宋光宗拿这悍妇没有办法，可是已为太上皇的孝宗与太上皇后谢氏早就留意到李凤娘的所作所为，下决心要好好劝诫一番。谢氏为皇后时，对太上皇高宗和吴太后孝顺有礼，恭敬非常；可是如今李凤娘不仅对丈夫光宗无礼，更处处顶撞太上皇，想到这里，谢太后就将李凤娘召来，对李凤娘说：你应该学学我，孝敬长辈，不要失去一国之母应该有的气度和仪态。谁知道，这张扬跋扈不讲道理的李凤娘却张口顶撞说："我与皇上是结发夫妻，名正言顺，又有何不可？"这明明就是暗讽太上皇后谢氏非孝宗嫡妻，这句话让谢太后一时之间也不知道该如何对答。这句话触到了谢太后的痛楚，把谢太后气得直奔宋孝宗的寝殿，对宋孝宗哭诉儿媳妇是多么不懂得孝道，又如何顶撞自己。宋孝宗本来就不同意这桩婚姻，如今看到这李凤娘如此目无尊长，于是与谢太后商议打算废掉李凤娘。可是，这时太师史浩却出来全力阻挠。史浩说："新皇刚刚登基即位，刚刚册封皇后，现在就突然要废后，只怕会引起朝廷震荡，对新皇不利。"宋孝宗和谢太后为了让儿子宋光宗坐稳江山，也只好作罢，废后一事也不了了之。

李凤娘不但顶撞谢太后，就连宋孝宗也不放在眼里，与谢太后一样的待遇，一起顶撞。光宗身体一向不好，时常卧病在床。这日，宋光宗病终于好了。李凤娘一改往日彪悍的作风，温柔地摆上了酒席。原来光宗最初即位时，没立嫡长子赵扩为皇太子，令李凤娘忐忑不安。于是趁着这次宋光宗病愈，就摆上酒席，乘着酒兴说："嘉王年已长成，何不立太子？也可助陛下一臂之力。"明明是让宋光宗立自己的儿子为太子，为自己的儿子谋权力，却打着关心宋光宗身体的旗帜。宋光宗沉吟说道："朕亦是此意，但须禀明寿皇，方可册立。"李后一听立马就火了可也不好发作，忍着怒火道："这事也要禀明寿皇吗？"过了几日去重华宫拜见寿皇，李凤娘开口说道：皇上多病，臣妾愚见，不若立嘉王扩为皇太子。寿皇说道："内禅才及一年，又要册立太子，也觉过早了，况立储君也要择贤，稍待数年，尚未为晚。”李后说道：“立嗣以嫡，古以常理，妾乃六礼所聘，嘉王扩系妾所生，年又长成，如何不可立为太子？”孝宗随即呵斥：“你也太无理了，竟然敢拿这话揶揄我？”谁知道这张扬跋扈的李氏竟然拂袖而去，把太上皇也不放在眼里。

## 挑拨父子关系

历史上，宋孝宗与宋光宗的父子关系不和，这其中多是受了李凤娘的挑拨。

从重华宫回来，李凤娘拉着自己的儿子赵扩跪在宋光宗面前，说有很大的事情要和宋光宗说。于是就将宋孝宗不同意立自己儿子嘉王扩为太子的事情添油加醋地说了一遍，甚至说宋孝宗有把宋光宗也废掉的打算，听了这些，宋光宗也不管事实的真假，就这样信了李凤娘的话，说自己以后再也不去重华宫，自此父子的关系就时好时坏。

一年九月，是孝宗的生日，光宗仍然不去为宋孝宗贺寿。时任宰相的谢深甫上书：“父子之亲，天理昭然，太上皇之爱陛下，亦犹陛下之爱嘉王。况太上皇春秋已富，千秋万岁后陛下何以见天下？”言外之意，皇上啊，太上皇爱你就像你爱自己的儿子赵扩一样，而且太上皇也活了这么久了，估计也没有几个生日可过了，你现在不去为太上皇贺寿，等太上皇驾崩了，你还有什么脸面来面对天下百姓？话都说到这个份上了，光宗于是答应去重华宫看望宋孝宗，正准备传旨起驾去重华宫。谁知李后却在屏风后拽住光宗，这时大臣陈傅良也快走几步拽住了光宗的衣袖。李氏见此情况，遂更加用力拽光宗，不料陈傅良也随之入内，可见这李凤娘用了多大的力气啊，生生把两个男子拽进了屏风！李氏横眉竖眼喝道：“此是何地，你敢入内？奴才家不怕砍头吗？”陈傅良也只是一个臣子，当然也怕掉脑袋的，只好松开手退出屏风，在屏风外哭泣。李皇后又不耐烦地问：“为何哭泣？”言外之意，你有什么好哭的？陈傅良说道：子谏父不从，则号泣随之，臣之事君犹如子之事父，力谏不从，如何不泣？臣子的话已经说到了这个份上，李皇后却还是没有和宋光宗去看望宋孝宗。后来宋孝宗身体抱恙，接连三月，光宗依旧不去问候。彭龟年叩头流血谏光宗去看望孝宗，可是宋光宗却和李皇后去游园赏景了，直到宋孝宗驾崩也没有见到儿子宋光宗，甚至宋孝宗的丧礼，宋光宗也借口身体不好，就是宋高宗的吴皇后下旨也没有起到任何作用，宋光宗依旧不肯为宋孝宗主持丧礼。

可见，这宋光宗对宋孝宗有绝大的误会，才会如此绝情，这李凤娘也是狠辣，生生将父子弄得跟仇人似的。遗憾的事情是，李凤娘不但目无尊长，就连对自己的丈夫和儿子也没有真正的爱意，宋光宗的精神分裂和抑郁症多半是李凤娘造成的。

## 河东狮吼，气疯皇上

李后为安阳人，出生之时有黑凤聚集在集市之上，故得名凤娘。李后所倚仗的都是内侍，光宗有意将这些内侍尽数除去，可是李后一直从中庇护，时间久了，光宗就此得了抑郁症。孝宗得知自己的儿子身染疾病，就召回御医为光宗诊治，并开出了药丸，然而这一切被内侍所知道，并禀告了李氏，孝宗不见光宗来诊治，心里很是着急。光宗病重，李凤娘却在前廷垂帘听政。寿皇终究还是爱自己的儿子，亲自来探望宋光宗，李氏听说后立马赶回，见了孝宗却不行礼，孝宗问道："你在何处，因何不侍上疾？"李后答道："妾因皇上未愈，不能躬理政务，外廷奏章，由妾收阅，转达宸断。"孝宗说道："我朝家法，皇后不预朝政。便是慈圣曹太后、宣仁高太后两朝也要与宰相商议，未尝专断。我听说你自恃才能，一切政事擅自主张，这是我家法所不允许的。"李氏说："妾何敢有违祖制，所有裁决事件，仍请皇上做主。"孝宗说道："皇上的病因何而起你自己还不清楚吗？"孝宗顾忌光宗的身体，就离开了。光宗想恭送自己的父亲，却被李氏的一个眼神给瞪回去了。光宗内心是多么的苦闷，身为一朝天子，却连送送父皇都不能，这换了谁都会得抑郁症啊。

终于，宋光宗再也无法忍受这傀儡生活了，恰逢宋孝宗驾崩，可是光宗又不肯去为宋孝宗主持丧礼，朝廷大臣和太后确实是无法再让这样一个无德的皇帝统治宋王朝了。于是赵汝愚、韩侂胄等人就请示高宗遗孀吴太皇太后，逼宋光宗退位，拥立嘉王赵扩登基，是为宋宁宗。这一逼宫举动，让宁宗很为难。一方是自己的父母，虽然父亲有病，但生身母亲在掌权，这样做了，不是造父母的反吗？一方则是公义所在，祖父丧事要办，且太祖母也出面了，实在不能拒绝。他在喃喃自语“使不得”中，硬是被韩侂胄拖上皇位。如果不是母后李凤娘一贯张扬跋扈逼疯了父皇，使得父皇不能理朝政，失去德行，自己也不用做这造父母反的皇帝，自己完全可以名正言顺地登基为帝。可是，就在宁宗赵扩万般无奈之下登上皇帝宝座之后，刚刚即位的儿子正需要母亲的时候，李凤娘却又抛弃儿子不管，反而去诵经念佛。应该管理朝政的时候去念佛，不该管理朝政的时候却到处插手。李凤娘辅政时期，她封娘家三代为王，侄子孝友、孝纯官拜节度使，一次归谒家庙就推恩亲属26人，170多人授为使臣，下至李家门客，都奏补得官。李氏家庙也明目张胆地僭越规制，守护的卫兵居然比太庙还多。李凤娘外戚恩荫之滥，是南宋建立以来所没有的。李氏给自己家修建家庙，其规模竟然与太庙不相上下。这位李皇后是生生地扰乱了大宋赵氏王朝的朝纲，弄得后宫鸡犬不宁，弄得前廷上下震荡。

## 破席裹尸，悍后归天

庆元六年（1200年），有人算出李皇后今年有大的灾难，于是李凤娘这个一生彪悍的悍妇也开始害怕，她竟然开始念佛，一生滥杀无辜的李凤娘竟然在宫里开出一块地，建立佛堂，念佛为自己祈福去了。可是，谁知她在佛堂中染病，又没有人来关心照顾，没有人愿意照顾她，更没有人去通报宋宁宗，于是李凤娘也没有得到医治，在孤寂中死去。

李凤娘死后，这也得办丧事啊，尸体也不能就这么放着啊。于是，宫人到中宫为其取礼服，管理钥匙的人拒不开启中宫殿门，可见这李凤娘是多么令人讨厌，就连死也得不到别人的原谅，结果礼服自然是没有取到，宫人们只得用席子包裹尸体，准备抬回中宫治丧。半路上忽然有人大喊：“疯皇来啦！”宫人们一向怕遇见疯疯癫癫的光宗，一听到喊声，便丢下尸体，急忙散去。过了很久，他们才知道这不过是旁人故意喊叫，再回去寻找李氏尸体，尸体已经发臭了，宫人们只好燃起很多香料，来掩盖这难闻的尸臭。

李凤娘在位期间内不能管理六宫，外未能辅佐朝政；上不孝敬长辈，下不能躬身教子，又不能忠心护夫，把整个宋光宗一朝弄得是鸡犬不宁。自宋光宗一朝之后，本来就积贫积弱的南宋光景日下，开始走上了真正的下坡路，这位张扬跋扈、骄横无理、心狠手辣的李皇后也为后人所批判谴责。

## 韩氏：宋宁宗赵扩皇后

姓名：韩氏

生卒年：？~1200年

籍贯：相州（今河南安阳）

婚配：宋宁宗赵扩

封号：皇后

谥号：恭淑

恭淑皇后韩氏，南宋宁宗皇后，相州（今河南安阳）人。韩皇后出身名门，韩侂胄（宋宁宗时期的权臣）的族人。淳熙十二年（1185年）八月，韩氏与赵扩结合，被封为新安郡夫人，之后又被晋封崇国夫人。赵扩即位为宁宗后，韩氏被册封为皇后，父亲被封为扬州观察使，母亲庄氏被封为安国夫人。庆元六年（1200年）病逝，谥曰恭淑，葬永茂陵。

虽然韩氏出身名门，但是最初与自己妹妹进宫之时，韩氏只是吴皇后的侍女。但是，韩氏美丽聪慧，深得吴皇后的喜爱。吴皇后见韩氏堪当大任，就将韩氏赐给了宋宁宗。可惜的是，韩氏命里无福，只做了短短六年的皇后就死去了。

## 杨桂枝：宋宁宗赵扩皇后

姓名：杨桂枝

生卒年：1162~1232年

籍贯：会稽山阴

婚配：宋宁宗赵扩

封号：皇后

谥号：恭圣仁烈

恭圣仁烈皇后，原名杨桂枝，南宋宁宗皇后。《宋史》《历代妇女著作考》《绍兴县志》《绍兴市志》等史书对杨皇后的评价很高，说杨皇后是一位杰出的女性，但是也有人认为杨皇后是一个善于心计、扰乱朝纲的狠毒的皇后。

一般认为，杨皇后是宋会稽山阴人，《浙江名人大辞典》里面就明明白白地写着："杨皇后，女，上虞人，次山妹。少以姿容入宫，宋宁宗嘉泰二年立为皇后。善诗词、工书法、颇涉书诗、知古今。性机警，诛韩侂胄、立理宗，皆出其谋。理宗立，尊为皇太后，同听政，谥恭圣仁烈。"但也有人认为她是宋睦州青溪（今淳安）辽源（今里商乡）十五坑人，祖父杨宇，河南开封人。相传，杨桂枝出生的地方，后来被称为"皇后坪"，这个遗址一直保存在淳安。关于这位杨皇后，入宫之前的生平史实很难考证，后世也只能猜测。在《宋史》一书中，对杨皇后也很少笔墨，只简单记载了杨皇后如何登上皇后宝座以及如何害死韩姓权臣，反对宁宗皇帝遗诏另立新君等几件事情。

## 伶人的皇宫升迁

1195年，时宋宁宗27岁，杨皇后已33岁，被宋宁宗看中，得太皇太后赐婚，并封平乐郡夫人。随后受宋宁宗宠爱，一帆风顺：1197年晋封婕妤；1199年晋婉仪；1200年晋贵妃（这年韩皇后去世）；1203年册封皇后。

虽然对杨皇后入宫之前的记载很少，但是杨皇后出身伶人这一史实却是准确无疑的。杨皇后的养母张氏，也是因为宋高宗吴太后的宠爱才得以进宫。宁宗的韩皇后也是受到吴太后的宠爱才得以成为皇后的，但是韩皇后命里福薄，仅仅做了六年的皇后就去世了，如果韩皇后还活着，或许杨皇后就没有机会干涉朝纲了。原来张氏的母亲在生前常常为吴太后歌舞，到她死后，吴太后还是念念不忘，内侍告诉吴太后，张氏继承了她生母的遗传也是一个能歌善舞的女子，于是吴太后把张氏接进皇宫，留在身边为自己歌舞，当然，一起接进皇宫的还有杨桂枝也就是后来的杨皇后。

杨皇后是一个聪明漂亮的女子，也善于洞察人心，连一向机警的吴太后也被她哄得团团转，对她是百般宠爱。史书对此事曾有记载，说杨皇后“举动无不当后意”。相传，吴太后对杨皇后的宠爱几乎到了纵容的地步。自古以来都是枪打出头鸟的，吴太后对杨皇后的宠爱招来许多宫女的不满和嫉妒。于是有一次，吴太后沐浴，宫女们故意撺掇杨氏试穿吴太后的衣服，并且假意说如果她穿上吴太后的衣服一定会很美丽，定会艳冠群芳。受宠的杨氏一时之间也迷失心智丢了理智，经不起众多宫女的怂恿，竟然真的去试穿吴太后的衣服。结果可想而知，宫女们在吴太后面前狠狠地告了一状，说她有僭越行为，意图不轨。不料，吴太后不但没有怪罪杨氏，还训斥捉弄杨氏的宫女说：“你们用不着大惊小怪，也许她（指杨氏）将来就会穿上这身衣服，拥有我这样的地位。”可见，吴太后对杨皇后的宠爱到了纵容的地步。都说世事难料，谁知吴太后不过是随口之言，后来竟然应验。

宋高宗赵构的皇后吴氏是南宋历史上有名的贤能皇后，后世子孙虽然不是她亲生的却对她都很尊敬，就连当初宁宗继位登基也是看在吴太后的一道懿旨上。宋宁宗与吴太后的感情非同一般的深厚，颇有康熙和孝庄太后的意味。宋宁宗常常去吴太后的宫中询问治国用人之道，时间久了，就发现了吴太后身边这位聪明伶俐的女子——杨桂枝。杨桂枝见宋宁宗对自己有意知道机会来了，她长得楚楚动人，常常与宋宁宗眉目传情。但是杨桂枝当时虽然受宠也还是一个歌女，宋宁宗当时也只是太子，这二人也只能眉目传情而已。后来，赵扩继位登基为帝，虽已有众多妃嫔，但仍是对杨桂枝念念不忘，常常借着问政的理由去吴太后宫中，实际是为了与杨皇后接近，最终两人好事已成，吴太后才知道这二人情意。吴太后知道后虽然心有不悦，但是吴太后一直都很喜爱这杨桂枝也真是舍不得将她处死。再说这种事情关系到皇家体面，千万不能让外人知道。吴太后竟然下了一道懿旨，将杨桂枝赐给宋宁宗，还要求宋宁宗看在自己的面子上要好生对待杨桂枝。二人自从名正言顺之后，更是日夜缠绵，不舍分开。

然而，宁宗此时已经有了一个皇后——韩氏。韩氏是北宋名臣韩琦六世孙，也是权臣韩侂胄的侄孙女。最初，韩氏与姐姐一起被选入宫中，但并非做嫔妃，而是专门伺候太皇太后吴氏。韩氏善解人意，深得吴太后欢心，吴太后为了她的前途着想，将其赐给了当时还是嘉王的赵扩。韩氏出身名门，加上是吴太后所赐，身份格外不同，一到赵扩府邸就被封为新安郡夫人，后来又晋封为崇国夫人。赵扩当上皇帝后，韩氏也跟着水涨船高，晋封为皇后。不过，韩氏的富贵并不长久，她只当了六年皇后，便得病死去。正因为韩氏死得太早，中宫虚位，才使得以工于心计闻名的杨氏得以封后。此后，杨氏走上南宋的政治舞台，直接导致了南宋王朝的气势衰败。

关于杨皇后是怎样登上皇后宝座的，还有一段曲折的故事，从故事中可以看出，杨皇后确实是一个善于心计的女子，她的谋略不简单。当时后宫里面只有杨贵妃和曹美人最得宁宗的宠爱。杨贵妃尽览史书典籍，为人性情更是机警，曹美人为人柔顺。杨贵妃此时心生一计，于是就来看单纯的曹美人。杨贵妃对曹美人说道："闻得皇上欲立中宫，谅来不过你我二人，何不各自设下酒筵，请皇上临幸，借卜圣意。"心思单纯的曹美人也没有多想，于是就答应下来。杨贵妃为了表现自己的贤德，还让曹美人先设宴，自己甘心落在后面，谁知这正是杨贵妃的高明之处。曹美人在宫中设宴，一向宠爱曹美人的宁宗自然会来赴宴。在酒席上，宁宗和曹美人一直把盏言欢，谁知酒到半酣，杨贵妃突然就来了。还出口说道："皇上您应该对我们姐妹平等对待，如何在妹妹这里饮酒作乐，是不是也应该去臣妾宫中陪臣妾也小酌一杯？"宋宁宗此时虽然不愿意离开这里，但是听这话语，也不好拒绝。这时杨皇后看宁宗不回答，就走到曹美人身边说："妹妹放心，姐姐只是请皇上到宫中喝几杯酒，过一会儿就把皇上还给你，妹妹都已经摆了酒席，怎么就这么一会儿也舍不得？"曹美人听了也知道杨贵妃是在向自己要人情，也只好同意了。于是，酒喝到一半，宋宁宗就被杨贵妃带走了，谁知道一同带走的还有曹美人唾手可得的皇后宝座。到了杨贵妃的宫中，杨贵妃可以说是使出全身解数，把宁宗彻底地灌醉，醉眼蒙眬的宁宗想要求欢。杨贵妃却在此时推拒，偏要让宋宁宗封自己为皇后才肯，已经醉意蒙眬的宋宁宗于是大笔一挥写了一道诏书，杨贵妃怕有变故，让宋宁宗又写了一道圣旨，才肯与宁宗宽衣解带。

第二天一早，百官入朝，杨氏冒认的兄长杨次山匆匆上殿，从袖中取出昨夜宋宁宗写的诏书，当众宣布宋宁宗册封杨氏为皇后。韩侂胄得知消息后，即使不同意也无济于事了。这一年，杨氏41岁，她终于如愿以偿，凭借自己的聪明才智登上了皇后的宝座。

## 美女皇后的复仇

杨皇后虽然登上了皇后的宝座，但是她对韩侂胄曾经阻挠自己封后一事怀恨在心，一直要伺机报复。不过，当时韩侂胄任枢密都承旨，加开府仪同三司，执掌朝政大权，权位在左右丞相之上，加上曾有定鼎之功，深得宋宁宗信任。而杨皇后充其量不过是在后宫呼风唤雨，她意识到必须要结交朝臣，才有可能彻底铲除韩侂胄。杨皇后便通过杨次山牵线，主动向礼部侍郎史弥远示好。史弥远与韩侂胄素来不和，也正想寻找宫中内应，来为自己谋取更大的权力，自然与杨皇后一拍即合，勾结在一起。

杨皇后让荣王在宁宗面前说韩将军轻易挑起战事。史料记载开禧三年（1207年）十一月初三，韩侂胄入朝，被主管殿前司公事夏震以兵呵止，拥至玉津园夹墙内活活打死。嘉定元年（1208年），史弥远按照金人的要求，凿开韩侂胄的棺木，割下头颅，送到金国。如果早知道有今日，当初在立后的问题上，韩侂胄也许就不会因为忌惮杨皇后聪明不好控制，而选择拥护温柔和顺的曹美人了。当初如意算盘打空，还丢了自己的身家性命，甚至死后还要被剖棺割下头颅，身首异处。

## 养虎为患，终误江山

前文提到，杨皇后与史弥远合谋害死了韩侂胄。谁知韩侂胄死后，史弥远渐渐在朝中开始专权，甚至不把赵氏王族放在眼里，最终确立新君变成史弥远说了算。

嘉定十七年，宁宗一病不起，史弥远夜召赵昀入宫，杨后竟然一无所知。史弥远假传诏旨，另立赵昀为皇太子，封成国公。又过了五天宁宗去世，史弥远才将废立太子的事告诉了杨皇后。杨后愕然说：“皇子赵竑是先帝所立，怎么能擅自变更？”后来史弥远先后七次派人与杨后商议，杨后禁不住一再的劝说，加上赵竑也不是她生的，便答应了史弥远的要求。赵昀入宫见杨后，杨皇后抚着赵昀的背说：“你现在是我的儿子了。”可见这杨皇后充其量也就是一个只会耍心机的小气女子，没有什么政治谋略，更没有什么大智慧。

绍定五年，70岁的杨太后去世。

## 才女皇后

杨皇后刻苦好学，善通经史，工诗、善书画，有30首宫词等诗词和题画书法作品流传至今。她的书法“波撇秀颖，妍媚之态，映带漂湘”，被称为“宋代最杰出的女书法家”。她容颜美丽，而且擅长翰墨，有诗传世：

小小宫娥近水居，雕楣绣额映清渠。

忽然携伴凭低槛，好似双莲出水初。

日日寻春不见春，弓鞋踏破小除芸。

棚头宣入红妆队，春在金樽已十分。

另有诗《题层叠冰绡图》：

浑如冷蝶宿花房，拥抱坛心忆旧香。

开到寒霄尤可爱，此般必是汉宫妆。

这位杨皇后，倒是具有赵氏王朝的气质，赵氏帝王都带有文人气质，杨皇后的才学在历代皇后中算是群芳之首。也许是这文人气质，让杨皇后也变得“多情”起来。

杨皇后，在宋代历史上是一位最神秘的皇后：不知道父辈是谁；不知道祖居何处；不知道哥哥杨次山是真是假等。杨皇后一生没有什么政治建树，因此称不上贤后，也没有李皇后那么心狠手辣，因此也称不上毒后，但是她报复韩侂胄，任用史弥远，不能不说对南宋后来的走向产生了深远的影响。

# 全玖：宋度宗赵禥皇后

姓名：全玖

生卒年：不详

籍贯：浙江会稽

婚配：宋度宗赵禥

封号：皇后

## 名门之后，胆识非凡

全玖，浙江会稽人，是宋理宗之母慈宪夫人的侄孙女。

在宋理宗妻子人选的问题上，大臣们认为全氏小小年纪经历艰险，应该较有见识；加上她是宋理宗之母慈宪夫人的侄孙女，理宗于是将其召入宫中，问“尔父昭孙，昔在宝祐间没于王事，每念之，令人可哀”。她回答“妾父可念，淮、湖之民尤可念也”，被宋理宗认为见解深刻。于是在景定二年十一月封她为永嘉郡夫人。十二月封为太子妃。度宗即位后又于咸淳三年正月封为皇后，并追赠三代，其兄弟、姻亲等都晋了官位。

## 末代皇后的末路人生

1276年，谢道清太皇太后宣布投降。宋恭帝赵㬎，赵㬎母亲全太后，还有宋朝的宗室大臣像当年“靖康之耻”时一样，被押解去大都。

路经瓜州（今江苏扬州东南）和真州（江苏仪征）时，宋军曾经两次袭击押解队伍，希望能夺回幼帝和太后，但没有成功。五月，母子到达大都。

亡国奴的生活极为屈辱，全太后和儿子选择含辱偷生。忽必烈本来就对全太后不能殉国非常鄙夷，宫女的自杀更加深了他的这种情绪。他命人把这四个宫女的头颅砍下，悬挂在全太后的寓所，以示羞辱。全太后顾念儿子太小，不肯轻生。但是一定也承受了很多非人的折磨。

1282年底，忽必烈寻机命令全太后削发为尼。后来，全太后默默死在大都的正智寺。

# 辽朝后妃

# 述律平：辽太祖耶律阿保机皇后

姓名：述律平

生卒年：879~953年

籍贯：不详

婚配：辽太祖耶律阿保机

封号：应天大明地皇后

谥号：淳钦

述律平小字月里朵，辽王朝的开国皇后，父为述律婆姑。耶律阿保机即位后，群臣上尊号称她为“地皇后”，926年，太祖死，她以皇后身份摄军国事，断腕服众。述律平生有三子，次子耶律德光即位后，尊她为“应天皇太后”，后因发动政变，兵败被禁，74岁病死。

## 创立基业，助夫建国

《辽史·后妃传》记载，辽王朝的开国皇后述律平以“简重果断，有雄略”著称。据说，她曾经在老哈河与西拉木伦河的交汇处远远地看见一个美丽的女子乘青牛而来，可是一转眼的工夫，女子和青牛都不见了。人们据此说，述律平因为“文能安邦富国，武能克敌制胜”，连神女在她面前也感到自惭形秽，主动让路，述律平就成了契丹人心目中女神的化身。

述律平14岁的时候按照氏族的习俗，嫁给了20岁的表哥耶律阿保机，婚后第九年，阿保机成了本部酋长，开始东征西讨，而述律平也紧紧地跟随在阿保机的身边，为他出谋划策，和他一起四处征战，是阿保机不可或缺的参谋与帮手。以汉高祖刘邦自居的阿保机把述律氏比作汉相萧何，赐萧姓为述律家族的姓氏，共享富贵。

916年，阿保机建契丹国，自号“大圣大明天皇帝”，封述律平为“应天大明地皇后”。同年，阿保机率军攻党项，后方空虚，室韦部乘机来袭，述律平得知后，亲自率军出击并大破敌军，述律平的名声从此威震四方。

述律平非常重视人才，只要她认为确有才华又能够忠心的人，不论民族和出身她都向阿保机推荐并加以重用。幽州节度使刘守光派韩延徽为使向契丹求援，韩延徽晋见时不肯跪拜，阿保机大怒，述律后谏道：“韩延徽守节不屈，是个忠臣。”于是阿保机把韩延徽召来任命为参谋，最终成为他的左膀右臂。

## 偏爱次子，狠心断腕

耶律德光是耶律阿保机的次子，自小随父征战，在20岁的时候就做了天下兵马大元帅，阿保机对他寄希望很大，在阿保机的三个儿子当中，他和长子耶律倍都很受阿保机的喜爱，但耶律德光更像他的父亲。在阿保机到各处征战的时候，耶律德光都跟着出征，因此立功甚多，述律平对这个二儿子另眼相看，在继承皇位的问题上全力支持他，反对喜欢汉族文化的长子耶律倍继位。

述律平虽然足智多谋，却是一个极其偏心的母亲，她有三个儿子，长子耶律倍才华横溢，喜爱汉学；次子耶律德光文采有限，但是武略出众，时任契丹国的兵马大元帅，东征西战，立过赫赫战功，更重要的是耶律德光“性孝谨，母病不食亦不食”。这样的儿子当然会讨得母亲万分的欢心；幼子耶律李胡最是一无所长，只是凶残嗜杀。述律平最看不上眼的就是长子耶律倍，她认为儒家文化并不适合契丹民族，会把勇悍的契丹人改造成唯唯诺诺的胆小之辈。

926年，阿保机死在了返回皇都的路上，述律平并不甘心将契丹国的帝位传给太子耶律倍，为了达成变换皇储的心愿，她在阿保机去世后的第八天宣布，主少国疑，由自己临朝称制代行皇权——实际上这时耶律倍已经

28岁。为了铲除她认为可能会妨碍自己易储大计的“异己”，述律平开始了对大臣们的杀戮。

述律平利用民族习俗，以给先帝送信和侍奉先帝为名，送了上百名重臣去见阿保机，搞得朝中人人自危，又无计可施。有一天，她选择了一个比较特殊的送信人赵思温，赵思温是阿保机最为器重的将军之一，统领着契丹中的汉军，述律平说：“先帝和你最好，你去最合适。”汉人出身的赵思温不肯就范，反驳说：“若论和先帝的关系亲近，没人能比得上太后，若太后肯亲去，我自当随后同往。”大殿上所有大臣们的目光一同投向了述律平，赵思温显然说出了大家的心里话，只见述律平略一沉思后回答说：“我是很想去啊，可是几位皇子还年幼，国家无主，实在是离不开啊。”说完抽出侍卫的刀，将自己的右腕一刀砍断，面不改色地说道：“暂且先拿这只右手去伺奉先帝吧。”众人望着断了手还在振振有词的述律平，无不畏惧胆寒。

在阿保机死后的第二年，述律后主持了推选新皇帝的仪式，为了保证自己易储大计的顺利进行，述律平搞了一个“群臣自主择明君”的把戏。述律平让耶律倍和耶律德光骑马并立于自己帐前，然后对群臣说：“两个儿子都是我亲生的，我对他们一样重视，但皇位只有一个，我不知该如何选择，你们认为谁可以当皇帝，就去牵谁的马缰绳。”众大臣当然明白述律平的用意，更畏惧她派人“侍奉先帝”的杀人手段，于是纷纷争抢着去拉耶律德光的马缰绳，25岁的耶律德光于是正式即契丹帝位，即辽太宗，述律平被尊为“应天皇太后”。

## 反对南征，幽禁至死

因为述律后重视牧业而轻视农业，所以她对于向中原用兵不太热心，只希望在草原地区建立稳固的统治。她曾说过：“我们有这么广阔的地方，羊马无数，在这里享受无人可比，又何必兴师动众地远征得那么点利益呢！”耶律德光继位之后，也继承了父亲念念不忘用兵中原，扩疆土至黄河以北的志向，屡次兴兵南下，但述律后总是拦阻，述律平认为应以“争取民心，胡汉和好为上策”。

在南征的问题上，述律平并不赞成儿子的主张，她有雄心，但更冷静。她认为入主中原并不能给契丹带来真正的好处。述律平在了解到后晋派使者议和时，也极力劝说辽太宗罢兵讲和，她对儿子说：“如果汉人做契丹王，行吗？”辽太宗说：“不行。”述律平又说：“那你为什么非要当汉王呢？”述律平劝他：“你就是得了汉地也不能久留，万一有什么意外，后悔就来不及了。”后来的事实说明述律后还是有先见之明的，公元947年，辽太宗在南征归途中病死，年仅46岁。

耶律德光死后，述律后还想按照自己的意愿让三儿子耶律李胡继位称帝，但这个老三为人极为残忍，又没有什么威望，以前述律平因为偏袒耶律德光不让耶律倍继位，得罪了一大批人，而且杀掉了很多大臣，到这时，被杀大臣的儿子们也已经成人，而且多在军中，这些人联合起来，商议共同对付述律平。他们选中了耶律倍的儿子永康王耶律阮，此时他恰好随从在耶律德光的队伍里，群臣拥立耶律阮为帝，班师北归。耶律阮的父亲耶律倍当年的命运实在不济，因为述律平的偏心，这位本该是契丹国主的人才38岁就落得客死他乡的下场，契丹国人都愤愤不平，拥戴他的儿子也就是理直气壮的事情。

述律平接到报告后异常恼怒道：“我儿南征东讨，功业卓著，当立者应该是在我身边的孙子，而耶律倍弃我而奔后唐，是大逆不道之人，怎么能立这种人的儿子为帝呢？”于是派三儿子耶律李胡领兵阻击正在北归的军队，但耶律李胡不但不得人心，而且毫无本事，双方一交战，很快就被打得大败而归。

述律平怒火难耐，亲自整顿兵马，和耶律李胡一起率部和孙子决战。然而，一生随心所欲的述律平这一次好运似乎走到了头，不但耶律阮营中的将领没有一个肯临阵倒戈，就连京城里的官员们也没有全数站在述律平一边。述律平抓到耶律阮手下的萧翰，质问萧翰为什么背叛？萧翰理直气壮地反驳："当初你为了立威易储，无辜杀掉我的父母，我怨恨你已经很久了！"

此时有大臣趁机劝说述律平罢兵言和，四面楚歌的述律平眼见无力左右局势，只好承认了既成事实。但她的内心里仍留恋昔日的权势，所以又寻机暗中谋划废耶律阮立耶律李胡为帝，最后事泄，被幽禁到阿保机的陵墓旁。953年，"应天皇太后"述律平终于走完了她74年的人生历程，与已经去世27年的丈夫阿保机合葬在了祖陵之中。

## 萧温：辽太宗耶律德光皇后

姓名：萧温

生卒年：？~935年

籍贯：契丹族述律部

婚配：辽太宗耶律德光

封号：皇后

谥号：靖安皇后

萧温，辽太宗耶律德光皇后，父亲是述律平皇后的弟弟室鲁，母亲质古是述律平皇后和太祖耶律阿保机唯一的女儿。耶律氏和述律氏之间有着互相嫁娶的习俗，因此，长大后的萧温就嫁给了自己的二舅，当时还只是担任天下兵马大元帅的耶律德光。

927年德光即位以后，萧温被立为皇后，聪慧素雅的萧温很受德光宠爱，四年后生下长子耶律璟，即后来的辽穆宗。耶律德光每次外出，无论是打仗还是狩猎，都把她带在身边，夫妻之间的感情非常好，935年十二月，萧温随德光在百湖西南的行宫中，生下了次子阿钵撒葛里，可能因产后感染患了重病，次年正月逝于行宫。

936年五月初一，契丹开始为她服丧，三天后葬于今内蒙古自治区巴林右旗岗根苏木床金沟的奉陵。德光亲自撰写哀册，追谥为彰德皇后，辽兴宗时改谥号为靖安皇后。

# 甄定徽：辽世宗耶律阮皇后

姓名：甄定徽

生卒年：904~951年

籍贯：山西颍川郡

婚配：辽世宗耶律阮

封号：皇后

## 两朝宫女，一代皇后

大辽的契丹族皇族姓耶律，后族姓萧。当年在阿保机为统一契丹东征西讨时，皇后述律平或策划于帷幄，或驰骋于沙场，为此，崇尚中原文化、以汉高祖刘邦自居的阿保机把述律平比作汉相萧何，赐萧姓为述律家族的姓氏，定萧家世代为皇后。所以从辽太祖耶律阿保机开始，耶律氏和萧氏就建立起了铁板似的嫁娶关系。在大辽皇后中，基本是清一色的萧姓贵族女子，甄氏是大辽唯一的一位异族、异姓皇后。可以说，她是大辽皇后中的一位不速之客。

926年，甄氏奉诏到洛阳以选淑女，因她的品貌靓姣而被当时后唐明宗的曹皇后选中做贴身宫女，曹皇后教她宫中礼仪，甄氏天资聪慧，对宫中的礼数掌握得非常好，因她儒雅端庄，心细眼快而深得曹后的青睐。936年后唐被后晋灭亡以后，许多的宫女都在战乱中离散了，但这个甄氏却依然留在宫中，又被后晋高祖的李皇后选中做了侍女，因甄氏琴棋书画样样精湛，深得宫中上下喜爱，后被晋出帝的冯皇后提拔为宫女领班，掌管皇后绶玺。

也算是命中注定，这个在宫中举止出众的甄氏，在当了两朝六帝的宫女后，终于遇到了一个相中了她的男人，使她从一名两朝宫女成了第三朝的皇后。

946年，辽太宗耶律德光攻破大梁，灭掉后晋，甄氏时年41岁，随耶律德光进入大梁的耶律阮虽比甄氏小12岁，却深为甄氏风姿绰约、仪态万方的英姿所倾倒，遂纳甄氏为妃，对她宠爱备至。次年，耶律德光死于撤军途中，耶律阮在诸将拥戴下即帝位，随即将甄氏册封为皇后，授予皇后紫袋及皇后印玺。

## 德行典范，苦涩宠爱

甄氏是大辽历史上唯一不姓萧的皇后，她不仅是个汉族女子，而且比辽世宗耶律阮大了十几岁，可以说她是辽史上的一朵皇后奇葩，甄氏除了举止和风姿胜过那些契丹女人，她的品德和情操也很值得称颂，她待人友善，处事慎重，注意方式方法，身为皇后，她以身作则，从来没有为自己谋取一针一线。《辽史·后妃传》用“内治有法，莫干以私”八个字，对她的这种精神给予了高度评价。耶律阮一直对甄氏非常敬重，非常爱恋，并生下了三皇子。后来，耶律阮迫于反对势力的声讨，又把萧撒葛只册立为皇后，但仍保留了甄氏的皇后地位，这就使得大辽的历史上出现了两个皇后并存的局面。

耶律阮和他父亲一样倾慕汉族文化，作为叔叔的辽太宗也一直很喜欢这个侄子，所以南征时才会把他带在身边。等到耶律阮即位，他和他爷爷阿保机一样进行了一些改革，进一步完善了官制，结果自然和他爷爷一样引来诸多契丹贵族旧势力的挑事，但后来的几次谋反都被他给平息了。

耶律阮把甄氏立为皇后，自然也引起了极大的非议，开国太后述律平听到耶律阮立甄氏为皇后时，当时就断定这个孙子已是不可救药了。且不说这件事破坏了有权有势的萧氏一族对皇后一职的世袭利益，单就是甄氏那一段经历过六个汉室皇帝的经历，就无法被大辽的贵族们接受，所以在辽史中只是把她说成是妃，而且只是寥寥数语一带而过。

不过耶律阮对甄氏倒是一往情深，一直是非常敬重、非常爱恋的，坚持立她为后并宠爱有加。他不顾契丹贵族如潮般的声讨，尽管甄氏出身微贱，却因阅历丰富而具有远见卓识，耶律阮每逢大事，总爱与她商量。遗憾的是，甄皇后的一些正确见解，如她反对攻掠中原等，耶律阮并没有认真采纳。

## 情深缘浅，生死戚戚

耶律阮当年随叔父耶律德光出征，耶律德光猝死后，被拥立为帝。即位后，又通过打击耶律平、耶律李胡一伙的势力，封赏有功之臣，设置北枢密院强化辽朝中央的权力机构等措施，巩固了自己的皇权统治地位，且深得人心。但耶律阮在辽国推行改革，触动了不少契丹酋长贵族的利益，从而埋下了杀身之祸。

948年，原先参与拥戴耶律阮的萧翰、耶律安端等人企图谋反，被耶律阮镇压。安端的儿子察割以揭发父亲的罪恶为名，骗取了耶律阮的信任。察割表面上恭顺老实，背地里却在积极策划夺取皇位的叛乱活动。大臣耶律屋质几度提醒耶律阮要当心耶律察割这个人，耶律阮却不以为意。耶律阮以为察割是舍弃父亲而投向他，必得重用，每次打猎都喜欢带着他，察割俨然已经成了辽世宗身边的一代宠臣。屋质劝说无效最后只能叹息：一个人连父亲都可以背叛，又怎会可能忠心于陛下您呢？叹息归叹息，耶律阮终究听不进屋质的话。

951年，刚刚建立北汉的刘崇向辽朝称侄，要求派兵支持，合攻后周。耶律阮认为此时后周刚刚建立，正是南征的好时机。他与甄氏商议这件事情，甄氏却认为此时南征不妥，然而耶律阮仍然坚持，他的生母萧氏以及甄后、萧撒葛只等后妃也都从军随行。当抵达归化州的祥占山时，耶律阮在行宫大摆宴席，祭奠生父。他与群臣都喝得酩酊大醉，沉睡过去。当天傍晚，密谋已久的察割纠合耶律盆都、耶律郎五等人发动了叛乱。他们派兵杀入宫帐，把耶律阮和甄后杀死在梦乡之中，随后，萧撒葛只也遭残杀。

除了耶律阮，在其他契丹人的眼里，无论生前还是死后，甄氏始终都是一个陌生人，甄氏死后，悲剧接踵而至。她的尸体被草草地埋葬在荒野，18年后才被正式收葬，并且始终都没有得到应有的谥号。明明已被世宗“立为皇后”，在《辽史·后妃传》中，却被史官称为“妃”，且位列萧氏之后。《辽史·世宗本纪》中，至少应该记载“某年某月册立某氏为皇后”，但史官对她竟只字未提！直到耶律阮与萧氏的儿子辽景宗即位时，他才把母亲萧氏、甄氏合葬于父亲的显陵。

## 萧绰：辽景宗耶律贤皇后

姓名：萧绰

生卒年：953~1009年

籍贯：契丹族述律部

婚配：辽景宗耶律贤

封号：皇后

谥号：睿德神略应运启化承天皇太后

萧绰，小字燕燕，是辽国中期女政治家、军事统帅。景宗皇后，圣宗生母。她足智多谋，文武全才，在辽摄政40余年，对辽的安定和发展作出了极大贡献，是辽国诸多太后中最杰出的一位。

### 天生慧质，代夫执政

萧绰是大辽北院枢密使兼北府宰相萧思温的三女儿，自幼聪慧、美丽，而且成熟得很早。16岁被辽景宗耶律贤选为贵妃，969年被册封为皇后。由于景宗体弱多病，时常无法上朝，她便代夫临朝，处理国事，国家大事多由她裁决，那时的她还不到18岁。

在萧绰的努力下，辽国的事务被处理得井然有序，耶律贤对皇后萧绰的才干也已经非常了解，他将妻子的地位升到与自己等同的程度，他对大臣说：在书写皇后的言论时也应称“朕”或“予”，这可作为一条法令，这说明他给了萧绰可代行皇帝职权的权力。

672年，19岁的萧绰在治理国家的同时，为耶律贤生下了长子耶律隆绪，辽景宗后继有人，对萧绰更是宠爱无比，景宗对萧绰几乎可以算是专宠，在他们14年的夫妻生活里，萧绰不但几乎全权掌握了景宗朝的军政大事，而且还一共为景宗生下了四子三女共计七个孩子。

982年，辽景宗驾崩，萧绰的儿子耶律隆绪即位，即辽圣宗，萧绰被尊为摄政皇太后，当时萧绰30岁，圣宗才12岁。在大臣耶律斜轸和韩德让等人的辅佐下，太后和圣宗的地位才巩固下来。第二年六月，辽圣宗率群臣给萧绰上尊号为“承天皇太后”，萧绰以“承天皇太后”的身份总摄军国大政，就此开始了辽代历史上著名的“承天后摄政”时期。

## 明达治道，善驭左右

萧绰知人善任，重用汉官，拜汉人韩德让为大丞相，位于诸亲王之上，以“智略宏远”的耶律休哥和“有经国才”的耶律斜轸主军，多创战绩，故被誉为“明达治道”“善驭左右”。

在军事上她屡对宋用兵，以契丹诸京为基地，东降女真，西攻党项、回鹘，北攻铁骊，南攻宋，扩展了辽国的统治地区。

986年，宋太宗认为辽圣宗年幼而母后摄政，大举北伐，以期收复石敬瑭献给契丹的幽云16州。正月，宋军兵分三路，东路攻幽州，中路攻蔚州，西路攻云州、朔州，其中西路军中有宋朝名将杨业。萧绰命耶律休哥守幽州，耶律斜轸抵御中路及西路宋军，她自己亲率辽圣宗驻扎驼罗口居中策应。这一仗宋军大败，在撤退途中，辽军俘宋将杨业，后者不降，绝食而死。

自幽云大捷后，萧绰更进一步经略军事，在实力雄厚之后，她开始主动向宋朝挑战，甚至多次亲自披挂上阵，跃马疆场。在所有的战事中，她几乎都能取得胜利，成为威名远扬的一员女将。辽国的声势也在她的一次次旗开得胜中扶摇直上，党项、女真等周边部族都纷纷向辽国称臣纳贡。

1004年，萧绰乘宋真宗多次丧师，畏惧怯战之机，再度亲征，挥军南下千里，直趋澶州（今河南濮阳）城北。因遭宋军反击受挫，萧绰利用宋真宗急于求和的心态，与宋朝谈判，达成澶渊之盟，平安撤回。宋朝此后每年需向辽朝缴纳白银10万两、帛20万匹，从此，契丹与宋百余年无较大冲突。

萧绰在摄政期间，励精图治，选用汉人，开科取士，消除番汉不平等待遇，劝农桑，薄赋徭，内政修明，军备严整，纲纪确立，上下和睦，与宋讲和，坐收岁币之力，经济文化高度发展，对外的军事日渐强盛，对内的政局经济也步入正轨，使辽朝达到鼎盛时期。

## 太后再嫁，圆满人生

在萧绰的亲信重臣里，有一个特殊的人物，他就是汉族官员韩德让，韩德让比萧绰大13岁，据传，他本来自幼与萧绰订有婚约，只是由于景宗即位为帝，萧绰奉命入宫，姻缘才中途中止。辽景宗死后，萧绰看中韩德让的政治与军事才能，于是决定改嫁给韩德让，这在当时契丹族的风俗中是允许的。她私下对韩德让说："我曾经许嫁于你，愿谐旧好，当国王是你的儿子。"

萧绰一向对韩德让另眼相看，早已不是什么秘密。在一次朝会上，韩德让因争执砸死了涿州刺史耶律虎古，萧绰竟没有加罪。而在一场马球赛上，大臣胡里室将韩德让横撞落马，萧绰却勃然大怒，立即就将胡里室斩首示众。大臣不能冒犯韩德让，而韩德让可以随意处置大臣，即使是契丹显贵也没有问题，这几乎就已经将韩德让摆在了与皇帝等同的位置。

萧绰又秘密派人鸩杀了韩德让的妻子李氏，从此之后，韩德让就无所避讳地出入于萧绰的帐幕之中，过着事实上的夫妻生活。他们出则同车，入则共帐，就连接见外国使臣的时候都不避忌，辽圣宗对韩德让也以父事之。

988年农历九月的一天，萧绰一反从前在皇宫中宴请皇亲众臣的惯例，在韩德让的帐室中大宴群臣，并且对众人厚加赏赉，面对这样一场以韩德让和萧绰为主人的大宴，所有的人都心知肚明，这就是萧太后改嫁韩德让的喜宴。从此以后，汉官韩德让就是大辽国的太上皇帝了，不久，韩德让成为辽国权力最大的人物——官拜大丞相、加封齐王。

韩德让毕竟是一个汉族人，如今不但位高权重，还俨然成了太后的后夫、皇帝的继父，契丹贵族议论纷纷，有些人更以韩德让"非我族类"为由，坚决反对太后对他的宠信，甚至于散布一些韩德让不忠于太后和辽国的流言蜚语，而萧绰面对所有的挑拨和挑衅，都不为所动，仍然对韩德让始终如一。众人议论归议论，看太后如此坚持，也就不了了之了。

自从萧绰正式表示下嫁韩德让之后，对于韩德让的继父身份，辽圣宗耶律隆绪不但毫无反感，而且还对韩德让非常地尊敬，享受着儿女孝顺、丈夫恩爱的萧绰在1009年农历十一月将皇权交还给了耶律隆绪，决定从此结束她40余年的摄政生涯，去南京（今北京）安享晚年。不幸的是，在南行的途中，萧绰染上了疾病，当年十二月初，逝于行宫，终年56岁，葬于乾陵。

萧绰生前曾经侍奉景宗14年，景宗死后又辅佐儿子圣宗27年。她在位时不仅采取了使辽由奴隶制向封建制转变的一系列汉化措施，还解决了悬而未决的战争问题。在她统治时期也有过骨肉相残的事情，她的两个姐姐因阴谋篡权和毒害太后而被赐死，史书记载说她喜好华丽而不节俭，神机智略且善驭左右，大臣多愿为她效其死力。作为契丹的一位有作为的女统治者，她对契丹的兴盛和发展做出了重大的贡献。

中国历史上的后妃数不胜数，然而通观下来，只有萧绰，不但建功立业、彪炳史册，而且作为一个女人，她真正享有了完整的人生。

# 萧观音：辽道宗耶律洪基皇后

姓名：萧观音

生卒年：1040~1075年

籍贯：契丹族述律部

婚配：辽道宗耶律洪基

封号：皇后

谥号：宣懿

萧观音，辽道宗耶律洪基的第一任皇后，父萧惠为辽兴宗母亲萧耨斤的弟弟，她爱好音乐，善琵琶，工诗，能自制歌词。曾作《伏虎林应制》诗、《君臣同志华夷同风应制》诗等，被道宗誉为“女中才子”。后来，由于谏猎秋山被皇帝疏远，作《回心院》词十首，抒发幽怨怅惘心情，1075年，遭耶律乙辛等人诬陷，含冤自尽。

## 北国才女，佳人皇后

萧观音四岁时就许配给当时为燕赵国王的耶律洪基为妃，称得上是青梅竹马。成年后的萧观音端庄秀丽、婀娜多姿，深得耶律洪基宠爱。有一次，耶律洪基在伏虎林纵猎完毕，饮酒聚会，萧观音豪气勃发，即席赋诗一首：“威风万里压南邦，东去能翻鸭绿江。灵怪大千俱破胆，哪叫猛虎不投降！”此诗气势雄浑，彰显出北国女子的飒爽豪情，并借打猎为题，表现出雄心万里，威震四方的气概与豪迈。耶律洪基大喜，对众臣说：“皇后可谓女中才子。”

萧观音生下皇子后，更一度备受道宗恩宠，然而好景不长，危机和悲剧随之而来。耶律洪基粗野强悍，喜欢打猎，经常带着后妃们一起游猎，怠于朝政。萧观音对辽道宗不顾死活的狩猎活动十分担忧，常常谏劝辽道宗停止狩猎活动，辽道宗正乐此不疲，哪里听得进妇道人家的唠唠叨叨，为了眼不见心不烦，渐渐疏远了萧观音。

## 笛琴合奏，惹祸上身

受到冷落的萧观音在寂寞之余，作了十首《回心院》词，表达自己渴望耶律洪基能够回心转意的心情，这十首《回心院》还真写得很不错，但可惜耶律洪基不是个多情书生，萧观音的这些动人词句并不能打动他。

《回心院》情致缠绵，萧观音叫宫廷乐师赵惟一为《回心院》谱上音乐，赵惟一殚精竭虑地把《回心院》乐曲发挥得淋漓尽致。一支玉笛，一曲琵琶，萧观音与赵惟一丝竹相合，每每使听的人怦然心动，后宫盛传这两人情投意合，一时间流言四起，一些别有用心的人利用这些谣言，恶意中伤，有意陷害萧观音。

## 奸人中伤，有口难辩

先前辽国皇太叔造反作乱，皇族耶律乙辛平乱有功而加封太子太傅，辽道宗长期打猎在外，耶律乙辛渐渐地大权独揽，朝臣无不阿附，这使他野心日益增大。萧观音的儿子即太子颇为英明，耶律乙辛对他有些忌惮，于是就想利用萧观音与赵惟一之间出现的谣传来打击萧观音。

这个叫赵惟一的乐师长得十分俊雅，萧观音和他一起研究音乐时间一长难免产生一种得遇知音的情感，据说她为这个赵惟一写了一首叫《十香词》的艳诗，在末尾还特意去附加了一首题为《怀古》的小诗："宫中只数赵家妆，败雨残云误汉王。惟有知情一片月，曾窥飞燕入昭阳。"

当时萧观音身边一个叫作单登的宫女，也会弹琵琶，耶律洪基曾经召她弹奏，可能也想宠幸她吧，萧观音对耶律洪基说："单登是叛臣的婢女，难保她不会像豫让那样为主报仇。"于是耶律洪基就没有过于亲近她，这个单登因为此事，对萧观音恨得牙根痒痒。她见到萧观音手书的《十香词》及那首怀古诗后，认为这是个陷害皇后的机会，就把它偷了出来，交给了耶律乙辛。

耶律乙辛于是把这个萧观音亲自誊写的《十香词》和怀古诗拿给辽道宗看，外加证人单登。道宗起初不相信，认为这是“皇后骂飞燕也”，宰相张孝杰却回答：这是皇后心念赵惟一所作。道宗问何以见得，张孝杰面不改色心不跳地回答说：诗中正好有赵惟一的名字，这怎么可能是巧合？

## 蒙冤而死，后代翻案

耶律洪基听闻后勃然大怒，让耶律乙辛和张孝杰将赵惟一捉起来审问，在严刑逼供下，赵惟一就算没有此事，也只得承认，以求速死。耶律洪基看到赵惟一的供状后大怒，下令将赵惟一全族满门抄斩，皇后萧观音赐死。

萧观音请求临死前再见道宗一面但不获准，她对道宗的一片思念落得个35岁自尽而死，在这之后发生了所谓的太子谋反篡权案，“上大怒，废太子为庶人”。诏命囚太子于上京。后太子被耶律乙辛派人谋杀于囚室，又杀太子妃于回京途中。

1081年，耶律洪基察觉上了当，便废黜了耶律乙辛及其党羽。1083年，道宗追封故太子为昭怀太子，以天子礼改葬。同年十月，耶律乙辛企图带私藏武器到宋朝避难，事泄被诛。

辽道宗死后，皇太孙耶律延禧继位，他就是辽朝的最后一个皇帝天祚帝。1101年，天祚帝为他的奶奶萧观音的冤案洗雪，首先将已死去的宰相张孝杰剖棺戮尸，再搜捕耶律乙辛的子孙及亲旧，尽行诛戮，并追谥萧观音为宣懿皇后，与辽道宗耶律洪基合葬在一起。

# 金朝后妃

# 唐括氏：金太祖完颜阿骨打皇后

姓名：唐括氏

生卒年：不详

籍贯：黑龙江

婚配：金太祖完颜阿骨打

封号：皇后

谥号：圣穆

唐括氏来自“塔塔喇”，“塔塔喇”为满族古姓氏，亦称“他塔喇”“他塔拉”“他他拉”“塔塔拉”，金代为唐括氏，世居松花江支流少陵河（今黑龙江省巴彦县西南郊）、辽宁抚顺、吉林安图、长白山等地方。当时，巴彦县域内有三支生女真部落，即唐括部（在今富江乡富乡村）、泥庞古部（在今少陵河一带）、术甲部（今黄泥河，巴彦、木兰两县交界处），多保真即生在唐括部。

唐括氏是金太祖完颜阿骨打的夫人，后被追谥为“圣穆皇后”。她为金太祖生有三子：嫡长子金徽宗完颜宗峻，名绳果，七子丰王完颜宗朝，名乌烈，赵王完颜宗杰，名没里野。

# 西夏后妃

# 野利氏：西夏景宗李元昊皇后

姓名：野利氏

生卒年：？~1048年

籍贯：野利部

婚配：西夏景宗李元昊

封号：宪成皇后

西夏景宗李元昊，是西夏开国君主，元昊雄毅大略，不甘臣服于宋，遂称帝，建国号夏。西夏于三川口、好水川等战役给予宋朝沉重的打击，宋不能克，乃封其为夏国主。野利氏是李元昊成为西夏皇帝后的首任皇后，最后在宫廷的争斗中失败，1048年为没藏氏所杀，无谥号。

## 首任皇后，宠冠后宫

元昊娶的第一位妻子是他的表姐卫慕氏，是元昊母亲的侄女，结果因为太后弟弟卫慕山喜要造反，卫慕氏全族被绑在石头上沉入河底，太后卫慕氏被李元昊下令毒死，妻子卫慕氏也被连累下狱，但是卫慕氏却正巧怀了孕，于是李元昊只是将其幽禁，最后生下了一个儿子。而此时野利氏散播谣言说此子不是李元昊亲生，于是李元昊又处死了卫慕氏和小王子。

野利氏最初只是李元昊的妾室，但却成为李元昊称帝后的第一任皇后，她的两个舅舅野利遇乞和野利旺荣都是西夏大将，堪称西夏的支柱。

野利氏身材颀长，容颜美丽，有智谋，又为元昊生有三子，是元昊女人中生育子女最多的一位。元昊对她宠爱有加，野利氏喜欢戴用金丝编制的“起云冠”，元昊就下令其他任何人不准再戴这种冠。当李元昊在1038年正式称帝后，野利氏毫无悬念地成为皇后，她的长子李宁明被立为太子。

元昊长子宁明天资聪颖、知礼好学、深明大义，在李元昊称帝后，被立为皇太子，但他生性仁慈，不喜欢荣华富贵，笃信道教并幻想以此成仙。他的道家思想不符合元昊称霸的野心和政治主张，引起了元昊的反感，于是下令不许他入见。1042年，宁明因修炼不当，不能进食而死。第二子宁令哥，相貌酷似元昊，元昊对他十分喜爱，被继立为太子。

## 荒淫君主，后宫纷争

李元昊跟很多皇帝一样，后宫莺莺燕燕从来就不缺少，后妃多了，也就开始女人为难女人了，李元昊一生有记载的妻妾一共有八个，分别是卫慕氏、耶律氏、野利氏、索氏、都罗氏、咩迷氏、没移氏、没藏氏。这些女人之间互相争宠，最后也因为各种原因死亡，而李元昊在杀害这些女人的最后，也被这些女人里面的一些人间接害死了。

李元昊封野利氏的第二个儿子宁令哥为太子后，为他选了党项大族没移皆山之女没移氏为妻。可是元昊见这位未来的儿媳妇貌美，竟然夺子所爱，自纳为妃，称呼为“新皇后”，还为她在天都山大兴土木、营建行宫，吃喝玩乐、共度良宵。对这件事李元昊倒没觉得丢人，太子宁令哥可觉得面子丢尽了，太子的母亲正宫皇后野利氏自然也非常生气，而李元昊另外一个妃子没藏氏更是生气。

## 功高震主，乐极生悲

没藏氏是野利氏亲哥哥野利遇乞的妻子，在与宋军的多次生死决战中，野利家族的战绩最为显赫，成为宋朝军队的心腹之患。然而战绩是柄“双刃剑”，既能对付敌人，又能对付主人，元昊坐稳了宝座之后，对部族首领的依赖没有那么大了，为了把权力统统集中到自己手里，于是开始对付这些有实力的大臣了，其中包括势力最庞大的野利家族。

不久，野利仁荣病死，随后元昊假借宋将的反间计处决了野利遇乞。元昊杀害了野利遇乞，怕野利族不满，为了安抚野利家族，将野利遇乞的妻子没藏氏接到兴州，好生供奉，其实元昊是为了日后霸占她。天都大王野利遇乞的爱妻没藏氏，美丽大方，高贵典雅。野利与没藏两大家族联姻，可谓珠联璧合。没想到丈夫屡立战功，却招来杀身之祸，没藏氏一下子沦为罪犯家属。

没藏氏成了戒坛寺的“没藏大师”，应该说没藏氏颇有佛学所说的慧根，竟然小有成就，很快就能开坛讲经，成为佛学大师。佛门圣地，清静无尘，外人都知道没藏大师在这里潜心修行，殊不知这是李元昊特意选择的偷情之地。起初，李元昊借口礼佛，到戒坛寺和没藏氏幽会，后来干脆以出巡的名义，直接带上没藏氏外出游玩，大臣们私下也都知道皇帝新纳了一个尼姑做妃子。这时，失宠的野利皇后已无权过问后宫事务了。元昊频频驾临寺院，很快让“没藏大师”怀上了龙子，1047年，在两人外出打猎途中，生下了儿子李谅祚，元昊如愿以偿，将没藏氏收入了自己的后宫。

没藏氏不是平常女子，儿子的降生把她推向人生的风口浪尖，她只有拼杀出一条血路，没藏家族才能出人头地。为此，她和哥哥精心策划出一套连环计。首先，没藏氏极力推荐没藏讹庞为国相；然后鼓励李元昊废掉野利皇后，册立没移氏为新皇后；紧接着教唆太子宁令哥弑杀李元昊，她堂而皇之平叛，处决太子宁令哥及其生母野利氏。

第一个感到大祸临头的是野利氏。她的担心很快变成现实，没藏氏把元昊迷得神魂颠倒，很快就把她的哥哥没藏讹庞提拔为国相，一切军国大事交由他全权处理。绝望中的野利皇后新仇旧恨一齐发作，与元昊大吵大闹，有了儿子的没藏兄妹野心爆发，不甘心居于人下，也在元昊面前攻击野利氏。1047年农历五月，野利氏被废黜，打入冷宫，新宠没藏氏取而代之成为皇后。

# 元朝后妃

# 孛儿帖：元太祖铁木真皇后

姓名：孛儿帖

生卒年：不详

籍贯：蒙古弘吉剌氏

婚配：元太祖铁木真

封号：皇后

谥号：光献翼圣

弘吉剌孛儿帖，姓孛思忽儿弘吉剌氏，元太祖成吉思汗正妻，父亲德薛禅，母亲名叫速坛。成吉思汗一共有后妃40多人，并同时册立数位皇后。她们分居在五个斡儿朵（原意为毡帐，后指宫室）中。每个斡儿朵排名第一位的，既是该斡儿朵的首领，其余后妃按实际地位排名。所有后妃中，又以第一斡儿朵的正妻孛儿帖地位最高。孛儿帖居于第一斡儿朵，并且排行第一，地位最高，她也最得成吉思汗敬重。

## 草原美女，新婚被掳

孛儿帖，是弘吉剌部人，弘吉剌部是蒙古高原上的一个大部落，最初游牧在今呼伦贝尔地区的根河、得尔布尔、额尔古纳河流域，后迁到锡林郭勒一带。弘吉剌的居民以面貌秀丽、肤色光洁著称。孛儿帖就是弘吉剌部一个美丽非凡的女人，在蒙古语中，“孛儿帖”的意思是“苍白色”。

铁木真与孛儿帖成亲后，全家大小四个毡帐，跟着水草放牧的畜群，迁到克鲁伦河的源头布儿吉地方去了。铁木真带着新婚的妻子孛儿帖一直扎营于克鲁伦河上游之不儿吉岸。当时，他们二人新婚还不久，一天，在晨光曦微，天方欲明之时，一队人马像龙卷风似的扑来。来袭的蔑儿乞骑兵有300人，铁木真的母亲诃额仑夫人就是他父亲当年从蔑儿乞部落抢来的，现在他们是来报蔑儿乞部妇女昔日被掳之仇的，结果铁木真抛下新婚妻子逃了，孛儿帖却被掳走了。一年后铁木真打败了蔑儿乞部，救回了孛儿帖，不久孛儿帖生下了长子术赤。

## 丈夫贤助，福荫子孙

孛儿帖的年纪比成吉思汗长一岁，她为人贤明，帮助成吉思汗创立大业。原本成吉思汗与札达兰的部长札木合有结拜之谊，但孛儿帖深知札木合有要与成吉思汗兼并的意思，便劝成吉思汗与札木合分离。成吉思汗与札木合分离后，果然独霸一方。蒙力克的第四个儿子阔阔出，假巫术之名挑拨成吉思汗与其弟合撒儿的感情，又羞辱斡赤斤，于是孛儿帖进言，请成吉思汗杀了阔阔出，从此安定了族人。

孛儿帖为铁木真生了四个儿子和五个女儿，四个儿子分别是术赤、察合台、窝阔台和拖雷。四个孩子中间，长子术赤性格内向，平日寡言少语，待人不够热情，但做事认真，心地耿直，是一个外冷内热的人。察合台与窝阔台兄弟俩性格开朗，热情豪放，为人处世灵活多智，善与人交往，大有成吉思汗小时候的遗风。1219年，窝阔台被确定为成吉思汗的继承人。十年之后，窝阔台成为蒙古汗国的第二代大汗。孛儿帖夫人后来被尊称为“光献翼圣皇后”。

孛儿帖卒年不详，但可以确知的是当成吉思汗过世时，她尚在人间。元世祖忽必烈至元三年，追谥她为光献皇后；元武宗至大二年，加谥为光献翼圣皇后。终元朝之世，弘吉剌氏的女子作为正宫皇后者有11人，被称为皇后与追尊为皇后者有9人，娶公主为妻者有6人，娶公主又被封王爵者有13人，这些福荫都是由孛儿帖所开始。

# 乃马真氏：元太宗窝阔台皇后

姓名：乃马真·脱烈哥那

生卒年：？~1246年

籍贯：蒙古蔑儿乞部

婚配：元太宗窝阔台

封号：皇后

乃马真氏，史称乃马真皇后，名脱烈哥那，窝阔台汗的第六位皇后。1241年窝阔台汗去世，其长子贵由远征尚未归来，于是，乃马真皇后利用手段，狡诈地夺取了国家的暂时摄政权。此事件史称“乃马真摄政”，乃马真那皇后统治时间达五年之久。

## 谋权有道，代子摄政

1241年冬，窝阔台在汪吉河附近冬猎后，因饮酒过度而死，时正宫皇后孛刺合真已故，六皇后脱烈哥那通过巧妙手段获得察合台等宗亲赞同，摄掌国政。脱烈哥那原是蔑儿乞部首领之妻，蒙古灭蔑儿乞时被窝阔台收纳。她在诸后中地位本不高，但其他皇后无子，而她生贵由、阔端、阔出、哈刺察儿、合失五子，又机智多谋，遂成为最有权势的皇后。

脱烈哥那皇后掌政四年后，推选新汗的忽里勒台大会才于1246年春天在哈刺和林举行。脱烈哥那皇后经过四年称制，变得更不好对付了。最终，忽里勒台大会上的蒙古诸王大臣们不得不按照她的意志，推举窝阔台的长子，也就是脱烈哥那的亲生儿子贵由为新任大汗。

### 治国无方，败于儿手

乃马真皇后摄政时期，迫害成吉思汗、窝阔台汗时期的忠臣，清洗宫廷中的一切反对官员，任命波斯商人剌合蛮为宰相。内政腐败，法度不一，政出多门，朝中诸王滥发玺书、牌子，任意向百姓搜刮财富，造成民力困乏。

元定宗贵由41岁登基称汗，在位三年，时间虽短，但是他做事刚毅果断，首先杀掉西域来的巫师，因为他凭借主子也就是贵由的母亲乃马真皇后的权势陷害忠良，搜刮民财，胡作非为，定宗亲政后第一个决定就是除掉他杀一儆百，另外重用前朝重臣镇海整肃吏治。据英国和意大利来的传教士回忆，贵由大汗神情严肃，不苟言笑。

脱烈哥那万万没有想到，贵由继位后的首要大事就是扫清自己这个保举人兼生身母亲在汗廷中的影响，她的宠臣一个接一个地被贵由杀死，她终于败在了儿子手里，不久就郁郁而终。

## 察必：元世祖忽必烈皇后

姓名：察必

生卒年：1227~1281年

籍贯：蒙古弘吉剌氏

婚配：元世祖忽必烈

封号：皇后

谥号：昭睿顺圣

察必皇后，弘吉剌氏，元外戚济宁忠武王按陈之女、元世祖忽必烈的皇后，太子真金的生母。察必生性仁明，随事讽谏，同时又勤俭自律，事事用心，史称“其性明敏，达于事机，国家初政，左右匡正，后有力焉”。1281年病逝，死后追尊昭睿顺圣皇后。

## 随事讽谏，勤俭自律

在元朝建国以前，忽必烈积极辅佐他大哥蒙哥治理汉地，因小人挑拨而受到猜疑，察必便带着儿子到蒙哥所在的都城充当人质，终于帮助丈夫消除了因兄弟猜疑可能酿成的大祸。蒙哥死后，忽必烈之弟密谋争夺王位，身居都城的察必觉察到政治事态有异，一方面据理力争，阻挡军队异常调动，另一方面派人火速赶赴鄂州，通知远在征宋前线的忽必烈迅速回都，终于使忽必烈坐上汗位。

史载察必皇后性格节俭贤德，曾经将宣徽院废置的羊前腿皮收集起来缝为地毯，又带宫人把废弓弦加工编织成布匹。有次忽必烈打猎回来，抱怨太阳刺眼，察必皇后将传统的帽子加上前檐以遮阳。察必皇后的性格善良，1276年，元军攻占南宋都城临安，俘虏宋恭帝和谢太后，满朝庆祝的时候察必皇后却很感伤，忽必烈询问，她说：“妾闻自古无千岁之国，毋使吾子孙及此，则幸矣。”

## 明敏事机，左右匡正

有一次，忽必烈批准禁卫军将领在大都城外圈一片土地改作牧场，以便畜养马匹。察必当即劝阻说：“我们蒙古人只知放牧而不知发展农业，现把农田改为牧场，不是要使农民流离失所吗？”终于促使忽必烈收回成命，并下令建立“司农司”，大力发展农业生产。她以敏锐的政治眼光，辅佐丈夫忽必烈建立帝业，安邦治国，可算是中国历史上一名出色的女政治家。

1281年农历三月二十日，察必皇后去世。忽必烈很悲痛，感叹没有人再像皇后一样关心自己了。元成宗登基后谥其为昭睿顺圣皇后。

# 明朝后妃

# 马秀英：明太祖朱元璋皇后

姓名：马秀英

生卒年：1332~1382年

籍贯：安徽宿州

婚配：明太祖朱元璋

封号：皇后

谥号：孝慈高皇后

马秀英，幼年丧母，12岁时被红巾军首领郭子兴收为义女。当时，朱元璋是郭子兴的下属，21岁的时候，马秀英嫁给了朱元璋，她虽生在乱世，却颇具胆识，在危境中，帮助朱元璋成就大业，与他共同渡过了15年患难与共的征战生涯。

## 患难与共，伉俪情深

马秀英的祖上曾是当地富豪，她刚生下不久，母亲就去世了。因为家中没有其他的孩子，父亲马公从小就把秀英视为掌上明珠。秀英自幼聪明，能诗会画，尤其对历史特别感兴趣，性格也很倔强。按当时的习俗，妇女都要缠足，而她坚决不缠，于是大家给她取了个外号，叫“马大脚”。

秀英的父亲马公因为杀人避仇，逃亡他乡，临行时将爱女秀英托付给生死之交郭子兴，郭子兴夫妇对她更是视同己出，义父教她识字，义母则手把手教她针黹刺绣。十几岁的秀英聪明无比，什么事情都是一学就会。

眼看着已经年近20的秀英，出落得一副上好身材，模样端庄，神情秀越，还有一种温婉的态度，无论何等急事，她总举止从容，并没有疾言厉色，所以郭子兴夫妇很是钟爱，一直想给她找一个好夫婿，使她终身有托，也不负老朋友的遗愿。

1344年，烈日如火，大旱不收，蝗虫遍野，瘟疫死人无数。朱元璋的父母和哥哥，都在此时相继死去。这时，走投无路的朱元璋便想起了儿时常去村旁玩耍的皇觉寺，于是投奔寺中当了和尚。然而，寺庙的日子也不好过，无奈只好挎起小包，手拿木鱼和瓦钵，和几个化缘讨饭的和尚离开寺庙，过起了乞讨流浪生活。这种生活一过就是三年，受尽了人间的风霜之苦。

元朝末年，郭子兴在濠州起兵反抗当时政府的黑暗统治。这时，朱元璋投军，他作战英勇，每战必胜，深得郭子兴夫妇的器重，于是，郭子兴夫妇决定将秀英许配给朱元璋。二人相见后，志同道合，感情愈加深厚。婚后，秀英随朱元璋南征北战，同舟共济，成了朱元璋的得力助手。随着朱元璋逐渐被郭子兴重用，很快在红巾军中崭露头角，周围人的嫉妒和排挤也接踵而至，每当关键时刻，马秀英都会全力维护，这大大地巩固了丈夫的地位。

由于郭子兴性情暴躁，气度狭小，常常听信谗言，曾多次猜疑朱元璋，在别人挑拨下还把朱元璋关了起来，不给饮食。马秀英不忍心看到他挨饿，偷出刚出炉的热饼，揣在怀里给朱元璋送去，以致烫伤了胸前的肉，以这样的方法，朱元璋得以温饱，但是她自己却时常不得温饱。

1355年，郭子兴病死，他的旧部都由朱元璋接管指挥，这时，马秀英怀孕了。

当时，战事十分紧张，军队生活极其困难，朱元璋以身作则，与战士同甘共苦。马秀英没有抱怨，她深深地理解丈夫，宁愿自己忍饥挨饿，也要保证战士们吃饱。在她即将临产时，仍然率全军的妻妾随军渡江。不久，在随从文吏陈迪安的家里，产下了后来的太子朱标。后来，又生下朱樉、朱㭎、朱棣和宁国公主、安庆公主等子女。

在朱元璋领兵征战的年代，她还亲手为将士缝衣做鞋。一次，与朱元璋敌对的陈友谅大兵临城，不少官员百姓准备逃难。在人心慌乱的紧急关头，马秀英镇定如常，拿家中的金帛犒劳士兵，稳定了军心，对朱元璋获得胜利起了重要作用。

据记载，朱元璋与陈友谅对垒时，被对方追击，马秀英背着儿子逃跑，朱标把这个事情绘成了画像，放在怀中。后来朱标与乃父政见不合，朱元璋追打他，他故意把图像遗落在地，朱元璋见到，痛哭了一场，也不打儿子了。这个记载未必是真实的，不过马氏不像当时的其他妇女缠足，背儿子逃跑是很有可能的。

在朱元璋创建帝业的过程中，马秀英还亲自掌管一切军状文书，就连朱元璋随手写下的札记、备忘录，她都保管得井井有条。

直到朱元璋一统天下做了皇帝，仍然时时向群臣称赞自己的妻子，说她与自己“起自微寒，忧勤相济”，每次讲到动情处，他按捺不住将妻子比作唐太宗之妻千古贤后长孙氏。对于丈夫的赞美，马皇后说：“夫妻之间相互体贴相互保护，陛下不忘记一起贫贱的日子，何况我怎么敢与长孙氏相提并论啊！”

## 母仪天下，慈德昭彰

1368年，朱元璋在应天（今江苏南京）正式登上皇帝宝座，国号大明，马秀英被册封为皇后，时年36岁。从此，她以皇后之尊关心政事，体恤人民，礼待臣下，与朱元璋齐心协力巩固大明王朝。

马皇后关心人民，体贴嫔妃，保护百姓臣下，功德传于宫内外。一日闲谈，马皇后问朱元璋：“老百姓都安居乐业了吗？”朱元璋说：“这不是你所要问的。”马皇后说：“陛下是天下之父，妾为天下之母，子女的安危，做父母的可以不问吗？”

马皇后非常爱惜人才。一次朱元璋视察太学回来，马皇后问他太学有多少学生，朱元璋答有数千人。马皇后说：“数千太学生，可谓人才济济。可是太学生虽有生活补贴，他们的妻子儿女靠什么生活呢？”当时有些太学生携带眷属在京，他们没有薪俸，无法养家，针对这种情况，马皇后征得朱元璋同意，征集了一笔钱粮，设置了20多个红仓，专门储粮供养太学生的妻子儿女，生徒颂德不已。此后，“月粮”成为明代学校的一项制度。

有一年元宵节，朱元璋化装外出，混杂在人群中观灯，见一灯上写着：“女子肩并肩，乘风荡舟去。忽然少一人，却向岸边往。”谜底是“好双大脚”，朱元璋认为这是在讽刺马皇后，大发雷霆，要严惩“刁民”，如不查出具体人，全城百姓一律遭殃。马皇后闻后又进谏道：“妾是大脚，自己不嫌，陛下不嫌，别人纵然是嫌，有什么相干呢？陛下不是说幸亏妾脚大，才能逃出死地吗？何况天子为民之父母，子女们随便说自己的父母，并没有伤害父母之心，做父母的怎能大怒不止，要置子女于死地呢？”一席话说得朱元璋怒火全消，遂收回成命，使百姓免去了一场灾害。

明初有个商人沈秀，是“资巨万千，田产遍吴下”的江南第一大财主，在修筑南京城墙时，初建的明王朝财力有限，沈秀提出要出三分之一的费用，又愿意出钱犒军。可惜沈财主偏偏遇上了朱元璋。这位出身赤贫的皇帝对于“富人”有一种近乎畸形的痛恨，听了汇报后立即借题发挥：“一介平民竟敢来犒劳军队，莫名其妙！得要立即杀掉。”马皇后虽然明知丈夫是在胡扯，也只得顺情劝说：“我听说法令只用于诛杀不法之徒，而不能用于诛杀不祥百姓。沈秀为不祥之民，自有上天降灾于他，您何必动用刑罚？”朱元璋这才悻悻然地改判沈秀，把他流放云南。

作为国母，马皇后时刻关心民间疾苦。1372年，发生了严重的春旱，秧苗不能入土，百姓心急如焚。马皇后为此也是焦急万分，命妃嫔公主与自己一道改吃青菜米饭，并让后宫节约衣食，准备迎度荒年。一天夜里，下了一场春雨，第二天，她亲自上朝庆贺，高兴地对朱元璋说：“妾知陛下念虑之间全是爱民之心，连上天都被感动了啊。”朱元璋也兴奋地说：“皇后能同心忧勤，真是天下百姓的福气啊！”

## 仁慈微谏，力阻皇帝

在朱元璋建立帝业的岁月里，马皇后一直与他患难与共，因此朱元璋把她封为皇后，对她一直非常尊重和感激，对她的建议也常常听取采纳。朱元璋性情暴烈残忍，为了能使朱家子孙日后能统治天下，他不断寻找借口屠戮功臣宿将。对此，马皇后总是婉言规劝，使朱元璋多少有所节制。

洪武十三年，宋濂因长孙宋慎陷入胡惟庸一案而获罪，朱元璋要处他极刑。宋濂是明朝开国“文学之首臣”，又是太子的师父，这时他已告老还乡，与胡党毫无牵涉。朱元璋要搞胡党扩大化，宋濂眼看要遭殃，马后及时出面救援，她说：“老百姓请一位先生，还知道终生不忘尊师的礼节，再说他致仕回籍，京中的事必定不知道，可别冤枉了他。”但是朱元璋一心惩办胡党，不听马后的劝告。一次马后陪丈夫吃饭，她不喝酒，也不吃肉，朱元璋问为什么不吃不饮，她说：“听说宋先生获罪，我为他祈福，希望他免祸。”听了这番话，朱元璋动了恻隐之心，饭也不吃了，第二天赦免了宋濂的死罪。

传说有一年朱元璋用“福”字做暗记，准备杀人。马皇后就令全城大小人家必须在天亮前在自家门上贴上一个“福”字。其中有户人家不识字，竟把“福”字贴倒了。第二天，皇帝派人上街查看，得知每家都贴了“福”了，其中还有一家是倒贴的。皇帝大怒，下令把那家满门抄斩。马皇后忙解释道：“百姓们知道您今日来访，意为福到，故把福倒贴不是吗？”皇帝一听有道理，便下令放人，一场大祸终于消除了。

朱元璋下令犯罪的囚徒筑城，马皇后认为犯人已经疲惫不堪，若再服苦役只怕不免丧命。朱元璋听从了劝告，便赦免了众犯人。

## 后宫楷模，宽厚典范

马皇后成为正宫皇后后，勤于内治。在对后宫的管理上，她经常借鉴宋朝的许多贤德皇后，并将其家法摘录下来，经常翻阅查看。有人说：“宋朝的皇后太过仁厚了吧？”马皇后反问道：“难道仁厚不好吗？与刻薄相比，总要好得多吧？”

马皇后对娘家人极为怀念，每当说到父母早逝就痛哭流涕，朱元璋也因关心她而及于外家，要为马皇后访察亲属，以便封赏。马皇后却拒绝访找，认为封外戚容易乱政，还是不找为好。实际上，马皇后娘家已经没有人了，朱元璋只好追封马公为徐王，郑媪为王夫人，在宿州为他们设立祠祭署，以邻居王姓主持奉祀的事。马皇后说：“我家亲属中未曾见有可用人才，况且这样做也不合法。如果不是人才却授其官职，骄淫不法，恃宠致败，这不是我所期望的。”

马皇后克服了女人的嫉妒心，对于妃嫔宫人，如有因被皇帝宠爱而生下孩子的，她都非常厚待，并“命其入朝能以礼相待”。同时，马皇后一直保持过去的俭朴作风，平日穿洗过的旧衣服，破了也不忍丢弃。受元朝的察必皇后煮弓弦织帛衣的启发，她命人在后宫架起织布机，又捡起以往的手艺，亲自织些绸衣料、缎被面什么的，然后以皇家的名义赐给那些年纪大的孤寡老人。而其他料子，则裁成衣裳赐给王妃公主，让她们知道老百姓的不容易，并教导妃嫔不忘蚕桑的艰难。如遇灾年，她便带领宫人去体验民间疾苦，吃一些平民之食。

马皇后与身边的妃子、宫人相处得也非常和睦。马氏以皇后的身份，还要询问丈夫的饮食，宫女认为她不必这样做，她说这是在尽做妻子的责任，再是怕皇帝饮食有不中意处，怪罪下来，宫人担当不起，她好承受着。朱元璋脾气不是很好，在后宫，常看这个不顺眼，那个也不好。一次，朱元璋盛怒，要立即惩罚一个宫中下人，马皇后也假作发怒，下命令把那人捆绑起来，交给有司议罪。事后朱元璋问其原因，马皇后意味深长地说：“赏罚分明才可以服众，作为治理天下的君主，怎么可能亲自处理每一个人，如果有犯法的就应当交给有关部门去问罪。皇帝不能因为自己的情绪而奖赏或惩罚，当陛下不高兴之时，一定会给予不公平的惩罚。把他们交给刑部，就能做出公正的判决了。陛下今后要定某人的罪，还是应该移交刑部的。”从这些事中可以看出，马皇后不仅要求丈夫不能因个人喜怒来处罚人，也体现了她对下人的关怀。

## 勤俭贤慈，以严为爱

马皇后虽身居深宫，但从未改变过勤俭本色，虽居高位，却仍极力保持节俭朴实的生活作风，总是严于律己，宽以待人。她常常告诫子孙，生长富贵，应该知道耕田种地的艰难。贵为皇后，她仍亲自带领公主、嫔妃刺绣和纺织。她自己也是以身作则，穿的都是粗丝织的衣服，而且洗了再穿，穿了又洗。平时，宫里缝制衣服，她把剩下的边边角角都拾起来，拼成被褥，供严冬御寒。织工治丝的一些次等绢帛，她都赏赐给王妃和公主们，并严肃地对她们说："虽然是次等绢帛，在民间仍然难得，赐给你们，使你们知道民间的疾苦，蚕桑之不易。”

在饮食方面，马皇后从不特别讲究，一律是粗茶淡饭。每到荒年，就和后妃们以素食为主。她安排丈夫的生活，也同样以俭朴为原则。由于马皇后的影响和规劝，加上朱元璋也是布衣起家，明代开国初年，一切建筑设备都不许过分奢华，凡是雕刻之物，一律禁用。

作为母亲，她非常重视对子女的教育，朱元璋共有26个儿子，16个女儿，这些皇子和公主的教育大都由马皇后亲自负责。尤其是自己亲生的几个儿子，马皇后对他们管教极严。

一次，皇子的老师李希颜因小孩调皮不听话，用笔管戳伤了他的额角。小皇子哭着到朱元璋那里告状，朱元璋大怒，马皇后急忙在一旁劝解道："李先生以圣人之道教训吾儿，有何过错？制锦的人受剪刀之伤，能责怪他的师父吗？”朱元璋听了以后觉得有道理，也就作罢。

马皇后的小儿子朱橚，平时放荡不羁，被封为周王。到开封赴任前，马皇后就让江贵妃随往，并将纰衣与御杖赐给了江贵妃，叮嘱她，如果朱橚为非作歹，就要按照刑罚处置。这样一来，朱橚在开封就收敛多了。

### 众人怀念，流芳青史

洪武十五年，马皇后卧病。八月，皇后的病情逐渐变重，而朱元璋的情绪也随着妻子的病情起伏不定，他对着各处召来的名医大发雷霆：“如果救不了皇后，我就要你们的命！”

病榻上的马皇后听说了这个消息后劝说朱元璋：“人生在世，生死由命，祷祀又有何用？至于医生，也救不了命将结的人，又何必为我而牵连这些医生呢？”此后马皇后拒绝服药，病情急转直下。马皇后临终时对丈夫说：“希望陛下招纳贤士广信进谏，好好处理朝政。子子孙孙都这样下去，也是大臣和百姓所向往的。”

1382年，即洪武十五年，积劳成疾的马皇后在南京病故，终年50岁。葬于钟山之阳，即朱元璋死后合葬的明孝陵。

对于患难与共的妻子如此撒手，朱元璋十分悲痛。临终前，她还嘱咐朱元璋一定要善待子民，求贤纳谏。在朱元璋心目中，世上再没有其他女人配得上享有马秀英的地位。

对于后宫的女人孩子们来说，失去这样一位慈爱善良的皇后就更是无可挽回的损失，从此再没有人能够在易怒好杀的老皇帝面前保护他们，也再没有人能够那样真正发自内心地关爱他们了。宫人们作歌以寄托思念，用歌声表达对她的怀念。

## 马氏：明惠帝朱允炆皇后

姓名：马氏

生卒年：不详

籍贯：不详

婚配：明惠帝朱允炆

封号：皇后

马氏，明朝建文帝朱允炆的皇后，光禄少卿马全的女儿。洪武二十八年，明太祖朱元璋亲册为皇太孙妃。朱允炆即位，册立为皇后。共生育有二子，长子皇太子朱文奎，润怀王朱文圭。

早在明朝建国初期，朱元璋为了确保朱氏王朝的统治，开始大力封自己的儿子为王，分驻在全国各战略要地。然而，这一做法却是自相矛盾的，朱元璋在立太子的同时，大力培植诸王的军事政治力量，使这些藩王变成了皇位的极大威胁。特别是朱元璋去世后，各藩王对王位的争夺越发地激烈。

1398年，朱允炆即位，年号建文。他登基之后，意识到了太祖做法的弊端，便实行“削藩”政策，全力废除诸王，数月间，撤免了周、湘、齐、代、岷五个亲王的藩王爵位，贬为庶人。在众藩王中，燕王朱棣不甘示弱，“智勇有大略”，起兵反抗，经过三年的恶战，朱棣终于攻陷了南京。

建文帝在宫中举火，当时宫中焰火四起，火光冲天，马后不堪被俘受辱，跳入火中自焚，偌大的皇宫烧死的人不计其数。朱棣入宫后，开始清宫搜捕建文帝和皇后。因烧死的人数众多，根本无法确认，就只好胡乱抬出两具，由朱棣按照帝、后礼节安葬，至于安葬地的所在，无人知晓，也没有追赠庙谥号。最可怜的是马氏的两个儿子，皇太子朱文奎当时只有七岁，也随他俩葬身火海，而两岁的小儿子朱文圭落在了朱棣手中，后被幽禁于中都广安宫，称为“建庶人”。

1457年，英宗复辟后，突然大发恻隐之心，下令释放“建庶人”，拨给朱文圭宦官20人，宫女10余人，婚娶出入自由，妥善安置在凤阳。

## 徐妙云：明成祖朱棣皇后

姓名：徐妙云

生卒年：1362~1407年

籍贯：濠州（今安徽凤阳）

婚配：明成祖朱棣

封号：皇后

谥号：仁孝慈懿成明庄献配天齐圣文

徐妙云，濠州人，父亲徐达为太祖夺取政权立下过汗马功劳，被太祖封为魏国公，官至右丞相，位列开国功臣之首。徐氏美丽与聪慧并存，人称“女诸生”，她为朱棣成功夺位立下了很大的功劳。

## 良缘天配，为燕王妃

徐氏生于元朝至正年间，闺名徐妙云，是明朝开国功臣徐达的长女。徐氏自幼文静，爱好读书，所学皆过目不忘，父亲给她讲的历史人物，她都能详确复述。由于父亲的书桌上经常摆放兵书战策，徐氏经常浏览，因此对行兵布阵之法也颇为在行，人称“女诸生”。徐家出了个才女，这个消息不胫而走，朱元璋听说后，亲自召见徐达，满脸亲切地说：“朕与卿布衣之交，患难与共20年。自古以来，相处较好的君臣往往互相结为亲家，听说卿的长女贤淑，与朕的四子朱棣正好相配，卿看如何？”徐达一听，能够和皇室攀亲，这可是求之不得的事情，顿时心花怒放，当即“顿首谢”，应允了这桩婚事。

1376年，15岁的徐氏嫁给了17岁的燕王朱棣。大婚当天，徐氏头戴九翚四凤冠，身着青质九翟衣，在隆重的典礼之后成了燕王妃。朱棣“姿貌秀杰，目重瞳子，龙行虎步，声若洪钟”，徐氏一见他，不由得心生爱意。

婚后，徐妃不仅关心体贴丈夫，对公婆更是敬重，谨慎侍奉，令燕王十分满意，婆母马皇后也格外喜爱，常常在公众场合称赞她是朱家的好媳妇。徐妃在马皇后身边生活了四年，马后的言传身教使她深深懂得如何去做一个称职的后妃。

1381年，即洪武十四年三月，根据朱元璋的安排，朱棣被封为藩王，要到他的封地北平（今北京）就藩，徐妃也辞别了马皇后，随丈夫离开了南京。

## 助夫立业，位居中宫

1392年，太子朱标去世，年仅十岁的皇长孙朱允炆顺理成章地成了皇位的合法继承人。六年后，朱元璋去世，遗诏令朱允炆继位，改年号为建文。

朱允炆登基后，开始大力削藩，来捍卫自己的皇位。当时，建文帝的王叔们拥兵自重，其中，最有实力的就是燕王朱棣。在不到一年的时间里，建文帝在大臣齐泰、黄子澄的协助下，将实力较弱的周王、岷王、湘王、齐王和代王都削除了。之后，朱允炆积蓄力量，准备对驻守在北平的燕王朱棣下手。

1399年，建文帝密令官员逮捕燕王府的官属。朱棣早已有所防备，得知消息后，先下手为强，在北平起兵反叛，发动“靖难之役”，号称“清君侧”，讨伐建文帝身边的齐泰和黄子澄等人。得知这一消息，建文皇帝派李景隆带领朝廷军直扑空虚的北平而来，朝廷军在北平城下发起了一次又一次的进攻。当时，朝廷军有十多万人，而北平城内连老幼孱弱都算上也不及一万，面对敌众我寡的危险局势，徐妃与留守北平的长子朱高炽及守城将官一起谋划，沉着冷静地部署起了守城各项事务。

面对兵临城下的强敌，徐氏先是冷静地在宫中告诉儿子如何应变，交代完后，她来到了前线，号召全体守城将士誓死守城，等待燕王回师。同时，徐氏发动城中将领及士民妻子登城作战，每人发给一副盔甲，城中妇女在徐氏的激励下，抛石块、掷瓦砾，徐氏本人更是亲自登城督战。时值农历十月，徐氏命令众人向城墙及城下兵将泼水，天寒地冻之中很快结冰，增加了攻城的难度。李景隆措手不及，望城兴叹。在徐王妃的指挥下，北平守军坚持到了燕王朱棣成功收编宁王军队，回师救援的时候。

这场守城之战，徐氏表现出的智谋胆略，在历代皇后中是极为罕见的，作为一代开国勋臣的女儿，她血液中流淌的机智与英勇被彻底唤醒了。建文四年六月十三日，历时整整三年的“靖难之役”终于结束，明王朝的京城南京被燕王军攻陷。皇宫里燃起了熊熊大火，在火光中，建文帝不知所踪。

1402年，燕王攻占京师，夺取了皇位。徐氏也随之离开了生活21年之久的北平，回到南京。同年十一月，徐妃被册封为皇后，这时她已经40岁，皇族内部残酷的权力战争已经让她积累了丰富的政治经验。

## 理政之才，国之贤后

明朝建立之初，太祖鉴于前代后妃干政的历史教训，规定宫外之事，皇后一概不准干预。事实上，要做一个母仪天下的皇后，不可能完全置宫外之事于不顾，徐后是一个善于发挥主观能动性的女人，她在一如既往关心成祖饮食起居、管理好后宫的同时，也密切关注着朝政，她的一些想法和做法对丈夫产生了积极的影响。

朱棣即位之后，做的第一件事就是清除朝廷中反对自己的人。徐后读过许多史书，深知治国之道：一是关心百姓的疾苦，二是培养爱护国家的人才。她提醒成祖说："南北之间，连年战争，兵民疲惫不堪，为政应当宽俭，务必要使百姓得以休养生息。"接着，她建议成祖爱护人才，说："人才难得。从前伊尹辅佐商汤，姜尚辅佐周武王，这些都是杰出的人才。今日的贤才都是太祖高皇帝培养造就出来的，望陛下在选拔任用时，不要分什么新旧，要一视同仁，一体擢用。"在如何选拔地方长官方面，徐后也有建议，她说："地方长官贤明与否，关系着一个地方的民生安危，不能仅仅循资历来选拔地方官，对于那些才能突出的人才要破格使用，而那些才能一般的人，也要根据他们的资格来使用，这两种选拔方法同时使用，必然会取得较好效果。"她还告诫成祖要不惜钱财培养人才。徐后在政治上显示出的卓越见识，令成祖十分欣赏，因而，她所提的建议多被采纳。

徐后不仅在治国方面颇有见识，而且对如何当好贤内助也很有见地。徐后在自己做好成祖贤内助的同时，也在想办法帮助那些天子近臣的妻子们做好丈夫的后盾。

徐后看到明成祖操劳国务很是辛苦，十分心疼。一次，见丈夫下朝回宫，徐后便问：“陛下经常和谁一起商讨国家大事呢？”成祖答道：“六卿理政务，翰林职论思。”于是，她请示成祖批准她召见六卿、翰林这些国家最重要的官员们的妻子。在表示了对她们的敬意，赐给她们衣服、钱财后，徐后说：“做妻子的，侍奉丈夫，不能仅注意饮食起居，还要在事业上有所帮助。朋友之间，有些话可听可不听，夫妻之间说什么就容易接受。我在宫中日夜侍奉皇上，经常和皇上谈论如何以民生为念，让百姓安居乐业，我的不少建议都为皇上采纳，希望你们也能这样关心支持丈夫们的工作。”这些大臣们的妻子都非常感动，下决心要做丈夫的好后勤。

后来，徐氏又召见了内阁大臣解缙、黄淮、胡广、杨荣等人的妻子，召见仪式在柔仪殿举行。召见时，徐后对内阁大臣的妻子们表示了亲切的慰问，赐给她们礼物，要求她们体谅丈夫，因为她们的丈夫作为皇帝的秘书和顾问，政务非常繁忙，工作十分辛苦，因此要好好服侍他们，使他们没有后顾之忧，一心一意地为朝廷尽忠尽职。内阁大臣和他们的妻子们非常感激成祖及皇后的恩典，皇恩如此浩荡，他们自然更加卖力地为成祖效劳了。自此之后，朝廷内外办事效率明显提高，这不能不说是徐后的功劳。

## 温和仁慈，子之良母

徐皇后为朱棣生有三个儿子，分别为长子朱高炽、次子朱高煦和三子朱高燧。在对待子女的教育上，徐后因人施教。长子高炽，自幼体弱多病，性情温和，沉静好文，为人宽厚，徐后深知其秉性，为了让他将来担当起治理国家的重任，徐皇后从小就注意培养他处事果断，大智大勇的能力，并经常教育他要体恤百姓，待人宽厚。

按明制，立嫡为太子，朱高炽顺理成章地被册为燕世子。

朱高炽的性格和他的父亲正好相反，朱棣本性刚毅，不喜欢被礼法拘束，所以他并不喜欢这个世子，总想废长立幼，改立二子高煦。

知子莫若母，徐后认为高煦以后必是暴君，因而主张立高炽为太子，曾屡次向朱棣进言，指出高煦和高燧的性格不好，不但不能重用，还要为他们选择敢于监督劝诫的僚臣。

在徐后的教导下，高炽很通爱民之道。太祖朱元璋健在的时候，曾命他与秦王、晋王、周王等四世子分别检阅皇城卫卒，其他三人很快便检阅完成，回来交令，唯独不见高炽。等他回来后，朱元璋问他："你为什么回来这么晚？"高炽答道："早晨天气寒冷，卫卒们正在吃饭，我等他们吃完饭才检阅。"朱元璋听后非常高兴，就故意问他："古代尧、汤的时候，如果发生水旱灾害，百姓们靠什么生活呢？"朱高炽毫不犹豫地答说："靠的是圣人恤民之政。"朱元璋不由得对他另眼相看。另外，徐后还教给了高炽一些带兵打仗的常识，北平保卫战也有他的功劳。

1404年，朱高炽被正式册为皇太子，即以后的仁宗。

对另外两个儿子，徐皇后也是极为关心体贴。他们的性情比较暴躁，专横，徐后就教育他们要顾大局，兄弟之间要互相照顾，不能任意胡为。正是因为徐后的教导，他们虽然有不臣之心，但在母亲在世时，始终也没有敢胡作非为。

## 德才兼具，遗作传世

朱棣称帝的第一年，即永乐元年，一部《梦感佛说第一希有大功德经》颁行天下，这部经书的序言正是徐皇后撰写的。

当时，明朝教育制度和机构已经比较完备了，但是绝大多数都是男子学校，女子可读的书很少。为此，徐皇后决定编一部适于女子读的书，于是著成了《内训》20篇，内训的一开篇便提出了对待子孙的教育要宽严适度，指出"本之以慈爱，临之以严格。慈爱不至于姑息，严格不至于伤恩"，并把自己对子孙教育的经验也写在了书里。另外，她还派人广泛收集古人的佳言善行，集成一个集子，命名为《劝善书》。这些文字旨在推行针对女性的教育，并倡导修德劝善，在一定程度上，为朱棣赢取了民心。

1407年，即永乐五年，只做了四年皇后的徐氏辞世。

临终前，她最后一次劝谏朱棣，希望他爱惜百姓，广求贤才，恩礼宗室。另外，不要骄惯自己的娘家。她还叮嘱太子朱高炽说："我一直惦记着当年在'靖难之役'初起时，为守住北平城而应命作战的将士妻子，感念她们的功劳和付出的伤亡。想要趁着皇帝日后北巡的机会，亲自向她们以及她们的家人赠予嘉奖抚恤。只可惜我再也无法完成这个夙愿，这是我此生唯一的憾事。"

徐后的离世，朱棣十分悲恸，赐谥号曰"仁孝"，并决定从此不再立后。同年，他在昌平天寿山营建自己的陵寝。四年后长陵落成，徐皇后安葬在了里面。15年后，壮心未已的朱棣病逝于征漠北的途中，享年65岁，与徐皇后合葬长陵。

## 张氏：明仁宗朱高炽皇后

姓名：张氏

生卒年：？~1442年

籍贯：永城（今河南永城）

婚配：明仁宗朱高炽

封号：皇后

谥号：诚孝恭肃明德弘仁顺天启圣昭

张氏，明仁宗朱高炽的原配，指挥使赠彭城侯张麒的女儿。洪武二十八年，封燕王世子妃。仁宗即位，册立为皇后。宣宗即位，尊为皇太后。英宗即位，尊为太皇太后。

### 平凡女子，不凡一生

张氏出生于一个普通的官宦家庭，父亲是兵马副指挥，有三个哥哥和两个妹妹，在一个充满欢乐的大家庭中长大。张氏自幼聪颖贤惠，性格开朗，长大后举止端庄，待人和蔼，深受周围人的尊敬和喜爱。

1387年，即洪武二十年，张氏被选为燕王世子妃，当时朱高炽和张氏都刚刚满18岁。张氏入宫后，在宫中谨慎行走，言语得体，深得成祖和徐皇后的喜爱。

1398年，张氏生下了第一个儿子朱瞻基，即后来的明宣宗。据说，在朱瞻基出生前，皇祖父朱棣梦见太祖朱元璋，给了他一个大圭，上面刻着“传之子孙，永世其昌”八个字。朱棣醒来以后，听说张妃生了一个孙儿，联想到自己晚上做的梦，认为是一个吉祥的征兆，小孙儿刚刚满月，成祖朱棣迫不及待地过来看孙儿。这一看，成祖不由得喜出望外，认为“孙儿英气溢面，正符合我梦中所见”。此后，把小瞻基当成了掌上明珠，爱护有加。到了考虑该由哪个皇子继承皇位时，按祖制，应该立嫡为太子，但是成祖却偏爱二子朱高煦的才干，一时也拿不定主意。于是，秘密召见阁臣解缙，问他有何高见，解缙说：“皇长子朱高炽仁孝，一定会使天下归心的。”成祖听后沉默不语，解缙又自言自语地说了句：“好一个圣贤的孙子啊！”成祖听后，一想到自己的爱孙，马上就决定立朱高炽为皇太子，封朱高煦为汉王。

张氏在生下了长子朱瞻基后，又生下四子一女。直到仁宗朱高炽即位，她被封为皇后。仁宗去世后，张氏又先后辅佐了宣宗和英宗二帝，为巩固皇权，保持政策连贯，发展国家经济做出了巨大的贡献。

## 辅佐幼帝，“女中尧舜”

1424年，成祖驾崩，太子朱高炽即位，是为仁宗。册立张氏为皇后，长子朱瞻基为太子。仁宗在位时，勤于国政，信任内阁，重用能臣“三杨”（杨溥、杨荣和杨士奇），大有开创“太平盛世”之势。但仁宗在位仅十个月就一病不起而离世，终年48岁。朱瞻基即位，是为宣宗，尊张氏为皇太后。

宣宗年轻，即位之初，每当遇到重大的军政要事，总不忘向母亲禀报。

张太后提出的意见通常都很中肯，她仿效太祖马皇后，恪守马皇后所定规制，参政而不乱政，有权绝不弄权，整顿机构，裁减冗员，重才纳贤，同心辅政，母子之间关系十分融洽。在张太后的辅佐下，社会大有进步，阶级矛盾有所缓解，当时国泰民安，一派盛世景象，与仁宗时期并称为“仁宣之治”。

1435年，宣宗在位的第十个年头，因遭疾病袭击，不幸英年早逝。朝臣们都十分悲痛，一边料理宣宗的后事，一边期待着新君临位。张太后令太子朱祁镇即位，是为英宗。因为皇帝只有九岁，宣宗弥留之际，遗诏国家政务必须禀报张太后，于是，朝臣们就联合奏请张太后垂帘听政。但是，张太后义正词严地拒绝了，她说：“我不能坏了祖宗的规矩。”此后，朝臣们更加敬重张太后的人品。鉴于皇帝年幼，张太后下令将奏疏都交由内阁，由“三杨”决议，然后施行。而自己却全身心地培养英宗，敦促他读书写字，要自小养成勤政之风。

张氏作为一个平凡的女子，不仅具有母仪天下的风范，相夫教子，管理后宫，还能极力支持和辅佐丈夫、儿子、孙子建功立业，治理国家，后人对其评价为“女中尧舜”，这也正是她一生真实的写照。

## 正直仁慈，忧国忧民

1417年，即永乐十五年，成祖降旨给心爱的皇孙朱瞻基选妃，结果选中了济宁百户胡善祖的第三个女儿胡氏，册封她为皇太孙妃。宣宗即位后，册立胡氏为皇后。胡氏贞静端淑，但身体病弱，未能生育，为宣宗所冷落。当时，宠妃孙氏虽然也没有生下皇子，但是饶有美色，深受宣宗的喜爱。宣德二年，孙贵妃生下了朱祁镇，宣宗更立皇后的想法变得更加强烈。最后，胡皇后还是被废掉了。

胡皇后被废后，仿照宋仁宗废郭皇后为仙师的事例，号静慈仙师，退居长安宫。对于胡氏的无故被废，张太后十分同情，欣赏她的贤惠，因此经常将她召到清宁宫中，和自己一同居住。每当内廷设宴，她都命胡氏坐在孙皇后的上座，孙皇后经常因此怏怏不乐。直到张太后病逝，胡氏因悲伤过度，没过一年也去世了。

1428年，即宣德三年，张太后和宣宗的皇后、嫔妃们一同畅游西苑。宣宗亲自扶着母亲走上万寿山，捧上美酒敬祝母亲万寿无疆。第二年，宣宗陪同母亲拜谒长陵、献陵。经过河桥时，宣宗下马，亲自搀扶太后的坐辇。看到道路两旁欢呼的人群，张太后意味深长地告诫宣宗，百姓能如此爱戴君主，是因为君主能够使他们过上安定的生活，所以国君一定要重视百姓的安危。返回京师的途中，张皇后走访当地的百姓，询问他们生活、生产情况，并赐予了他们一些钱财。百姓献上的食物和水酒，张太后亲手递给宣宗，让他尝尝真正的农家风味，告诉他百姓的生活艰辛。

1442年，张太后重病在身，仍然不忘关心国家大事。她曾召内阁大臣到病榻前，询问朝中还有哪些急事要办。大臣杨士奇在榻前奏道："尚有三件急事待处。"当时，杨士奇第三件事还没有说出口，老太后就悄然地谢世了，葬于献陵。

## 胡善祥：明宣宗朱瞻基皇后

姓名：胡善祥

生卒年：1400~1443年

籍贯：济宁（今山东济宁）

婚配：明宣宗朱瞻基

封号：皇后

谥号：恭让诚顺康穆静慈章

胡氏，全名胡善祥，父亲胡荣是锦衣卫百户。明成祖永乐二十二年，成祖驾崩，皇太子朱高炽继位，立朱瞻基为皇太子，胡善祥为太子妃。洪熙元年，仁宗病死，朱瞻基即位，是为明宣宗，胡氏又被册立为皇后。

## 偶然入皇宫

胡氏为人温柔贤惠，贞静端淑，出身于锦衣百户之家，也算得上是地方官宦之家的闺房淑女，小家碧玉。虽然胡氏自幼被父母宠爱，但是家规教养非常严格，凡事都必须遵规遵矩，出落得端庄大方。永乐十五年，皇太孙朱瞻基19岁，明成祖下令为他选妃。在众多优秀的女子中选中了胡氏，明成祖永乐二十二年，胡氏被封为太子妃。待到宣宗继位后，即被封为皇后。

在胡氏进宫之前，有一个有趣的小故事，明成祖在为太孙选妃的时候，钦天监经过占卜，说是应在济河一带求得这个女子。于是，济宁人锦衣卫百户胡荣的三女儿胡善祥便被选中为皇太孙妃，所以，胡氏的进宫完全是一个偶然的机会。

一位生长在官宦家庭的普通女子，一步登天，嫁给了太子做起了太子妃，胡氏受宠若惊。她之前的生活与皇宫深院有着天壤之别，现实的差距让胡氏很长时间都没有适应过来，入宫后更是谨言慎行。

## 无辜被废后

虽然胡氏贵为皇后，但是朱瞻基真正喜欢的人却不是她，在宣宗的心里只有爱妃孙氏一个人。婚后九年，胡氏都没有为朱瞻基生下一个儿子，只生了一个女儿常德公主。宣宗本来就想立爱妃孙氏为皇后，就以这一点为把柄，命令胡氏上表辞位。宣德三年，胡氏的皇后之位被无辜废掉，退居长安宫，成了明代有史以来的第一个废后。

宣宗的母亲张太后怜悯胡氏贤德，常召她来清宁宫居住。内廷每次宴会的时候，也经常召胡氏参加，并且位居孙皇后之上。张太后的这份疼爱，给胡氏的内心增添了一份温暖。然而，在步步惊心的后宫里，胡氏落得如此结果也未必是件坏事。胡氏退居长安宫后，独自生活了多年，平静且安逸。英宗正统七年，张太后去世，胡氏十分悲伤，终因伤心过度，大病卧床不起，不过一年，也追随而去。

胡氏死后，仅以嫔妃礼安葬。英宗亲政后，正式下诏恢复胡氏皇后的号位，追谥她为“恭让诚顺康穆静慈章皇后”，并下诏为她专修陵寝。

### 恩怨情仇非人愿

在封建社会里，婚姻都是父母之命、媒妁之言，皇帝也不例外，明宣宗和胡氏成婚并不是明宣宗的意愿，宣宗是不得已而为之。他们成婚后，明宣宗并没有把她放在心中，常常话不投机，最重要的是宣宗中意的人只有孙贵妃。胡氏身体病弱，以未能生育皇子的理由被废，宣宗是不会为这个女人的命运感觉到愧疚的，贵为天子，本就拥有三宫六院的偌大后宫，何况是一个自己并不喜欢的女人。

胡氏是一个典型的忍辱负重的女人，和别的女人一样，只想好好地爱自己的丈夫，母仪天下，但是这样的时间都太短暂，还没有来得及做些什么，梦想就被丈夫无情地打破了，把她的生活搞得一片狼藉。从此，她看不到美好生活的半点希望，也就是她所理解的相夫教子的美好生活，终于，她解脱了，永远地离开了这个悲凉的世界。

## 钱氏：明英宗朱祁镇皇后

姓名：钱氏

生卒年：1426~1468年

籍贯：海州（今江苏灌云）

婚配：明英宗朱祁镇

封号：皇后

谥号：孝庄圣

钱氏，出身微寒，被张太皇太后选中，成为英宗朱祁镇的皇后，钱氏这年16岁，比英宗大一岁。钱氏为人贤德，深爱英宗，两人患难与共，相濡以沫。钱皇后死后，葬裕陵，并没有与英宗合葬在一处，而是同隧异室。

## 一见钟情，情深不寿

1442年，16岁的少女钱氏经过重重筛选，最终被张太皇太后看中，成为英宗的准皇后，当时英宗也只有15岁。在张太皇太后的操持下，钱氏的册后仪式过程极为隆重。当天，钱氏头戴九龙四凤冠，身着真红大袖袆衣红罗长裙红褙子红霞帔，在一片煊天鼓乐中被迎入紫禁城，成为少年皇帝的皇后，从此，小皇帝有了妻子，他不再是独自一人站在世间至尊的殿宇上迎接万众的仰视。这一天开始，中国古代宫廷一段缠绵凄凉的爱情，就以这般金碧辉煌的方式揭开了序幕。虽然他们姻缘的缔结是出于祖母张太皇太后之命，但英宗仍然对自己的皇后一见钟情，十分喜爱自己的这位原配夫人，对她宠爱有加，关怀备至。

钱皇后虽出身寒微，但是，在皇室人眼中的寒微，和平民百姓的理解是不一样的。钱氏的曾祖父钱整，是成祖朱棣做燕王时的老部下，任燕山护卫副千户，一直以来都对成祖忠心耿耿。祖父钱通官至金吾右卫指挥使，父亲钱贵继承了祖传的武职，多次随明成祖、明宣宗北征，凭借战功升至都指挥佥事。朱祁镇数次要给她的亲戚封侯，钱皇后都深为感激，然而，她并不愿意家族因为自己而无功受禄，所以每次都被她委婉地推辞掉了。钱皇后知道民间生活的不易，即使在做了皇后以后，还经常自己动手做些针线活儿，亲手缝制衣服和鞋子。

钱氏贵为国母，统领六宫，首要的责任就是为皇上添子，然而，在这方面却一直不如人意，婚后七年了，钱氏也未能生育一个子女。不过，英宗和他的父亲不同，他对皇后是否终能生育嫡子一事抱着极大的希望，期待能够将自己的皇位传给发妻之子。英宗本人就是个出生不满百日就得封太子的庶长子，同样的事情，他不想发生在自己的儿子身上。眼看着庶长子朱见深已经两岁，英宗仍然没有将他册封为太子，而是一直耐心地等待钱皇后怀胎的消息。然而，中宫怀孕的喜讯还未等到，意外就发生了。

## 日夜期盼，盼夫归来

1449年夏，北方蒙古瓦剌部首领南犯大明，在王振的怂恿下，朱祁镇御驾亲征，不料，大败后被俘，史称“土木堡之变”。朝臣得到消息后，决定先尝试以财帛赎回皇帝，钱皇后毫不犹豫地将自己的所有财物都献了出来，期盼着对方看在财宝的分上放回丈夫。可是英宗依旧未能回朝，作为一个弱女子，她能做的都做了，再也没有其他的办法，于是她只能日夜焚香，祈求上苍，将希望寄托在神灵上。每当夜深人静的时候，冷清的宫宇中总会隐约响起一个女人哀泣求告磕头求天的声音。无助而近乎绝望的钱后祈求上天能够被自己的诚意感动，没日没夜地祈求，不离禅房，过度的劳累，粗陋的饮食，再加上冬天的严寒长期侵袭着她的身体，钱氏的一条腿受了重伤，再也无法治好。又因思夫心切，昼夜啼哭，一目失明，最后成了一位残伤跛足的独目妇人。

一年后，在于谦等能臣的指挥下，瓦剌被迫归还了英宗。朱祁镇回到了久违的故乡，一进皇宫，他就急促地奔向荒凉的南宫，迫切地想见到钱氏，然而，眼前的景象让他大大吃了一惊，没有了昔日的欢声和笑语，周围一片死寂。但他相信，一定会有一个人在等待着他，即使她不再年轻，不再美貌，苍老了许多，憔悴无比，但是他知道这个人一直守候着他，不离不弃。当钱氏出现在英宗面前时，二人对视了许久也没有说一句话，随后，相拥而泣，从这天起，英宗夫妻在南宫中相依为命，过起了心惊胆战的“太上皇”生涯。然而，英宗困在南宫中愁闷焦躁，度日如年，并没有得到与“太上皇”头衔相符的生活待遇和政治地位，连日常衣食都难以维持。丈夫的处境钱氏看在眼里，疼在心中，她一面百般宽慰丈夫，一面支撑着病体赶制绣品，以此来换取食用。就这样，二人互相安慰，共同度过了生活中最艰难的一段时光。

1457年农历正月，景帝患病，病情迅速加重，英宗重新登上了皇帝的宝座。重登帝位后，英宗力排众议，不嫌弃钱氏的身体状况，毅然选定了与自己共渡患难的妻子钱氏作为皇后。

## 英宗复位，合葬风波

当年，英宗被俘后，孙太后下诏立英宗的长子朱见深为皇太子。由于皇太子只有两岁，太后就命郕王朱祁钰监国，辅助皇太子统理国事。朱祁钰监国后，做了几件取信于大臣的事情，英宗又迟迟未归，后来，大臣们联名上奏请太后立朱祁钰为帝。太后从国家利益出发，答应了百官的要求，命朱祁钰即皇位。

1449年秋，朱祁钰登基即位，是为代宗，改年号为景泰。朱祁钰即位后，遥尊英宗为“太上皇”。

1450年，明朝军队在兵部尚书于谦的领导下，打退了瓦剌兵，英宗也回到了北京。但是此后几年，英宗开始了软禁生活，无法迈出紧锁的南宫一步。

1456年，已经易储的朱祁钰，先后失去了太子朱见济和皇后杭氏，痛失妻儿后，他也一病不起。景帝无其他子嗣，经朝中大臣密议，决定让英宗复位。这样，被囚禁七年的英宗再次成为大明的皇帝，改元天顺，这一年，英宗已经31岁。

1464年，英宗病重。由于太子朱见深不是钱后亲生，临终前，他担心将来皇太子继承帝位后，不会像自己在世的时候一样，尊崇钱后的地位，便留下了遗言：“皇后千秋万岁后，应与朕同葬。”另外，英宗还在遗诏中明令废止宫妃殉葬，这也可能与钱后有很大关系。

1468年，钱太后去世。但是同为英宗妃子的周太后不愿让她与英宗合葬，因为英宗死后留下过遗言，作为儿子的宪宗也是左右为难，最后在满朝群臣的压力下，也只能违抗母命。

钱太后虽合葬裕陵，但并未真正与英宗葬在一起，而是埋在了距英宗玄宫数丈远的左配殿，还特意堵塞了英宗玄宫与左配殿的通道。而安葬周太后的右配殿，其通道却与英宗的玄宫相通。

1504年，周太后去世。当时孝宗曾提出钱太后的埋葬不合礼制，欲打通甬道。可阴阳家却说：“打通甬道怕动及先帝的陵堂及地脉，动则不安，多有不利。”故也只好维持原状，没有再动。

## 郭氏：明光宗朱常洛皇后

姓名：郭氏

生卒年：1583~1613年

籍贯：顺天（今北京）

婚配：明光宗朱常洛

封号：皇后（追封）

谥号：孝元贞

郭氏，是博平伯郭维城的女儿，明光宗朱常洛的嫡妃，生有一女，早夭。她在朱常洛未登基前就离世了，后来，太子朱常洛即位，是为明光宗，但光宗在位一个月后便驾崩，来不及追封郭氏。一直到明熹宗即位后，追封，而后迁葬庆陵，祔庙。

1601年，明神宗长子朱常洛被立为太子，册封郭氏为太子妃。时年太子20岁，郭氏18岁。郭氏婚后生有一女，但是不久夭折，以后再也没有生育。

1613年，郭妃去世。当时，朱常洛虽然身为太子，但是由于是宫女所生，其母王氏又失宠受冷落，牵累到太子妃郭氏也没有地位，故郭氏在死后停尸两年，也不筑墓落葬。直到1615年才开始选择墓地，葬于泰陵之后的长岭。

在朱常洛即位后，仅做了一个月的皇帝，尚未来得及追封郭氏就死去了。据说，朱常洛因连服两粒“红丸”药而死。当时，神宗的贵妃郑氏，为了讨好皇太子，知道朱常洛本性贪色，于是就特意在宫中筛选了多名美女，送给朱常洛，让他尽情享受，来达到自己夺取大权的目的。这样，朱常洛不分白天黑夜，终日与这些美女缠绵作乐。因其淫欢过度，数日后即瘫软卧床不起。

后来，光宗之子朱由校即位为熹宗，追封其父正妃郭氏为皇后，将其遗体迁葬至光宗庆陵。

# 张嫣：明熹宗朱由校皇后

姓名：张嫣

生卒年：？~1644年

籍贯：祥符（今河南开封）

婚配：明熹宗朱由校

封号：皇后

谥号：懿安

张嫣，小名宝珠，明熹宗朱由校的皇后。天启元年（1621年）二月选美入宫，四月册为皇后，其父张国纪封太康伯。张嫣容貌艳丽，身材丰腴，精通书史，正直严谨，是全国初选的5000名美女中，连过“八关”选出的第一美女。在明代后期混乱的局势中，张皇后始终清醒。

## 生性刚直，惨遭陷害

1621年，张嫣以天香国色被选入宫中，貌冠后宫，同年就被册封为皇后。她清丽脱俗，又通晓古今书史，个性严谨，娴静有谋，很有皇后的风范。与熹宗朱由校成婚以后，二人起初感情很好，慢慢地由于双方性格相差太大，逐渐产生了隔阂。

张嫣好静，她平时喜欢看书、写字，或是做些杂活。而朱由校性格好动，喜欢到处游玩，每次出去都来叫她，她大都找各种理由推脱掉了。实在推不掉的，也只是陪他玩上一会儿，就心神不定，着急回到宫里。时间一长，两个人见面都说不上几句话，关系也变得淡漠疏远。

由于生母早逝，朱由校由奶妈客氏抚养长大。客氏比朱由校只大了8岁，本是一个普通的农家村妇，偶然被选入宫当了皇帝的奶妈，一般说来，皇帝断奶后，奶妈就要打发出宫。但是，熹宗从小就和她生活在一起，客氏离开后，熹宗整天闷闷不乐，不吃不喝，于是又被请回宫中。客氏为人性淫不正，经常挑逗熹宗，二人关系非同一般，熹宗曾封她为“奉圣夫人”。

客氏倚仗着自己独特的优势，野心也进一步膨胀，甚至勾结太监魏忠贤，想搅乱天下，夺取大权。

张皇后早已看穿魏忠贤和客氏二人为非作歹的行径，经常数次向熹宗说起此事，历数两人的过失。更是当着客氏的面，以皇后的身份警告和处罚客氏。有一天，皇后在读《史记》，皇帝过来看望，询问所看何书，皇后告诉他是《赵高传》，意在劝诫熹宗不要听信阉党太监魏忠贤，否则会成为大明王朝的千古罪人。她说道：“赵高是秦王朝权相，曾把揽朝政，指鹿为马，毒如蛇蝎，是坏秦朝锦绣天下的小人。”魏忠贤得知后恼羞成怒，第二天就埋伏下武士想行刺皇后，被熹宗撞见，没有得逞。

后来，张皇后有了身孕，这给客氏和魏忠贤复仇提供了一个绝佳的好机会，客氏把皇后的侍女都换成自己的亲信，作为自己的爪牙，布好了天罗地网，见机下毒手。一天，皇后腰痛，宫女们替她一顿捶打，几天后，皇后就流产了。熹宗也因此绝了后。

## 贤德国母，自缢而终

1627年，熹宗病危，这时魏客两人觉得时机已经成熟，便连夜勾结乱党，加紧了篡夺政权的计划。然而，张皇后智谋身勇，不惧魏客二人的多次迫害，一面命人加强戒备和防范，一面由自己终日守在熹宗的身边，不让他人接近，杜绝了魏忠贤乘机假传圣旨的机会。

张皇后在熹宗病重期间，反复地规劝他不要轻信阉党，揭露魏忠贤的种种倒行逆施，并极力谏言传位给异母弟信王，熹宗同意了，把弟弟召到病榻前，命他以遗命继位为君。熹宗死后，朱由检登基，即后来的明思宗。后来，朱由检果然不负张后的重望，干脆利落地解决了魏忠贤及其同伙。为了感激张皇后，封她为“懿安皇后”。

此时，明朝已是满目疮痍，早已无回天之力了。

1644年春，李自成领导的农民起义军攻进北京，张皇后自缢身亡。同年，清世祖福临把张皇后的遗骸合葬在熹宗陵。

# 清朝后妃

# 叶赫那拉氏：清太祖努尔哈赤皇后

姓名：叶赫那拉·孟古

生卒年：1575~1603年

籍贯：海西女真叶赫部

婚配：清太祖努尔哈赤

封号：皇后

叶赫那拉氏，名孟古姐姐，系出名门，是海西女真势力强大的叶赫部贝勒杨吉砮的女儿。14岁时嫁给努尔哈赤，婚后生下一子，即清太宗皇太极。孟古端庄妩媚，气度宽宏，不喜奉承，不惧恶言，举止庄重大方，始终如一，毫无过失。

## 敌对结亲，悲寂人生

明朝末年，还未建功业的努尔哈赤来到叶赫部，想娶贝勒杨吉砮的大女儿为妻，通过联姻的方法来壮大自己的势力。杨吉砮慧眼识人，觉得眼前的这个小伙子有成事之相，就答应把自己心爱的小女儿孟古许配给努尔哈赤。杨吉砮告诉努尔哈赤，他并不是为了推托与他联姻而不把长女嫁给他，实在是自己品貌出众的小女儿才配得上他，是努尔哈赤未来的佳偶，希望他能够耐心地等待。听了岳父一番肺腑之言，努尔哈赤便欣然从命。

1588年的秋天，14岁的孟古在兄长纳林布禄的护送下来到费阿拉城，努尔哈赤率众出城迎接，杀牛宰羊，大宴成婚。新娘孟古也显露出了她的与众不同：论相貌，她面如满月，风姿独具；论修养，她口无恶言，耳无妄听。上下诸人都非常喜欢她。

婚后，夫妻恩爱，孟古在四年后生下了一个儿子，就是后来建立大清王朝的皇太极。但是，孟古在嫁给努尔哈赤后并未受到专宠，在孟古为妃期间，努尔哈赤又先后娶了哈达部万汗的孙女阿敏为侧妃，纳了庶妃嘉穆瑚觉罗氏和乌拉部阿巴亥为妾，而皇太极也从来没有被立为储君。

1603年，孟古病危，这时，她已位居大妃的地位。在弥留之际，孟古想见一见母亲，太祖只好派人去请，但建州与叶赫当时已势同水火，孟古只能带着对母亲的思念，对丈夫与胞兄之间争斗不休的无奈，撒手人寰，年仅28岁。

## 端庄贤德，母以子贵

当年，那拉氏出嫁的时候，努尔哈赤还未称制，而且后宫制度不全，所有的妻子都叫福晋，只不过正妻叫大福晋，其余的都称为侧福晋、庶福晋等。当时的大福晋富察氏还在世，孟古只是一位侧福晋而已。她从不干预政事，为人端庄聪慧，和各位妻妾以其子女的关系处理得非常融洽。

## 英年早逝，第一皇后

1592年，那拉氏生下了努尔哈赤的第八个孩子，更加受努尔哈赤的宠爱，并亲自为儿子取名为皇太极。皇太极自幼就聪颖过人，凡是所学都过目不忘，出口成章。那拉氏对儿子的教育非常重视，常常勉励他勤奋学习，皇太极的进步也相当快，这一切，努尔哈赤都看在了眼里，心中十分高兴。

1599年，皇太极七岁，因常年征战在外，努尔哈赤便对他委以重任，命他主持家政。那拉氏见儿子年幼，肩负的任务太过于繁重，于是便全力辅佐，以自己的实际行动积极支持努尔哈赤建功立业，为大清王朝的建立做出了一定的贡献。

在那拉氏早逝以后，努尔哈赤和儿子皇太极十分悲痛，并下令所属男女老少，在一个月内不许吃肉饮酒。努尔哈赤为了表达对爱妻的思念，命服侍过孟古的四个婢女生殉，并用牛羊100只祭祀，而且将孟古葬在自己居住的院中达三年。

1624年，努尔哈赤迁都辽阳东京城，孟古的遗骨也随之迁到东京陵。

清太宗皇太极登基后，那拉氏母以子贵，与太祖努尔哈赤同葬福陵地宫，神位供于太庙备受尊崇。经代代加谥，康熙元年改谥为高皇后。

## 阿巴亥：清太祖努尔哈赤皇后

姓名：乌拉那拉·阿巴亥

生卒年：1590~1626年

籍贯：乌拉部

婚配：清太祖努尔哈赤

封号：皇后

谥号：孝烈武

乌拉那拉·阿巴亥，是乌拉部满泰贝勒的女儿，12岁时嫁给努尔哈赤，深受努尔哈赤的宠幸，在叶赫那拉氏去世后，被立为大妃。阿巴亥为努尔哈赤生了三个儿子：阿济格、多尔衮和多铎。努尔哈赤病逝，阿巴亥被逼殉葬，终年36岁。

### 魅力独特，宠冠群芳

1593年，努尔哈赤打败了叶赫、哈达、乌拉等九部联军以后，在加强军事进攻的同时，采取了分化和蚕食政策，用结盟联姻的手段拉拢乌拉部首领布占泰，意图拆散海西四部的联合，以便各个击破。努尔哈赤先将自己的侄女嫁给布占泰，又将布占泰的女儿给自己的弟弟为妻，他自己则娶了布占泰的侄女阿巴亥。

1601年，年仅12岁的阿巴亥嫁给了43岁的努尔哈赤。由于阿巴亥年轻貌美，努尔哈赤非常宠爱她。有一次晚宴，努尔哈赤望着年轻美丽的阿巴亥，想着自己逐渐老去，不禁为自己百年之后将阿巴亥托付何人做起了打算。后金一向有收继婚习俗，所以，努尔哈赤考虑在身后由大贝勒、二子代善继娶阿巴亥。代善知道父亲的这一想法，对阿巴亥也有爱慕之情，而阿巴亥也希望在努尔哈赤故去后能找到靠山。

1620年初春的一天，小福晋德因泽向努尔哈赤报告，大福晋阿巴亥不守宫规，和大贝勒有暧昧之情。她说，大福晋多次备佳肴送给大贝勒代善，甚至一天两三次派人到大贝勒家去，像是商量什么要紧的事。进而含糊其词，似有似无地说，大福晋还有几次深夜出宫。努尔哈赤立即派人调查，结果竟是属实，而且探者进一步揭发大福晋在诸贝勒大臣举行宴会、集议国事时，与大贝勒眉来眼去，诸贝勒大臣早就习以为常，只是因为惧怕不敢报告。努尔哈赤听完以后，极为震怒，但是不愿意把家丑张扬出去，也不愿加罪儿子，便借口以私藏金银的罪名而将阿巴亥“离弃”。

阿巴亥被逐出宫以后，大妃的位置出现了空缺，所有福晋都对这一尊贵非凡的封号垂涎三尺。所以，那段时间，努尔哈赤宫殿中的每个女人，都尽献妩媚，每个人都想拢住努尔哈赤那颗雄心勃然的心。可是，渐渐地，这些妃嫔们都深深地失望了。开始，努尔哈赤对阿巴亥的过失摆出一副深恶痛绝的样子，他规定皇宫中的任何人，都不许在他的面前再提及阿巴亥的名字。但是，阿巴亥住过的华屋，后宫中最是精美的一处宅第，偏偏是完好地保留着原状，努尔哈赤甚至不许任何人移动里面的一椅一桌。

努尔哈赤表面上维持着自己日理万机、荣华富贵的幸福模样，尽量把自己的军政活动编排得满满的，闲下来的时光，不是去了姹紫嫣红的女子檀板银筝的舞榭歌台，就是搂着蛮腰的小秋娘，夜夜畅欢。

可是，不久，努尔哈赤就对这人世间应虚景儿的繁花韵事腻烦了，除了处理政务，他的心一直是空荡荡的，总觉得少了些什么。

从前，阿巴亥在时，她在楼上看着廊下轻捷而过的老汗王，眼睛里流淌着脉脉的温情。努尔哈赤抬头望着她，一身女真族女子天青色的窄袖长袍，发髻编成了尺许长短的横把式，努尔哈赤戏称为把儿头，他的心里暖暖的，甜甜的，那样的感觉真好。

20来年，努尔哈赤眼看着一支春花般的阿巴亥，成了他的新人，又看了她的三春花事开过，抱了阿济格、多尔衮、多铎三个精灵小鬼头，缠绕在膝边，这平凡的人生轨迹，正是人间寻常夫妻式的长远姻缘。

努尔哈赤对她的感情实在是太深了，往事的一幕幕浮现在眼前，很快，他就关注起贬居在近郊的阿巴亥母子。以至于看尽繁花万万千的努尔哈赤，在饱受相思的煎熬之后，一进占辽阳，就迫不及待地召回了冷落近一年的阿巴亥，立马恢复了大妃的尊荣。

1621年，努尔哈赤拿下了辽阳城，这是他人生中无上的辉煌。他亲自把自己心爱的女人接进辽阳城居住，以赎回自己这一段时间对于阿巴亥的怠慢。

这时，努尔哈赤已到迟暮之年，后来，他强势地把阿巴亥塑造成为一个公众人物，就是要向那些嫉恨阿巴亥的势力宣布：他的有生之年，必须给自己心爱的人拨乱反正，捍卫她的地位。

1621年，后金政权第四次择都。在辽阳太子河畔的北岸高地，老汗王努尔哈赤与明媚照人的大妃阿巴亥推出了一台与臣下共乐的庆贺大典，这是后金政权一次精英级的豪华盛会，参加者有诸贝勒、众汉官以及他们打扮得珠光宝气、暗香盈盈的妻室们。

## 机智灵巧，大妃风范

阿巴亥入宫后的第三年，大福晋叶赫那拉氏病死，不久阿巴亥被立为大妃。

1622年深冬，屡战屡败的大明皇帝很想在军事的博弈上，挽回一点面子。因此，明军出动三万精兵守卫广宁城。

努尔哈赤来到了冰冻三尺的前沿阵地，给将士们打气。老汗王豪气十足地许诺：打进广宁城，请阿巴亥大福晋领了众福晋到广宁来，给大伙儿补过一个新年！努尔哈赤的一番激将，女真族将士的士气陡增，每个人的眸子中都突突地往外冒着戾杀的怒气！

最终，这一战也是快刀斩乱麻式的收局。大明的骁将刘渠、祁秉忠，成了女真族勇士们刀下的无头之鬼。

当大妃阿巴亥率领的由众福晋组成的慰问团抵达前线时，漫天玉龙飞舞的广宁城，已经沉浸于一种节日的欢快气氛之中了。

努尔哈赤喜滋滋地手捻着胡须，高高地坐在龙椅上，迎接着爱妃的到来。

阿巴亥率众福晋叩见大汗，说道，大汗承蒙上天眷顾，得了广宁城，努尔哈赤听后，心情愈发舒畅，精神倍增。众贝勒的福晋们在殿外三叩首，礼节结束后，举办大宴庆贺。

1623年的农历正月初六，新年的喜气尚在眉心荡漾，游兴大发的努尔哈赤迫不及待地与阿巴亥进行了自己的第一次出巡。他们顺着辽河的岸边游巡而下，白天围猎，晚上就随便找个大户人家住下，仿佛又回到了20几年前，两个人亲昵说笑着，犹如初恋一般。此后，蒙古贝勒的觐见以及为大贝勒代善之子精心安排的迎亲活动，努尔哈赤都特意拉着阿巴亥一起参加。阿巴亥很会调节会见的气氛，间或亲切和婉地插话，问一点家常的话题，宾主双方的心境顿感轻快，轻松愉悦不少，这对于加强蒙古、女真联盟，收效是相当不错的，这也充分显示了阿巴亥的大妃风范。

## 忘年夫妻，情深几许

阿巴亥比努尔哈赤小31岁，她跟从努尔哈赤的20多年，正是努尔哈赤势力发展的关键时期。从费阿拉到赫图阿拉，又到界凡，阿巴亥看着努尔哈赤灭辉发，并乌拉，创八旗，征服东海女真，降服萨哈连部；看着努尔哈赤在赫图阿拉创立后金政权，称大汗，也看着努尔哈赤兴师攻明，取得萨尔浒大战的胜利。她是他的忠实伴侣。

1626年农历正月，隐忍数年未发的老汗王努尔哈赤，出手却败在了大明的强将袁崇焕的宁远城下。这对于天性自负的努尔哈赤而言，绝对是一个沉重的心理打击。努尔哈赤哀怜地觉察到：属于他的时代怕是真的要过去了。

这时，一代雄主努尔哈赤也走到了生命的尽头，七月的时候，仍然能够撑着病体处理公务的老汗王，忽然浑身上下都有了一种不舒服的感觉。他接受了二贝勒阿敏的建议，到清河汤泉去泡温泉疗养。

努尔哈赤自己也感觉到了前景不妙，这位68岁的垂死老者，一生经历了太多的政治风雨。努尔哈赤在生命的最后时段，对于皇室中一些争斗不已的贝勒子孙们，早已深深地厌倦了。在他的心里，唯一挂念的，只有那个风姿艳丽却又心思单纯的大妃阿巴亥。在疗养期间，他自感不适，传令阿巴亥火速地赶到自己的身边。

努尔哈赤是经验老到的政治家，他早已清晰地意识到了隐藏于阿巴亥身旁的巨大政治涡流，这旋涡可以毫不费力地把阿巴亥吞灭。同时，他也看穿了一群虎狼之心的贝勒子孙们的真实用意，开始用他有力的政治推手，为阿巴亥今后的道路扫清障碍。由努尔哈赤做坚强的后盾，刻意地抬举起阿巴亥与她的三个儿子，众贝勒们虽然感到郁闷，却也无可奈何，一时间谁也不敢讲什么。

阿巴亥飞奔一样地赶到了老汗王的身边，这时，努尔哈赤已经奄奄一息，对眼前的阿巴亥恋恋不舍，可他仍然坚韧地忍住了从心底涌出的巨大的伤感。他艰难而又迫切地叮嘱阿巴亥，回盛京！他要在众臣面前宣布自己的临终遗命。只是，在走到离沈阳城不远的一个叫瑷鸡堡的小地方时，还是没能挺住，最终，努尔哈赤还是带着满腹遗憾离开了这个世界，离开了他曾经心爱和最爱的人。

## 不谙世事，含冤生殉

努尔哈赤归天的消息刚刚发布，诸贝勒大臣急忙赶来，大家心急火燎地，轮换肩抬着老汗王的棺柩，迎着一路飘着的小雨，疾步往京城的方向赶。在努尔哈赤离世仅几个小时以后，他的遗体已经安稳地躺在了沈阳的皇宫中。

紧接着，缤纷缭乱、瞬息万变的时局，就不是阿巴亥大妃这样一位孤孤单单的弱女子所能够左右的了。

此时，众贝勒大臣最关心的事情是老汗王在弥留之际，与大福晋阿巴亥单独相处时，是否留下过政治遗嘱，也就是说努尔哈赤究竟把汗位传给了谁。

迎着大家虎视眈眈的目光，大福晋阿巴亥紧张地犹豫了好一阵子。最终，她还是银牙一咬，以一种豁出去了的心情，颤抖着讲出了老汗王的临终遗言：由十四子多尔衮继承汗位，由大贝勒代善辅政，待多尔衮成年后，代善归政。

这样的结果或者早已在某些人的预料之中，可是，这显然是不符合当时在场的多数贝勒大臣的心意的。所以，这一群玩惯了刀枪的武夫，在阿巴亥话音刚落，就有人把不屑写在了脸上，而且质疑声不断。

贝勒大臣们抓住了大福晋阿巴亥的一个致命的弱点：汗王薨逝时，只有阿巴亥一人在身旁，没有其他人可以在旁边为证，所以，只凭大福晋的一张口，这样一条政治遗嘱的真实性还有待核查考证。

为此，当时政坛上真正的大佬级人物，四大贝勒代善、阿敏、莽古尔泰、皇太极便姗姗登场了。他们召开了一次紧急的碰头会议，这是一次决定后金未来政局的十分重要的会议。四大贝勒中，至少有三大贝勒对于阿巴亥设计的那个政治遗嘱嗤之以鼻，在他们看来，这未免也太小儿科了。如此，阿巴亥的政治前途，在会议的伊始，就被大家否定了。

如果大福晋阿巴亥想借政治手段为自己和儿子的前途谋划的话，那么，她真把政治这一碗饭想得太天真了。这些人都不是孬瓜，政治的前景，明眼人一瞥之下，所有的幽明曲直都已尽收眼底。

四大贝勒的长谈结束后，这些努尔哈赤的成年子侄们，脸上有了淡定的微笑，他们稳步地走向了大厅中焦急等待着的同僚，把这场立储继位的大戏推向了高潮。首先，他们断然否定了阿巴亥的那个多尔衮嗣位的临终遗命。随后，四大贝勒怀了一份畅然的愉悦，向阿巴亥传达了老汗王口授于四大贝勒的另一份遗言：大福晋阿巴亥丰容靓饰，与老汗王相处的20余年间，早已情好如一人，因此，老汗王要走了，却把美丽如画的阿巴亥独自留在这尘世间，委实是割舍不下。所以，老汗王再三叮嘱道：俟吾终，必令殉之！这一奇峰突兀而来的重大变故，又令当时在场的官员们大吃了一惊！

当时，反应最强烈的就是大福晋阿巴亥，顷刻间，她的脸上惨然漫过了一层死神的灰白。这个女子最初的意愿，也不过是想为未成年的儿子们争得一份最大的政治利益，为自己的生活谋个依靠而已，或者，努尔哈赤的生前，真的有过那样一份的临终遗命。可是，她无论如何都没有预想到，四大贝勒一出手反击，就要置自己于死地。

从前的贵族阶层，生殉似乎都不算是一件特别稀奇的事情，这是现代考古学屡屡实证过的。但是，按照当年女真人习俗相沿的习惯，妻子从殉丈夫于地下，至少要符合两个公认的基本条件：一个是死人割舍不下的爱妻；另一个则必须没有未成年的儿子。因此，后来多选择出身较低微的小妾陪葬。阿巴亥位居大妃之位，多尔衮与多铎的年纪还都很小，离成年尚远，以阿巴亥当时的尊荣，如果她不在政治的山呼海啸关头乱讲话，生殉那样的事，即便是八辈子都不一定会落在她的头上。

可是，政治斗争从来都是残酷的，毫无人情可言的。失去了老汗王庇护的阿巴亥，就像从一座崩塌着的巨大冰山顶峰上迅速坠落的一只小羊，她纵然是口舌如莲地辩解，也无法扭转既定的局势。

距离努尔哈赤的崩逝不到一天，以皇太极为首的诸贝勒传努尔哈赤遗诏，要大妃阿巴亥殉死。丰姿艳丽的阿巴亥当时36岁，正值盛年，她的三个儿子：阿济格22岁已经成年，多尔衮只有15岁，多铎13岁。出于对尘世的留恋和对爱子的牵挂，阿巴亥百般支吾，希望事情能有转机。但诸贝勒寸步不让，阿巴亥在被逼无奈，山穷水尽的情况下，自缢殉死，到一个清静温暖的世界与老汗王继续相依为伴。

同殉者还有两位庶妃，其中包括德因泽。就这样，年仅15岁的多尔衮登位的可能被皇太极剥夺了，他后来成为清朝顺治帝的摄政王。而顺治帝非常讨厌多尔衮，将多尔衮为他立的皇后——博尔济吉特氏降为静妃，更将多尔衮之母大妃阿巴亥逐出太庙，并追夺一切尊号。

## 哲哲：清太宗皇太极皇后

姓名：博尔济吉特·哲哲

生卒年：1599~1649年

籍贯：科尔沁蒙古

婚配：清太宗皇太极

封号：皇后

谥号：孝端文

博尔济吉特氏，名哲哲，蒙古科尔沁贝勒莽古思之女。清太宗时为国君福晋，正宫皇后，居中宫。清世祖时尊为皇太后。无子，生三女，下嫁额哲、奇塔特、巴雅思祜朗。

### 蒙古公主，远嫁女真

在科尔沁辽阔的、茫茫的大草原上，每天都有个漂亮活泼的蒙古小格格跳舞、骑马的身影，大草原上时常回荡着她清脆悦耳的歌声、笑声。她就是哲哲——科尔沁小王莽古思的掌上明珠。世事变迁，她不可预知未来，更无法想到自己的地位一升再升，更不会在意“世事难全”这四个字，毕竟她只是个纯洁的、无拘无束的小姑娘。

她很美，人如白雪，冰清玉洁，尤其是那双温柔似水的眼睛总是让人无法抗拒。

当时，因政治斗争的需要，努尔哈赤与科尔沁蒙古贝勒之间进行联姻，加强联盟，壮大了与明朝斗争的势力。

就在她15岁那年，为了科尔沁，为了疼她爱她的父亲，她嫁到了建州女真，成了四贝勒皇太极的福晋，从此她的生命开始了一个新的历程。

1614年，哲哲出嫁那天，努尔哈赤命皇太极亲自出迎。皇太极迎出很远，在辉发扈尔奇山城，大宴亲朋，举行了婚礼。

一个情窦初开的她，一个年少轻狂、意气风发的他。婚后，他们相处得很好，夫妻间恩爱备至，十分甜蜜。他待她很好，他爱她，那个无拘无束的蒙古小格格。

每次哲哲的后母科尔沁太妃看望女儿的时候，皇太极都要亲自迎送，并赏赐许多金银珠宝，绫罗绸缎。后来追封已去世的岳父莽古思为和硕福亲王，封太妃为和硕福妃。

## 端庄明慧，温良大度

1626年秋，努尔哈赤死去，经过激烈的斗争，不久皇太极成了后金的大汗，哲哲顺理成章地成了汗王的正宫福晋。

1636年，盛京（今辽宁沈阳）城内张灯结彩，一片欢腾。后金大汗从这一天起改称皇帝，年号崇德，改国号为清。

她爱皇太极，爱得很深很深，考虑到丈夫的地位，为了兴旺爱新觉罗的血脉，她宁愿自己一个人承受着痛苦，为皇太极纳了许多侧妃，眼睁睁地看着别人来分享丈夫的爱，甚至有人将会取代她在丈夫心中的地位，更痛苦的是为了他，她竟然要忍受着自己的侄女也成为丈夫枕边人的痛苦，恐怕这世上再没有第二个女人能够这么做了吧。“你真不愧是正宫福晋呀，有着正宫福晋的肚量。”皇太极如是说。是呀，恐怕这大清第一夫人也只有她才配做吧！

随着腐朽不堪的大明的衰败，皇太极称帝，于是她的生命又发生了一次历史性的转折，她成为大清朝的第一位皇后——崇德皇帝的皇后，大清朝最尊贵的女人，这个位置几乎让天底下的女人都垂涎欲滴。为了让她深爱的丈夫能够安心地管理朝政，尽可能地施展他的抱负，满足他那颗统一天下的雄心，她以她的宽厚仁慈统领后宫，管理着那个偌大的家庭。有她在，他从来都不必担心后院起火。

大清国母的地位她并不喜欢，她最渴求的是一个丈夫对他的妻子应有的爱，她需要他的爱，可是皇太极不只是她一个人的丈夫，而是后宫众多女人所共有的丈夫呀！更何况他又疯狂地爱着海兰珠，他几乎将所有的爱都倾注给那个叫海兰珠的女人。面对海兰珠的无理取闹，皇太极总是一次又一次地纵容。可是她并不怨恨他，因为她爱他，她觉得爱一个人不一定非得得到这个人的爱，爱他就要包容他，肯为他付出，只要他幸福。有人说她是一生富贵半生痛苦，是啊，这句话来概括她的一生是再恰当不过了。皇太极是给了她高贵的地位，可一个女人最想要的他根本不知道，他不知道自己给了她多少个无眠的夜晚，多少个默默流泪的夜晚，多少个独自发呆的、漫长的白天。

她不是他最爱的人，但却是他最信任的人，临终之际他能托付的也只有她。那一天也许对哲哲来说是她这一生中最痛苦的一天，他走了，永远地离开了她，任她再想挽留也无济于事。皇太极是她一生的信仰一生的爱，那晚她终于收起了往日的强颜欢笑，她悲痛万分，深情地呼唤着，她忘记了她母仪天下的尊贵，忘记了她大清国母的地位。

## 统领后宫，仁厚国母

皇太极作为大清皇帝登基之后，对他的后宫也进行了加封。盛京的后宫，包括清宁宫、关雎宫、麟趾宫和衍庆宫，是后妃们居住的地方。

中宫：清宁宫皇后，哲哲，居首位。

东宫：关雎宫宸妃，称东大福晋，海兰珠，居第二位。

西宫：麟趾宫贵妃，称西大福晋，娜木钟，居第三位。

次东宫：衍庆宫淑妃，称东侧福晋，巴特玛·璪，居第四位。

次西宫：永福宫庄妃，称西侧福晋，布木布泰，居第五位。

哲哲皇后为人宽容，从不嫉妒，生活得平平安安。唯一的遗憾是没能给皇太极生个儿子，因此，后来又把两个侄女，海兰珠和布木布泰，进奉给皇太极为妃。皇太极对她们十分宠幸，以至于完全冷落了她。然而，她并不计较这些，始终恭顺地侍奉皇太极，并且关心和照顾着诸宫妃嫔。

1643年，皇太极突然发病死去。哲哲皇后身不由己地卷入了一场皇位的斗争中。当时，庄妃急欲立自己的儿子福临为帝，利用了哲哲的仁厚，请她与自己一起说服皇长子豪格放弃争夺，并取得了大贝勒代善支持福临。最终，福临即位，年号顺治，是为清世祖。哲哲与庄妃都成了皇太后，并随同福临一同入关，进驻北京紫禁城。

1649年，哲哲皇后病逝，终年50岁。

## 博尔济吉特氏：清世祖福临皇后

姓名：博尔济吉特氏

生卒年：1640~1718年

籍贯：科尔沁蒙古

婚配：清世祖福临

封号：皇后

谥号：孝惠章

博尔济吉特氏，科尔沁贝勒绰尔济的女儿，圣祖玄烨继位，尊为皇太后，居慈仁宫。她温和善良，知书达理，虽不得顺治宠爱，但是与康熙形同母子。圣祖奉太皇太后（孝庄文皇后）出巡皆随行侍奉，太皇太后病重，朝夕相侍，后移居宁寿宫。无子女。

### 满蒙联姻，遭受冷遇

1654年，即顺治十一年，博尔济吉特氏在孝庄太后的安排下，告别了远在千里的故乡，来到了紫禁城，同年被封为皇后，开始了她缺乏爱情，但是充满了亲情的一生。

初见顺治，她并没有在这位皇帝身上感觉到一丝的温暖，不仅备受冷落，而且还常常被顺治责备。孝庄皇太后生病的时候，顺治就毫无根据地指责她不懂礼节，照顾不周，命令她停止享受作为皇后的礼节性待遇，并让诸王和大臣讨论执行。后来，孝庄出面干预，才平息了这件事。但是，顺治未改初衷，一直冷落她，直到自己去世。

## 康熙嫡母，母慈子孝

博尔济吉特氏自己没有孩子，康熙即位后，博尔济吉特氏被尊为皇太后，居慈仁宫。

1680年农历十月初三，是孝惠太后40岁的诞辰。这一天，康熙破例“不理政事”。上午，皇室内部举行祝寿活动，太皇太后孝庄、皇太后孝惠、康熙帝、皇太子胤礽等祖孙四代欢聚一堂，庆贺孝惠40岁整寿。下午，康熙帝先到祖母宫中问安，并率七岁的皇太子胤礽赴太后宫问安。过去，每逢太皇太后孝庄的生日，康熙帝也照常理政，由此可见，康熙帝与嫡母之间有着深厚的感情。

## 贤德聪慧，备受尊敬

孝庄太皇太后在世的时候，母子之间礼数往来，感情平实没有什么特别之处。但是，孝庄的去世，对康熙皇帝与皇太后孝惠的关系，却产生了十分重要的影响。

孝庄去世后，康熙帝数日滴水不进，大臣们反复奏请，乞求他“暂离丧次”“少为休息”，但都无济于事。同在守灵的孝惠，也为皇儿的健康担忧，她知道，此时让皇儿离开是根本办不到的，所以，她一再劝他吃些东西。康熙帝理解嫡母的心意，于是，“免啜少许，究不能下咽”。

康熙是一代明君，在位期间，人民安居乐业，百业俱兴。尽管如此，家家都有本难念的经，何况是一个泱泱大清王朝，“废立太子”事件对他的身心打击很大，甚至，曾一度陷入痛苦之中不能自拔。他无数次地冥思苦想，想起自己同太子胤礽的父子关系，又联想到自己与皇太后的母子关系，反复比较，感慨万千。

康熙帝将自己的心情告诉了皇太后，孝惠非常理解康熙的苦衷，并有意顺着他的想法去说，这使当时陷入困境的康熙在精神上得到了很大的安慰，同时，也为他内心已经萌发的复立胤礽找到了依据。后来，康熙帝向全体皇子、大臣们解释复立胤礽想法时，曾谈了与皇太后的谈话。实际上，孝惠的表态，不仅使康熙帝内心平衡，而且促使他做出了复立胤礽的决定。

《清圣祖实录》中记载，一废太子期间，康熙帝指责皇长子胤礽说："大阿哥（胤禔）行为很是暴戾无耻，并不念及父母兄弟，杀人害人，毫无顾忌，任意妄为。朕在宫中，伊何能为。倘朕躬在外，伊或挟一不堪太监，指称皇太后（孝惠）懿旨，或朕密旨肆行杀人，猖狂妄动，诸阿哥皆兄弟也，称有旨意，谁敢拦阻，关系甚大。"这表明除了孝庄太皇太后以外，孝惠在宫中备受尊崇，她的懿旨可以与皇帝的谕旨相提并论，具有不可抗拒的威慑力。

然而，胤礽复立为皇太子后，完全没有悔改之意，仍旧恣意妄为，结党营私。于是，康熙五十一年九月，太子第二次被废。事后，康熙把这件事的来龙去脉详细地讲给了孝惠听，可见对她的信任和敬重，太后虽无奈，也很是理解。

## 寿终正寝，母子情深

康熙四十九年，孝惠70大寿。正月十六，宁寿宫内举办了盛大的宴会，因年贡来京的外藩、贝勒、贝子、额驸以及全体皇室人员等齐集。康熙帝兴致大增，随着音乐的节拍，在皇太后面前跳起了满族的蟒式舞，频频向她祝寿，逗得老太后合不拢嘴。

孝庄在世时，因热河避暑山庄尚未修建，所以，康熙帝没能让祖母来此佳地避暑，留下终生遗憾。康熙帝没能为祖母做的事，终于在嫡母身上实现。直到孝惠去世前，每逢入夏，康熙帝都要奉皇太后去热河避暑。每次，康熙帝与嫡母一同离京，走到半路时，他都要率部分皇子、大臣先行，为嫡母到来做好一切准备。当孝惠到来之时，他便率诸皇子、大臣出门跪接请安。

康熙五十六年（1717年）末，孝惠病危，当时，康熙帝身体也不好，双脚浮肿得几乎走不动。他用手帕缠裹双脚，乘软舆来到宁寿宫，跪在嫡母榻前，双手捧着嫡母的手说道："母亲，我在此。"此时，孝惠身体极弱，已经不能说话了，她一只手握着皇儿的手，久久望着他。在生命最后一刻，嫡母眼神里充满了对康熙的眷恋与感激之情。

第二年三月，太后去世，时年78岁。葬孝东陵。

康熙出生后三个月便有了这位嫡母，直到他去世前五年，才与嫡母诀别，母子相伴达64年。孝惠的逝世，使康熙帝失去了最后一个长辈，每到祭奠之日，康熙悲不自胜，还未开始读祭文，就早已痛哭失声，祭文读毕，仍抽泣不止。

## 赫舍里氏：清圣祖玄烨皇后

姓名：赫舍里氏

生卒年：1654~1674年

籍贯：不详

婚配：清圣祖玄烨

封号：皇后

谥号：孝诚仁

赫舍里氏，满洲正黄旗人，出身名门，身份尊贵，领侍卫内大臣噶喇布之女，辅政大臣索尼的孙女，康熙四年册封为皇后，时年13岁。康熙八年生皇二子；康熙十三年生皇六子，后因难产去世，享年21岁。

## 姻缘天定，辅臣之女

顺治十年（1654年）冬天，一个大雪纷飞的季节里，京城辅政大臣索尼的府中降生了一个小小的女婴，这就是索尼长子噶喇布的女儿赫舍里氏。赫舍里氏一生转折与际遇都与她身后的庞大家族有着极其密切的关系。

1661年，顺治皇帝突然去世，年仅八岁的皇三子玄烨即位，是为康熙皇帝。按照大清王朝的传统，皇帝年幼的时候，国家的政务应该由一两位宗室的亲王摄政，但由于顺治皇帝在位初年睿亲王多尔衮擅权对皇权构成极大威胁的前车之鉴，顺治皇帝和孝庄皇太后决定不依旧制，而是改由异姓大臣来共同辅政，于是确立了四辅臣制。

这样，在同多尔衮斗争中有功的重臣元老索尼、苏克萨哈、遏必隆、鳌拜成为辅政大臣，其中索尼为首辅大臣。四大臣共同辅佐幼主，最初相安无事。然而，随着四辅政大臣内部势力的变化，本来位居末位的鳌拜势力日益扩大，他专横跋扈，根本不把年幼的康熙皇帝和其他辅政大臣放在眼里。

眼看鳌拜势力极速扩张，孝庄太皇太后为了遏制这一状况，转而笼络索尼父子，册立索尼的孙女赫舍里氏为皇后。此举改变了太宗、世祖两朝均在蒙古科尔沁部博尔济吉特氏家族中选择皇后的传统。

在四大辅臣之间，关系十分复杂。一方面，旗族利益的争执使索尼、鳌拜和遏必隆走到了一起，矛头直指苏克萨哈。另一方面，鳌拜的飞扬跋扈也引起了索尼、遏必隆的不满。四个人时时因为不同的利益角度变换着权力组合。而在这次册立赫舍里氏的问题上，正好又让除索尼以外的其他三人站在了同一条战线上。

消息宣布不久，以苏克萨哈为首的三位大臣便来到孝庄面前抗议。他们提出："若将噶喇布之女立为皇后，必动刀枪。满洲下人之女，岂有立皇后之理？"这篇陈奏中，直指索尼家族战乱归降的事实，并将此嘲讽为"满洲下人"。但是在这三人中，苏索矛盾由来已久，鳌拜则惧怕索尼因此阻挡了自己的势力，遏必隆更是因自己女儿的落选耿耿于怀。

孝庄太后早已将这些看得明白，三大臣此刻虽是沆瀣一气，但终究是各怀鬼胎，真正到了关键时刻，也不可能同心同志。于是，果断地驳回了他们的上书，维持了原案。果然，最后的结果正像她所预料的那样，鳌拜等人没有采取进一步的行动，三人偷鸡不成蚀把米，反倒是彻底把索尼给得罪了，这也使得皇室从这桩婚姻中获得了更多意想不到的收获。

1665年，11岁的康熙和12岁的赫舍里氏遵照孝庄太皇太后懿旨，举行了大婚典礼。

1669年的夏天，康熙皇帝就在赫舍里氏家族的协助之下除掉了权臣鳌拜。

## 青梅竹马，两小无猜

赫舍里氏虽出身名门，但她善良贤淑，睿智坚强，没有丝毫的娇纵与刁蛮。

刚满12岁的赫舍里氏与康熙成婚，但实际上，他们还是天真的孩子，慢慢地，两人成了形影不离的玩伴，情投意合。少年初成的康熙皇帝和情窦初开的赫舍里氏，懵懵懂懂中，这对小夫妻的生活恩爱甜蜜，非常和谐，感情颇深。

两个人共同度过了鳌拜专权的日日夜夜。在他们共同生活的岁月里，赫舍里氏以自己“宫闱式化，淑德彰闻”的得力辅佐，把后宫治理得井井有条，使得康熙皇帝无后顾之忧，能够集中精力料理国政，顺利度过了他即位的早期阶段，为日后建立康雍乾盛世打下了坚实的基础。赫舍里氏成为了康熙皇帝的贤内助。

皇宫是一个人事复杂的地方，在这里生存，不但需要聪慧的头脑、灵活的技巧和细腻的心思，还要有上天保佑的好运气。所幸的是，赫舍里氏刚好全都具备了。

孝庄太后也在为这个小姑娘担心着，大婚喜轿进入紫禁城的那一天，那一幕，竟与十几年前自己进宫的情景如此相似。孝庄深深地知道，因为政洽走进皇宫的小皇后，和处在青春叛逆期的皇帝是否能够和睦相处，能否处理好后宫之间的关系，一切都还是个未知数。

然而很快，孝庄的担忧便消除了。温顺乖巧的赫舍里氏小心翼翼地在康熙面前，展露着妻子的体贴和少女的羞涩。新婚的小皇帝和小皇后不但没有发生任何矛盾，反而相处融洽，情投意合。

## 长子夭折，难产离世

1670年，赫舍里皇后生下了一个聪明乖巧、活泼可爱的小皇子承祜。这一年，康熙15岁，赫舍里16岁。

有了心爱的孩子，赫舍里显得十分满足。年轻的赫舍里用自己最大的热情和精力实践着一个皇后应尽的职责与义务，为了适应国家的经济状况，她紧紧跟随皇帝的意愿，以皇后之尊倡行节俭，成了康熙名副其实的贤内助。而过去受到过良好教育的赫舍里氏，修养极高，优雅与从容使得她即使是周旋在纷繁复杂的人事关系中，也能得心应手，游刃有余。

快乐的日子总是不能长久，康熙十一年，当玄烨陪着祖母在赤城汤泉休养的时候，年仅四岁的承祜在紫禁城里夭折了。一直以来，康熙就是赫舍里的依靠，只要他在身边，她就可以坚强地面对一切挫折。而如今，他却远在千里之外，只剩下自己一个人，面对病危的儿子，孤助无措地欲哭无泪。

赫舍里氏眼看着心爱的孩子在自己面前一点点地枯萎消逝，却无能为力，这是比自己死亡还彻骨的痛苦。在别人的眼里，不满20岁的赫舍里氏有着与她年龄并不相符的成熟，她就像一尊寺庙里的神像，尊贵而端庄，而只有在玄烨的面前，只有在他们独处的时候，赫舍里氏才会暂时卸下所有金碧辉煌的外衣，回归到一个女人的角色。而如今，玄烨又在哪里呢？

承祜的离开带走了赫舍里氏真心的笑容，尽管她为了不让大家，尤其是康熙担心而尽力维持原样，但触及内心的伤痛却久久不能释怀。赫舍里氏的身体渐渐变得越来越孱弱了，秋天到了，康熙再一次陪同孝庄去到遵化疗养。康熙的离去使得赫舍里氏不需要再假装开心，一直提着的一口气终于吐掉了，赫舍里氏也病倒了。

归途中的康熙得知了皇后的病情，焦急万分的他却无法抛下祖母赶回去，甚至不能完全表露出自己的担心。但终究纸包不住火，御医不顾康熙的警告向孝庄透露了真相。果然，孝庄一听到这个消息，立刻命令爱孙速赶回宫里。

当康熙奔到赫舍里氏的病榻前，她正在昏睡，蒙眬中却仿佛看到了玄烨的身影。也许赫舍里氏并没有将他当作是现实，虽然此刻无助的她是如此热切地盼望康熙能够在她的身边，就像半年前失去儿子的时候一样。但是她却也十分了解康熙的性情，抛下病未愈的祖母回京探望自己，如此有违孝道的事情，赫舍里氏从不敢奢望他能够做到。但是最终，她却惊喜地发现，坐在床边，紧紧握着她冰冷双手的那个人，就是她的丈夫，就是她深深眷恋、朝朝期盼着，却又不敢让人知晓的人。

就这样，康熙在赫舍里氏身边陪伴了整整一天，皇后的病情开始有所改观，夫妇二人的感情便在此时又一次得到了见证与升华。

第二年的秋天，赫舍里氏不但恢复了身体，并且再一次怀上了她和丈夫爱情的结晶。这个时候，发自心底的幸福笑容又一次出现在了赫舍里的脸上。

1674年，21岁的赫舍里氏在坤宁宫生下了她的第二个儿子，取名胤礽。然而，躺在床榻上的赫舍里氏却没有多少力气享受母亲的欢乐，生产的过程已经耗尽了她所有的心血，此刻的赫舍里氏感觉自己就像是一片羽毛，轻飘飘、昏沉沉地在半空中翻转，找不到落脚的地方，也找不到可以依靠的肩膀，一阵风吹来，更是彻骨寒冷。

从得到儿子的无比快乐到失去妻子的巨大痛苦，短短两个时辰里，康熙却经历了人生的大喜大悲。而此刻，他却还没来得及跟与他相濡以沫近十年的爱妻说上最后一句话，哪怕是嘱托与道别。

就这样，赫舍里氏离开了，仓促地走完了她短暂的一生。赫舍里氏的离去给了康熙巨大的震撼，他了解为什么皇后会难产，至少他自己始终是这么认为。除了失去她的痛苦，康熙的心里更多了一份难以排解的愧疚与自责。

赫舍里氏与康熙少年夫妻，相濡以沫。她经历了盛世来临前最艰难的岁月，却最终永远地留在了黎明前的时刻。

## 至爱情深，寄情于子

面对爱妻的突然离去，年轻的康熙一时难以抑制自己的情绪，悲痛地大哭失声。一向理智的康熙，这一次却一反常态。他在一系列的悼念活动中，尽情地释放着自己的悲伤与痛苦。在赫舍里氏去世三天后，将她的梓宫安放在了紫禁城西，此后，康熙几乎每一天都要去梓宫前举哀，一直坚持了将近一个月。随后，他亲自把赫舍里氏送到了京城北郊沙河地区的巩华城。在梓宫安放处，玄烨又独自默哀许久，直到晚上才起驾返宫。

然而，回到皇宫的康熙却仍旧放不下巩华城里的赫舍里氏，一天后，他又一次来到赫舍里氏的身边，静静地陪伴着她。据《康熙起居注》统计，康熙十三年至十六年，玄烨共去巩华城80余次。

在这几年中，即使是有了第二位皇后，康熙也依然如故地冒着风霜严寒前去。不仅如此，赫舍里氏去世三周年祭日时，康熙于前一天上午便来到巩华城，一直陪伴赫舍里氏直到第二天才返宫。

对于皇后用生命为代价孕育的皇子胤礽，康熙宠爱极深，他亲自抚养胤礽，把对妻子的全部感情倾注到了儿子身上。康熙十四年，康熙便拟诏欲立刚满周岁的胤礽为皇太子，当年十二月，一岁半的胤礽正式受册宝，当上了皇太子。

康熙四十七年，废皇太子，康熙哭骂太子“生而克母”，并于当晚梦到已去世34年的皇后，念念不忘发妻。

仁孝皇后赫舍里氏是康熙一生最温馨、最纯真的纪念。

# 乌拉那拉氏：清世宗胤禛皇后

姓名：乌拉那拉氏

生卒年：？~1731年

籍贯：科尔沁蒙古

婚配：清世宗胤禛

封号：皇后

谥号：孝敬宪

乌拉那拉氏，内大臣费扬古的女儿，雍正帝第一位皇后。乌拉那拉氏为人温和恭敬，谨慎谦和，雍正帝为皇子时，康熙帝册其为雍正嫡福晋。康熙三十六年生雍正长子弘晖，早夭。雍正元年，立为皇后。雍正九年去世，葬清西陵。她在雍正的藩邸生活了近四十年，亲历了康熙晚年种种残酷的宫廷斗争。

1722年，胤禛即位，是为雍正皇帝，那拉氏的地位也随之提高，被册封为皇后。

乌拉那拉氏深知雍正公务繁忙，日理万机，所以对他生活上的一些爱好无不满足，经常陪着他一起在园林间漫步，观赏花草。在掌管六宫时，那拉氏和嫔妃、宫娥之间关系也很好，无论在藩邸的年月还是被封为皇后以后，她始终如一。所以，雍正对皇后很尊重，常常称赞她谦和顺从。

乌拉那拉氏曾为雍正生下长子弘晖，长到八岁，不幸夭折了。

1731年，乌拉那拉氏病故。雍正帝非常悲痛，虽然刚刚大病初愈，身体极度虚弱，仍坚持要亲临合殓，大臣们怕他触景增悲，加重病情，纷纷谏止，雍正只好服从。他亲上谥号曰“孝敬皇后”。后来，与雍正合葬于泰陵。

# 钮祜禄氏：清世宗胤禛贵妃

姓名：钮祜禄氏

生卒年：1692~1777年

籍贯：不详

婚配：清世宗胤禛

封号：熹贵妃

谥号：圣孝宪

钮祜禄氏，满洲镶黄旗人，巴图鲁额亦都的曾孙女，四品典仪凌柱之女，13岁嫁给雍正为侧福晋，雍正即位封熹妃，复晋熹贵妃。生有皇四子弘历，乾隆即位后尊为崇庆皇太后，移居慈宁宫。乾隆四十二年薨于圆明园长春仙馆，享年85岁，葬泰东陵。乾隆曾用六成金三千多两建珍宝台供奉她的头发，她是清朝皇太后中最高寿的。

## 出身名门，家族兴旺

钮祜禄，满语“狼”的意思。狼是满族先世女真的图腾之一，女真人出于对“狼”的崇拜，而以其为姓氏。在漫长的历史发展过程中，“钮祜禄”这个姓氏的称谓曾几度变化，辽代称“敌烈氏”，金代称“女奚列氏”，元代称“亦气烈氏”，明代称“钮祜禄氏”。

钮祜禄氏的曾祖父是大清王朝的满洲开国大臣之一，父亲是四品典仪凌柱。清初的时候，额亦都参加了讨尼堪外兰、取色克济等城，败萨克察人入扰、击败叶赫九部联军等重大战役，可谓是身经百战，屡立战功，先后授一等大臣、总兵官等。额亦都的儿子是遏必隆，他与康熙朝的鳌拜、索尼、苏克萨哈同是四大辅臣，遏必隆一生没有自己的主见，立场不坚定，但是他的官运最长，随着其他三大辅臣死后，他更是百官之首了。到了儿子凌柱这里就没什么官位了，所以，钮祜禄氏当时是被作为秀女指婚给当时的胤禛的。

## 嫁给贝勒，成为格格

1704年，12岁的钮祜禄氏被指婚给贝勒胤禛，由于其父亲凌柱官位不高，而胤禛的封爵也只是贝勒。钮祜禄氏刚到贝勒府，地位不是很高，只是格格身份，但是钮祜禄氏为人贤惠勤劳，康熙对这个儿媳妇很是夸赞。

1711年，钮祜禄氏生下了弘历。弘历12岁时，随父雍亲王初侍康熙帝，在牡丹台大宴，康熙帝见皇孙弘历聪颖过人，十分喜爱，便把他接到了皇宫读书，亲自抚养，并称弘历“是福过于予”，连声称钮祜禄氏是有福之人，自此钮祜禄氏的地位大为提升。为此，钮祜禄氏更得雍王看重。

有一次，雍王患上了重病，生命危在旦夕，几乎丧命，钮祜禄氏侍奉殷勤，煎汤熬药，日夜不歇，照顾得无微不至，慢慢地，雍正的病情开始出现了起色。后来，雍王康复后，对她心存感激之情，钟爱有加。

1723年，雍王登基后，先封钮祜禄氏为熹妃，进而晋为熹贵妃。同年，雍正帝密建皇储，将弘历名字书写好，放于乾清宫“正大光明”匾额之后，弘历25岁即帝位，根据雍正帝遗命，母以子为贵，封熹贵妃为皇太后，居慈宁宫。

## 乾隆生母，颐养天年

1711年，钮祜禄氏生下雍正的第五个儿子弘历。因李妃所生的第二子早殇，所以弘历排行第四，称皇四子。后来，弘历继承了皇位，就是清高宗乾隆皇帝。

关于乾隆的出生，有一段传说。据说，弘历是浙江海宁陈阁老的儿子，当年，钮祜禄氏生下的是一个女婴，因为雍正的几个儿子殇逝，没有子嗣，王府便偷偷与陈家换了个男孩。这当然只是个传说而已，是毫无根据的，当时雍正虽有三个儿子夭折，但还有弘时已经八岁，并不是没有子嗣，无须偷换别人的男孩，再说，这时雍正才34岁，正当壮年，其妾耿氏已经怀胎五月，不可能急不可待地抱养别人的儿子。所以说，弘历为钮祜禄氏所生是确定无疑的。

乾隆自幼聪颖过人，深得祖父康熙和父亲雍正的喜爱，继位为帝后，非常孝敬自己的生母。

乾隆帝把钮祜禄氏视为国母，有言必遵。有一次，太后偶然提及顺天府东有废寺当重修，乾隆帝立即遣员拨款修盖，并告诫宫监，今后有事应事先看出，不应让太后劳神指派。

作为一代风流皇帝，乾隆一生中经常巡游各地。乾隆在位期间三次南巡，三次东巡，三次巡幸五台，一次巡幸中州，以及谒东陵，狩木兰，他出巡时皆奉陪太后同行，平日与其左右不离。

每逢太后生辰万寿之日，必率王公大臣行礼庆贺。60、70、80庆典，一次比一次隆重。特别是太后80大寿，一个寿桃竟有几间屋子那么大，年已60的皇帝还彩衣舞蹈，承欢膝下。乾隆知道母亲喜欢江南风光，还特地在万寿寺旁仿造了几里路长的“苏州街”，奉迎母亲穿行于其间。每次寿典所进寿礼，更是不计其数，先进皇上亲制的诗文、书画，再进如意、佛像、金玉等各类珍宝无所不全。

1777年农历正月，钮祜禄氏辞世，享年85岁，葬于泰东陵。钮祜禄氏为天下母40余年，时值国家全盛，享尽了人间的荣华富贵。

## 钮祜禄氏：清宣宗旻宁皇后

姓名：钮祜禄氏

生卒年：1807~1840年

籍贯：苏州

婚配：清宣宗旻宁

封号：皇后

谥号：孝全

钮祜禄氏，二等侍卫、一等男颐龄的女儿。道光初年入宫，比道光皇帝小25岁，赐号全嫔。三年后，晋封为全妃，又晋为全贵妃。生皇三女、四女，皇四子奕詝（即文宗）。道光十三年晋封皇贵妃，掌六宫事，次年立为皇后。

## 生长姑苏，聪慧佳人

钮祜禄氏出身名门，曾祖和祖父都是清朝声名显赫的将领，父亲颐龄当时是乾清门的侍卫，世袭男爵。幼年时，颐龄被派往苏州府任职，举家搬迁，钮祜禄氏就随父母在苏州长大成人。明清时期的苏州是全国最大的工商业城市和经济中心，富甲天下，号称“海内繁华、江南佳丽”之地，故苏州女子多聪慧贤淑。

钮祜禄氏从小就长得漂亮，且聪明伶俐，再加上江南名城苏州水土文风的滋养和熏陶，平添了几分灵气，养成了江南女子的纤巧秀慧。平日里，除了刺绣和诗书，钮祜禄氏还学会了苏州女子雅好的七巧板拼字游戏，她在这方面还格外出色，入宫后，曾仿世间常见的七巧板样式，将木片削为若干方，排成吉祥语“六合同春”四个字，难度很大。除此之外，在随父游历中，钮祜禄氏还开阔了眼界，遇事都很有主见和谋划，这更是与寻常女子不同。

因自小生长在苏州的缘故，她除了“明慧”以外，还有江南女儿的温柔，这与其他八旗格格的开朗爽健是大相迥异的，所以在后来能够受到道光帝的宠爱，甚至独宠专房。不仅如此，据说，清宫节庆中的苏造糕、苏造酱等物，都是钮祜禄氏亲自仿制苏州的苏式糕点、酱菜而得名的。此说法真实与否，尚待考证，但钮祜禄氏的“才华超群”是有目共睹的，这从她入宫后道光帝对她的宠爱程度和晋升速度就可以略知一二了。

## 入宫为后，幸得偏宠

道光初年，13岁的钮祜禄氏被选入宫。明慧温柔、才智过人的她立刻就被道光帝看中，随即留在了宫中，被封为贵人。因她才、智、貌样样都全，特赐徽号“全”字。

全贵人既年轻又聪明，很快就得到了道光帝的偏爱。入宫仅一年多，晋封为全嫔，三个月后，全嫔又晋为全妃，时年15岁。钮祜禄氏入宫不到两年，就从贵人晋升为嫔再晋升为妃，名位得到如此迅速的提升，也足以证明她几乎已经得到了道光帝的专宠。

道光四年（1824年）初夏，全妃怀孕，十月怀胎生下了第一个孩子即皇三女（11岁夭折），虽是女儿，但道光帝仍然大喜，尤其对比之前祥嫔所生的皇二女，待遇差距极大，全妃再晋升为全贵妃。就在当年夏天，全贵妃再次怀孕。

道光六年（1826年），全贵妃生下第二个女儿即皇四女（后封寿安固伦公主）。宫中称为“四公主”，尽管仍是女儿，依然丝毫没有影响道光对全贵妃的感情，相反，作为道光长大成人的实际上的长女，又是爱妻所出，道光朝唯一的嫡女，四公主是道光皇帝最重视、最宠爱的女儿，日后，为其所选的驸马也是道光女婿中出身最为显赫之人。

道光十一年（1831年），全贵妃生下皇四子奕詝，即后来的咸丰帝，母以子贵，她的地位越来越尊贵。

道光十三年（1833年），道光帝的第二位嫡妻，即位后所立的第一位皇后佟佳氏去世，六宫无主，作为理所当然的继后人选，当年，道光帝以孝和皇太后的名义晋升全贵妃为皇贵妃，摄六宫事，实为后宫之主。

## 婆媳大战，短命皇后

1840年，孝全皇后钮祜禄氏去世，时年33岁。葬于清西陵之龙泉峪。

钮祜禄氏可谓是一位春风得意的皇后，升迁神速，按理说，她已母仪天下，坐上了这“万凰之王”的位置，应该养尊处优，延年益寿。然而，她却只做了六年皇后，这不禁让人对她的死亡疑虑重重，联想起孝全成皇后生前与孝和皇太后的冷淡关系和孝和皇太后一些反常的迹象，大家纷纷把矛头指向了孝和皇太后。说法大致分为两种。

鱼毒奕䜣说。

奕䜣是道光帝的静贵妃所生，文武双全，而且聪明过人，后来更支持洋务运动，和西方人接近，有“鬼子六”之称；而孝全皇后所生的奕詝则软弱无能，一副老好人模样，难堪大任，道光帝原先最中意奕䜣，有意立他为嗣。孝全皇后为确保自己的儿子能够继承皇位，遂摆下毒鱼宴，企图毒死奕䜣。一天，奕䜣正好来孝全皇后和奕詝所住的钟粹宫找奕詝玩，皇后便派人通知奕䜣之母静贵妃，说让奕䜣在自己寝宫里吃饭。临近开宴，皇后偷偷叫来儿子奕詝，让他不要吃桌上的鱼，并把图谋告诉了他。奕詝生性忠厚，且与奕䜣关系最好，所以在吃饭时，当奕䜣要夹鱼吃时，他狠命地踩了奕䜣一脚，如此数次，聪明的奕䜣自然明白了，便再也没有要吃鱼。皇后的图谋没有得逞。这时，皇后宫中的一只猫在桌底下吃了奕䜣吃掉下来的鱼骨头，但吃完没多久，就倒地而死。奕䜣大惊，回家告诉了母亲静贵妃，静贵妃也大吃一惊，忙去告诉孝和皇太后。太后大怒，便命令道光帝赐死皇后。道光帝虽然不舍得皇后，但母命难违。孝全皇后为了自己的儿子能够保全，只好自尽。

恼羞成怒说。

相传，孝和皇太后60岁大寿时，道光帝为讨太后欢心，亲自制作皇太后六旬寿颂十章，在太后寝宫寿康宫诵读贺寿。而皇后为了讨得皇帝和太后欢心，也来凑热闹，且她诗词文章无一不精，当下一挥而就，写成“恭和御诗十章”，献给太后。过了几天，道光帝去向太后请安时，随便聊起皇后赋诗祝贺一事。太后却说：“皇后敏慧过人，未免可惜。”此后，太后又跟身边的宫女们说了些闲言碎语，还说孝全成皇后没有福气。后来，这些话传到了皇后的耳朵里，她听完后有些不高兴，心想：“我乃一国之母，生下皇子，又是皇长子，将来免不了身登大位，我便是皇太后的命，难道能说我没有福分么？”觉得太后有意损她。才色俱佳的皇后，因道光帝的宠爱，更生骄娇之气，太后小看她，心里很不乐，表面上也就流露了出来。有时去给太后请安，言语中时常带着讥讽之意。最后，太后无法忍受，婆媳两人越来越生分了，再加上宫女嫔妃们从中搬弄是非，关系更加不和。道光十九年（1839年）冬，皇后偶然受了些风寒，太后亲自驾临皇后寝宫探视，态度十分慈祥，皇后不免有些愧疚。转眼过了元旦，皇后的病已有起色，便坐上凤辇去寿康宫叩头谢恩，婆媳两人聊得很开心，关系似乎好转。过了几天，太后派人送了一瓶酒给皇后，皇后喝过后当天就暴崩了。

## 叶赫那拉氏：清文宗奕詝贵妃

姓名：叶赫那拉氏

生卒年：1835~1908年

籍贯：不详

婚配：清文宗奕詝

封号：懿贵妃

徽号：慈禧

谥号：孝钦显

叶赫那拉氏，满洲正黄旗。1835年，叶赫那拉氏出生于北京一个世代为官的中等官僚家庭。父亲、曾祖父都是京官。叶赫那拉氏从小博学多才，能书善画，书法尤其擅长于行书、楷书，绘画的作品有花卉等流传于世。咸丰元年，即1851年，叶赫那拉氏入宫，被封为贵人。后因生子载淳（同治帝），被晋封为懿贵妃。同治帝即位后，与恭亲王等密谋杀肃顺，开始垂帘听政。在光绪即位后，仍然听政，为维护封建统治阶级利益，发动了戊戌政变，将光绪囚禁。光绪三十四年，光绪帝驾崩，次日，慈禧也薨逝。葬于东陵。

## 生逢末世，智得帝宠

叶赫那拉氏的父亲惠徵曾做过几年地方官，后来在安徽宁池广太道任道员。叶赫那拉氏在家中排行第三，她的两个哥哥，一个叫照祥，后来官至护军都领，承袭恩公；一个叫桂祥，官至都统，也就是光绪皇后隆裕的父亲。她的妹妹后来嫁给了醇亲王，即光绪的母亲。叶赫那拉氏从小随着父亲南来北往，见识较多，善于察言观色，更学会了官场中逢迎拍马，尔虞我诈的权术。

1851年，叶赫那拉氏被选为秀女入宫，初被分配到皇家园林圆明园当差。叶赫那拉氏天生丽质，聪明伶俐，平时喜欢打扮，入宫后越发打扮得婀娜多姿。她很有心计，一次，咸丰到圆明园散步，她便躲在林荫深处，唱起了拿手的江南小调，歌声优美动听，咸丰听到后立刻问随从是哪位女子在唱歌，内侍答说是兰儿姑娘。咸丰于是召见了兰儿，见她长得很漂亮，口齿伶俐，所以对她十分喜爱，当天晚上便召幸了她，第二天就被封为贵人，那一年她16岁，比刚刚即位的咸丰皇帝小四岁。但是皇宫佳丽万千，咸丰很快就忘记了她。

后来，兰贵人到皇后钮祜禄氏居住的坤宁宫当差，起早贪黑，勤劳侍奉，她深知皇后的地位不可撼动，于是处处奉迎，颇得皇后的喜爱。一天，咸丰帝退朝入宫，正好赶上皇后奉太后之召，前往慈宁宫。宫娥们前呼后拥，侍候皇后，一见皇帝驾到，纷纷上前请安。兰贵人也在其中，时隔四年不见，咸丰见她依旧美丽动人，风姿俏美，不禁旧情复燃，便独自留下了她。此后，她对皇上着意迎奉，小心伺候，常常逗得龙颜大悦，逐渐得到了咸丰的宠信。不仅如此，对上她巴结皇太后，对下讨好皇帝身边得宠的太监，再加上皇后的美言，不久，叶赫那拉氏便由贵人晋升为懿嫔。

对叶赫那拉氏来说，能否继续往上熬，最主要的就看自己能否生儿子了。

咸丰在即位时还没有一儿半女，他结婚后的七八年时间里，将近20个后妃没有一个能给他生下一儿半女，这不免让人感觉蹊跷。1855年，即咸丰五年，终于，后妃中有了动静，第一个怀孕的是与叶赫那拉氏同时进宫的丽嫔他他拉氏，生下了一位公主。紧接着，懿嫔叶赫那拉氏也有了身孕，而且在咸丰六年（1856年）三月生下了大阿哥载淳，也是咸丰唯一的儿子，皇帝兴奋不已，马上将懿嫔晋升为懿贵妃，名位仅次于皇后。

本来权欲就极强的叶赫那拉氏，开始利用自己的特殊地位参与朝政，为日后垂帘听政打起了基础。

实际上，咸丰不是当皇帝的料，他欣赏风平浪静的生活，喜欢歌舞升平的气氛，更陶醉于粉黛簇拥的情调，面对即位以来如同一团乱麻的内政外交，他无能为力，不胜其烦。生性机敏的懿贵妃已经看出这一点，天性脆弱的咸丰承受不了如此强大的重负，已经烦到连奏章都懒得看的地步。但是，现实是逃避不了的，于是，天生对政治感兴趣的懿贵妃就主动提出帮助咸丰处理奏章，对政务治理的实践，使得懿贵妃如鱼得水，开始逐渐积淀了驾驭臣僚的经验。

第一次鸦片战争以后，西方资本主义势力的入侵促进了中国封建社会内部矛盾的迅速发展。各地的农民起义不断，太平天国运动爆发，而且发展迅猛，很快就遍及了大半个中国，各地告急的奏章纷纷呈到宫中，咸丰帝坐立不安，慌了神。叶赫那拉氏趁机帮咸丰出主意，策划镇压农民起义。

当时，清廷腐败，“八旗”和“绿营”军都没有实际作战的能力，连连败北。咸丰为了镇压太平天国，就命令长江南北的官僚地主兴办地主武装。于咸丰三年在家守母丧的曾国藩，便领头办起了湘军，攻打太平军。叶赫那拉氏看中了曾国藩的才干，就不断劝说咸丰帝重用他，供给湘军粮饷。从此，曾国藩扶摇直上，成为满族统治者信任的汉族官僚。叶赫那拉氏也以此为契机，逐步参与政事，滋长了夺权的野心。

此时，英、法两国利用太平天国起义所造成的清朝统治者焦头烂额、无暇顾及外部事务的机会，在咸丰六年（1856年）再次提出修改条约的要求。

英、法、美等西方列强要扩大对中国的侵略，而此时的清朝政府也并非软弱无能，绝不会同意，并开始设法拒绝。尽管咸丰很想避免战事的发生，但第二次鸦片战争一触即发。

## 篡权听政，三人同治

1860年，第二次鸦片战争进入了最为激烈的阶段。由于清政府的腐败无能，英法联军的进攻连连取得胜利。他们打天津，犯通州，向京师逼近。

咸丰闻讯后，带着皇后钮祜禄氏、懿贵妃、大阿哥载淳等人慌忙地逃到了热河的避暑山庄。咸丰到达这里时，天气已经渐渐转凉，但是他的荒淫无度早已弄坏了身体，在逃往热河的路上他就已经累得吐了血，而且病情一天比一天严重，甚至所有的奏折都要懿贵妃过目批阅，如此一来，她对朝廷里争权夺利、钩心斗角的动态，摸得一清二楚。

不久，咸丰病死在避暑山庄，他临终时，命大臣代笔遗诏，立独生子载淳为皇太子，由于当时载淳不满六岁，无法独立执政，便命其宠信的以肃顺为首的八位王公大臣辅政。他把刻有“御赏”的印颁给钮祜禄氏；把刻有“同道堂”的印颁给载淳，“同道堂”暂由载淳生母叶赫那拉氏代管，待小皇帝亲政后归还。这样，八大臣和两宫太后之间相互制约，避免了专权的出现。咸丰在位初期，为了施展宏图大志，重用肃顺等人，后来咸丰雄心日减，耽于声色，朝政便由他们把持了。在这八个人当中，肃顺胆大有远见，办事果断，他是核心，但是因他骄傲自大，结怨甚多。咸丰的这种安排，朝中上下许多人都心怀不满，其中最有意见的就是慈禧。

皇太子载淳即位后，尊嫡母钮祜禄氏为母后皇太后，生母叶赫那拉氏为圣母皇太后。在给钮祜禄氏所上的尊号中的头两个字是“慈安”，亦称母后皇太后为慈安皇太后；因钮祜禄氏居住的钟粹宫在紫禁城的东路，民间又称慈安为东太后。而在给叶赫那拉氏所上的尊号中的头两个字是“慈禧”，亦称圣母皇太后为慈禧皇太后；因慈禧居住的储秀宫在紫禁城的西路，故民间又称慈禧为西太后。

八大臣给新皇帝拟的年号是“祺祥”。

慈禧是一个有政治野心的女人，咸丰帝在世的时候，她就对肃顺等人包揽政权，无视她的存在而怀恨在心，只是不敢表现出来而已。咸丰一死，在权欲和仇恨的驱使下，慈禧发动政变，要消灭肃顺等人，掌握政权。为此，慈禧进行了周密的谋划，采取一系列主动的行动。

慈禧首先利用自己是皇帝生母的身份，控制了“同道堂”的印章，八大臣对此极为不满。慈禧怂恿皇帝不用印章，这样，辅政大臣首次发给地方官员和内阁的咨文就没有印章，最后肃顺等人只好妥协退让，慈禧在第一回合的斗争取得了胜利。

咸丰帝以两宫皇太后牵制八大臣的安排，已经让一些政治嗅觉敏锐的人琢磨出其中含而不宣的意图——两宫垂帘，而慈禧正是最先对垂帘听政产生念头的一个。但清朝从开国以来，从无太后垂帘听政的惯例，要改变祖制，单凭她个人的力量是不行的，首先需要说服慈安同意共同垂帘。而慈安是个贤妻良母类型的人，她对政务毫无兴趣，但是出于对小皇帝的考虑，避免大权旁落到辅政大臣手中，最后，慈安还是勉强答应了。

八大臣得知这一消息后，为了向两宫施加压力，来了个集体撂挑子——用当时的话来讲就是“搁车”。八大臣的强硬态度，反而愈发坚定了慈安支持慈禧实行两宫垂帘听政的决心。然而，单凭慈禧和慈安是绝对斗不过八大臣的，她们必须联合那些对肃顺等人不满的人，来共同对付顾命大臣。慈禧联合的最主要的对象就是在京城的六爷奕䜣。恭亲王奕䜣是咸丰皇帝奕詝同父异母的弟弟，道光皇帝的第六个儿子。咸丰死前，由于和六弟关系不好，没有把奕䜣列入辅政大臣之中，咸丰死后，肃顺等人又不许奕䜣到热河奔丧。这一切，对于有政治野心的奕䜣来说，内心极为不满，他的心境和慈禧的非常相似。对于慈禧来说，奕䜣不仅在内阁和军队里一直有众多的支持者，而且还得到了洋人的信赖，这正是慈禧所要借重的。对于奕䜣来说，慈禧是一把“尚方宝剑”，所以，当慈禧派宠信太监安德海秘密前往北京联络奕䜣时，双方一拍即合。奕䜣不顾肃顺等人的阻止，强行来热河装出一副悲恸欲绝的样子，祭祀咸丰皇帝。之后，慈禧单独召见了他，叔嫂密谋策划了政变的具体方案。然后，奕䜣回到北京，开始联络人员，组织力量，为政变积极做着准备。

不久，一切准备就绪，只欠东风，这个东风就是舆论的导向。慈禧和奕䜣开始策动一批官员弹劾肃顺等辅政大臣，制造两宫垂帘的舆论。一些咸丰在位时不得宠的大臣，纷纷指责肃顺等人独揽军国大权，同时，提出“为今之计，非皇太后亲理万机，召对群臣，无以通下情而正国体”。这样，要求皇太后垂帘听政，撤销顾命大臣的呼声响遍了朝野。在这种情况下，慈禧大胆地做了一些政变前的试探，削减了几个辅臣的军权，对于慈禧的步步紧逼，肃顺主张“先行下手”，但是却遭到了其他大臣的反对。

1861年，咸丰皇帝的灵柩要运回北京。慈禧以护送灵柩任务重要为由，让肃顺等人护送，自己却和慈安、载淳绕小道提前四天回京。回京后，慈禧立即召集在京的王公大臣诉说了肃顺等人的罪状，并说辅政之事是肃顺等人伪造的诏书，并不是咸丰皇帝的钦命。大学士周祖培和贾桢等立刻上书，要求皇太后听政。英法使馆也扬言：“只要朝廷不在北京，肃顺等人继续掌权，我们就不认为中国已经确实承认了条约。”满朝文武见此情形，每个人都心知肚明，没有一个敢反对的。

随后，慈禧将肃顺等大臣革职拿问，并严行议罪，后又突然将载垣、端华、肃顺三人逮捕，逼令载垣、端华自杀，将肃顺处斩，其余五人或革职或发遣。与此同时，拥护慈禧垂帘的人都得到了嘉赏，其中，恭亲王被封为议政王，在军机处行走，掌握了军政大权。

1861年10月9日，载淳在太和殿举行登基大典，改年号“祺祥”为“同治”，以示两宫皇太后和小皇帝一同治理朝政。11月1日，同治奉两宫皇太后到养心殿垂帘听政。因为这一年是辛酉年，历史上称为“辛酉政变”，又由于这次政变发生在北京，外国人多称为“北京政变”。

无论是恭亲王还是两宫皇太后都意识到，要把政变的影响控制在最小的范围，所以，在当时，尽管曾国藩、胡林翼、左宗棠等都是肃顺所重用的人，但江南半壁同太平军的战事还要倚仗这些人，他们不仅未受到政变的牵连，反而依旧得到重用。这样，咸丰之后的政坛三巨头，在反对八大臣的问题上一拍即合，而动荡的局势，也迫使他们必须同舟共济。

1864年，曾国藩的弟弟曾国荃攻克太平天国都城南京，由洪秀全掀起的反清浪潮基本被平息，这样，在晚清的政坛上，一度出现了“同治中兴”的繁荣景象。

## 号“老佛爷”，隐秘生活

在有些历史小说、电影和戏曲中，慈禧太后被称作“老佛爷”。实际上，“老佛爷”的称呼并不是慈禧专用的，清朝各代皇帝的特称都叫“老佛爷”。清朝帝王之所以用这个称呼，是因为满族的祖先女真族首领最早称为“满柱”。“满柱”是佛号“曼殊”的转音，意为“佛爷”“吉祥”。清朝立国后，把它作为皇帝的特称。

慈禧这个称号的由来，还有另一种说法，据说，光绪初年，刚满40岁的慈禧太后，为了达到二度垂帘听政的目的，曾使用了种种手段，但朝中总有人反对，慈禧的心中大为不快。心腹太监李莲英猜到了她的心事，便令人在万寿寺大雄宝殿的后面建了一座佛。

大佛建成之后，李莲英禀告慈禧，说：“听说万寿寺大雄宝殿常常有双佛显光，这是大吉大利之兆，奴才想请太后驾临前往观看。”慈禧听完感到十分惊奇，便起驾出宫，来到了万寿寺，直奔大雄宝殿。进得殿来，见供奉的依然是原来的三世佛，不觉勃然大怒：“明明是原来的三世佛嘛，哪来的双佛显光？”那个时候，奴才欺骗主子是要杀头的，但李莲英心中有数，忙说：“太后息怒，请您到后殿御览。”

慈禧慢慢悠悠转到三世佛后，果然看见一尊观世音坐在殿中央，此寺的方丈住持，还有慈禧的文武大臣也在这里。这时，李莲英喊道：“老佛爷到。”其他人即刻跪伏高呼：“恭迎老佛爷！”慈禧见状，明白了一大半儿，但她仍装着什么也不知道，说：“你们迎接的是哪位老佛爷呀？”李莲英他们答道："就是迎接太后老佛爷您呀！您就是当今救苦救难的观世音菩萨啊！"这样一说，慈禧心花怒放。自此，老佛爷这个称呼传遍了整个京城，举国上下，都称慈禧为"太后老佛爷"。这样，慈禧也就心安理得地垂帘听政了。

慈禧执政晚清近50年，在他人的眼中，她是一个集大权于一身高高在上的人，但作为一个凡人来说，慈禧也有她不为人知的另一面，也有和平常人一样的喜怒哀乐、七情六欲，并不是我们想象的那么不可思议。

传说，慈禧有男宠。光绪八年的春天，琉璃厂有一位姓白的古董商，经李莲英介绍得幸于慈禧。当时慈禧已经46岁，白某在宫里住了一个多月以后被放出。不久，慈禧怀孕，慈安太后得知后大怒，召礼部大臣，问废后之礼。礼部大臣说："此事不可为，愿我太后明哲保身。"当夜，慈安就猝死了。

此外，慈禧身边还有一个非常得宠的太监李莲英。李莲英在入宫后，以一手漂亮的梳头功夫得到慈禧的赏识，他的值班房离慈禧的住所不远，有时太后到他屋里看一下，李便把慈禧坐过的八张椅子全部包上黄布，慈禧连连称赞他忠诚细心，对他愈加信任。清朝祖制，规定太监品秩不得超过四品，慈禧执政时，打破祖制，赏李莲英为二品。多年来，慈禧对李莲英宠爱有加，二人常在一起并坐听戏，凡李莲英喜欢吃的东西，慈禧多在膳食中为他留下来。李莲英为人极为聪敏，善解人意，对待其他人也比较和善，不似安德海那样气焰嚣张，所以能够得到善终。

## 走向独尊，罔闻国忧

维持三巨头共治并不是件容易的事，慈禧的权欲太强了。本来两宫同恭亲王的联合就各有各的动机，慈安主要是不愿小皇帝受制于八大臣，而慈禧则是为了借助奕䜣的力量实现垂帘，至于既有能力又有雄心的奕䜣，不过是想推翻八大臣把持朝政的局面，取而代之。

慈禧垂帘听政后，为了巩固自己的地位，采取各种阴谋手段，培植亲信，排斥异己，逐渐在朝廷里形成了自己的势力范围，成为不可冒犯的大独裁者。

1873年，同治皇帝已经18岁了，到了慈禧答应还政的年龄。依照祖制，同治14岁的时候，就应该接管政权，可是慈禧根本不提这码事，直到皇帝17岁时，慈禧才不得不应允在次年还政。在慈禧的眼里，权力比儿子重要一百倍。同治也与她没有多少母子情谊，去给慈安请安的时候，还留下说一会儿话，等到了慈禧那里，反而连一句话也没有，母子之间关系越来越差。多年来，慈禧的党羽和势力已经遍布朝廷内外，同治即使掌握了政权，实际上也当不了多大的家，对于这一点，同治心里也十分清楚，在执政前后，也与慈禧发生过几次冲突，表示了他的不满，但最终也没起什么作用。而同治自己也不争气，不甘忍受慈禧干预他的私生活，对于她制造的后妃之间的矛盾更是嗤之以鼻，索性让太监领着，出去到花街柳巷寻欢作乐，结果染上了重病，19岁的时候就一命呜呼了。

同治驾崩，没有留下孩子。按照规矩，可以在下一辈中选一个年长的继承皇位。但是这样一来，慈禧就成了太皇太后，就不便于再继续听政。她提出了立载淳的堂弟载湉来继位的提案，首先，载湉与同治皇帝载淳是同辈人，慈禧仍可以皇太后的身份听政；其次载湉才只有四岁，不能理政，慈禧至少可以再控制十几年政权；最后，载湉不仅是咸丰的亲侄子，还是慈禧的亲外甥，便于控制。那些王公大臣，心里都明白，可嘴上谁也不敢说个“不”字。

1875年，载湉继承皇位，改元光绪。不到两天，慈禧就宣布：“皇帝年龄太小，现在时事艰难，万机待理，不得已，还要实行垂帘听政。”于是两宫太后再次垂帘听政。

常言道，一山不容二虎。尽管慈安权欲心不强，性情比较平和，但慈安毕竟是咸丰的皇后，只要慈安还存在，在后宫就不可能形成慈禧独尊的局面。论才智、权变，慈安都比不上慈禧，但她以前坚持着同慈禧一起抑制恭亲王，又同恭亲王联合除掉安德海，那都是为同治亲政做准备，她不能让同治受制于他人，而慈禧才不会念及她对自己的亲生儿子的感情，早已把慈安恨之入骨。现在光绪即位，虽然他是慈禧的亲外甥，但只要有慈安活着，载湉就会像载淳一样把慈安当亲妈，她绝不能让光绪成为第二个同治，倚仗慈安和自己作对。据说，咸丰帝死前，担心慈禧母以子贵做了太后，会专横无理，到那时善良的皇后不是她的对手，于是特意留下一道密诏给慈安，叮嘱她在万不得已的时候，可以拿出来命大臣除掉她。慈禧知道后，就在慈安面前甜言蜜语地套话，最后慈安竟然把这道遗诏当着她的面烧掉了。慈禧表面上称谢，心里反而更恨慈安。

1881年，慈安去世，年仅44岁。对于慈安的死，当时朝野上下一片哗然，对于她的死因，也没有人深入地追究，大家也都心知肚明。从此，慈禧独揽了听政的大权。

在封建社会，共同治理国家不过是昙花一现，而个人独裁却永远是那样有根基。且不说前朝只说本朝，在太祖去世后，四大贝勒共同执政也就坚持了四五年，就变成皇太极一人独尊；顺治即位初期，郑王与睿王联合辅政连头带尾也就半年；至于康熙初年的四大臣辅政，还不到六年就形成鳌拜专权的局面。

其实，早在两宫垂帘的时候，慈禧就故意找奕䜣的麻烦，旨在把他从三巨头中排挤出去。恭亲王被两宫召见时，每次都要商议国内外的大事，一说就是一两个时辰，两宫也都预备下赏赐的茶水，谈的时间长了，两宫中的一位必然会说“给六爷茶”。然而，有一次却没有预备，唇焦口燥的恭亲王下意识地从御案上拿起个茶盅，一看不是自己平时用的，赶紧又放了回去，水没喝到，反而被慈禧抓到把柄——竟敢擅自动用两宫的御用茶盅。还有一次，跪着回答两宫问话的奕䜣，说的时间长了就自己站了起来。这类事情在垂帘之初慈禧也未必较真，但在收复南京后她觉得削弱奕䜣权力的机会到了，想以同治的名义罢免奕䜣的一切职务，但内阁一致反对，这才作罢。政变成功后，奕䜣以功臣的身份集宫内外大权于一身，再加上军机处里的人对他很恭维，洋人对他很赏识，不觉得有些飘飘然起来，有时做事竟不再把慈禧这个“女流之辈”放在眼里，这让慈禧不能容忍。1884年，机会终于来了。这一年，法国入侵越南，把中国在越南的军队赶了出来，并把战火烧到了中越边界。慈禧立即抓住机会，以奕䜣办事循旧、固执己见为由，彻底罢免了他，并且改组军机处。由此，慈禧的绝对统治地位大大地得到了巩固。

奕䜣被罢免后，慈禧开始起用醇亲王奕譞主持军机事务，奕譞是光绪皇帝的生父。鉴于这种身份，有大臣提出他不宜参与军机处事务，奕譞本人也再三推辞。但慈禧心意已决，她之所以这样做，不仅因为醇亲王是自己的亲妹夫，更看好的是他胆小怕事，很好控制。

如果从同治即位算起，慈禧用了22年的时间实现了从宫中到朝廷的大权独揽。而在这22年中，特别是在1864年清军攻克太平天国占领的南京至中法战争爆发前的20年，清王朝的决策人并没有抓住这个实现“自强”的机遇，而是把精力用于内部的权力之争上。

1884年，中法战争爆发，为了避免战争危及自己的统治地位，她授权李鸿章与法国侵略者谈判，并乞求英美政府出现调停，希望大事化小，苟安于现状。后来，法国侵略者气焰嚣张，全面战争开始，就在中国军队处于优势，频频传来捷报的情况下，慈禧仍然下令停战，还签订了不平等条约，这不仅让爱国的官兵非常气愤，就连法国政府也感到十分的意外。慈禧利用一系列的内耗建立了个人独裁，清王朝不仅与“自强”失之交臂，也始终没有跨过从洋务到维新的关键一步。

## 修建三海，豪奢生活

1889年，19岁的光绪帝完婚，慈禧已经找不到任何的理由继续听政，在归政之前，她提出给自己建造一个好的“怡养之处”。于是，三海（南海、中海和北海）工程开始大规模地动工修建。

当时，内忧外患不断，财政入不敷出，统治岌岌可危，大清王朝已到了朝不保夕的险境。人民生活困苦，连年发生多次旱灾，北京城内饥民随处可见。慈禧哪管民众的死活，竟动用巨额军费为满足自己“颐养”、游乐之欲而大兴土木，修建奢华园林。

修建三海所耗的人力、物力和财力都是相当惊人的。园中房屋所用的都是上好的紫檀楠木，有些成套的硬木桌椅，都是不远万里，不惜重金从香港或东南亚采办回来的。由于工期紧张，要求高，为工程监督和监修的官吏就有100多人，仅是工程所需木工就招雇了一万多人。慈禧对工程要求极为苛刻，殿阁内外的油饰和糊饰，一律要“见新”，要完全按照她的旨意设置，不许擅自改动。她一天两次派宠信太监李莲英去工地察看、督促，就像催命一样。三海工程花掉了二千余万两军费，而当时一艘德国的战舰才不过白银四百万两，这些浪费掉的钱可以买五艘战舰。三海工程结束后，慈禧便搬了进去，开始了她的“归政怡养”生活。

慈禧喜欢享乐，曾几次想重修被英法联军焚毁的圆明园，但终因花费实在太大，在恭亲王和醇亲王及李鸿章等一批王公大臣的联手反对下不了了之。此后，“修个花园”始终是慈禧的一个情结。

在慈禧即将归政时，她想到了自己的梦想，于是便借口“修个花园”颐养天年。这时，恭亲王已经失宠，醇亲王为在慈禧面前表现，就想以在昆明湖边设机器局的名义重建清漪园。西汉时期，云南滇池有个昆明国，汉武帝为征伐昆明国，在首都长安挖掘了一个大湖，名为昆明池，以操练水军。在昆明池练水师当然是“形式”大于“内容”，颇有娱乐性质，所以此制后来便被废除。一年后，清廷以光绪的名义发布上谕，将清漪园改名为颐和园。不久，水师学堂竣工，里面安装有电灯、锅炉房等“现代化”设备。当时，建造轮船枪炮、架设电线、修筑铁路这些关系国计民生的“近代化”事业阻力重重，被认为是“奇技淫巧”，是“用夷变夏”。然而，慈禧对直接供自己享用的“洋器”，却是要求用最先进的，毫无顾忌。

1889年，李鸿章把部分北洋水师官兵和水师学堂新毕业的学员共计3000多人调来昆明湖，将昆明湖当成“汪洋大海”，用小火轮当作“战舰”，在湖面驶来驶去，做各种表演，与岸上的陆军同向坐在南湖岛岚翠间的“阅兵台”上的慈禧摇旗呐喊，欢呼致敬。这次“阅兵”让慈禧兴奋不已，她的虚荣心又一次得到了满足。表面上，显示了慈禧对海军的关心和作为全国军队最高统帅的绝对权威，企图向世人表明“修园”并非为己享乐，真的是为了大清海军的建设！

慈禧是有名的“奢侈太后”。慈禧每次吃饭，要上整整100盘的菜，每日两顿正餐，另有两次“小吃”，至少也有20碗菜，平常总在40碗至50碗左右。有次，慈禧坐火车去奉天，火车上光炉灶就排了50个，每个炉灶上配一个大厨，每个大厨每次就做两样菜。因为有时候一个菜都需要两天至三天才能做成。慈禧喜欢吃鸭子，大厨炖一只鸭子就需要两天至三天才能做成。每个炉灶还要配一个小厨，这小厨是专管生火的。所以慈禧一说自己饿了，50个小厨拿着芭蕉扇就开始煽风点火。用餐时，慈禧一个人坐着独享，有时命身边女官德龄等陪她同吃，德龄等也只能站着吃。慈禧若爱上了较远的某一种，就吩咐侍膳的太监端近前来。慈禧每餐尝过的菜至多不过三四品，剩下的待她用餐完毕，便一齐撤下。这些菜或当即扔掉，或由女官、宫女、高级太监等依次取食，其中十之八九还是没有动过的，像供祖先撤下来的祭菜一样。

1894年，正值慈禧60大寿。老太太为自己生日准备的首饰合黄金一万两，合白银三十八万两；置办衣服花去黄金二十三万两；从颐和园回紫禁城所经道路的景点设置与装饰，花去白银二百四十万两。慈禧这个生日，约花了白银一千万两，相当于整个北洋舰队的经费。就在这一年，中日甲午战争中清廷失败，签订了丧权辱国的《马关条约》，全国人民一片谴责，声讨卖国贼。而慈禧把失地赔款的责任推给光绪以后，就带上李莲英跑到颐和园归养去了。

1902年，在慈禧67岁生日时，满朝文武官员为了博“老佛爷”的欢心和宠信，纷纷挖空心思地呈献自己最如意的贡品。其间，宠臣袁世凯可谓“独出心裁”，献上了一辆汽车！经专家鉴定，这件时髦的“洋贡品”系美国图利亚公司于1896年所生产的13辆汽车中的一辆，它装有一台横置式汽缸、10马力的汽油发动机，产生的动力由旁边的齿轮变速箱传递给后轴，最高时速可达19公里。这辆汽车虽说至今已度过了百年时光，其外观模样与当代汽车有不小的差异，但其驱动原理、悬挂结构、转向系统、传动系统等均已与今日汽车十分接近。

## 镇压变法，废立光绪

岁月如梭，转眼就到了光绪亲政的年龄，慈禧也没有办法，只得让位。但慈禧心有不甘，决定把娘家弟弟桂祥的女儿叶赫那拉氏册立为皇后，以便能在光绪的身边安插一个耳目。光绪亲政后，认为慈禧将近30年的统治经验已经难以应对当前的国际形势，必须改弦更张。

当时的中国，中日甲午战争刚刚结束，民族危机空前严重，在少数先进的知识分子中逐渐形成了一股强劲的改良主义思潮。以康有为等人为代表，举起“变法”和“维新”的旗帜，向封建专制提出挑战。在这种局势下，光绪希望利用改良派这股力量对付后党，将慈禧手中的大权夺过来，使自己和国家的处境得到改善。

在《马关条约》签订后，光绪同维新人士开始来往。一向唯慈禧之命是听的光绪，这次竟让庆王转告慈禧：“朕不能为亡国之君，若不予我权，宁逊位而已。”这实在太出乎慈禧的预料了，按照慈禧的性子，她恨不得立即把光绪废了。

1898年，光绪发表诏书，正式表示了变法的决心。接着，他任用了康有为、梁启超、谭嗣同等人，一连发布了几十道改革的命令，决定修铁路、采矿业、办实业、开银行、兴办新式学堂、改革官制等，这些法令促进了资本主义的发展，这就是历史上有名的“戊戌变法”。

这次革新很快受到了守旧大臣的反对，他们纷纷向慈禧反映，希望尽快阻止。慈禧表面上不露声色，装出“既归政，则不再干政”的淡漠态度，但是正当光绪推行新政到了最热烈的时候，她突然动手，打了光绪一个措手不及。慈禧先是下令授任新职的二品以上大臣，都必须到她面前谢恩，从而控制了用人权。并且任命她的亲信荣禄为直隶总督，统率董福祥、聂士成、袁世凯的北洋三军，之后又取消了已经采取的各项变法措施，亲手葬送了这次可能使中国走向富强的机会。

镇压了变法维新运动以后，慈禧和帝国主义之间的矛盾日益激化。慈禧大为恼火，她开始下起了毒手，随后，戊戌六君子被杀，康有为、梁启超流亡海外。慈禧火冒三丈，她开始对洋人怀恨在心，但是对他们也是无可奈何，于是就把火都撒在了光绪身上。慈禧囚禁了光绪，可对外界却宣布光绪病得很重。刘坤一、张之洞等封疆大吏，纷纷给朝廷推荐各地的名医来给光绪皇帝治病，其中还有外国医生，慈禧只能假戏真唱，但光绪的脉象是“六脉平和”，根本就没病，从内到外的阻力都让慈禧怒不可遏。

慈禧对光绪公开反对自己，实行变法运动一直耿耿于怀，她觉得自己有能力立光绪为天子，也有能力把他贬为庶人。慈禧要找一个听话的皇帝，不久，她选中了端郡王载漪的儿子为大阿哥，准备继承皇位。她的这一做法受到了很多外国公使的反对，庆典当天竟没人来祝贺，这让慈禧很是下不来台。

当时，以“灭洋”为宗旨的义和团，在山东遭到巡抚袁世凯的残酷镇压，便转移到直隶一带。义和团为了避免在直隶遭到镇压的命运，便公开打出“扶清灭洋”的旗帜，这恰恰与慈禧对洋人的愤怒心情一致。但是，帝国主义列强要求慈禧镇压义和团，慈禧举棋不定，徘徊在“剿”和“抚”之间。恰巧在这个时候，有一个谣言传入慈禧的耳朵，那就是洋人发出了最后的通牒，要求她把政权交给光绪。这触动了慈禧那根敏感的神经，她大怒，决定向英、法、美等八个国家宣战。

宣战，说起来容易，只要把战书送到使馆、限使馆人员撤离就行了。但要准备应付宣战后的局面则是一个极其严峻的问题，慈禧根本连战略战术也都没有认真研究过。当时，荣禄、李鸿章、袁世凯以及地方有影响的督抚刘坤一、张之洞等都反对打这场毫无准备的战争。就连当了将近两年哑巴的光绪，也在万般无奈的情况下开口说道："洋兵利，能以骨肉相搏乎？奈何以民命为儿戏？"独断专行的慈禧，确实痛快了一时，但也为此付出了沉重代价。

当八国联军以保护使馆的名义在大沽登陆后，慈禧决定出逃。

光绪二十六年七月，慈禧扮成农妇模样，带着光绪逃到了西安，她带着光绪，并不是关心光绪的安全，而是怕光绪在同洋人的谈判中得到权力。西逃的过程中，慈禧吃尽了苦头，但是逃到西安后，境况有所好转，她又威风起来，把巡抚衙门当成了行宫，过起了奢华的生活。单是每顿饭的菜谱就有100多种，鸡鸭鱼肉，山珍海味，应有尽有，可慈禧却说，这可比在北京时节约多了！

这时的北京城，已在八国联军的占领下陷入了一片血海。而逃到西安的慈禧，竟一点脾气也没了，彻底被洋人打服了。她先是派李鸿章充当全权大臣与八国联军谈判求和，随后又以光绪的名义发布上谕，赖掉她"宣战"的责任，接着找了一些主战派大臣作为替罪羊，斩杀了主"抚"义和团的刚毅、徐桐等人。八国联军经过一阵烧杀抢夺后，鉴于慈禧还算比较听话，仍可以作为殖民统治的工具，也表示不再追究，于是和清军勾结起来，扼杀了义和团运动。

在《辛丑条约》签订后，慈禧的权力不仅保住了，而且从西安回銮。1901年农历八月，西安城张灯结彩，锣鼓喧天，慈禧一行300多辆马车，满载着金银、古董，浩浩荡荡地起驾回京。三个月后，慈禧回到了北京，结束了西逃生活。经过此次颠沛流离，慈禧终于了解了洋人：列强并不在乎谁掌权，他们要的是在华推销商品与投资的权力；赔款白银四亿五千万两，数额是多了点，但可以分39年还清，连本带利九亿八千万两，摊到每个大清子民身上也就是一二两；拆毁大沽炮台，那本来就是个摆设，每次也没能把洋人的军队给挡住，拆了也无所谓。慈禧到京后的第十天，就举行了盛大的宴会招待各国驻华使节及夫人，极尽献媚求宠之事。

一切似乎又回到了以前，大阿哥因生父端王载漪支持义和团而被革去名分，光绪依旧是慈禧手中的傀儡，“庚子拳变”把废立推上高峰，《辛丑条约》则又使废立偃旗息鼓。但是，隐藏在平静后面的却是西方列强对中国侵略的进一步加深。

清王朝统治的土崩瓦解，已经迫在眉睫。

## 慈禧末日，厚葬东陵

慈禧从西安逃回北京后，仍然将光绪囚禁在瀛台，自己独揽大权。她开始把一些维新措施捡起来，诸如废除科举、取消捐纳、派遣留学生出国等，整顿一些政事。然而，维新志士的鲜血、义和团民众的鲜血擦亮了人们的眼睛，反清组织华兴会、兴中会、光复会等如雨后春笋般破土而出。慈禧也很诚实地说：“我们现在全力实行整顿改革，就是为了以后给各国提供更大的实惠。”于是，帝国主义加紧了对中国的经济掠夺，中国的民族危机进一步加重。

1905年，慈禧凭着几十年的从政手腕，派五大臣出洋考察，经过一番对日本及欧美等国的考察，慈禧开始玩起了“预备立宪”的骗局，忙乎了两年，也就敷衍出一个“预备立宪”，而且预备期至少是十年，当时，慈禧已经72岁，以她当时的体质想再活十年，实在是可望而不可即的。她绝不会在有生之年使自己的权力受到任何削弱，只要还有一口气，都要把权力紧紧地攥在手里。在玩弄权术方面，慈禧把历朝历代的经验都熟烂于胸，而且运用自如。

慈禧这个荒淫无度的女人，哪怕是在她生命即将终结的时候，也没有忘记利用权力及时行乐。1903年，慈禧心血来潮，提出坐火车去谒祭东西祖陵，但当时北京到东西陵并没有通铁路，为了满足慈禧的要求，只得立即抢修。为了填补精神上的空虚，慈禧请美国画家卡尔进宫为她画像，她喜怒无常，动不动就要杀人。有一次，一个太监陪她下棋，说了句：“奴才杀老祖宗这匹马。”慈禧听后大怒，说：“我杀你一家子！”叫人把这个太监拉下去，活活打死了。

慈禧的霸道和专横人尽皆知，到了晚年，更是有过之而无不及。虽然醇亲王对太后恭谦得都有点令人肉麻，但当他去世后还因坟前的一棵树而引起轩然大波。据记载，醇亲王的陵墓前有一株粗大的银杏树，一些迷信风水的人说：醇王墓有帝王陵墓的气象，醇亲王的后代依然会入承大统。慈禧听信了这话，立刻令人去砍掉那棵树。光绪在得知自己父亲坟上的一棵树都保不住后，气得下谕说：谁敢砍这棵树，先来砍他光绪的头。但慈禧还是在光绪赶到墓地前把树砍了，光绪悲痛忍不住号啕大哭。颇具讽刺意味的是，慈禧虽然砍了银杏树，结果仍然要从醇亲王的后裔中去选择皇位继承人。

慈禧临终前所做的最后一件大事，就是要利用自己的权力为大清王朝选择皇位继承人。光绪帝刚刚驾崩，她就立了醇亲王载沣的儿子溥仪为皇帝，定年号为“宣统”。当时小皇帝只有三岁，因此，慈禧又一次发布懿旨：“小皇帝年纪还小，应当专心学习，所有军国政事，都按我的训令施行。”第二天，慈禧便死在了中海仪鸾殿，终年73岁。

慈禧一生给中国人民带来了巨大的苦难。她死后，慑于她的余威，清政府对她实行了厚葬，浪费了国家大量的物力和财力。

慈禧生前，就对自己的陵寝大力重修，整整用了13年的时间，如果不是慈禧大限已到，陵寝的工程还会持续下去。重新建成的三殿，所用木料都是最名贵的黄花梨，殿内的彩绘用的是贴金，墙壁是扫金，地面的雕砖上也都是用扫金装饰。重修后的慈禧陵寝，不仅在清东陵中是最豪华的，即使把建在易县的清西陵以及建在昌平的明十三陵都加在一起，在骄奢淫逸方面也没有一座能达到慈禧陵寝的水平。

慈禧死后的随葬品之丰富珍贵，是世界上任何帝王都难以比拟的。李莲英有记录，单是慈禧头上戴的凤冠上一颗珍珠，就重四两，大如鸡蛋，当时价值白银约上千万两。慈禧手执玉莲花一枝，头前方有蚌佛18尊，头顶一翡翠荷叶。头两侧有金、翠玉佛10尊，手边各置玉雕马8匹，玉罗汉18尊。足下共有金佛、玉佛、红宝石佛108尊；翠桃10个。翡翠白菜两颗，绿叶白心，在白色菜心上落有一只满绿的蝈蝈，绿色的菜叶旁有两只黄色的马蜂。当宝物殓葬完毕，发现棺内尚有孔隙，又倒进四升珍珠，红蓝宝石、祖母绿宝石数千块。据估计，慈禧的随葬品值白银亿两不算过分。

1928年，军阀孙殿英借军事演习的名义，将部队开进东陵，炸开慈禧的坟墓。慈禧陵被盗，在全国各界的强烈谴责下，蒋介石下令严惩首恶孙殿英。孙殿英通过各种关系，将墓中的珍宝九龙宝剑，慈禧口含的夜明珠、翡翠西瓜等，分别送给了蒋介石、宋美龄、宋子文和戴笠等人，此案才不了了之。被盗的慈禧陵，初由溥仪进行收拾殓葬，后来经过有关部门重新整理，将慈禧尸体进行防腐处理，重新入棺，向游人开放。

慈禧生前不可一世，万万没有想到，自己死后竟然会被人挖掘坟墓，落得尸骨难全。

## 婉容：清末帝溥仪皇后

姓名：郭布罗·婉容

生卒年：1905~1946年

籍贯：黑龙江

婚配：清末帝溥仪

封号：皇后

郭布罗婉容，字慕鸿，号植莲，正白旗。婉容自幼生长于深闺，资质天然，体态姣好，端庄秀美，姿色迷人，举止谈吐得体文雅，琴棋书画样样精通，是一位富有教养的才女。17岁时被选入宫，成为清朝史上最后一位皇后。

### 清新脱俗，末代皇后

1905年，内务府大臣荣源的府中诞生了一个女婴，家人给她取了一个非常好听的名字——婉容。1912年2月12日，宣统帝溥仪退位。根据《优待皇室条件》的规定，宣统皇帝的尊号仍继续保留，退位的帝后和皇室成员都居住在紫禁城中。

1922年，婉容已经年满17岁了，青春迷人，清新脱俗，这一年她被选入宫，册封为皇后，开始了辉煌而又悲凉的一生。然而，据记载，婉容的当选并不是她的美丽与多才，而是因为皇帝溥仪随手在她的照片上画了一个圈，天命如此，人力而不可抗也，注定了婉容的一生凄苦。

溥仪年满15岁以后，逊清皇室开始为他选立皇后。尽管皇帝逊位，但是帝后的归属问题，仍然引起了激烈的争夺。当时，隆裕太后早已去世，剩下的端康太妃和敬懿太妃都想把自己的亲信立为皇后，并在商议时各执己见，互不相让。最后确定了四个人为候选秀女，并拍了她们的全身照片，让溥仪画圈决定。溥仪看了又看，比了又比，实在分不出哪个更美，于是便拿出铅笔，随便在一张照片上画了个圈。圈住的这位秀女叫文绣，因为她是敬懿太妃的亲信，端康太妃很是不高兴，溥仪又在端康太妃中意的照片上画一个圈，这就是婉容。这样，溥仪先后画了两个圈，但清制规定皇后只能有一人，最后还是考虑端康太妃的意见，确定婉容为皇后，文绣为妃子。现在看来，婉容的幸运当选却正是她不幸命运的开始。

婉容是我国历史上最后一位得到迎娶皇后礼遇的女性。当时，清朝已被推翻了11年，中国社会已经进入了民主共和时代，但是末代皇帝婚礼之隆重，较封建社会帝王的婚礼毫不逊色。

1922年12月1日，溥仪大婚，同时迎娶了皇后婉容和妃子文绣。因为是中国历史上最后一次皇室的帝婚大典，大婚当天，迎亲的队伍所经之路，均以黄土铺道，沿途观看的群众人山人海。紫禁城内，悬灯结彩，鼓乐齐鸣，迎亲队伍浩浩荡荡，军警、保安林立，军队、鼓吹两班，彩装的汽车队、马车队、洋车队，清室和亲朋好友不计其数。参加婚典的达官显贵，外国要员及中外记者共计数百人。婉容坐的一顶32人抬的金顶凤舆轿子，缓缓地行进着，由东华门入宫，再经景运门至乾清门。溥仪穿戴龙袍，在乾清宫西暖阁等候。当时婚礼场面热烈而隆重，如同大清王朝仍犹存一样。

婉容当上皇后之后，她的父亲被封为承恩公，整个荣源家族都因婉容而获得了实惠和荣誉。

## 新婚燕尔，短暂甜蜜

新婚过后，溥仪和婉容住在紫禁城，相依相伴，还算和美幸福。这不仅因为婉容有迷人的姿色，还因为她是受过学堂教育的女子，婉容自幼生长于官僚世家，生活条件比较优越。少女时曾在天津一所女子中学读书，学得一些英文，琴棋书画样样都通，算得上是一位才女。婉容入宫后，溥仪曾先后请了两位英文教师为她教授英文，由于基础打得好，她的英文水平提高得很快，还能写些简单的书信。而这时候的婉容也确实给了溥仪很多柔情，在紫禁城两年多的时间里，她几乎每天都用英文给溥仪写些情意绵绵的信，溥仪也用英文给她回信，并给她起了个美丽的英文名字：伊丽莎白。

婉容是一位受过“五四”洗礼的女性，入宫后仍没有放弃对美和自由生活的追求，她购买了许多新潮服装，将自己打扮得漂亮艳丽。她厌倦紫禁城里囚徒般的生活，渴望观赏城外大自然的美好风光，有几次，她与溥仪两人一起，以探亲为名越出宫墙，乘车在京城的大街兜风，后来还一起到颐和园和玉泉山游玩。两年间，婉容还数次随皇帝出席了一些重大的社交活动，一起参加溥杰的婚礼和醇亲王的寿辰等，是历代皇后都不可能有的殊荣。

婉容爱看外国电影，喜欢吃西餐，会骑自行车，特别是她教会了溥仪吃西餐。开始吃时，婉容手把手地教他如何用刀，如何使叉，以及怎样吃等，后来，溥仪在婉容的影响下，渐渐地迷上西餐了。

有了婉容，溥仪身边不再光是那些低头弯腰的太监和保守的师父，他把婉容当成了知己。1923年夏，溥仪为查明珍宝失盗缘由，下令清查库存，偷盗的太监们为了销赃灭迹，便放火烧了建福宫和附近十几座楼台亭阁。溥仪想到平时他对太监的残暴，怕他们对自己行凶报复，便想挑一个可靠的人来为他守夜，第一个想到的便是婉容，而婉容就整夜守护在养心殿里为他壮胆。

婉容是一位富有同情心的皇后，经常行善乐施，每当她看到报纸刊出穷人挨饿或无钱就医、无力安葬的消息时，总要派人送去一些钱。据当时的《事实白话报》载：一群穷苦的人组成的“北京临时窝窝头会”，一次就收到皇后使者送来的六百元大洋，不少人为之感动。

然而，婉容也有着大多数女人都有的小心眼儿和嫉妒心，由于文绣的存在，使得她和溥仪还是存在着一些不和谐。

文绣是溥仪的淑妃，从小接受的是三从四德的封建教育，虽然相貌不如婉容姣好，但性格却比婉容温顺宽厚。溥仪待文绣开始时也还较平等，比如一些适宜后、妃参加的活动，溥仪总是让婉容、文绣一起出面。学习英语，溥仪也给文绣请了教师。但是，婉容却对此大为不满，她有时会大发脾气，为人也不太随和，再加上始终没有能生育皇子，所以她和溥仪的感情逐渐变淡，两个人既不同桌吃饭也不同床睡觉。这样时间长了，婉容的脾气就变得更坏，动不动就乱摔东西，难以伺候。在这种虚伪无聊的环境中生活，婉容的内心充满了郁闷。后来，她终于耐不住精神上的空虚，染上了吸食鸦片的嗜好，婉容的人生之路，从此开始一步步地走向悲惨。

1924年11月，溥仪被逐出宫，他带着婉容、文绣住进了天津张园。按照《修正清室优待条件》，溥仪已“永远废除皇帝尊号”，而婉容也随之失去了徒有虚名的“皇后”身份。随着时间的推移，溥仪性格上的弱点逐渐暴露出来了，而他生理上的缺陷最终更是导致了文绣提出离婚。

婉容出宫后，精神确实焕发了一阵，她一改宫中的装束，换上了时装旗袍和高跟皮鞋，还烫了头发，再加上她纤柔秀美的音容笑貌，一时成为租界中的“摩登女性”。更使她兴奋的是，天津这座繁华的商业城市给她提供了既时髦又风流的消遣方式：看戏、跳舞、溜冰、玩球……对她吸引力最大的则莫过于到各大百货公司购物，反正有溥仪付钱，她可以无所顾忌地大肆挥霍，以致这种物质刺激后来竟发展成婉容、文绣之间争宠的手段。溥仪后来在《我的前半生》中称之为“竞赛式的购买”，他回忆道：“婉容本是一位天津大小姐，花钱买废物的门道比我多。她买了什么东西，文绣也一定要。我给文绣买了，婉容一定又要买，而且花的更多，好像不如此不足以显示皇后的身份。”当时，寄寓在天津的皇室是靠典当才维持着表面上奢侈的生活，所以这样的日子没过多久，经济上就逐渐不支。

新的环境并没有改善婉容与溥仪的关系，他们之间始终未能建立起普通夫妇间的那种恩爱、真挚的感情。一则因为当时溥仪在遗老们的怂恿下正一心想着复辟，更主要的原因则是他自己后来才领悟到：“我不懂得什么叫爱情，在别人的平衡的夫妇，在我，夫妇关系就是主奴关系，妻妾都是君王的奴才和工具。”虽然遇有应酬时他也让婉容出面，但在溥仪的眼里，婉容只不过是一个应景的摆设。无聊和孤寂使婉容的精神日益颓靡，常常整夜不睡，得了神经衰弱症。

1931年秋，淑妃文绣因忍受不了不平等待遇而离家出走，最终与溥仪协议离婚，这就是曾在社会上轰动一时的“皇妃革命”。这件事并没有使婉容得意太久，长期以来，她的任性、孤傲已经越来越引起溥仪的不满，这次“皇妃革命”给溥仪带来的烦恼也就更多地迁怒于婉容了。

同年11月，溥仪在日本帝国主义的诱骗和策划下，独自一人秘密离津，逃往东北。直到两个月以后，婉容才由天津到大连，再转至旅顺与溥仪团聚。使她失望的是，这时候溥仪已成为听任日本帝国主义摆布的傀儡，更没想到她自己也随之落入了阴谋的陷阱。1932年3月8日，溥仪在长春就任伪“满洲国执政”，婉容便是“执政”夫人了。

等到溥仪逃至长春，成了满洲执政府的傀儡后，他更是对婉容置若罔闻，不闻不问。同时婉容的行动也受到了日本人的严密监视和限制，这一切使婉容的身体和精神处于崩溃的边缘。于是婉容越来越放纵自己，她狂躁易怒，竭尽所能地做出所有可以激怒溥仪的事。终于，她开始了长达十年的冷宫生活，这段日子使她从一个娇美恬静的美人变成了一个形如槁木的疯子。到了1945年，随着日本人的投降，撇下了一大群的皇亲国戚，溥仪这个儿皇帝也仓皇出逃了。在转移到吉林延吉的监狱后，孤苦伶仃的婉容终于结束了她的一生。